网络法
INTERNET LAW

〔日〕松井茂记　〔日〕铃木秀美　〔日〕山口淑子 编

周英　马燕菁 译

序

　　你每天会使用多少次互联网呢？是一早起来就先查看电子邮箱，然后查看电车和公交车是否准点运行，再查看一下今天的天气情况，然后浏览一下今天的新闻？还是边乘电车、公交车边玩网络游戏、听网络音乐？或是到学校或工作单位后，使用平板电脑或计算机收集网站信息、写电子邮件呢？回到家，是通过网络看错过的电视节目或电影，进行网络检索，通过社交媒体和朋友共享照片？还是通过网上银行进行汇款，在网店下单购买商品、预约旅游、预订宾馆？或是更新网页、写博客，或是写下网上留言呢？网络已成为我们生活中不可或缺的一部分，对于我们大多数人而言，甚至都弄不清楚自己一天究竟使用过多少次互联网。

　　虽然互联网发挥着如此重要的功能，但是由互联网引发的法律问题，至今依然存在很多争议之处。其中，有些法律问题虽说是属于互联网世界的问题，但与我们线下现实世界中的问题并无二致，用传统法律完全可以解决。不过，互联网领域也存在传统法律无法解决的问题。其中，既有可以通过已制定法律解决的情形，也有不少找不到可适用的法律，最终不得不依靠法院解决的情形。规制互联网的网络法还处在形成发展阶段。

　　本书是对互联网相关法律现状以及课题进行概括的教科书。通过阅读本书，希望读者能够理解由互联网引发的法律问题的复杂性，意识到妥善解决这些问题的困难。本书的目的在于对网络法基础进行概括说明。因此笔者在编撰之际，为了能够让不熟悉法律的普通读者理解，尽量避开专业术语，做到简明扼要。读者若能通过阅读本书，对网络法世界窥见一斑，笔者则幸甚之至。

　　在本书出版之际，有斐阁书籍编辑一部的笹仓武宏先生为此付出了诸多努力，在此深表感谢。

编　者

2015 年晚秋

执笔者简介

按章顺序
* 为本书编者

第 1 章	* 松井 茂记	まつい・しげのり
	不列颠哥伦比亚大学教授	
第 2 章	* 山口 淑子	やまくち・いつこ
	东京大学教授	
第 3 章	宍户 常寿	ししど・じょうじ
	东京大学教授	
第 4 章	曾我部 真裕	そがべ・まさひろ
	京都大学教授	
第 5 章	* 铃木 秀美	すずき・ひでみ
	庆应义塾大学教授	
第 6 章	小仓 一志	おぐら・かずし
	小樽商科大学教授	
第 7 章	木村 真生子	きむら・まきこ
	筑波大学教授	
第 8 章	森田 果	もりた・はつる
	东北大学教授	
第 9 章	渡边 卓也	わたなべ・たくや
	筑波大学准教授	
第 10 章	驹田 泰士	こまだ・やすと
	上智大学教授	
第 11 章	山本 龙彦	やまもと・たつひこ
	庆应义塾大学教授	
第 12 章	西土 彰太郎	にしど・しょういちろう
	成城大学教授	
第 13 章	长田 真里	ながた・まり
	大阪大学教授	

凡 例

本书法令所用略语及其正式名称如下所示：

《IT 基本法》	《高度信息通信网络社会形成基本法》（2000 年法律第 144 号）
《电子文书法》	《关于民间运营者等进行的书面保存等信息通信技术利用相关的法律》（2004 年法律第 149 号）
《赠品表示法》	《不当赠品及不当表示防止法》（1962 年法律第 134 号）
《网络犯罪公约》	《关于网络犯罪的公约》（2012 年条约第 7 号）
《儿童色情禁止法》	《关于儿童买春、儿童色情制品等相关行为的规制及处罚，以及儿童保护等相关的法律》（1999 年法律第 52 号）
《出资法》	《关于取缔接受出资、吸收存款及利息等的法律》（1954 年法律第 195 号）
《反跟踪骚扰法》	《规制跟踪骚扰行为等的法律》（2000 年法律第 81 号）
《完善青少年网络利用环境法》	《营造青少年可以安全、安心利用网络环境的法律》（2008 年法律第 79 号）
《组织犯罪处罚法》	《关于处罚有组织犯罪及犯罪收益等的规制的法律》（1999 年法律第 136 号）
《通则法》	《法律适用通则法》（2006 年法律第 78 号）
《交友类网站限制法》	《对利用网络介绍异性业务、引诱儿童行为等进行规制的法律》（2003 年法律第 83 号）

《电子合同法》	《有关电子消费合同和电子承诺通知的民法特例法》(2001年法律第95号)
《电子签名法》	《关于电子签名及认证业务的法律》(2000年法律第102号)
《特定商业交易法》	《关于特定商业交易的法律》(1976年法律第57号)
《海牙送达公约》	《关于向国外送达民事或商事司法文书和司法外文书公约》(1970年条约第7号)
《犯罪收益转移防止法》	《关于防止犯罪收益转移的法律》(2007年法律第22号)
《风俗营业法》	《关于色情业经营等的管制以及业务合理化等的法律》(1948年法律第122号)
《不正当访问禁止法》	《禁止不正当访问等行为的法律》(1999年法律第128号)
《提供商责任限制法》	《关于特定电信服务提供者的损害赔偿责任的限制及发布者信息披露的法律》(2001年法律第137号)
《反垃圾邮件法》	《关于特定电子邮件发送标准化等的法律》(2002年法律第26号)
《存款人保护法》	《因客户银行卡被伪造和盗窃等而在ATM等机器上被非法提现时,相关金融机构进行赔付的法律》(2005年法律第94号)
《色情报复防止法》	《关于预防因提供私密照、裸照的图像记录等造成侵害的法律》(2014年法律第126号)

除《著作权法》规定的特殊情形之外,禁止擅自复制(包括复印、扫描、数字化等方式)本作品。委托代理服务商等第三方扫描、将本作品数字化,即便是个人或在家庭内部使用,亦属违反《著作权法》的行为。

目 录

第 1 章 网络法的发展与特点   001
引言   001
1. 何谓互联网   002
2. 政府针对互联网的应对措施   007
3. 互联网的光与影   011
4. 网络法的现状   013
5. 网络法应如何制定   017

结语   021
思考   021
拓展阅读文献   021

第 2 章 互联网上的表达自由   022
引言   022
1. 媒体的相关创新性技术与传统法律框架   024
2. 互联网的技术特征   029
3. 围绕互联网上表达、信息自由的各种情形   033
4. 支撑网络自由的主体间的相互作用   038
5. 网络基础设施   042

结语   048
思考   048
拓展阅读文献   049

第 3 章 互联网上的名誉毁损、隐私侵害   050
引言   050

	1　名誉毁损	053
	2　个人隐私、肖像权侵害	076
结语		090
思考		091
拓展阅读文献		091

第 4 章　互联网上的猥亵表达、儿童色情　　092

引言		092
	1　猥亵表达	092
	2　儿童色情	103
结语		117
思考		117
拓展阅读文献		118

第 5 章　互联网上的青少年保护　　119

引言		119
	1　有害图书规制和表达自由	121
	2　互联网上的有害信息规制	134
	3　网络欺凌的应对策略	147
结语		149
思考		149
拓展阅读文献		150

第 6 章　互联网上的歧视性表达与仇恨言论　　151

引言		151
	1　互联网上歧视性表达的具体案例	153
	2　世界各国针对歧视性表达的应对策略	158
	3　日本针对歧视性表达的应对措施	165

结语　　171
　　思考　　173
　　拓展参考文献　　173

第7章　电子商务与合同　　174
　　引言　　174
　　1　电子商务的运作方式　　175
　　2　电子合同的特点　　178
　　3　电子合同中的私法问题　　182
　　4　与 Web 网站表示相关的消费者保护机制　　196
　　结语　　202
　　思考　　202
　　拓展阅读文献　　203

第8章　电子商务支付与结算、电子货币　　204
　　1　电子商务支付与结算的运作方式　　204
　　2　支付与结算中的法律问题　　208
　　3　电子货币的法律问题　　210
　　4　银行转账中的法律问题　　214
　　5　到付和收款代理的法律问题　　217
　　6　信用卡的法律问题　　219
　　7　虚拟货币的法律问题　　223
　　结语　　226
　　思考　　226
　　拓展阅读文献　　226

第9章　互联网与刑法　　228
　　1　互联网与刑法　　228

2　互联网上的表达规制　　231
　　3　互联网与财产保护　　240
　　4　网络安全的保护　　246
　　思考　　251
　　拓展阅读文献　　251

第10章　互联网与知识产权法　　253
　　引言　　253
　　1　互联网与《专利法》　　253
　　2　互联网与《著作权法》　　259
　　3　互联网与《商标法》《不正当竞争防止法》　　267
　　结语　　276
　　思考　　276
　　拓展阅读文献　　277

第11章　互联网个人信息保护　　278
　　引言　　278
　　1　民间运营商对信息的收集使用等　　282
　　2　国家对信息的收集使用等　　297
　　结语　　302
　　思考　　303
　　拓展阅读文献　　303

第12章　服务提供商的责任与发布者披露　　305
　　引言　　305
　　1　提供商的作用　　306
　　2　信息中介者的法律责任——以名誉毁损为例　　308
　　3　提供商责任限制　　314

  4　《提供商责任限制法》中的发布者信息披露请求权　　322
  5　对提供商责任限制及发布者信息披露的思考　　326
 结语　　329
 思考　　330
 拓展阅读文献　　330

第13章　跨境争端的解决　　331
 引言　　331
  1　国际审判管辖　　332
  2　准据法　　342
  3　外国判决的承认与执行　　356
 结语　　361
 思考　　361
 拓展阅读文献　　362

第1章　网络法的发展与特点

松井　茂记

引　言

互联网是指由相互连接的计算机网络所串联成的网络。

互联网发端于一个被称作阿帕网（ARPANet）的美国军事项目。该研发项目通过在军队、国防企业以及从事国防研究的大学所使用的计算机网络之间建立多条回路，旨在达成即便在战时部分网络受损的情况下，其余部分仍可以互相传递信息的目的。这一构想在民间发展壮大，现已成长为全世界29亿多人获取信息、相互交流的载体。即便在日本，目前有1亿多人访问互联网，83%的国民使用互联网。[①] 这种由计算机网络所构成的社会圈常被称作网络空间（cyberspace，电子假想空间）。

互联网的发展极大地改变了我们的生活。对大多数人来说，恐怕已经无法想象没有互联网的生活了吧。不过，互联网的发展同时也带来了迄今未曾有过的诸多法律问题。即便是那些我们曾经遇到过的法律问题，互联网也赋予了它们新的内涵，迫切要求我们采取与以往不同的方式予以解决。本书将以寻找诸多法律问题产生原因的线索为目的，逐一介绍伴随互联网发展所产生的诸多法律问题。因此，本章首先在1中简要回顾互联网的架构与特点，并从2开始采用比较方法探讨政府对互联网发展的应对策略，进而对互联网相关法律的现状及其架构进行探讨。

---

① 参见总务省：《信息通信白皮书 平成26年度（2014年）》，载 http://www.soumu.go.jp/johotsusintokei/whitepaper/ja/h26/pdf/index.html。

1 何谓互联网

1.1 互联网的发展史

如上文所述,一般认为互联网源自1969年美国开始启动的军事开发项目"阿帕网"。通过将美国军队、国防企业、从事国防研究的大学所使用的计算机网络相互连接,从而实现在战争中即使一部分网络遭到毁坏,其余的计算机仍然可以继续保持运行通畅的目的。

不久,计算机网络就超出了该项目相关人员的掌控,在许多大学、研究机构中形成了新的网络。很快新的网络之间又相互连接,从而形成了计算机网络互连而成的网络,这就是互联网。

互联网用户在20世纪70年代和80年代逐渐增加,进入90年代后互联网的商务应用不断扩大。1991年出现了万维网(World Wide Web),由此互联网用户呈爆发式增长。正如本章开头所述,目前全球超过29亿的人使用互联网。

1.2 互联网的架构

互联网是连接计算机网络的网络。几乎所有的人都会先连接大学、公司等组织内部的局域网(LAN),然后从该组织的内网接入互联网。此外,还可以通过与互联网服务提供商签约的形式接入互联网。

互联网的使用最初仅限于计算机,且只是采取电话拨号上网的方式。不过,不久后网络电话线路提高了传输速度,不限时上网成为可能。随后,有线电视公司开始使用电缆提供互联网的上网服务。随着光纤的普及,通信速度大幅提升,加上智能手机以及平板电脑的普及,无线上网(Wi-Fi)成为普遍的上网方式。互联网上的信息传输不再受有线、无线的限制。

如上所述,信息传输方式不受特定技术制约,这正是互联网的重要特点之一。

互联网上的通信要遵循共同的网络传输协议。因此,虽然接入互联网的硬件以及操作系统存在差异,但是所有计算机都能接入互联网。构成互联网基础的是传输控制协议,该通信协议被称为 TCP/IP 协议。在互联网上,信息被划分为多个被称为数据包的数据单位,并经由各自不同的路径传输至目的节点地址。这就赋予了互联网分散性的特点。

在接入互联网时,每个网络用户都拥有固定的 IP 地址。在互联网上,是通过该 IP 地址进行用户个体识别的。IP 地址通常自动分配,信息的发送者和接收者均可以通过 IP 地址加以锁定。不过,在互联网上无法确定 IP 地址具体指向哪个个体。通常而言,如果不清楚与提供上网服务的网络服务供应商签订的合同,就无法确定该 IP 地址的所有者。

互联网上,IP 地址之间是通过各种各样的网络上层传输协议实现信息的发送和接收的。HTTP 是一种提供浏览网页的协议,SMTP、POP3 是适用于电子邮件信息传递的协议,FTP 则是文件传输协议。

万维网(WWW)极大地拓宽了网络世界。网络是由使用超文本标记语言(HTML)的文本、图像、视频等构成的,网络用户可以在指定的 IP 地址上开设网站。该 IP 地址既是网址又是符号,通过为其分配日常使用语言作为其域名,从而变得更容易使用。域名分为不同的级别,其中,根域名是构建互联网最为基础的设施。正如下文所述,根域名由互联网名称与数字地址分配机构(ICANN)统一进行管理。

网络用户使用浏览器软件访问或浏览互联网,由此打开网页。当今普遍使用搜索引擎(谷歌、雅虎等)用以查询目标网站。网页上存在多个超链接(Hyperlink),并通过链接指向其他网页。网络用户通过点击链接就可以自动跳转到所链接的网页。万维网作为信息的宝库发挥着极其重要的功能。同时,万维网通过相互链接实现网络传播的交互性。而且,不仅没有任何组织、任何企业拥有全面监管网络信息的特权,互联网也没有集中管理信息的场所。可以说互联网极具开放性的特征。

1.3 互联网上可以做哪些事情

当今互联网可以实现以下功能：

首先，个人可以通过网络发送电子邮件，进行交流。如果你不满足于一对一交流，可以使用邮件列表(Mailing List)服务，在群组成员之间自动进行邮件交流。其中既可以接收，也可以发送电子邮件杂志(E-mail magazine)。即便身处新闻群组，也可以享受将新闻分享给众多成员阅读的服务。如果你不满足于通过邮件交流，可以加入线上会议参与某一论点的讨论，还能加入聊天室，同时体验与多位参与者实时进行交流。不仅如此，还可以通过万维网，访问个人、企业以及政府机关等的网页信息，并进行下载。还可以阅读电子公告板(BBS——译者注)、在公告板上留言，还能围绕不同的主题在电子会议室里发帖交换意见。

如上所述，互联网具有与邮件、电话类似的通信媒体的特征，同时还具备表达媒体的特性。网站是个人及企业进行各种表达的地方。无论是谁，都可以访问网站，并下载信息。此外，还有个人日记形式的网站，被称为博客。越来越多的博客开设评论区，博客的阅读者可以在此留言。博主拥有与大众媒体所创网站相同的影响力。而且，互联网的可能性并不只限于此。通过互联网下载游戏，你可以与其他玩家一起打游戏，参与以网游"第二人生"(Second Life)为代表的虚拟网络世界。上述这些都已变得轻松平常。不仅如此，脸书、推特等社交网络的服务也日渐普及。可以毫不夸张地说，与人相识也好，交友、寻找人生伴侣也好，都已进入互联网时代。

此外，互联网上，存在大量提供音乐下载服务的网站，如苹果音乐商店(iTunes)，还有众多像网飞(Netflix)一样的电影播放网站。人们以往会在音乐商店里购买唱片，之后是购买CD。如今网络下载音乐已成为主流(采取会员付费制的流媒体方式日益普及)。电影亦是如此，以前很多人在录像带租赁店租借录像带、DVD，现在越来越多的人在线观看电影。通过互联网购买书籍，下载、购买电子书，使用 iPad 等平板设备、电子书籍专用设备看书的人也在增加。网络收音机、网络电视也不断发展，我们认为它们的普及只是时间问题。而且，随着互联网用户之间直接交互共享(peer to peer，P2P)软件的普及，使用文档共享软件，在线共享文件正成为当今的时尚。

另外，正如维基百科的成功所显示的那样，互联网使众多网络用户共同参与完成一个项目成为可能。即便是那些凭借个人力量无法单独完成的事情，也可通过借助互联网而变成现实。作为大众传播媒介的互联网蕴藏着无限的可能性。

随着网络使用形态的多样化，检索互联网网站的搜索引擎的重要性日益凸显。通过使用以谷歌为代表的搜索引擎，用户可以找到自己想要访问的网站。对互联网用户而言，现在的搜索引擎发挥着不可替代的重要作用。不仅如此，它还收取赞助并在网站上进行推广，以便吸引更多的用户浏览、访问。

互联网的上述功能意味着它将会给商业带来巨大机遇。人们不用特地跑去店里，就可以通过互联网上的网店订购自己喜欢的商品。可以说，网上购物商城亚马逊的成功就意味着通过互联网进行交易已成为可能。即便不去银行网点、不使用 ATM 机，也能通过互联网查询存款余额、进行汇款(网上银行业务)。人们通过互联网进行股票交易、签订保险合同，还可以参与易贝(eBay)等网站的拍卖活动。即便是个人，使用克雷格列表(Craigslist)等网站所提供的服务，也可以为物品买卖、服务交易、交友、房屋租赁等提供信息。即便本人不出售物品、不提供服务，通过介绍物品、服务并促成交易也可获得收入。此外，专门在互联网上发布广告的企业也获得了巨大的发展。

利用互联网进行的商务活动，我们一般称之为"电子商务"。据估算，2014 年日本电子商务市场规模如下：企业与企业之间的电子商务市场为280兆日元,面向消费者的电子商务市场约为12.3兆日元。② 毫无疑问,目前其规模还在进一步扩大。而且,今后其市场规模也将不断扩大。

1.4 互联网的特点

互联网具有许多有别于传统媒体的特征。首先,互联网是极具分散性的网络,不存在管理控制整个互联网的组织、机构。互联网首先是在美国发展起来的,如今就像蜘蛛网一样遍布全球。任何一个国家都不具有控制整个互联网的能力,而且,也不存在管控互联网的国际组织、机构。

此外,互联网上所发送的信息被分割为小的数据包,不同的数据包会各自通过不同的路径转发至目的地址。在送达的目的地址后,这些数据包又重新组合还原为原本被传输的信息。这些传输路径都是随机、分散的。当某一传输路径无法使用时,传输过程会自动选择其他路径。并不存在所有数据包都必须经过的节点。也就是说,互联网没有数据传输中的"瓶颈"。

而且,互联网具有高度的匿名性。在互联网上发送信息时,无须表明身份,可以使用化名或网名。或许我们会知道发送信息的源IP地址,但搞不清楚该地址的发送者是谁。并且,通过设置代理服务器,甚至可以隐藏信息发布者的真实IP地址。此外,很多人经常使用网吧连接无线热点,即便知道传输信息的信息源,也无法弄清是谁发送了信息。

另外,互联网是提供最大限度通信服务的媒介。它与传统通信、信息提供媒体不同,开发之初就以提供最佳信息为目的。

---

② 参见经济产业省网站,http://www.meti.go.jp/policy/it_policy/statistics/outlook/h26release.pdf。

2 政府针对互联网的应对措施

2.1 世界各国

面对互联网的发展,世界各国采取了不尽相同的应对措施。

美国是互联网的发源地。从促进互联网自我发展的角度出发,一直以来,美国总统都采取了政府尽可能不干预的态度。特别是在克林顿执政期间,美国副总统阿尔·戈尔提出"信息超级高速公路"构想,对互联网的发展起到了推进作用。在后文中我们会提到,美国专门制定了《通信净化法》(Communication Decency Act,又译作《通信规范法》,简称CDA。——译者注),禁止向青少年传播不雅表达、禁止以青少年可以接触的形式发布此类不雅表达,以此来对互联网上的信息进行规制,管制滥发垃圾邮件行为。但除该项法案外,美国并未制定全面管制互联网的法案。

其他国家的监管力度则强于美国。据说,在新加坡,电信运营商和网页发布者都必须向新加坡传媒发展局进行登记,并获得行政许可;同时官方会封锁政府视为有害的信息内容。所谓有害信息是指影响治安、违背公众道德、危害人种和宗教和谐的信息。在澳大利亚,对公众访问电信运营商的网页也加以规制。即便是海外的网站,也在管控之列。如上所述,不同国家都对互联网进行了各种规制,这反映出各国不同的政治、社会状况。最近,土耳其禁止使用推特(2014年,土耳其1名检察官遭左翼激进分子挟持并杀害,土耳其当局不满照片在社交网站流传,曾短暂封禁推特。——译者注),此举引发了强烈反响。

2.2 日本

采取措施促进互联网的发展,并应对由此带来的社会变化,在这点上,日本政府的应对措施明显滞后。不过,到了20世纪90年代后期,日本政府终于认识到互联网的作用,出台了多种政策,谋求建立"高度信息通信社会",发挥互联网在社会中的重要作用。

1995年2月21日,日本政府通过高度信息通信社会推进本部发布了《高度信息通信社会推进基本方针》。该方针将高度信息通信社会定位为新的社会变革,并指出为构建高度信息通信社会,必须完善信息通信基础设施。其行动原则是:①任何人都能安心享受信息通信高度化所带来的便利;②关照社会弱势群体;③有助于形成充满活力的区域社会;④确保信息的自由流通;⑤完善信息通信基础设施;⑥重新灵活审视各项制度;⑦谋求实现全球化高度信息通信网络社会。

2000年7月7日,高度信息通信社会推进本部改为信息通信技术(IT)战略本部,并以IT立国为目标成立了IT战略会议。列入研讨课题的共有6点:①构建日本独自的IT国家战略;②包括促进电子商务发展的规制改革等在内的各项制度的总检查、新规则的制定;③实现电子政府;④提高信息素养、培养人才;⑤完善信息通信的基础设施和硬件,促进竞争;⑥完善支持电子商务的制度建设。

面临即将到来的21世纪,为了能够应对人类面临的课题,1999年12月日本政府启动了"新千年计划",大力推行技术革新,催生新产业。试图在"信息化""老龄化""环境应对"三个方面掀起技术革命,而这三个方面对今后日本经济与社会而言极具重要性和紧迫性。随后,作为"信息化"主要支柱之一,日本政府又提出实现电子政府,倡导构建政府认证基础、实现申请与登记手续的电子化等一系列目标。

为了解决上述问题,2000年11月29日,日本政府制定了《IT基本法》(《高度信息通信网络社会形成基本法》)。信息通信技术的应用在全球范围内带来了社会经济结构的大规模急剧变化。鉴于应对此变化的紧迫性,该法案制定了与建立高度信息通信网络社会相关的基本理念、基本方针以及作为其他施政方针基础的相关事项,明确了国家及地方公共团体的职责,并设立高度信息通信网络社会推进战略本部,制定重点计划,内容包括确立建设高度信息通信网络社会需要采取的措施,旨在快速、有重点地推进与建设高度信息通信网络社会相关的政策的实施(第1条)。作为基本理念,该法案提出要建立一个全体国民都可方便、主动利用的高度信息通信网络,能够创造性地、最大限度地发挥各自的能力,从而实现全体国民共享信息通信技术带来的恩惠这一目标(第3条)。首先,该法案还明确了在实现高度信息通信网络社会时的基本着眼点:

①推进经济结构改革、提高产业国际竞争力;
②丰富国民生活,提升国民生活富裕程度;
③构建充满活力的区域社会,提高国民福利;
④国家、地方公共团体与民间企业的责任分担;
⑤缩小利用信息能力等的差异;
⑥应对社会经济结构变化带来的新课题。

其次,就制定重点计划及其他政府、地方公共团体策划、施政时的基本方针,该法案又提出以下6点:

①建立具有世界最先进水平的高度信息通信网络;
②振兴国民教育与学习,培养专业人才;
③促进电子商务的发展;
④推进行政信息化;
⑤确保高度信息通信网络的安全性等;
⑥推进研究开发。

2001年1月6日,日本政府成立高度信息通信网络社会推进战略本部(IT综合战略本部);1月22日,发布了"e-Japan战略"构想。该战略提出要在未来5年之内将日本建成世界最先进的IT国家。为建立所有国民都可以积极利用信息通信技术并能最大限度地享受其恩惠的知识创新型社会,必须尽快采取革命性、现实性举措,改善相关环境。在此环境中,社会可以基于市场规则最大限度地发挥活力。鉴于IT革命带给社会的历史性巨变不逊色于产业革命,IT的进步将使社会进入知识交互连锁性创新带来高附加值的知识创新型社会,日本为了维持繁荣、实现富裕生活,有必要尽快创建与新型社会相符的法律制度、信息通信基础设施等国家基础,并提出了以下建设目标:

①所有国民具备信息素养,可以进行丰富的知识和信息的交流;

②基于竞争原则,不断推进多样、高效的经济结构改革;

③为发展全球性知识创新型社会积极做出国际贡献。

此外,日本政府提出进一步完善超高速网络基础设施、促进竞争,同时还提出努力实现电子商务和电子政府,并将其作为今后推进的政策,随后又对"e-Japan重点计划""e-Japan战略"进行了修订。

2013年6月14日,日本内阁会议通过了《创建世界最先进IT国家宣言》。③ 该宣言指出,通过之前的努力,信息通信网络社会基础设施得到改善,但很多国民实际上并未感受到这些成果。政府对此进行反省后,指出了以下原因:之前政府一贯实施的战略并未充分了解使用者的需求,没有进行跨组织的改革,因而没有发挥出IT的便捷性和高效性。此外,由于各省厅(相当于中国的部委——译者注)分别进行IT投资,各自推行政策,产生了重复投资以及政策效果无法显现等情况,这也是主要原因之一。因此,通过本战略的实施,在今后5年左右的时间里(到2020年为止)将日本建设成为一个世界最先进的广泛运用信息产业技术的社会,并把建设成果向全世界推广。此外,为了有利于加速地震灾区的复兴,基于数码技术领域的快速技术革新以及信息社会的全球化发展,数据应用的"有形化"非常重要这一认识,以下列3项方针为支柱,努力实现基于国民利用者视角的电子行政服务,为行政改革做贡献。明确社会建设目标,策划制定实现上述目标所需的方针:

①通过IT·数据的灵活运用、技术革新以及创建复合型服务,让国

---

③ 参见官邸:《创建世界最先进IT国家宣言》(2013年6月14日内阁会议决定),载http://www.kantei.go.jp/jp/singi/it2/kettei/pdf/20130614/siryou1.pdf。

民切身感受到日本经济的复苏,为新兴产业的创建、全产业领域的发展做出贡献;

②为建成国民可以健康、安心、舒适生活的,全球最安全的,具有强大抗灾能力的国家做贡献;

③为构建任何人在任何时候、任何地方都能够享受的一站式公共服务做贡献。

3 互联网的光与影

3.1 互联网上表达的功与过

互联网使个人力量发生了翻天覆地的变化。传统媒体时代,个人只是主要处于信息接收者的地位,成为信息发布者的可能性微乎其微。而且,即便是接收信息,个人也只能接收大众媒体筛选后发布的信息。个人非常依赖大众媒体发布的信息,大众媒体通过操控信息发布,可以掌控信息市场。个人是信息的被动接受者,力量极其微弱。

然而,互联网使力量微弱的个人自主选择收集信息成为可能,使部分人操控流通信息内容变得极其困难。而且,互联网还实现了全球规模的信息交流。仅在国内控制信息已经非常困难。此外,互联网使个人发布信息成为可能,个人取得了信息发布者的地位。

这在个人与参与政治的关系上具有非常重要的意义。迄今为止,个人并不能轻易获得政治信息,而且很难进行政治性表达。但是,互联网却有可能改变这一现状。(不过,在日本,《公职选举法》对互联网进行诸多限制,降低了这种可能性。)如果使用互联网,政府可以就某一论点与国民进行对话,举行公民投票。互联网有可能成为参与型民主主义强有力的武器。

不过,互联网的普及还需要大力改善基础设施建设水平,那些能够享受到互联网便利的人群与享受不到的人群之间还存在着差异(数字鸿沟问题)。此外,想要真正享受到互联网带来的便利需要接入高速互联网,但还有很多人享受不到高速上网。互联网基础设施的改善以及高速上网的普及已成为重要课题。

互联网发展成绩斐然的背后,也并非没有陷阱。互联网上传播的信息不具有权威的确凿证据。获得信息并对此发表评论是个人的责任。当然,不负责任的信息也充斥着网络。因网络损害名誉、侵犯隐私而追究信息发布者、网络服务提供商责任的诉讼案件在不断增加。在网页、博客诽谤他人,因名誉毁损罪被逮捕起诉;在互联网上将猥亵影像上传至服务器,以公然陈列猥亵物品罪被逮捕起诉;在互联网上传播儿童色情而被逮捕起诉等案件的数量也不断攀升,甚至还出现了因网络雇凶强奸、雇凶杀人而被逮捕的案例。此外,要求对向青少年发送有害表达的行为进行管制的呼声也不断高涨。著作权侵权也受到关注,特别是P2P文件交换软件的普及引发了人们对音乐、电影软件著作权侵权的关注。

3.2 不断扩大的电子商务及其陷阱

电子商务的扩大深刻地改变了商业运作模式。网购、网上银行服务、网上投保、网上证券交易等都已成为常见的生活方式。今后电子商务将会超越现有模式不断发展。虽然通过互联网进行的交易一直以来都以从信用卡、银行账户扣款的方式结算,但"电子货币"的普及是大势所趋。所谓电子货币是指通过将银行存款的价值转移到IC卡上或通过网络发送等方式完成支付的货币。(比特币支付范围不断扩大,而比特币仅仅只是信息而已。)

不过,对于网购,消费者投诉不断,如支付了货款却没有收到商品,或收到的货物与所选商品不同等。今后随着电子商务的普及,各类纠纷将会不断增加。1998年日本发生了网购氰化钾后自杀的案件(医生奇利柯事件)。该案件暴露了违禁药品、禁止出售的毒品等都可通过网络进行交易这一现状。不仅如此,因网络诈骗、网络传销而被逮捕的案件数量也呈上升趋势。

法律该如何应对上述情况便成了我们面临的一项紧迫课题。而且,"电子货币"的不断普及也亟待出台新的法律制度予以应对。

4 网络法的现状

4.1 对互联网上有害表达的规制

实际上,我们不得不承认与互联网的飞速普及相比,相关法律制度的建设依旧远远滞后。

就互联网上的有害表达而言,各国采取了截然不同的应对策略。1997年,德国制定了《多媒体法》(为信息服务与通信服务确立基本规范的法律),对电子商务以及网络表达行为加以管制。该法案将部分影像的网络传输视为放送(日文中的"放送"相当于"广电媒体"——译者注)排除在适用对象之外,而将其他信息传输作为电信媒体进行规制。与德国不同,美国制定了《通信净化法》,禁止将不雅表达、明显令人不适的言论发送给青少年。此外,政府坚持采取互联网行业的自我规制路线,其原因在于美国政府在政策上重视互联网的发展。

然而,日本并未出台明确的方针。日本总务省(原邮政省)也曾试图对互联网进行全面法律规制,但经济产业省(原通产省)主张以民间为主导的发展原则,政府部门之间意见不合,结果促成互联网行业采取自我规制路线。因此,日本迄今并未出台全面监管互联网的一般性法规,而是由行业团体,如一般财团法人日本互联网提供商协会、一般社团法人电信服务协会、一般财团法人互联网协会、一般社团法人互联网信息安全协会(ICSA)等采取措施清除网络信息中的违法有害信息。儿童色情网站目录编制管理团体——一般社团法人互联网信息安全协会于

2011年成立,它负责将儿童色情网站的网址提供给网络服务提供商、搜索引擎运营商。

不过,在强调行业自我规制的同时,日本出台了一系列法律对互联网进行规制。1998年日本政府修订了《风俗营业法》(《关于色情业经营等的管制以及业务合理化等的法律》)(又译作《色情业经营法》——译者注),加强了对通过互联网发送成人影像行为的监管。2002年实施了《关于特定电子邮件发送标准化等的法律》,即《反垃圾邮件法》,对垃圾邮件进行管制。(最初该法案虽然禁止发送经过伪装的垃圾邮件、诈骗邮件,但只是保障了用户事后拒绝的权利。后在2008年的修正案中改为事先同意的方式,即只要事先未征得用户的同意,就禁止向该用户发送电子邮件。)2003年制定了《交友类网站限制法》(《对利用网络介绍异性业务、引诱儿童行为等进行规制的法律》)。此外,2008年制定了《完善青少年网络利用环境法》(《营造青少年可以安全、安心利用网络环境的法律》);2014年制定了《色情报复防止法》(《关于预防因提供私密照、裸照的图像记录等造成侵害的法律》)。

不过,就互联网上损害名誉、侵犯隐私而言,当上述法案无法应对时,在现行法令的基础上,发布者应当在何种情形下承担多少法律责任,已成为亟待解决的重大问题。而且,对互联网上发布、发送的猥亵信息、儿童色情的规制边界也成为议论的焦点。此前日本政府对互联网进行的是拼凑修补式管制,仍有很多问题需要依靠判例进行解释。

同时,还存在一个重要问题,就是作为用户接入互联网的媒介,网络服务提供商的责任应如何界定。针对互联网上存在的种种违法或有害信息,信息发布者的责任界定明显存在分歧。然而,在互联网上也可以匿名发送信息,即便追究个人法律责任也存在边界问题。因此,问题在于提供信息接收发布场所的网络服务提供商应当承担多少责任。此外,当个人因上述违法信息或有害信息而受到侵害时,可以在何种情形下、通过何种途径获知信息发布者的真实身份呢?日本政府制定了《提供商责任限制法》

(《关于特定电信服务提供者的损害赔偿责任的限制及发布者信息披露的法律》)来解决上述问题。不过,争议之声依旧不绝于耳。

4.2 对互联网上电子商务的规制

电子商务也存在与网络有害信息规制情况相同的问题。日本并未出台全面规制电子商务的法规,但却出台了不少以民间为主导的自主性规则。

但为了应对上文中提到的网络购物纠纷,传统民法以及消费者保护法的相关规定应当如何适用于互联网上的交易,逐渐成为重要的法律问题。此外,货款支付、结算所引发的交易纠纷也给我们提出了一个重大课题。2001年日本政府制定了《电子合同法》(《有关电子消费合同和电子承诺通知的民法特例法》);2000年制定了《电子签名法》(《关于电子签名及认证业务的法律》);2004年制定了《电子文书法》(《关于民间运营者等进行的书面保存等信息通信技术利用相关的法律》)。上述法案中,尤其是《电子合同法》是为了解决电子商务所引发的诸多法律问题而制定的。不过,欧盟(EU)已经出台了《电子商务指令》,要求各成员国完善相关法律。日本出台全面管制电子商务的法律规则是今后需要探讨的课题。

为了进一步普及电子商务,完善相关法律制度同样也是日本政府今后需要面对的课题。日本已经出台了《电子签名法》,明确规定电子签名认证机关制定认定标准并进行认证,电子签名具有与印章同样的法律效力,同时对假冒他人申请认证者施以刑罚。不过,为了推进电子商务,需要制定更为全面的法律制度。在互联网上支付货款需要制定与"电子货币"相关的法规。为保护秘密信息,"密码技术"的研发与相应的法律保护不可或缺。此外,电子商务中消费者个人隐私的保护也很重要。互联网上的纠纷不通过诉讼方式,而是通过诉讼之外的途径进行解决,这种替代性处理机制也是电子商务管制的必然要求。

此外，互联网上的违法交易应当如何适用现行刑法，是否需要特殊立法，这些都已成为重要问题。日本计划在刑法现有规定的基础上添加新条文，进而重新进行立法。尽管如此，在司法解释上依旧存在诸多问题。

4.3 相关诸问题

在对互联网进行管制的过程中，如何应对网络犯罪行为、如何保护互联网的安全，这也很重要。随着互联网的普及，1987年日本对刑法进行了修订，增设了以破坏电子计算机等为主要内容的妨碍业务罪(《刑法》第234条之二)，对通过计算机病毒、黑客入侵(cracking)等手段妨碍他人业务的行为施以刑罚。但该法案一直受人诟病，认为其法律应对不够完善。直到1999年，日本政府制定了《不正当访问禁止法》(《禁止不正当访问等行为的法律》)，禁止实施非法侵入行为，禁止非法提供ID号码等。尽管如此，盗取密码等网络钓鱼行为还是层出不穷。2014年又制定了《网络安全基本法》。不过，在维护网络安全方面还有很多课题需要解决。

第一，互联网与著作权之间的关系也很复杂。对于互联网上的表达行为，应当如何保护权利人的著作权呢？直接将现行的著作权保护用于互联网，肯定会对互联网的普及造成严重阻碍[2000年7月，一家名叫纳普斯特(Napster)的公司在互联网上提供用户间音乐交换服务，法院认为其行为侵害了著作权而下达了关闭该公司的预禁令。该案是这一问题的典型案例]。此外，互联网络域名的使用又引发了复杂的争议纠纷。

第二，对于跨境互联网纠纷，哪个国家有权行使管辖权、适用哪个国家的法律，这些问题亟待解决且非常重要。是否构成"猥亵"、是否构成"名誉损害"，各国的判定标准不同，因此在互联网方面亟须制定相应的国际性标准。

5 网络法应如何制定

5.1 是否需要概括性法律

那么,我们应当如何制定监管互联网世界的法律呢?

这一点上文已经讲过,国外有些国家已经出台了管制互联网的概括性法律。然而,日本还没有制定全面监管互联网的法律。除了专门针对互联网的法律规定之外,日本政府采取的是将现行法律规定适用互联网这一方式。因此,在日本也有人主张为了监管互联网应当制定概括性法律。④

的确,参照互联网的特性,我们认为比起将既存的法律规制直接适用于互联网世界,还是有必要基于互联网的特性重新进行研讨。但如果制定适用于互联网的概括性法律,可能会严重限制互联网上的自由。

有鉴于此,我们认为最好的办法是原则上依靠互联网上的自主规制,同时将现行法律具体适用于互联网;在适用现行法律之际,可以根据互联网的特性进行修正。当然,必要的法律修正应当由立法者来承担。不过,在立法条件尚不成熟的情况下,法院应当根据实际需要酌情加以修正。此外,对于宪法所保护的自由表达、通信秘密及个人隐私等不能适用法律规制的情形,法院应当坚决将其排除在外。

5.2 法律是否应当介入互联网世界

面对互联网的发展,互联网相关人士的主流意见是:重视基于意见统一的自主性规制,强烈反对政府介入互联网。例如,对域名分配以及构成域名系统(DNS)基干的根域名服务器的管理,现在仍由互联网名称

---

④ 参见林纮一郎:《"电子媒体共通法"——〈电子公众传输法(案)〉》,载《应庆义塾大学媒体·交流研究所纪要》第 52 期(2002),第 90 页。

与数字地址分配机构(The Internet Corporation for Assigned Names and Numbers)负责。该机构并非政府机构,而是一家民间非营利机构。⑤

在《网络空间独立宣言》中就有对政府干预互联网世界持反对意见的象征性表述。⑥ 摇滚乐队死之华合唱团的原词作者、著名网络活动家约翰·佩里·巴洛(John Perry Barlow——译者注)将网络空间称为自由心灵家园,宣称不需要政府的干涉,呼吁肮脏工业社会的政府离开网络空间。

将这一主张作为法律理论加以发展的是戴维·约翰逊(David R. Johnson——译者注)教授和戴维·波斯特(David G. Post——译者注)教授。⑦ 这两位教授都认为互联网世界应依靠自我规制,强烈反对各国政府适用法律对互联网加以规制。而杰克·戈德史密斯(Jack L. Goldsmith——译者注)对此持反对意见,认为即便是网络空间,政府也可以进行规制;网络空间与传统的跨国行为、跨国贸易一样,都可以成为法律规制的对象。⑧

事实上,网络空间的各种行为都与现实世界息息相关。如果在互联网上进行药物交易、接受杀人委托,就违反了现实世界的法律。在互联网上发帖诋毁他人名誉、暴露他人隐私,在现实世界就属于损害名誉、侵犯隐私等违法行为。上述这些行为,在现实世界必须追究其法律责任,因此不能完全排除政府对网络空间的干涉。

此外,互联网世界的规制也存在漏洞,很难做到法律上的完全规制。

---

⑤ 不过,该机构与美国商务部签署了谅解备忘录,与美国政府关系密切。该机构处于美国政府的实际操控之下。对此,欧洲、俄罗斯、中国等的反对声浪不断高涨,进而演变成"互联网治理"这一国际问题。

⑥ See John Perry Barlow, A Declaration of the Independence of Cyberspace, available at https://projects.eff.org/~barlow/Declaration-Final.html.

⑦ See David R. Johnson & David G. Post, Law and Border. The Rise of Law in Cyberspace, 48 *Stan. L. Rev.* 1367 (1996).

⑧ See Jack L. Goldsmith, Against Cyberanarchy, 65 *U. Chi. L. Rev.* 1199 (1998).

例如,对在互联网上提供猥亵表达行为即使进行法律规制,也难以覆盖到海外网站。有人认为,法律规制存在界限,因此对互联网的规制没有意义,不应进行规制。这种看法也并非没有道理。但这与现实世界的法律规制情形相同,虽然存在漏洞,却并非没有意义。

不过,那些认为网络空间应当独立的言论所指出的问题也并非没有道理。互联网是由跨越国界的计算机网络组成的网络。从世界的任何地方都可以上网,互联网可以为世界上所有人提供信息。各国政府对网络进行监管时适用本国法律,必然会对其他国家的互联网行为造成影响。例如,位于美国的雅虎总公司在拍卖网站上拍卖纳粹的相关商品,法国法院适用本国法律要求雅虎总公司停止该行为。该案是针对上述问题的典型案例。法国法律禁止展示、公告纳粹的相关物品。然而,美国没有类似法律,即便制定了禁止此类行为的法律,也极有可能因违反保障表达自由的美国《宪法第一修正案》(First Amendment)而被判无效。或许可以将法国法律适用于雅虎的法国分公司,但将法国法律适用于位于美国的雅虎总公司,却也存在严重侵害互联网独立性的可能。

的确,法国法院的判决在美国违反了《宪法第一修正案》,违反了美国的国家政策。美国有可能因此不认可法国的判决,从而拒绝执行。但是,假如各国适用本国的法律对国外发生的行为科以刑罚,只要违法者身处国外,就很难对其执行刑罚。而违法者一旦入境该国,就有可能被处以刑罚。这种情况可能会对互联网上的自由造成重大威胁。

5.3 网络法的结构
——基于劳伦斯·莱斯格教授的讨论

综上所述,互联网属于独立的社会圈子,应最大限度地尊重网络世界的自由。即便如此,鉴于网络空间与现实社会相连,也就不得不对互联网进行法律规制,而且其必要性也会得到认可。不过,在思考应如何规制互联网世界的同时,有必要事先了解网络法的结构。

在这一点上,劳伦斯·莱斯格(Lawrence Lessig——译者注)教授的代码论给我们提供了理解网络法不可或缺的视角。⑨ 莱斯格教授指出,规制互联网世界的不仅有议会制定的法律,互联网还受支撑网络、确定网络作用、设定网络界限的代码的制约。这种制约是计算机厂商、软件业界云集的硅谷等所制定的西部法,与美国联邦议会所在的华盛顿特区制定的东部法相对。它是由负责开发、提供管理计算机运行、设定界限、控制计算机启动的操作系统业界决定的。决定互联网上可为与不可为之事的,不仅有议会制定的法律,上文提到的代码也具有决定性意义。

上述观点在思考网络规制时极为实用。例如,各国都有著作权法,在互联网上未获原作者授权就将其作品上传至网页会造成著作权侵权。这是法律上的规制。然而,原作者也可以通过技术性手段对著作权进行保护,将著作权信息嵌入作品(水印)的做法就是一种技术性保护手段,在技术上防止复制作品(复制保护)也是手段之一。这些措施都是原作者采取的自主性规制,可以算是法律之外的规制手段。

然而,在采取法律规制以外的规制手段方面,规避该技术手段的技术、软件的开发,有时会令这些措施变得毫无意义。因此,著作权法明令禁止提供用以改变著作权信息、规避技术性保护措施的技术。因此存在这样的情况,当使用法律规制以外的手段进行规制时,最终要在法律的框架内执行。

由上可知,在互联网上自由所受到的保护程度是由法律及法律以外的规制共同作用决定的。《日本国宪法》(以下简称《宪法》)是治国的根本大法,保障表达自由的《宪法》第21条只能适用于国家、地方公共团体公权力的行使。因此,《宪法》对表达自由的保护不能直接适用于上述

---

⑨ 参见 LAWRENCE LESSIG, CODE AND OTHER LAWS OF CYBERSPACE(Basic Books. 1999)(莱斯格)〔山形浩生、柏木亮二译〕《CODE——互联网之合法·违法·隐私》(翔泳社,2001)。

企业采取的法律以外的制约。但如果对《宪法》适用于上述民间业者的行为采取否定态度,很有可能造成放任民间业者随意制约互联网的结果。为确保互联网上的自由,不应将法律规制排除在外,而是要考虑制定约束、限制互联网自由的民间业者行为的法律。

这种观点迫使我们重新思考互联网的自由特性,并对此进行慎重讨论。但是,这要求我们不只是聚焦于《宪法》,而是要将上述法律手段以外的网络规制手段也考虑在内,以此来确保互联网的自由。

结　语

本书对互联网所引发的种种法律问题进行探讨,目的是为思考应当如何解决上述问题提供资料。解决这些法律问题采取的不同方法,将会在很大程度上改变互联网的未来。希望本书能给各位提供些许参考。

思考

世界各国都试图对互联网进行各自的规制。同时,也有人呼吁进行国际协调。此外,还有观点认为互联网应当置于国际性机构的监管之下。这些主张是否现实?是否存在问题?

拓展阅读文献

村井纯:《互联网》,岩波书店1995年版。

村井纯:《互联网2》,岩波书店1998年版。

村井纯:《网络新一代》,岩波书店2010年版。

松井茂记:《互联网的宪法学(新版)》,岩波书店2014年版。

林纮一郎:《信息媒体法》,东京大学出版会2005年版。

山口淑子:《信息法的构造》,东京大学出版会2010年版。

第 2 章　互联网上的表达自由

山口　淑子

引　言

想要进行自我表达、想要创造新事物、渴望了解外面的世界、渴望与他人联系，这些欲望对我们人类而言，如同吃饭、睡觉一样，是最基本的需求。随着当代颠覆性技术的出现，人们进行表达活动时运用的手段将发生巨大改变。在这样一个巨变的时代，生活、商业新模式不断蓬勃发展，进而相关法律制度也将改变其固有样态。进入 20 世纪后半叶，迅猛发展的社会"信息化"再次掀起了新的发展浪潮。近年来，尤其是随着普适计算、物联网(IoT)、人工智能、大数据分析等尖端技术的发展，使用智能手机随时随地都能上网畅游的信息环境正在逐步变为现实。在这一进程中，互联网现已成为当代技术革新的象征，将使我们个人和社会发生诸多变化。

通常认为，法律是用来约束人们行为自由的，同时也是保障自由的行为规范。随着古腾堡(Johames Gutenberg——译者注)的活字印刷术、马可尼(Guglielmo Marconi——译者注)的无线电报通信、贝尔(Alexander Graham Bell——译者注)的电话三项重大创新性技术的出现，与媒体和传播相关的传统法律得以发展，开始对与人们的表达活动、信息流通相关的诸多自由进行规范，并确定其法律边界。从美国法律的主要架构来看，以印刷、放送、电信(通信，详见本章 1.3)为三大支柱，对其分别加以不同规制的法律制度逐步完善起来①,这种法律架构被称为媒体分类规制(medium-specific)。日本基本沿袭了美国的法律结构。近年来,随着技术革新,传统媒体之间的相互融合、相互协作不断深化。基于这一事实情况,在对不同媒体实施分类规制的法律框架下,我们在对互联网这一新兴载体的表达自由、信息自由及其规制方式进行思考时,究竟应该追求什么呢?

  本章基于这一疑问,首先,对媒体分类规制这一传统法律体系内容予以确认(1)。其次,互联网的技术特征是什么?这种技术特征对法律有何意义?我们将就此展开探讨(2)。再次,作为互联网上表达、信息自由相关的具体表现,我们将主要站在信息发布者的角度,对报道自由与"知情权"、博主特权、解禁互联网选举活动等问题进行考察(3)。此外,为了把握维护互联网自由的多个主体间的相互作用,我们不仅从信息发布者的视角出发,还将站在接收者、中间媒介者的角度,对表达、信息接收方的自由与权利进行思考。同时,还将涉及版权保护中的过滤软件安装以及"被遗忘权"等问题。欧盟法院在先行裁决中对被遗忘权做出了相当深入的判断(4)。网络基础设施(infrastructure)是互联网的基石。作为近年来网络基础设施的相关课题,本章最后主要以美国发生的真实案例为素材,就围绕互联网中立性、开放性的讨论进行考察(5)。如上所述,本章与其说是对相关法律制度的逐一说明,不如说是运用历史背景考察、对比分析等手段,尽可能地对表达自由相关法律基本理念以及该理念在网络空间的意义展开的全面性概述。

---

① See Laurence H.Tribe, American Constitutional Law § 12-25, at 1003-1010 2d ed., 1988. 关于媒体分类规制的法律架构以及互联网在不同规制中的地位,参见山口:《信息法的构造》,东京大学出版会 2010 年版,第 152 页起。

1　媒体的相关创新性技术与传统法律框架
　　　　　　　　　　　——印刷、放送、电信

1.1　印刷媒体法
　　　——摆脱政府干预的表达自由原型

15世纪古腾堡发明了活字印刷术。当时,这一发明深刻影响了人们的知识及信息的传播方式,并为社会样态的改变带来了新的契机。从表达自由的立场来看,当时的印刷出版业虽繁盛一时,但仍要屈从于检阅制度、许可制的压制。在此状况下,摆脱检阅、许可制的束缚,追求言论、出版自由经历了漫长的斗争。期间,随着探求表达自由给个人、社会带来价值的元理论的兴起,规定自由边界的基准判断论等观点也逐步得到发展。② 上述讨论积累了丰硕的成果,即保障表达自由免受政府的干预。现在,这一成果在众多国家的宪法、国际条约中以法条的形式被固定下来。报纸等印刷媒体摆脱政府事前限制而走向自由,可以说是表达自由的原型,在宪法对诸多类型表达活动进行保护的相关自由中占据中心地位。这一点已得到了历史的验证。

基于对第二次世界大战(以下简称"二战")前和"二战"期间所实施的报纸检阅等严厉压制言论行为的反省,现行《日本国宪法》并未保留《大日本帝国宪法》(以下称作"明治宪法")第29条中"在法律规定范围内"这一内容,而是在第21条第1款中明确保障"集会、结社及言论、出版等其他一切表达自由",并在同条第2款中明确规定禁止"检阅"、保护"通信秘密"。这里所说的表达自由,不仅指表明思想、意见的自

---

② 关于表达自由的元理论,可参见奥平康弘:《为何"表达自由"?》,东京大学出版会1988年版,第3页起。此外,关于违宪审查的标准,参见下文注⑤)。

由,同时还包括进行真实报道的自由。当今的判例和学说对此都没有异议。③ 此外,在表达手段、媒介、方式等方面,现行《宪法》还明确规定了"其他一切"。对此可以解读为:除口头、报纸、杂志以及其他印刷物品之外,广播、电视等放送媒体,以及随着信息社会的发展而出现的形形色色的新兴手段,如各种通信手段等都涵盖其中。④ 而且,为了确保基本人权得到实质性保护,《日本国宪法》第 81 条赋予法院对国会制定的法律是否合宪进行裁决的权限(违宪立法审查权),而明治宪法并没有这样的制度设计。⑤

不过,虽说在宪法层面保障表达自由,但也并非绝对无限制的保护。例如,报纸、杂志等印刷媒体损害他人名誉、侵犯他人隐私的,或是刊登猥亵表达等情形,并不能免除民法、刑法等一般性法律的适用规制。在《宪法》第 21 条的规定下,对引发争议的表达行为要求损害赔偿、提出差止(日文中的「差止」相当于"禁令"——译者注)请求、申请刑事处罚等的容许范围有多大,需要由法院根据具体案情最终作出判断。(关于作为表达自由的边界而广受讨论的损害名誉等问题,参见第 3 章及以下几章。)即便如此,日本至今仍然没有针对印刷媒体的固有规制内容。

---

③ 最高法院大法庭 1969 年 11 月 26 日决定,"博多车站案件",载《刑集》第 23 卷第 11 期,第 1490 页。另可参见山口:《采访胶卷上交命令与采访自由》,载《宪法判例百选Ⅰ(第 6 版)》(2013),第 166—167 页。

④ 参见芦部信喜《宪法学Ⅲ(增补版)》,有斐阁 2000 年版,第 240—242、261 页;宫泽俊义:《宪法Ⅱ》,有斐阁 1959 年版,第 354—355 页。

⑤ 此外,为了发挥保障人权的功能,违宪审查制度如何设定审查标准非常重要。作为审查标准理论,从美国判例理论中引导出了"双重标准"理论——以表达自由为核心的精神自由对于立宪民主政治的政治过程而言是不可或缺的权利,与经济自由相比,精神自由占据"优势地位"。因此,规制经济自由的立法要尊重立法机关的裁量,适用宽松的违宪审查标准。与此相反,法院对规制精神自由的立法进行违宪审查时,必须适用更为严格的标准。这一审查标准理论获得了学说的广泛支持,在判例中也得到了应用。关于这一点,可参见芦部信喜:《宪法学Ⅱ》,有斐阁 1994 年版,第 213—245 页;芦部信喜:《宪法(第 6 版)》,高桥和之补订,岩波书店 2015 年版,第 103—106 页;野中俊彦等:《宪法Ⅰ(第 5 版)》,有斐阁 2012 年版,中村睦男撰稿,第 264—267、352—353 页。

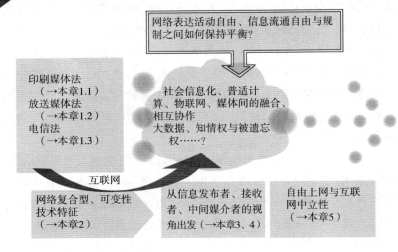

图2—1 如何重构网络法（本章结构）

1.2 放送媒体法
——基于放送特殊性的规制

基于19世纪末马可尼发明的无线电报通信技术成长起来的放送媒体，如广播、电视等均处于许可制度以及广泛的内容规制、行业规制的监管之下，而在印刷媒体领域，其表达自由受到宪法的保护，许可制均在禁止之列。例如，1791年美国将《宪法第一修正案》作为修订条款附加进美利坚合众国宪法。该修正案规定"联邦议会不得制定……剥夺言论自由或出版自由……的法律"，表达活动因此受到广泛而强有力的保护。不过，面对"放送规则合宪性"的质疑，法院在相关诉讼中认为，在表达规制立法的违宪审查中，通常会适用严格的审查标准，但是放送具有其特殊性，应适用宽松的审查标准。法院所强调的放送的特殊性[6]包括：

---

⑥ See e.g., National Broadcasting Co. v. U. S., 319 U.S. 190 (1943); Red Lion Broadcasting Co. v. F.C.C., 395 U.S. 367 (1969); F.C.C. v. Pacifica Foundation, 438 U.S. 726 (1978).

放送所使用的电波频率具有稀缺性;放送对人们的生活产生"渗透性"的影响;儿童接触放送的容易程度等。也就是说,即使表达自由受到《宪法第一修正案》强有力的保护,法院仍支持了放送规制的合宪性。

如上所述,就日本而言,为保障《宪法》第21条第1款所规定的"其他一切"表达自由,人们逐渐认识到保障手段等的范围应具有宽泛性。不言而喻,广播、电视等放送媒体的表达自由乃至报道自由也属于《宪法》第21条所规定的保障范围。尽管如此,日本政府一直允许对放送进行专门规制。例如,基于放送所使用电波的稀缺性以及放送的社会影响力等规制依据,《电波法》(1950年)规定放送用无线电台的设立实行许可制度。而且,《放送法》(1950年)要求在编辑放送节目时,必须遵守"政治公平性""不作歪曲事实的报道"等准则;同时还要求教养节目、教育节目、报道节目、娱乐节目保持相互协调(2010年修订前的《放送法》第3条之二第1、2款)。

也就是说,放送媒体与印刷媒体截然不同,它一直都受到专门法律的约束;而后者的表达自由在《宪法》上得到了最大限度的保障,保证其免受政府干预。诚然,卫星放送、有线电视的普及促进了多媒体、多频道化以及技术革新的进展,电波资源的稀缺性以及放送的社会影响力等规制依据也不再像以前那样具有说服力。随之而来的是近年来对放送的规制整体趋于缓和。其中,在通信、放送融合大潮的冲击下,2010年日本对《放送法》以及《电波法》等相关法律进行了大幅度修订。

在《放送法》修正案中包括,例如,将"无线"这一作为放送媒体传统技术特征之一的用语从修订后的"放送"定义规定中删除(即《放送法》第2条第1项中"以公众能够直接接收为目的的无线通信的传送"中的"无线通信"改为"电信"等)。此外,还对促进参与放送市场的无线电台许可制度进行了重新审议。尽管如此,仅就综合编排节目的基干放送——使用地面电波传输信号的电视放送而言,在放送节目编排的准则、节目协调原则等内容上基本维持了对放送的固有传统规制(现行《放送法》第4、5、106条)。

1.3 电信法
——通信业者的义务

19世纪后半叶,贝尔发明了电话。随着电话技术的普及,面向大众提供通信服务的电信服务兴起。就通信服务而言,要求通信服务提供商(公共承运人,common carrier——译者注)负有提供普遍、无差别服务的义务,并对收费等加以规制的法律制度逐步完善。在此,顺便提一下公共承运人为何会被赋予这样的法律义务。其由来可追溯到20世纪初,当时英、美、法等国经过讨论认为,除通信业者外,过去的蹄铁匠、旅馆店主以及运输、港口、铁路业者等带有某种公共性质的,或从道路等公共设施中受益的业者均为公共资源获利者,他们有义务为所有支付合理费用的顾客提供服务,而全体公众也将从该项服务中受益。⑦

就通信服务与表达自由的关系而言,如上所述,例如言论活动的发布者使用邮局、电信、电话等通信手段的情形也被广泛地包含于《宪法》第21条第1款"表达"所规定的范围内。不过,通信业者作为公共承运人,充当了他人通信活动媒介,其本身并不从事言论活动,因此原则上并不能作为言论的发布者而受到表达自由的保障;那么相应地,其对他人发送的通信内容也无须承担责任。同时,通信业者还负有禁止检阅他人通信、保持他

---

⑦ See Bruce Wyman, "The Law of the Public Callings as a Solution of the Trust Problem" 17 *HARV. L. REV.* 156, 158–161(1904); Recent Case.127 *HARV. L. REV.* 2565. 2571–2572(2014). 此外,当时讨论公共承运人义务时曾将蹄铁匠、旅馆店主列入其中,并对此进行如下补充说明:在以马为重要交通工具的年代,如果蹄铁匠拒绝提供蹄铁,马会脚疼,骑马者就无法前行;此外,傍晚地处偏僻的旅店店主如果拒绝提供住宿,行路人就只能走在盗贼出没的夜路上,赶往数英里之外的其他旅馆投宿。为避免上述情况的发生,行路人不得不屈从蹄铁匠、旅店店主的漫天要价并支付高额费用。鉴于上述特殊情况,对那些被认定为提供公共召唤(public callings)服务的行业,有必要规定其负有收取合理费用并提供普遍服务的法律义务。而诸如城镇中的普通零售店主,即便店主要求顾客支付不合理费用,顾客也可以选择其他众多零售店,因此无须要求店主承担公共召唤服务提供行业所应尽的特殊法律义务。

人通信秘密等义务。关于这一点,日本《电信事业法》(1984年)承袭了日本《宪法》第21条第2款的宗旨,明确了电信业者的义务,禁止电信业者在业务处理中进行通信检阅(第3条)、保护通信秘密(第4条)。此外,关于电信业务的提供,该法明确禁止提供不正当差别化服务(第6条)等。

自20世纪80年代以来,电信市场掀起了"电信自由化"浪潮,电信业中的国有体制民营化趋势不断加剧,竞争理念不断深入,包括日本在内的很多国家对电信业的法律规制呈现出缓和态势。与此同时,由于计算机处理技术的进步,通过电话线路进行高清数字通信已成为现实,人们不仅可以与他人进行传统意义上的一对一通话,20世纪80年代开始还出现了一对多的、类似于放送形态的新型通话服务。例如,日本声讯电话以及美国色情电话热线(dial a porn)都是利用电话为不特定的多数人获取信息提供服务,这些就属于新型通话模式。不过,若在电话服务中提供猥亵信息内容就会产生与内容规制相关的复杂的法律问题。在日本,该情形下猥亵信息内容的发送者本人会受到一般性法律的规制,例如刑法上的公然陈列猥亵物品罪⑧等(参见本书第4、9章)。不仅如此,作为通信媒介的通信服务提供商也负有连带责任。这与后文提到的互联网服务提供商(以下简称提供商,ISP)的责任问题(参见本书第12章)紧密相关。

2 互联网的技术特征

——从其复合性、可变性获得的启示

传统媒体法以印刷、放送、电信为三大支柱发展而来。若以传统媒体法的架构为前提,那么新出现的互联网上的表达活动更接近以上哪

---

⑧ 大阪地方法院1991年12月2日判决,载《判例时报》第1411期,第128页。此外,此处提及的"公然"性概念,是指"不特定的多数人可以识别的状态",参见东京高等法院1957年1月24日判决,载《刑集》第11卷第5期,第1530页。关于法院对公然性概念正当化的确认,参见最高法院1957年5月22日决定,载《刑集》第11卷第5期,第1526页。

一支柱呢？针对新媒体技术所提出的法律问题，在传统法律框架下我们一直采取以"媒体分类"为前提的应对策略，即在与传统媒体印刷、放送、电信的技术特征、媒体特性进行比较的基础上，根据其相似程度，通过现有法律的类推适用予以应对。

但是，若要对互联网技术、媒体特性做以清晰概括，首先可以列出以下要点：①互联网拥有复合型特征，兼有传统印刷、放送、电信之特性。②互联网由软、硬件组成，通过软、硬件技术的自由结合可以灵活改变自身特性，这是其固有体系结构（architecture）。⑨ 因此，不得不说将互联网全部或一概置于由传统三大支柱构建而成的法律框架内的某一位置非常困难。

2.1 互联网在传统法律架构中的定位
——与印刷、放送、电信的类推比较

首先，我们结合上文提及的互联网的复合性特征，就互联网法律定位之困难进行探讨。20世纪90年代中叶之前，互联网处于初创阶段。除一部分企业、大学外，个人上网一般采用通过固定电话线路，即拨号上网的方式进行登录，例如，通过一对一的方式收发电子邮件的情形就是电信领域内的典型通信形态。另外，就网站主页上的信息传播而言，它与上文中提及的日本声讯电话一样，不特定的多数人都可以访问这些信息，可以说是一种类似于放送的通信形态，或类似于放送媒体所实现的、广泛的信息传播。此外，互联网上还可以获得多种多样的信息，其内容之丰富甚至可以让人联想到庞大的印刷品世界以及巨型图书馆。

在互联网技术的发展过程中，1996年2月美国出台了以互联网为直接规制对象的世界首部网络法——《通信净化法》（《通信规范法》，CDA）。该法案对1934年《通信法》中有关长期存在的骚扰电话问题以

---

⑨ 关于体系结构这一概念，参见山口：《信息法的构造》，东京大学出版会2010年版，第74—75、164页。

及不特定的多数人可以访问的通信形态——色情电话热线服务等内容的规制条款(47 U.S.C. §223)进行了修订。《通信净化法》旨在保护未成年人,并以此为由,在一定条件下将刑罚适用对象的范围扩大至"下流"的、"明显令人不快"的通信发布者。

这里所说的"下流""明显令人不快"是指未达到猥亵程度的性表达。在美国,普遍认为猥亵表达不受《宪法第一修正案》的保护,因此允许对其进行法律规制。不过,不属于猥亵范畴的"下流"表达则是"受宪法保护的言论"。[⑩] 除接受专门法律规制的放送媒体这一领域,对此类"下流"表达的规制都要服从于《宪法第一修正案》之下的严格的合宪性审查。因此,在传统媒体分类规制的法律框架下对互联网应该怎样定位,就成为针对《通信净化法》有关传播下流内容等规制条款的合宪性诉讼中控辩双方正面交锋的争议焦点。

针对这一规制条款,联邦最高法院(合众国最高法院)认为放送规制所适用的相对缓和的审查标准并不适用于对"下流"表达等的规制,后者应当适用最为严格的审查标准,因此裁定该规制条款违宪[Reno v. ACLU, 521 U.S. 844(1997)]。联邦最高法院给出的认定理由是,放送规制正当化的依据在于政府广泛规制的历史、可利用电波频率稀少、放送具有渗透性特征等,而"网络空间并不存在"上述事由;互联网上的表达活动应受到《宪法第一修正案》最大限度的保护,至少应当享有与印刷媒体同等的法律权益。

2.2　不断变化的互联网
——网络自由最大化与限制上网访问的隐形黑手

不过,就上文中提及的基于互联网固有体系结构的可变性特征而言,主要有:①为获取网络上的信息,儿童访问互联网并没有放送那样便

---

⑩　Sable Communications of California, Inc v. F.C.C., 492 U.S. 115, 126 (1989).

捷;②网站运营者确认用户的年龄并对上网加以限制,运营成本巨大。联邦最高法院以此为前提裁定《通信净化法》中有关传播下流内容等的规制条款违宪。不过,上述事实情况都是基于20世纪90年代中期当时的互联网技术水平而言的,现在已经发生了很大变化。

也就是说,在访问网络便捷性这一点上,例如,随着智能手机等便捷连接终端的普及以及检索功能的提高,再加上人工智能、大数据、数据分析等先进信息处理技术的发展,即便是儿童,也可以高效访问自己想要了解的信息。从某种意义上讲,互联网已经发展到公众对个人信息保护的担忧不断加剧的地步。在网络信息访问受限这一点上,将过滤、屏蔽等技术手段与法律规制、自我规制相结合来控制网络上的违法、有害信息的应对手段不断普及。相较于政府直接进行刑事处罚,这将会减轻对自由的限制。即便如此,也有观点认为,对于网络用户一方而言,使用隐形的方式对访问网络信息进行事前限制的可能性[11]已经成为现实。

这里,我们再次对互联网所具有的这种复合且可变性特征的内涵进行探讨。过去,在放送媒体领域内进行规制的依据在于电波资源有限、具有稀缺性等固有技术特征。然而,这一技术特征在互联网领域原本就不存在。这就意味着对网上表达活动以及信息流通自由的未来走向而言,发展具有相当大的不确定性,即关于互联网自由以及规制方式,存在两种走向的现实可能性。其中一种趋势就像上文提及的那样,根据不同时期互联网技术水平等的实际情况,将互联网等同于印刷媒体,维持对网络自由宪法保障的最大化。另一种趋势是,在线下世界用一种难以察觉的隐形方式限制或监控(监视)网络上的信息访问,这种趋势在网络

---

[11] See e.g., U.S. v. American Library Association. Inc., 539 U.S. 194, 225 (2003) (Stevens, J., dissenting). 还可参见山口:《信息法的构造》,东京大学出版会2010年版,第160、165页。此外,关于针对互联网上言论的新的规制手段,参见 Jack M. Balkin, "Old School/New School Speech Regulation", 127 *HARV. L. REV.* 2296 (2014); Yochai Benkler, "Freedom in Systems", 127 *HARV. L. REV. F.* 351 (2014)。而且,就以保护青少年为目的的过滤软件的灵活运用这一问题而言,有关《完善青少年网络利用环境法》(2008)部分,参见本书第5章。

世界不断扩大。从本章 3 开始,我们将就上述互联网上表达、信息自由相关的各种问题状况做进一步具体探讨。

3 围绕互联网上表达、信息自由的各种情形
　　　　　　　　——从发布者的视角出发

正如我们在本章 1 中概述的那样,在有关表达自由长达数世纪的发展历程中,每当与媒体和传播相关的革新性技术出现之际,都会催生出诸如出版物的检阅、许可制度、对放送媒体的专门规制、电信领域通信业者的义务等法律规制框架。同时,就像报纸等摆脱政府干预、其表达自由受宪法保障那样,为支持自由而形成的法律制度及法理逐渐发展起来。在日本,《宪法》第 21 条第 1 款中所规定的"其他一切表达"的手段中,普遍认为放送及各种通信手段也广泛地涵盖于其中。基于此,可以说互联网作为新兴表达手段也包含于其中是理所当然的。基于这一前提,我们将在具体问题状况下确定自由与规制的真实面貌,并将本章 2 中提及的互联网可变性特性也纳入视野。此外,在本章 3 中,我们主要从发布者的视角出发,逐一展开探讨。

3.1 报道自由与"知情权"的关系
　　　　——国政、公共事务相关表达以及"博主特权"

是否应该承认表达发布者这一主体在大众媒体中具有与其社会作用相应的特殊法律地位或者"特权"[12]呢?关于这一点,长期以来都存在争议。这里我们提一个极具启发意义的观点,如果承认表达发布者具有特殊

---

[12] 从宪法学角度对新闻界或媒体的特权论进行分析的论著,例如,可参见滨田纯一:《媒体之法理》,日本评论社 1990 年版,第 61 页起;铃木秀美:《采访·报道的自由》,载驹村圭吾、铃木秀美编:《表达自由》,尚学社 2011 年版,第 242 页起。另,从刑法学视角进行剖析的论著,可参见池田公博:《报道自由与刑事程序》,有斐阁 2008 年版。此外,还可参见山口:《信息法的构造》,东京大学出版会 2010 年版,第 189 页起。

法律地位，就会引发以下问题：是否也应该给博主（在互联网网页上写日志文件或记录——即写博客的人）赋予这种特权呢？在讨论这一问题时，如果从日本最高法院关于表达自由的判例中去搜寻线索，可以找出20世纪60年代以来正面阐述新闻机构报道、采访自由重要性的判决案例。这些案例认为新闻自由的重要性源于新闻机构的报道有益于实现国民的"知情权"。

也就是说，在"博多站电视采访胶卷上交命令案"中，最高法院认为，"在民主主义社会，新闻机构的报道为国民参与国家政治提供重要的判断资料"，有益于保障国民的"知情权"。因此，新闻自由毫无疑问应置于"《宪法》第21条的保障之下"；且报道所需的采访自由"参照《宪法》第21条之精神，也应得到充分的尊重"（最高法院大法庭1969年11月26日决定，载《刑集》第23卷第11期，第1490页）。引人注目的是，在该决定中最高法院大法庭首次提出"知情权"这一概念，并以此来解释新闻自由的意义。[13]

那么，什么样的表达主体或表达内容才能得到日本《宪法》第21条更为优厚的保护呢？对这一问题进行探究后可以发现，在"外务省密电泄露案"中，日本最高法院虽然对博多站案件决定中所做出的判断持肯定态度，但却在措辞上稍加改动，即"在民主主义社会，新闻机构关于国家政治的报道为国民参与国家政治提供重要的判断资料"，有益于保障国民的"知情权"。因此，认为新闻自由在"《宪法》第21条所保障的表达自由中极为重要"（最高法院1978年5月31日决定，载《刑集》第32卷第3期，第457页。着重号为本章执笔者添加），对新闻机构报道中有关国家政治内容的重要性予以特别强调。

此外，在"北方杂志案"的判决中，最高法院指出："表达自由，特别是与公共事务相关的表达自由，作为宪法上的重要权利必须得到特别尊重；《宪法》第21条第1款的规定可以解读为涵盖了上述宗旨的核心意

---

[13] 例如，参见奥平康弘：《要求新闻机构上交电视采访胶卷命令的合宪性》，载《判评》第132期（《判例时报》第578期）(1970)，第24页。

义"(最高法院大法庭 1986 年 6 月 11 日判决,载《民集》第 40 卷第 4 期,第 872 页⑭)。而且,在围绕庭审中禁止做笔记行为而产生争议的诉讼中,就在法庭上审判长禁止普通旁听人员做笔记,却单单对司法记者俱乐部下属新闻机构的记者予以豁免这一点而言,最高法院认为"参照审判报道的重要性,这种处置是理所当然的,充分顾及到了报道的公共性以及新闻报道的采访自由"(最高法院大法庭 1989 年 3 月 8 日判决,载《民集》第 43 卷第 2 期,第 89 页),并据此裁定禁止做笔记的行为并非缺乏合理性的举措。

从最高法院对以上案件的判决理由,我们可以窥见在当时的言论市场中,已经实现垄断化、集中化的大众媒体作为信息的发布者发挥着多么强大的作用。与此同时,若对上述判决理由的法律原理继续展开探讨,如果互联网上进行的某种表达活动有益于保障"国民的知情权",且其表达内容与"国家政治"以及"公共事务"相关,还兼具"重要性""公共性",即便其表达主体是传统媒体组织以外的博主,仅凭博主是以互联网为主要表达手段这一事实,就削弱本应赋予传统大众媒体活动的宪法保障,在当今这一做法很难被正当化。

3.2 民主主义式自我统治之价值与政治性言论之自由
——解禁互联网选举活动以及《提供商责任限制法》之特例

随着互联网应用的不断拓展,大众出版主体日益多样化,在宪法保障表达自由所设定的价值秩序中,哪种表达内容的重要性、公共性才应

---

⑭ 最高法院本次判决认为:接上文,对表达行为的事前限制"参照《宪法》第 21 条之宗旨,在严格而又明确的要件的前提下方可被容许",特别是以"评论、批评公务员或公职选举候选人等的表达行为"为对象的出版物,原则上禁止对此类出版物的散布等行为进行事前差止。不过,当"表达内容明显失实,或明显不是为了谋求公共利益,而且受害人遭受重大且明显的损失,并处于无法恢复之虞的情形下",作为例外允许进行事前差止。本判决于事前限制法理之意义,还可参见山口:《网络时代的名誉毁损、隐私侵害与"事前限制"》,载《论究 Jurist》第 1 期(2012),第 50 页起。

获得认可呢？关于这一点，我们有必要重新进行深入探讨。顺便提一下，在解释表达自由本身固有价值、固有保障依据时，在本章1.1中曾提及的表达自由元理论中主要列举了以下两点：①个人价值（自我实现的价值），即个人通过言论活动发展自己的人格；②有益于保障民主政治的社会价值（自我统治的价值），即国民通过言论活动参与政治、表达自己的意愿。[15] 特别是与个人"自我实现"的相关讨论进行对比时，自我统治与政治性言论直接相关，民主主义式"自我统治"的相关探讨作为赋予后者优厚保护的理由具有强大的说服力。例如，在作出博多站案件相关决定之后，日本最高法院在解释报道、采访自由的意义，或对充分保护报道、采访行为进行法理推导时，使用了在民主主义社会国民参与政治时应尽可能地提供重要的判断资料来保障国民知情权这一理论。[16] 不仅是日本，美国也始终在宪法层面对"公共事务上的争论"给予坚定保护。例如，针对政府、公职人员职务行为的批评，即便是包含虚假事实的名誉毁损性表达，也会适用充分保护言论自由的"实际恶意"原则这一免责法理等。[17] 不过，日本并没有像美国那样采取直接的保护措施，例如，在政治家与大众媒体的名誉侵权诉讼中，日本法院常常会判决大众媒体支付高额损害赔偿，这些问题长久以来一直受人诟病。[18]

---

[15] 参见芦部信喜：《宪法（第6版）》，高桥和之补订，岩波书店2015年版，第175页；芦部信喜：《宪法学Ⅲ（增补版）》，有斐阁2000年版，第241、248—261页；野中俊彦等：《宪法Ⅰ（第5版）》有斐阁2012年版，中村睦男撰稿，第352—353页。

[16] 例如，除本章3.1中提及的判例外，还有最高法院2006年10月3日关于民事案件中媒体从业人员采访消息来源隐匿权的决定，载《民集》第60卷第8期，第2647页。其次，关于新闻机构刊发源自通信社的报道可以免责的判断框架，参见最高法院2011年4月28日判决，载《民集》第65卷第3期，第1499页（第3章）；该问题一直以来都与新闻发布服务的抗辩放在一起探讨。此外，还可参见《特定秘密保护法案》（2013年）第22条。

[17] 关于美国《宪法第一修正案》对公共问题的争论以及公众关心的公共事件的相关言论的保护，参见 e.g., New York Times Co.v. Sullivan, 376 U.S. 254, 270 (1964); Bartnicki v. Vopper, 532 U.S. 514, 534-535 (2001); Snyder v. Phelps, 562 U.S. 443, 451-461 (2011).

[18] 例如，参见浜田纯一：《针对政治家的名誉毁损》，载《法律时报》第69卷第13期（1997），第234页起。

作为政治性言论的选举活动确实能为国民参与国政提供判断材料。即便如此,日本却以确保选举公正、候选人之间的平等为由,在《公职选举法》(1950年)中作出了比其他国家更为严格的规定,如限定选举活动的期限(第129条),禁止对选民进行挨家挨户访问(第138条),禁止散发、张贴法律规定之外的文书、图画(第142条等)等。[19] 2013年日本对《公职选举法》进行了修订,虽然仅是很少一部分,但该修正案对在选举活动期间通过互联网网站以及电子邮件等方式散布文书、图画等行为进行了部分解禁(第142条之三、第142条之四等)。

随着对《公职选举法》的修订,作为诽谤中伤、假冒他人等行为的应对策略,2013年日本又对《关于特定电信服务提供者的损害赔偿责任的限制及发布者信息披露的法律》(2001年)(参见本书第12章)进行了修订。该修正案设立了特例,例如,当公职候选人等主动提出申请要求提供商采取措施以防止名誉侵害信息的发布传播(即删除该信息)的情形下,提供商询问信息发布者是否同意删除该信息的期限由通常情况下的"7天"缩短为"2天"等(第3条之二第1项)。

就像部分解禁网络选举活动一样,对于网络上的表达活动,在引入了与其他表达手段不同的特殊法律规制的情况下,即便是为了拓展表达自由,也要持续关注这种特殊规制在具体情形下是如何发挥作用的。就表达自由与作为其对抗利益的选举公正、候选人之间的平等、公职候选人的名誉等之间的调整而言,如果存在某种固有应对方法可以在互联网之外的情形继续维持其平衡,这也为我们提供了一次重新审视的机会,即在此传统制度转型之际是否可以说该维持平衡的固有方法是目前最好的解决方略呢?

---

[19] 其中,就《公职选举法》中禁止挨家挨户访问选民这一规定是否违反《宪法》第21条,对此一直存有质疑的声音。但最高法院始终支持该项规定合乎宪法(参见最高法院1981年7月21日判决,载《刑集》第35卷第5期,第568页;最高法院2008年1月28日判决,载《刑集》第293期,第11页等)。

4 支撑网络自由的主体间的相互作用
——从接收者、中间媒介者的视角出发

在本章 3.1 中,我们回顾了日本最高法院的相关判例,并对新闻机构作为表达发布者,其报道、采访的自由有益于实现作为接收者方的国民的知情权而具有特殊意义这一点进行了确认。特别是在互联网上信息传播的过程中,表达活动相关的多个主体之间的关系变得异常复杂。之所以这么说,是因为网络信息的发布者、接收者以及位于两者之间的中介媒体(intermediary)的存在形态及其作用,并不一定具有像 20 世纪 60 年代言论市场上大众媒体与普通国民那样被称作"发布者与接收者分离"的固化的单向关系。互联网上的这些主体之间有时相互有利害冲突,有时还能积极地进行跨境合作。[20] 因此,为了把握网络主体之间的相互作用,本章 4 中不仅会站在信息发布者的立场,还会从信息接收者及中间媒介者的视角出发,逐一进行探讨。

4.1 表达、信息接收方的自由与权利

首先,我们不仅就表达、信息发布方的自由,还会对接收方的自由是否包含在表达自由的宪法保障射程内予以确认。国际性基本权利保障条文中对此有着清晰肯定的表述。例如,《欧盟基本权利宪章》第 11 条在"表达和信息自由"条款中明确规定"人人均有权享有表达自由,此权利应包括保有意见之自由、接收与传播信息及思想之自由,而不受公权

---

[20] 例如,关于维基百科等和包括大众媒体、ISP 等在内的、与自己存在利害对立关系的多个主体之间,就披露 2010 年美国国防部外交电文等进行的跨境合作,参见 Yochai Benkler, "A Free Irresponsible Press", 46 *HARV. C. R.-C. L. L. REV.* 311, 313–315, 322–328, 395–397 (2011); Jack M. Balkin, "Old School/New School Speech Regulation", 127 *HARV. L. REV.* 2327–2329 (2014);马塞尔·罗森巴赫、霍尔格·斯塔克:《维基解密》,赤坂桃子等译,早川书房 2011 年版。

力干预与地域之限制"(同条第1款)。这里顺便提一下,随着《里斯本条约》于2009年生效,《欧盟基本权利宪章》也同时生效。近年来围绕该宪章对基本权利的具体保障,欧洲法院一直发挥着积极作用。这一点非常值得关注,我们将在后文中进行探讨。

关于表达、信息接收方的自由,日本《宪法》第21条的解释给予了肯定的回答。首先,在上文提及的1969年博多站案件决定中,最高法院大法庭首次使用了国民的"知情权"这一概念。不过在此案审判约一个月前,最高法院对翻译小说《恶德之荣》案件作出了判决。在该案判决的反对意见中,对接收方的"知悉自由"也进行了阐述。[21] 在翻译小说《恶德之荣》案中,是否应将具有艺术性、思想性价值的书籍认定为猥亵文书,并适用《刑法》第175条进行处罚曾引发争议。多数意见认为应当将之视为猥亵文书,不能免于处罚,然而反对意见却认为"读、听、看及知悉的自由"构成表达自由的表与里(田中法官)、应保护"欣赏文艺作品并享受其价值的自由"(色川法官),对认为有必要从"公共福祉"的角度出发对自由加以限制是理所应当的这一长期秉承的传统观点进行质疑。

而且,在之后的判例中,《宪法》第21条对表达自由的保障也包括对知悉自由的保障得到了最高法院的认可和支持。下面我们对这些判例进行简要回顾。首先,最高法院在上文提及的1989年法庭作记录案件判决中认为,"每个人都有自由接触并获取各种意见、知识、信息的机会。这种机会在每个人作为个体形成、发展自己的思想、人格,并在社会生活中反映出自己的思想、人格方面是不可或缺的;在民主主义社会中,对真实有效地确保思想及信息的自由传播、交流亦是非常必要的"。并进一步指出,从《宪法》第21条第1款所"规定的宗旨、目的出发,作为其派生原理必然会推导出接触并获取上述信息等的自由"。该案判决是对

---

[21] 最高法院大法庭1969年10月15日判决,载《刑集》第23卷第10期,第1239页。

1983年"淀号劫机报道涂黑案"判决㉒的继承,后者的主要争议点在于受羁押犯人是否拥有阅读报纸的自由。此外,1984年最高法院对是否应通过海关检查对猥亵物品进口实施管制作出最终裁定,认定该项管制措施合宪。不过,在判决理由阐述中引用了上文提及的博多站案件决定以及淀号劫机报道涂黑案件的判决,并明确表示对表达自由的保障"应解读为也包括对表达接收方知悉自由的保障"(最高法院大法庭1984年12月12日判决,载《民集》第38卷第12期,第1308页)。

4.2 过滤软件、检索引擎相关的信息自由与信息访问
——从欧洲法院关于著作权、"被遗忘权"的先行裁决出发

那么,第二个问题是在互联网上,对上述表达、信息相关接收方的权利、自由的保障具体有多大意义呢?最近,欧洲法院就《欧盟基本权利宪章》对基本权利的保障作出了触及该问题实质的判决,极具启发意义。

我们以2011年欧洲法院就"斯嘉丽·约翰逊(Scarlett Johansson——译者注)案"作出的先行裁决为例进行说明。本案的争议焦点在于为了防止共享文件造成著作权侵害,比利时的国内法院是否可以要求提供商全面引入网络过滤系统。欧洲法院在对欧盟相关指令进行解释的同时,作出了禁止比利时法院发布该命令的裁决。欧洲法院在阐述判决理由时,首先确认了要在《欧盟基本权利宪章》所规定的知识产权的权利(第17条第2款)与其他基本权利的保护之间保持公正的平衡(fair balance——译者注);并进一步指出该命令将不仅对提供商的经营自由(第16条)产生影响,还将涉及对网络服务用户个人数据进行保护的权利(第8条)以及接收、传递信息的自由(第11条)。而且,本案中的网络过滤系统无法在合法与非法信息内容之间做出确切的区分;虽然可以依照著作权制定法上的例外规定判断合法与否,但各成员国之间的例外

㉒ 最高法院大法庭1983年6月22日判决,载《民集》第37卷第5期,第793页。

规定也并不统一。基于上述原因,欧洲法院甚至认为该命令"或许会对信息自由带来潜在的伤害"[23]。

下面再举一个欧洲法院的判例。这是 2014 年就所谓的"被遗忘权"(right to be forgotten)进行的先行裁决。这一裁决对 1995 年制定的欧盟《个人数据保护指令》第 12 条"删除(erasure)的权利"以及第 14 条申诉的权利等进行了解释。其主旨在于,当通过搜索引擎检索个人姓名时,搜索结果所显示的链接信息不仅要合法公布,甚至要求只要链接网页还处于显示搜索结果的状态,检索引擎业者就负有删除该链接信息的义务。该判例还被视为对欧洲委员会、欧洲议会等长期讨论的个人数据保护新规第 17 条"被遗忘权"或称"删除的权利"等实质性内容的先行司法实践,在欧盟内外引发两极化讨论。[24]

特别是欧洲法院认为当个人数据与数据处理目的之间的关系"不适当、不相关,或已经不存在相关性,或超过必要限度"的情形下,可以依据欧

---

[23] The Court of Justice of the European Union(CJEU), Case C-70/10, Scarlet Extended SA v SABAM, (24 Nov.2011), at [43]-[54]. 这一先行裁决可以在欧洲法院官网(http://curia.europa.eu/)检索查询。下面就欧盟法的先行裁决(preliminary ruling——还可译为"初步裁决""先行判决")程序作一简要说明。当有关欧盟法解释的争议出现在本国受理案件的诉讼中时,欧盟成员国的国内法院会暂停诉讼程序,将出现争议的相关疑问事项委托给欧洲法院,并根据欧洲法院答复(先行裁决)恢复诉讼程序,直至最终作出判决。欧洲法院的先行裁决对提请成员国的国内法院具有约束力,因此对之后的类似案件具有重要意义。欧盟通过这一程序试图实现欧盟法的统一解释与适用(关于先行裁决程序,参见后文注[24]中所列文献)。此外,还可参见山口:《全球化信息环境中的著作权与表达自由之平衡》,载《中山信弘先生古稀纪念论文集 展翅飞翔——21 世纪知识产权法》,弘文堂 2015 年版,第 624—625 页。

[24] CJEU. Case C-131/12. Google Spain SL and Google Inc. v Agencia Española de Protección de Datos (AEPD) and Mario Costeja González (13 May 2014). 关于该先行裁决,目前可参见宍户常寿、门口正人、山口:《HOT issue 互联网上的表达自由与隐私——以检索引擎为中心》,载《Jurist》第 1484 期(2015),第 ii 页起;山口:《欧盟法中"被遗忘权"与搜索引擎运营商的个人数据删除义务——以 2014 年 5 月 13 日欧洲法院在谷歌西班牙案的先行裁决为线索》,载堀部政男编著:《信息通信法制之争议分析(〈NBL〉增刊第 153 期)》,商事法务 2015 年版,第 181—196 页。

盟《个人数据保护指令》第12条(b)项规定要求删除该数据。不过,值得注意的是,显示在检索结果中的信息会给数据主体(个人数据的所有权主体)"带来不利影响"(causes prejudice)并非"被遗忘权"的行使要件。㉕

对数据主体方来说,这一裁决赋予其一种实际且有效的解决问题的手段。而对于检索引擎运营方以及提供该检索结果的链接网页的"谷歌西班牙"案中报社运营方而言,如果确实造成名誉权、隐私权等的侵权,那还说得过去;即便在无法认定是否带来不利影响的情况下,若只要数据主体提出就可以要求检索引擎运营方从检索结果列表中删除该链接,尽管欧盟《个人数据保护指令》对数据主体本身的权利作出了明确规定,不过我们还是会产生以下疑问,本案中删除权所保护的具体利益是什么?本案中,欧洲法院认为随着数据主体的利益与其对抗利益——为数据主体提供服务的检索引擎运营商的经济利益以及"一般公众通过检索该数据主体的名字而访问相关信息的利益"之间的调整,也存在数据主体要求删除相关信息请求被驳回的情形。这虽然为我们提供了一定的启示,但围绕上述对抗利益之间的调整,今后将反复探索矫正㉖(关于日本检索服务运营商责任的判例,参见本书第12章5.2)。

在接下来的本章5中,我们不仅将探讨网络信息访问,还将把奠定互联网基础的网络基础设施相关的接入问题也纳入考察视野。

5 网络基础设施
——自由访问与互联网的中立性

在互联网上进行表达以及其他活动时,毫无疑问首先都要接入互联网。作为显示网络基础设施建设水平的互联网接入技术的高低会造成

㉕ CJEU. *Case C-131/12. Google Spain SL.* at [92]-[96],[99].

㉖ 关于上述对抗利益间的调整,参见 id. at [97]-[99]。还可参见上文注㉔中所列文献。

表达、信息自由在现实意义上的巨大差异。

我们先来回顾一下20世纪90年代中期之前的上网情况。例如,当时是通过固定线路电话拨号上网的,这样不仅通讯速度慢,而且实行从量制收费,上网费用高昂;网络上所能从事的活动以及上网时间都受到限制。接入互联网后,如果不能熟练使用,无论网络上的表达、信息如何丰富多彩,也根本享受不到互联网所带来的恩惠。在社会信息化进程不断加快的背景下,该如何消除所谓的"信息富人"与"信息穷人"之间的差距——数字鸿沟或信息落差这一问题呢?这成为当时包括日本在内的众多国家的政策性课题。[27]

与当时相比,近年来互联网的接入状况随着基础设施的改善以及上网终端的普及有了大幅改善。不过,随着无线宽带高速上网服务以及内容的不断充实,视频流媒体逐渐走进我们的生活;随着网络传送线路日益拥挤,又出现了互联网接入的新课题,围绕网络中立性或开放性(自由开放)的讨论在美国和欧洲各国如火如荼地展开。关于这一点,我们主要以美国的讨论为素材进行探讨。

5.1 宽带服务提供商与互联网业务提供商
——两者间的竞争关系及令人担忧之处

围绕网络中立性原则的争议主要在于提供高速宽带上网服务的提供商是否需要承担无论其来源、类型或接收装置、接收者如何,都必须无差别地将互联网上所有合法通信发送给消费者的义务。[28] 在当今互联网市场上,既有通过电缆调制解调器(Cable Modem, CM。Cable 是指有线电视网络;Modem 是调制解调器。平常用 Modem 通过电话

---

[27] 例如,《高度信息通信网络社会形成基本法》(2000年)第8条规定:积极消除"因地理条件制约、年龄、身体条件以及其他原因所造成的信息通信技术利用机会或利用能力上的差异"。

[28] See Recent Case, 127 *HARV. L. REV.* 2565; see also Tim Wu, "Network Neutrality, Broadband Discrimination," 2 *J. TELECOM. & HIGH TECH L.* 141 (2003).

线上网，而电缆调制解调器是在有线电视网络上用来上网的设备。——译者注）提供互联网接入服务的"宽带服务提供商"，也有像亚马逊（Amazon）、谷歌（Google）、优兔（YouTube）那样在网络前端提供内容、应用（App）或服务等的"互联网业务提供商"（edge provider——译者注）。网络中立争论源于上述两类提供商之间的竞争关系。特别是宽带服务提供商通过阻止客户中的最终使用者访问特定的互联网业务平台或通过降低上网质量，使自有内容或服务受到优惠待遇；或利用自己作为"看门人"（gate keeper——译者注）的垄断优势对特定互联网业务提供商征收更为高额的费用，我们一直担忧上述情况的出现。㉙

下面是一个实际发生的具体案例。麦迪逊河通信公司（Madison River Communications——译者注）是一家以电话线为传输介质的提供宽带上网——DSL 服务的公司，而 VoIP 是提供网络语音通话服务的应用软件。2005 年，该公司因封禁了 VoIP 软件的网络接入端口而被告上法庭。该案中，美国联邦通信委员会下达了同意判决，禁止麦迪逊河通信公司今后通过上述封禁等手段阻碍客户使用应用软件 VoIP。㉚

下面再看一个具体案例。康卡斯特（Comcast——译者注）是一家通过有线电视网络提供宽带上网服务的公司。该公司虽然未对包括 BT 下载（BitTorrent）在内的 P2P 下载软件的服务进行封禁，却以缓解网络拥堵为由对其服务进行干预，导致其传输速度变慢，从而引发诉讼纠纷。该案中，联邦通信委员会认为该公司的这种差异化的任意行为不能被视为对网络的合理管理，其做法损害了消费者使用应用软件访问自主选择内容的能力，并于 2008 年命令康卡斯特公司提交计划等以结束这种缺

㉙ See Verizon v. F.C.C. 740 F. 3d 623, 628–629, 645–649 (D. C. Cir. 2014).

㉚ *In re* Madison River Communications, LLC & Affiliated Companies. Order, 20 F.C.C. R. 4295 (2005).

乏合理性的网络管理。㉛ 不过，围绕联邦通信委员会对网络管理进行的上述规制是否合理又成为之后法庭审理的争论点。

5.2 联邦通信委员会的规制权限与公共承运人的分类

在联邦通信委员会针对康卡斯特公司的上述规制命令所引发的诉讼中，2010 年 4 月联邦上诉法院认为没有证据表明联邦通信委员会具有使该命令正当化的法定权限，因此判决撤销该命令。㉜ 而且，2010 年 12 月联邦通信委员会通过了《维护互联网开放性指令》㉝，在这项指令中颁布了宽带服务提供商必须遵循的三原则，即披露信息、禁止屏蔽、禁止不合理歧视原则。《维护互联网开放性指令》一出台，围绕着联邦通信委员会的管辖权限问题再次被提起诉讼。结果是，2014 年 1 月同一巡回区的联邦上诉法院撤销了禁止屏蔽和不合理歧视原则等部分原则，将其退回联邦通信委员会。

关于 2014 年联邦上诉法院判决理由中值得关注的地方，我们在这里列出以下三个要点：第一，就联邦通信委员会管理宽带服务提供商的上述网络管辖权限本身而言，依照《通信法》的相关规定进行了确认。㉞ 第二，联邦通信委员会制定维护互联网开放性原则的依据在于，存在宽带服务提供商凭借其作为"看门人"的优势限制互联网业务提供商通信的危险。对于联邦通信委员会的这一事实认定，联邦上诉法院基本持支持态度。尽管如此，联邦上诉法院还是撤销了维护互联网开放性的部分

㉛ *In re* Formal Complaint of Free Press & Public Knowledge Against Comcast Corp. for Secretly Degrading Peer-to-Peer Applications, Memorandum Opinion and Order, 23 F.C.C.R. 13028 (2008), at [1].[44]-[49].

㉜ Comcast Corp. v. F.C.C., 600 F. 3d 642. 644 (D.C.Cir. 2010); see also *Verizon*. 740 F. 3d at 628.

㉝ *In re* Preserving the Open Internet, Report and Order. 25 F.C.C.R. 17905 (2010).

㉞ *Verizon*, 740 F. 3d at 628, 635.更为具体的情况是，联邦上诉法院依据 1996 年《电信法》第 706 条（47 U.S.C. § 1302）肯定了联邦通信委员会的这一规制依据。该条款要求联邦通信委员会等应促进先进电信事业的普及。此外，1996 年《电信法》是对 1934 年《通信法》的修订。方便起见，本章使用《通信法》进行论述。

原则。关于取消部分原则的原因,就是第三个要点了。联邦通信委员会在行使其管辖权限时,既然宽带服务提供商在《通信法》的框架中并没有被划归到公共承运人的范围内,就不能要求宽带服务提供商承担作为公共承运人应当履行的义务,如上文提到过的禁止不合理歧视等。㉟

在上述状况下,对2014年联邦上诉法院判决理由中列出的三个要点反过来进行解释,即联邦通信委员会为了让宽带服务提供商履行上文提及的禁止歧视等原则,对传统规制分类重新审视,将网络宽带服务反过来划归到等同于公共承运人的电信服务的范围之内,这一选择具有现实意义。作出上述选择的正是联邦通信委员会于2015年2月通过的名为《保护和促进网络开放性》的管制新规(即《网络中立法案》——译者注)。该法案将固定和移动网络宽带服务重新划归为《通信法》第2编中的电信服务,对该法案所规定的公共承运人的大部分义务予以免除,并将宽带服务提供商的义务限定在一定范围内,明确禁止以下行为:封堵、限速(throttling)、付费优先(paid prioritization)等。㊱

5.3　谁在支撑实现表达自由的网络平台

不过,正如本章1.3中提及的那样,最近几十年以来对电信领域的规制明显呈现宽松趋势。在这种宽松的管制政策中,如果使用基于过去

㉟　Verizon,740 F. 3d at 628-635, 645-650. 下面就该法案的规制分类进行说明,《通信法》第2编中将其分为两大类,即提供电话等基本服务的"电信运营商"(telecommunication carriers)和提供包括网络接入服务在内的高级服务的"信息服务提供商",只有前者(电信运营商)被要求履行公共承运人的义务。在这一二元管控分类中,联邦通信委员会一直以来都将通过电缆调制解调器提供网络接入服务等主体视为后者,故此信息服务提供商无须履行公共承运人义务。

㊱　In re Protecting and Promoting the Open Internet, Report and Order on Remand, Declaratory Ruling, and Order, 30 F.C.C.R. 5601 (2015), at [307]-[308]; see e.g..47 C.F.R. §§8.5,8.7,8.9,8.11. 关于这一管制新规,相关宽带服务提供商要求停止实施新规的上诉被驳回。《网络中立法案》于2015年6月施行。不过,法案施行后,相关诉讼仍在联邦上诉法院审理之中。2016年6月,联邦上诉法院驳回了宽带服务提供商及行业协会提出的上诉,从而确认了联邦通信委员会在前一年通过的网络中立原则。

固定电话技术特征而引入的公共承运人这一分类,对有线电视、电话、无线等不加区分,统一要求宽带服务提供商承担一定法律义务,就要做好回答以下疑问的准备,即互联网平台已成为互联网业务提供商等自由发挥能量之地。那么相应的网络运营成本以及基础设施建设投资到底该由谁来承担呢？从承担公共承运人义务的宽带服务提供商的立场来看,自己作为私人享有登录用户的编辑权,限制这一裁量权的规制就好比"受到胁迫的言论";自己也应与报纸一样,享受不受政府监督的《宪法第一修正案》的保护。这一观点可以说是对只有在美国表达自由才会受到《宪法第一修正案》的优厚保护的反驳,振聋发聩,引人深思。㊲

针对上述观点,联邦通信委员会在通过上文提及的 2015 年的网络中立新规时,认为宽带服务提供商与其说是内容的发布者,不如说是供他人发表言论的传输渠道(conduit)。并进一步指出,即便是在涉及上述提供商作为言论发布者的权利的场合,该管制新规也属于内容中立性规制;即便接受违宪审查,也是基于中度审查基准下的审查;这是为了维护作为表达实施平台的互联网的开放性这一重要政府利益,因而是被允许实施的规制,并不违反《宪法第一修正案》。㊳

近年来,美国对电信领域的法律规制明显呈现出缓和态势。作为实现互联网中立性、开放性等目标价值的手段,放任市场自由竞争的边界何在？允许政府进行监管的切入点又在哪里？就此可以预见,在利益激烈冲突的当事人之间对之很难达成共识。即便是在日本,网上流通的信息量也在不断增加。在此趋势下,只有在具有一定合理性的情形下才会允许对特定应用软件和用户的通信进行限制(频带限制)。为判断这

㊲ 就宽带服务提供商基于美国《宪法第一修正案》提出的上述观点而言,参见 Susan Crawford, "First Amendment Common Sense", 127 HARV. L. REV. 2343, 2343-2344 (2014).

㊳ Protecting and Promoting the Open Internet, Repert and Order on Remand, Declaratory Rullng, and Order, 30 F.C.C.R. 5601 (2015), at [543]-[558].

一限制的合理区间,相关业者一直都在对指导大纲进行反复的自主修订。㊴ 不过,人们所担忧的情况已在欧美各国成为现实,并引发对自主规制界限的争论。有鉴于此,有必要对该课题展开进一步深入探讨。

结　语

在思考互联网上表达、信息自由与规制方式时,什么是我们所追求的呢？最后,我们再回到本章开头提出的问题,就本章的要点和结论作以简单总结。

在技术革新、世界全球化迅猛发展的今天,互联网的技术特征以及社会化功能都发生了巨大改变。我们不仅要从如何解释、适用现有法律来解决问题这一视角出发,还需要以下应对姿态,即再次追问人们想要通过互联网实现的价值、利益是什么？作为实现这些价值所采取的法律规制、自主规制、技术性手段等在相关多个主体之间的复杂的相互作用下所发挥的作用是否与我们的期待相符？对此要不断予以确认,有时甚至还要对此进行大胆的重新审视。过去印刷、放送、电信的相关法规曾受制于其技术特征,被禁锢在国境之内。因此,现在更需要我们通过与当时未能建立合作关系的国内外广泛关系主体积极展开合作,用独具匠心的思维重构网络法。

本章部分内容得到科研经费(项目号：25380131)的资助。

思考

互联网上可以自由进行的表达活动及信息流通,在使用互联网之外的表达手段时,受法律规制的具体案例有哪些？请查找一下相关案例。

㊴　例如,(一般社团法人)日本互联网提供商协会等:《关于频带限制运用标准的指针(修订版)》(2012年3月),参见http://www.jaipa.or.jp/other/bandwidth/1203_guidelines.pdf。

如果有的话,那么在这些案例中,为何会受到法律规制?请调查一下规制的法律依据。在此基础上,该规制依据是否具有说服力?请站在当前时点上,从规制依据所包含的价值、利益相对立的当事人双方各自的立场出发进行验证。而且,如何找到表达自由与法律规制之间的平衡点?是否存在哪些好的具体的改善方法?请大家开动脑筋、用心思考。

拓展阅读文献

松井茂记:《互联网的宪法学(新版)》,岩波书店2014年版。
冈本久道编:《互联网的法律问题》,新日本法规出版2013年版。
宇贺克也、长谷部恭男编:《信息法》,有斐阁2012年版。
驹村圭吾、铃木秀美编:《表达自由Ⅰ・Ⅱ》,尚学社2011年版。
浜田纯一:《信息法》,有斐阁1993年版。
山口淑子:《信息法的构造》,东京大学出版会2010年版。

第3章　互联网上的名誉毁损、隐私侵害

宍户　常寿

引　言

作为总务省的下属机构,违法、有害信息咨询中心从2009年开始运营。该咨询中心就互联网上传播的违法、有害信息,受理来自个人、企业、法务局等的咨询。总务省的统计显示①,该中心受理的咨询数量有逐年增加的趋势②,其中涉及名誉毁损、隐私侵害的咨询数量竟占到总咨询数量的将近一半。③ 为什么互联网上名誉毁损、隐私侵害会成为人们关注的问题呢?(也可参见本章1.2)

(1)互联网之外的表达、信息发布

以往表达、信息的发布主要由从事报纸、放送、出版、杂志等媒体工作的专业新闻记者、专职作家等来完成;除了借助互联网,一般人想要发布意见、信息,虽然并非不可能,却受到物理、时间上的制约,现实中难以

---

① 参见总务省:"安心、安全使用ICT服务研究会"报告书"关于应对互联网上个人信息、用户信息等的流通"(2015)以及该研究会"关于个人信息、客户信息使用的工作组(working group, WG——译者注)"第2次资料(http://www.soumu.go.jp/main_sosiki/kenkyu/ict_anshin/index.html)。

② 2010年度1206件,2011年度1544件,2012年度2111件,2013年度2840件,2014年度3400件。

③ 2013年度约占46.4%。具体分布如下:名誉毁损、信用受损24.8%,隐私侵害(有犯罪事实)9.5%,隐私侵害(照片、视频)6.0%,隐私侵害(住所、电话号码、邮箱)4.0%,肖像权、形象权2.1%。

实现。就新闻报道机构的内部组织架构或是新闻记者的伦理来讲,在发布意见、信息之前确认内容的真伪、检查稿件的适切性是理所当然的事情。一旦报道出现差错,就会引发同行专家的批评,从而导致撰稿人职业前景受损、发布媒体经营状况受损,进而会受到退出言论、信息市场的处罚,这些都是媒体从业者长期以来达成的共识。现在我们回顾过去就会发现,关于名誉毁损、隐私侵害的传统法理,是以这种"信息发布者与接收者相分离"状况下,发布者的能力以及当时的体制为基础逐步发展形成的。④

(2)互联网上的表达、信息发布

有别于传统媒体,互联网的发展,特别是借助博客、电子公告板(BBS——译者注)、社交网络服务(SNS)等的服务以及手机、智能手机等移动终端的普及,使在互联网上发表、接收意见、信息变得易如反掌。每个人都可以随时随地通过文字、声音、照片、视频等各种各样的方法,将自己的所见、所闻、所想发布在网络上。在互联网上传播的各种各样的表达、信息既能迅速扩散,反过来每个人也可以通过发表评论对其进行批判。由此,我们可以通过搜索引擎从众多网络用户参与形成的信息洪流中找到自己所需要的信息。无论是谁在何时基于何种目的进行表达、发布信息,互联网上的意见、信息都与上述背景毫无干系地不断传播扩散。结果就形成了以下倾向,借助网络之外的媒介无法发表的(甚至连想都不敢想的)意见、信息都可以在互联网上轻易地被发布。互联网在一定程度上保护了信息发布的匿名性,但也助长了人们随意发布信息的势头。

---

④ 参见宍户常寿:《新闻界》,载佐佐木弘通、宍户常寿编:《现代社会与宪法学》,弘文堂,近刊。该文的着眼点恰恰与本文相反,主要论述了互联网如何改变传统新闻界,这种改变又是如何影响报道、采访自由的。

（3）互联网的光与影

从表达自由这一视角来看，互联网的上述特征同时具有光与影两个侧面。即便是那些不愿意使用互联网之外的渠道对公共事务发表意见的个人，也可以借助互联网积极地表达个人意见、发布信息，通过与他人的交流来丰富自己的看法，或对公共舆论的形成贡献个人力量。上述网络活动非常有助于实现自我价值和自我统治的价值，而这两种价值正是保障表达自由的依据所在，因此必须要加以大力保护。（参见第 2 章 3.2）

另外，人们在网络上还可以未经任何深入思考或下定决心，只凭一时兴趣或心血来潮就发表伤害他人的意见、信息；而且这种意见、信息可以在瞬间传播扩散到全世界，因此受害人所遭受的伤害会不断扩大，并且会长期持续。这也是互联网另一副真实的样貌。

（4）名誉毁损、隐私侵害的传统法理与互联网特征

难道我们不应基于互联网的以上特性，从根本上对与名誉毁损、隐私侵害相关的传统法理进行重新审视吗？如果重视互联网积极的一面，将更有利于表达自由的进一步发展；相反，如果重视互联网消极的一面，可能会朝规制互联网的方向迈进。

不过，迄今为止我们一贯采取的应对方式是，一方面坚持将互联网以外世界所形成的传统法理适用于互联网（若线下是违法的，那么线上也是违法的）这一原则，另一方面探讨在个别情况下是否有必要对法理进行修正。这种应对方式看上去或许是暂时的补救之策。不过，我们尚处于无法看透互联网快速发展的可能性及其所造成的影响的阶段，可以说对于法学家而言，这种利用传统解决纠纷的固有框架来探索合适的规制方向的应对策略都是所谓的传统思维模式。

因此，首先我们有必要对以下事项进行确认，即在传统法理的前提下，应对互联网上的表达自由与名誉、隐私的对立要作出哪些具体调整

呢？在调整之际,应如何考虑互联网的特性？抑或对互联网的特性置之不理呢？本章在对上述问题进行确认的基础上,就是否有必要对传统法理进行修正,或从根本上重构新的法理这一问题,谈几点自己的看法。⑤

1 名誉毁损

1.1 传统法理

(1) 刑事、民事上的名誉毁损

《刑法》第230条第1款规定:"公然指摘事实、诋毁他人名誉者,无论事实与否,处三年以下徒刑、监禁或处五十万日元以下罚金。"未指摘具体事实而毁损他人名誉时,作为侮辱罪(《刑法》第231条)进行处罚(大审院1926年7月5日判决,载《刑集》第5卷,第303页)。

与此相对,《民法》第709条规定,"因故意或过失侵害他人权利或法律上被保护权益者,对由此产生的损害负有赔偿责任"。损害名誉行为被列入一般不法行为。现行《民法》第710条规定,因名誉侵害而应承担损害赔偿责任者,还应承担财产损害以外的赔偿责任。需要注意的是,民法上的不法行为与刑事上的不法行为不同,即便未公然指摘事实,亦可成立民事不法。即便指摘行为仅指向特定的人或仅表明个人意见而未指摘事实,都有可能作为名誉毁损而承担民事不法行为责任。而且,刑法中的名誉毁损是故意犯罪,而民法中即便是过失行为也会构成名誉毁损。

(a) 名誉之概念

所谓名誉是对人的品性、德行、声望、信用等人格价值的社会客观评

---

⑤ 就提供商针对互联网上名誉毁损、隐私侵害的应对举措而言,由提供商责任限制法指针等研究协调会制定的《提供商责任限制法 名誉毁损·隐私侵害相关指针(第3版补充修改)》(2014年12月)在实际操作中发挥着重要作用。

价,是受《宪法》第13条保护的人格权的一种(最高法院大法庭1986年6月11日判决,载《民集》第40卷第4期,第872页"北方杂志案件")。名誉感情是个人对自身人格价值的主观评价,不属于名誉的范畴。(最高法院1970年12月18日判决,载《民集》第24卷第13期,第2151页;参见《民法》第723条)。不过,需要注意的是,即便不构成名誉毁损,侵害名誉感情也会产生民法上的不法行为责任(最高法院2002年9月24日判决,载《判例时报》第1802期,第60页"小说《石头上游泳的鱼》案件")。

在名誉毁损中引发争议的是与特定个人或特定法人社会评价相关的名誉问题。(大审院1926年3月24日判决,载《刑集》第5卷,第117页)。以人种、民族、宗教、性别、性取向等为由,针对某一少数群体表达敌意、憎恶的言论就是所谓的歧视性言论(仇恨言论)。若歧视性言论仅针对集团内的所有人,尚未给个人带来具体损害,不构成名誉毁损。此外,曾发生过在街头宣传活动中,将活动现场上传至视频网站等,视频中的种族歧视言论给个人造成损害并构成名誉毁损的案例。该案中,法院依据《消除种族歧视公约》判决当事人赔付巨额损害赔偿金(京都地方法院2013年10月7日判决,载《判例时报》第2208期,第74页;大阪高等法院2014年7月8日判决,载《判例时报》第2232期,第34页)。

(b)社会评价降低

如果实施了造成他人名誉降低,即社会评价降低的行为,名誉毁损就会成立。这与受害人是否知晓他人对自己实施名誉毁损性表达无关。不过,名誉毁损罪属于亲告罪(《刑法》第232条)。

言论发表行为是否造成他人社会评价降低,是以一般读者的普遍关注及阅读方式为基准进行判断的(最高法院1956年7月20日判决,载《民集》第10卷第8期,第1059页)。例如,某报纸主要刊载吸引读者眼球的八卦新闻,并拥有与这一编辑方针相符的读者群。即便如此,当该报纸刊载降低他人社会评价内容的报道时名誉毁损亦成立。这是因为既然将该报纸的性质界定为新闻媒体,读者普遍会认为其报道也具有一定程度上的真实性,该报纸的编辑方针及对该报纸的一般性社会评价并不能左右名誉毁损是否成立(最高法院1997年5月27日判决,载《民集》第51卷第5期,第2009页"富士晚报案件")。

就电视节目中的指摘事实而言,是以一般观众的普遍关注及收看方式为基准判断是否构成名誉毁损的。电视节目的特点在于观众必须瞬时理解通过声音、图像不断传送过来的信息,因此判断时必须做到综合考虑,不仅要考虑节目的整体架构、出场人物的说话内容及滚动字幕,还要兼顾图像、声音等相关信息的内容,以及收看者对节目的总体印象等(最高法院2003年10月16日判决,载《民集》第57卷第9期,第1075页)。

就报纸、杂志的标题而言,不应单独地进行判断,而应结合报道本身,从整体的角度来判断是否构成名誉毁损(东京地方法院2007年12月5日判决,载《判例时报》第2003期,第62页)。此外,就报纸广告、悬挂广告中的标题而言,存在着不同的立场。有观点认为,人们在观看广告正文内容时常常会带有先入为主的观念,认为此类广告通常会省略词语,使用刺激、夸张性的表达方式,故不构成名誉毁损(东京高等法院2009年7月15日判决,载《判例时报》第2057期,第21页)。还有观点主张购买杂志阅读报道的读者中仅有一部分人会阅读广告,据此,认为应该抛开杂志报道本身,仅根据广告标题的内容来判断是否构成名誉毁损(东京地方法院2009年4月5日判决,载《判例Times》第1303期,第180页)。

(c)损害赔偿金的计算

在认定构成名誉毁损的情况下,抚慰金的数额取决于法院的裁量。法院会考虑事实审口头辩论终结前所产生的各种情况,包括因该名誉毁损之外的理由造成有关受害人的品性、德行、声望、信用等人格价值的社会评价进一步降低等(也就是说要排除造成社会评价降低的其他影响因素,方可确定名誉毁损的赔偿金额)事实来计算抚慰金的数额(上文最高法院1997年5月27日判决)。新闻媒体所造成的名誉毁损的损害赔偿金额一直以来广泛认可的都是100万日元。然而进入21世纪后,东京地方法庭2001年2月26日判决(载《判例Times》第1055期,第24页)判令报道女演员骚扰邻居的周刊赔付500万日元等,表明赔偿金额有不断高额化的倾向。从表达自由这一观点来看,这一倾向引发了争议。⑥

(2)名誉毁损与表达自由

如上所述,在传统法理中,针对名誉毁损可以追究其民事、刑事责任是理所当然的,名誉毁损性表达一直都被排除在宪法表达自由的保护范围之外(最高法院大法庭1956年7月4日判决,载《民集》第10卷第7期,第785页"道歉广告案件";最高法院1958年4月10日判决,载《刑集》第12卷第5期,第830页)。但是,对名誉毁损性表达的规制在历史上曾被用作对抨击当权者滥用权力的表达活动进行打压的手段。即便是在现在,批评政府、政策的行为可以作为对政治家个人的名誉毁损,批评商品和服务的行为可作为对企业名誉、信用的损害而追究其法律责任。然而,若这种追责行为得以广泛实施,对公共事项表达意见、发布相关信息将变得困难,国民的知情权也将蒙受重大损害。

因此,现在普遍认为,应以名誉毁损性表达也可受宪法保护为前提来调整表达自由与名誉权之间的对立。《刑法》第230条规定可以对真实表达进行处罚,这一点违反了《宪法》第21条;作为名誉毁损应当受到处罚的情形,仅限于可以证明表达发布者是基于故意、过失进行虚假表达的情形,真实性的举证责任应由追究表达发布者责任的一方承担。尤其是涉及公职者、名人等"公共人物"(public figure)的名誉毁损性表达,只要不能证明其具有"实际恶意",表达发布者就不应承担相应的法

---

⑥ 参见长谷川贞之、汤浅正敏、松嶋隆弘编著:《媒体造成的名誉毁损与损害赔偿》,三协法规出版2011年版,第89页起(长谷川贞之撰稿)。

律责任。⑦ 关于这一点,认为民事上的名誉毁损也应进行同样的考量的观点很有说服力。⑧ 不过,判例及众多学说一直试图通过《刑法》第230条之二的规定及其解释对表达自由与名誉权之间的对立进行调整。

(a) 真实性的证明

《刑法》第230条之二规定如下:

上条第一款之行为若涉及公共利益之事实,且认定其目的主要是谋求公益的场合,判断其事实是否真实,若真实可证,则免予处罚。

关于前款规定之适用情况,未被提起公诉之犯罪行为的相关事实均视为涉及公共利益之事实。

上条第一款之行为若涉及公务员或经公选之公务员候补者,判断其事实是否真实,若真实可证,则免予处罚。

上述规定源自《大日本帝国宪法》框架下的出版法、报纸法,在《日本国宪法》制定后的1947年修改刑法时被写入新刑法。现在该项规定被解读为旨在实现"协调对作为人格权的个人名誉之保护与《宪法》第21条对正当言论之保障"的条款(最高法院大法庭1969年6月25日判决,载《刑集》第23卷第7期,第975页"晚报和歌山案件")。

根据《刑法》第230条之二第1款之规定,即便表达行为符合名誉毁损的构成要件,只要可以认定该行为具备①事实的公共性;②目的的公益性,且表达发布者可以证明;③所指摘事实的真实性,就可以免于处罚。同样,民事上的名誉毁损行为在满足①—③要件的情形下,由于缺乏行为的违法性,不法行为不成立(最高法院1966年6月23日判决,载《民集》第20卷第5期,第1118页)。

---

⑦ "实际恶意"(actual malice)原则是指:就针对公职者的名誉毁损性表达而言,追究名誉毁损责任的原告方须证明被告明知为虚假表达而故意发布或贸然不顾其真实与否。该原则是美国最高法院在"纽约时报诉沙利文案"[New York Times Co. v. Sullivan (376 U. S. 254 (1964)]判决中确立的法理,被解读为对针对公职者及公众人物批评性言论自由要进行最大限度保护的认可。

⑧ 参见松井茂记:《互联网的宪法学(新版)》,岩波书店2014年版,第225页起。

就免责要件①而言,同条第 2 款将与提起公诉前犯罪行为有关的事实视为①;根据同条第 3 款之规定,当涉及公务员、公选候选人时,无论①、②是否成立,只要③成立,就可以免责。私生活上的事实属于个人隐私,原则上不具有公共性。不过,根据该人物所从事的社会活动之性质及通过社会活动对社会所造成的影响力之程度,有时也可以认定其具有公共性(最高法院 1981 年 4 月 16 日判决,载《刑集》第 35 卷第 3 期,第 84 页"月刊《pen》案件")。

就免责要件②而言,即便包含部分侮辱性、嘲笑性表达,若其主要动机在于公益性目的,就可以认定为目的具有公益性(东京地方法院 1983 年 6 月 10 日判决,载《判例时报》第 1084 期,第 37 页"月刊《pen》案件退回重审")。尤其是政党间的批评、评论,只要没有被认定为表达自由滥用之事实,就可认定其目的的公益性(最高法院 1987 年 4 月 24 日判决,载《民集》第 41 卷第 3 期,第 490 页)。

就免责要件③而言,实务中就什么是指摘事实这一问题产生争议的案件颇多。例如,在"有传言称……"这样的表达中所指摘的事实并不是该传言是否存在,而在于传言的内容这一事实是否真实(最高法院 1968 年 1 月 18 日判决,载《刑集》第 22 卷第 17 期)。只要可以证明指摘事实的重要部分是真实的,就可以认定其具有真实性(最高法院 1983 年 10 月 20 日判决,载《判例时报》第 1112 期,第 44 页)。此外,关于真实性证明的程度问题,有的案例就要求应通过严格证明达到"排除合理怀疑"的程度(东京地方法院 1974 年 11 月 5 日判决,载《判例时报》第 785 期,第 116 页)。对此有主张认为,要求被告人(表达发布者)作出与认定犯罪事实时对起诉方要求相同程度的证明,这一要求过于严格,证据只要达到优势证据的程度即可,这种观点也颇具说服力。真实性证明的基准点为事实审口头辩论终结之时(最高法院 2002 年 1 月 29 日判决,载《判例时报》第 1778 期,第 49 页)。

(b)相当性理论

如上所述,真实性的证明责任由表达发布者承担。不过,无法证明所言真实的表达发布者通常要承担名誉毁损的责任(例如,最高法院1959年5月7日判决,载《刑集》第13卷第5期,第641页)。作为对表达自由的保障,这是不充分的。这是因为人们在实施表达行为时通常无法确定自己能否在审判中证明所言真实;而且一旦自证失败,就要承担法律责任。这样一来,那些原本合法、可以进行的表达行为便会萎缩,发布者会变得谨言慎行(寒蝉效应)。

因此判例认为"即便是在不能证明《刑法》第230条之二第1款所规定的事实真实性的情形下,表达行为人误认为某事实是真实的,并且就其误信之事实,对照确切资料、依据可确认其存在相当的理由构成误信时,就应解读为不具有犯罪的故意,名誉毁损罪不成立"(上文最高法院大法庭1969年6月25日判决)。同理,如果民事上的名誉毁损行为存在相当的理由构成误信的话,可视为行为人缺乏故意或过失,不法行为不成立(上文最高法院1966年6月23日判决)。

实务中,误信的相当性是从是否依据"确切的资料、根据"才产生误信这一观点出发进行严格判断的。依据搜查机关公开发布的(最高法院1972年11月16日判决,载《民集》第26卷第9期,第1633页)以及法院在刑事案件中认定的事实(最高法院1999年10月26日判决,载《民集》第53卷第7期,第1313页)的误信行为,可以认定为具有相当性。但是,在此范围之外、缺乏查证采访、盲信单方信息的情形下的误信,都不认可其具有相当性。

有判例认为,新闻机构并没有特别的调查权限,却要进行及时迅速的报道,因此无须要求报道所依据的佐证资料具有高度的确切性,只要有足以让新闻机构认为报道大体上是真实合理的资料或依据即可(东京高等法院1978年9月28日判决,载《判例 Times》第372期,第85页)。另外,就民事审判而言,判例认可新闻机构对消息来源具有隐匿权。

(《民事诉讼法》第 197 条第 1 款第 3 项;最高法院 2006 年 10 月 3 日决定,载《民集》第 60 卷第 8 期,第 2647 页)。审判中,在新闻机构不能明确作为事实依据的采访对象的名字的情况下,即便主张自己的报道是有依据的,其误信行为也不会被认定为具有相当性(大阪地方法院 2013 年 4 月 26 日判决,未载入判例集)。就此情况而言,也有判例通过研读新闻机构提交的详细采访记录认定误信行为具有相当性(东京地方法院 2013 年 10 月 11 日判决,未载入判例集)。

如同上文所述,"相当性理论"本身并没有区分表达发布者是一般人还是新闻机构。不过,可以说实务中历来都以新闻机构为主导,重点关注新闻单位的采访活动是否是在充分获得"确切的资料、根据"的基础上展开的。

与证明信息的真实性不同,证明误信行为具有相当性是以误信行为发生时业已存在的资料为依据的(上文最高法院 2002 年 1 月 29 日判决)。

(c)通讯社发布的报道与相当性理论

通讯社采访国内外的新闻,然后将新闻资讯提供给加盟的报社等。它已经成为报社,特别是支撑地方报纸的基石。就通讯社提供给报社的新闻报道而言,报社并没有进行独立的采访而直接引用,如果该报道所指摘的事实并非真实,报社是不是没有主张自己的误信行为具有相当性的机会,一般都必须承担名誉毁损的责任呢?

关于这一点,最高法院 2002 年 1 月 29 日判决(载《民集》第 56 卷第 1 期,第 185 页)认为关于涉嫌犯罪的报道,即便是由通讯社提供的新闻资讯,可信性也尚未得到确立,据此否定了报社的误信行为具有相当性。与此相对,最高法院 2011 年 4 月 28 日判决(载《民集》第 65 卷第 3 期,第 1499 页)认为,在使用通讯社的报道体系中,并未预先设置获取新闻资讯的报社进行核实性采访的环节,而且这在现实中也是难以实现的;加之对新闻报道萎缩、国民知情权受损这一结果的担忧,故裁定报社与通讯社"具有报道主体的一体性";在此情形下,如果通讯社的误信行为具有相当性,那么也认可报社的误信行为同样具有相当性。

不过,需要注意的是,该判决并不意味着不管通讯社的误信行为是否具有相当性,仅凭报社从通讯社获得新闻资讯就可以免除自身责任(所谓特许权抗辩)。

(d)公正评论抗辩原则

发表意见、进行评论可以降低他人的社会评价。该行为既然未指摘事实,就不符合《刑法》第230条之二的构成要件,是否构成民法上的名誉毁损就成为唯一引发争议的问题。判例认为,若该行为涉及公共利益之事实,其主要目的在于谋求公益之场合,且可以证明意见、评论所依据事实的重要部分的真实性,只要没有脱离评论的范畴,如涉嫌人身攻击等,就可认定该行为缺乏违法性(最高法院1989年12月21日判决,载《民集》第43卷第12期,第2252页)。即便无法证明意见、评论所依据事实的真实性,只要所依据事实造成的误信行为具有相当性,都视为缺乏故意或过失,不法行为不成立(最高法院1997年9月9日判决,载《民集》第51卷第8期,第3804页)。

究竟是指摘事实所造成的名誉毁损,还是评论造成的名誉毁损,需要根据是否足以通过证据予以证明来进行判断(最高法院2004年7月15日判决,载《民集》第58卷第5期,第1615页)。

(e)恶意诉讼

以报复就公共事项所进行的表达活动为目的,企业等提起的、要求巨额赔偿的名誉侵权诉讼屡见不鲜。此类诉讼是一种"阻止公众参与的策略性诉讼"(Strategic Lawsuit Against Public Participation, SLAPP)。它对表达自由构成威胁,越来越受到重视。在美国,已有约30个州制定了《反SLAPP法》。⑨

在日本,接受审判的权利受宪法保护(《宪法》第32条)。在该条

---

⑨ 参见松井茂记:《表达自由与名誉毁损》,有斐阁2013年版,第403页起。

款的保护下,一般来说,可以判定所提起的民事诉讼属于针对当事人的违法行为的仅限于以下情形:在该诉讼中,起诉方主张的权利等不仅缺乏事实、法律依据,而且起诉人明知或一般人很容易得知该诉讼缺乏事实、法律依据却执意提起诉讼等,所提起的诉讼参照审判制度的宗旨、目的明显欠缺相当性(最高法院1988年1月26日判决,载《民集》第42卷第1期,第1页)。该法理之下也存在例外情况,也有表达发布者对名誉毁损诉讼原告提起反诉并获得成功的案例(东京地方法院2001年6月29日判决,载《判例Times》第1139期,第184页;高知地方法院2012年7月31日判决,载《判例Times》第1385期,第181页等)。

(f)特定救济

《民法》第723条规定:"对于损害他人名誉者,法院根据受害人之请求代替损害赔偿,或与损害赔偿一同,就恢复名誉可命令适当之处分。"所谓"适当之处分"包括在报纸等媒体上刊登道歉广告。判例认为,若"仅陈述事情真相,表达道歉之意",并不违反《宪法》第19条(上文最高法院大法庭1956年7月4日判决)。

名誉毁损性表达的受害人有权基于人格权要求行为人停止相关表达行为。不过,从《宪法》第21条的宗旨出发,"只有在符合严格且明确的法定要件下,方可允许"对表达行为进行事前限制。在针对公职选举候选人的评价、批评等场合,原则上不允许采用假处分程序事前禁止名誉毁损性表达行为。不过,在"表达内容明显不真实,或者已被证实主要目的明显并非出于公益,并且有使被害人遭受重大的、难以恢复的损害之虞的情况下",可作为例外允许进行事前禁止(上文最高法院大法庭1986年6月11日判决)。一般认为,"北方杂志案件"判决的基准明确了必须要满足比较严格的实体性、程序性要件,方可允许事前禁止名誉毁损性表达行为。[10]

---

[10] 此外,该判决认为,在假处分程序中,过去即便不给债务人主张举证的机会,也可将之作为例外而容许。不过,现阶段关于决定暂时状态之假处分,原则上必须经过口头辩论或对债务人进行审理调查方可适用(《民事保全法》第23条第4款)。

1.2 互联网上的名誉毁损

(1)互联网的特性与传统法理

由上可知,传统意义上名誉毁损的法理是在"信息发布者与接收者相分离"的状况下,设想信息传播者的能力而逐步构建起来的。关于互联网上的名誉毁损,是应该直接适用上述传统法理,还是对此进行修正呢？对此一直存在争议,而互联网所具有的以下特性逐渐成为争议的焦点。⑪

(a)互联网上表达的准确性、可信性

众所周知,互联网上的表达与传统新闻机构的报道不同,无法保证其准确性。因此,即便在互联网上进行名誉毁损性表达,也不见得接收者就会马上相信,从而造成社会评价的降低。鉴于此,与传统法理相比,在互联网上构成名誉毁损的情形难道不应当受到更为严格的限制吗？

另外,传统法理的射程并不只限于新闻机构所造成的名誉毁损,一直以来都有新闻机构以外的人被追究名誉毁损的法律责任的情形,这也是事实。而且,互联网上传播的也有以新闻机构在网页上发布的信息以及其他可信赖的信息为依据的表达。鉴于此,难道我们不应该对修正传统法理、限制名誉毁损的成立持谨慎态度吗？

(b)采取对抗性言论的可能性

如果认为重视保障表达自由的意义,"针对错误言论的有效的救济方法就是发表对抗性言论"(上文最高法院大法庭1986年6月11日判决,谷口正孝法官意见),只要主张名誉受损的当事人可以通过对抗性言论(more speech)恢复失去的名誉,就缺乏国家介入的必要性。一般认为,对抗性法理要具有合法性,必须满足以下条件:①主张名誉受损的当事人须与名誉毁损者具有相同程度的进入表达空间的机会;②当事人发表引发批评的言论后进入争论"空间"参与其中,须有在该"空间"实施

---

⑪ 参见松井茂记:《表达自由与名誉毁损》,有斐阁2013年版,第227页起。

批评当事人的名誉毁损性表达等行为事实。"实际恶意"原则不仅适用于对公职者的名誉毁损,还适用于针对公众人物的名誉毁损。这是因为公众人物拥有通过媒体维护自身名誉的渠道。

若认为"对抗言论"法理更加适用于互联网,特别是公告板、论坛上发生的名誉毁损,即便所指摘的事实不涉及公共利益,例如在公告板或主页上就争论议题发表个人看法等,可以说此时要求名誉受损者发表对抗性言论也并非不公正。有观点认为,在此类案例中可以容许适用"相当性理论"。[12][13]

如上所述,有观点认为在互联网上存在通过对抗言论恢复名誉的可能性。对此有批评指出,在互联网上反驳成功的可能性很小。此外,针对在某一网站上发布的名誉毁损表达,即便在其他网站等进行反击,也不见得会对恢复名誉产生实际影响。

(c)普通网民的表达机会

互联网为所有人提供了便捷表达的机会。大部分用户会根据在互联网上收集到的信息进行表达、发布信息。但是,上文提及的"相当性理论"要求依据"确切的资料、根据"来支持其误信行为具有相当性,在实务中要求新闻机构作适当的核实性采访。将这一传统法理直接适用于互联网,要求普通网络用户履行与新闻机构专业记者同样的注意义务,这不就等同于在实质上封杀了互联网上的表达行为吗?鉴于此,关

---

[12] 参见高桥和之:《互联网上的名誉损害与表达自由》,载高桥和之、松井茂记、铃木秀美编:《互联网与法(第4版)》,有斐阁2010年版,第64页起。此外,该立场认为,发表对抗性言论之目的在于将争论引向深入。因此,在毫无事实根据的中伤、再次反驳后依然反复发表同样内容进行人格攻击的情形下,不应当要求受害方使用对抗性言论恢复名誉(同书第68页)。

[13] 正如本章1.2(3)中的(c)中提及的那样,在不同的判例中,"对抗性言论"这一概念会用于不同的意思表达,例如:①如同本文介绍过的那样,以存在采取对抗性言论的可能性为由,扩大"相当性理论"的适用范围等;②以对抗性言论在现实中实施并富有成效为由,否定此类言论会造成社会性评价的降低;③作为对自身批评的反驳而发表言论批评对方(对抗性言论),否定这一反驳言论会造成对方社会性评价的降低。

于互联网上的名誉毁损,应当采用对表达行为加以更多保护的法理,如适用宽松的相当性法理、采用"实际恶意"原则等。

另外,虚假信息扩散迅速、匿名性受到一定程度的保护,这些都是互联网的特征。在此特征下,人们可以轻易地、不负责任地发布损害他人社会评价的表达。若考虑到由此所带来的二次伤害、三次伤害,互联网上的名誉毁损所造成的伤害也会非常严重。鉴于此,就互联网上的名誉毁损而言,不存在放宽传统"相当性理论"适用标准的理由。

(d)探讨

关于上述(a)(b)(c)中三种观点,强调互联网的特性要求对传统法理进行修正的探讨,以及对此持反对意见的看法都各具说服力,那么对此我们该作何思考呢?

针对修正传统法理这一看法,反驳意见(a)的核心在于互联网上的表达缺乏准确性和可信性不能一概而论;而反驳意见(c)的核心在于互联网上虚假信息容易迅速扩散。如果追根究底,(a)这一反驳意见的核心包含着与(c)相对立的契机。因此,综合来看,互联网上既存在准确性、可信性高的信息,还包含准确性、可信性低的信息;互联网上信息表达多样性的广度大于互联网以外的表达,这种认识似乎更为妥帖。

如果抱有上文刚提及的互联网上的表达更具多样性这一认识,那么重构传统法理就有一定道理。不过,关于如何重构存在不同的解决途径。传统法理原本给予名誉权过度的保护,对表达自由过于轻视。若以此评价为前提,那么就应该转换到对互联网上表达多样性持积极评价,对表达自由加以强力保护的法理上来。与此相对,如果持有在迄今为止的实务中,传统法理在表达自由与名誉权之间进行了合理调整这种评价,那么反倒应采取以下途径,即在兼顾互联网上表达多样性的前提下,灵活运用传统法理。

笔者对前一种解决方式产生强烈的共鸣。但是,现实中互联网上泛滥着数量众多的违法、有害信息。由此看来,因为是发布于互联网上的表达,就毫无例外地给予宪法上的强力保护,我们对此看法的担忧无法完全消除。因此认为,基于互联网之现状,为促进互联网更为健康地发展,恐怕应该采用后一种解决途径,例如,根据具体情形灵活判断是否构成名誉毁损、灵活运用相当性理论。另外,可以预见,一定会有人批评笔者的这种看法,特别是从刑事法的角度出发,会说这种解决方法模糊了名誉毁损罪的处罚范围。但是,真正的问题在于如何判断表达行为是否应受宪法的保护,以构成要件的明确性为由回避作出这一评价是不被容许的。⑭ 如果重视构成要件的明确性,反倒更应认真探讨在定义比较衡量的技巧时,如何将受宪法保护的表达从《刑法》第230条之二的构成要件中排除出去。

下面,我们就互联网上与名誉毁损相关的两个最高法院的判例展开探讨。

(2)"拉面连锁店案件"

(a)事实概要

X(被告人)是一名公司职员,对计算机通信(20世纪80年代后半期到90年代后半期在日本流行的,类似于互联网前身的一种会员制通信服务。使用专门软件、通过电话线拨号将个人电脑与主服务器相连,用户可以享受BBS、发送电子邮件等服务。——译者注)中由A主办的B团体成员与其批评者之间的互相攻击很感兴趣,于是在自己的主页上创立了"B观察会"。之后,X根据网络公告板上的帖文以及饮食加盟店"拉面C"店长的邮件,获得了以下信息:负责招募加盟店C并进行经营指导的D公司董事长是A的儿子,而B团体是D公司的母公司,于是加盟店C的销售额便成为B团体的活动资金;有受害人对D公司进行了巨额投资,结果遭受了财产上的损失。于是,X不断加大了对B团体的

---

⑭ 关于这一点,请回顾一下关于公务员政治行为处罚的堀越案件(最高法院2012年12月7日判决,载《刑集》第66卷第12期,第1337页)。

批评力度。而且，X 收到过自称是 B 团体相关人员等发送的数封威胁邮件，在 X 的公告板上还有人发帖暗示要杀掉他。

X 在 2002 年 10 月 18 日开始的近一个月的时间里，在自己的主页上发表系列文章，声称"你在'C'用餐时，饭费的 4%～5% 会成为邪教集团的收入"，并援引 D 公司说明会时的广告，指出无论是"以教主为宗教法人并充当代理商角色的右翼邪教组织'B'是母公司"，还是"在开设加盟连锁店时，强迫投资人将自住房屋作抵押担保"，这些在公司广告中都只字未提，只写了一些好听的话，如"可以拥有店铺、可以成为店长"。因此，D 公司以其指摘了"D 公司是邪教组织"等虚假事实，损害了本公司的声誉为由对 X 提起诉讼。

该团体被批评为邪教组织这一话题在网上引发热议，并最终发展为刑事案件，这就是拉面连锁店案的基本特征。

(b) 诉讼过程

一审（东京地方法院 2008 年 2 月 29 日判决，载《刑集》第 64 卷第 2 期，第 59 页）认为，X 所指摘的事实没有证据可以证明其真实性；仅从相当性理论出发，对被告的行为具有误信相当性不予认可。不过，考虑到任何人都可以轻易上网这一互联网的特征，以及人们普遍认为互联网上信息的可信性相对较低，故当出于公益目的就有关公共利益的事项发表名誉毁损性表达时，主审法院提出了一个新的判断标准，即"加害人明知自己所指摘的事实是不实信息却仍然在网上发布，或作为网络个人用户没有进行相应水平的调查，在无法确定信息真实性的情况下就在网上发布"，仅限于这两种情况，才会构成名誉毁损罪。本案中，法院认为 X 收集信息，已完成相应水平的调查，故下达了无罪判决。

而二审（东京高等法院 2009 年 1 月 30 日判决，载《刑集》第 64 卷第 2 期，第 93 页）认为，不能因为被告具有反驳的可能性就放宽免责的判断标准；而且，互联网上传播的信息未必都是可信度低的信息，应该适用传统的"相当性理论"，对被告 X 作出有罪判决，处 30 万日元的罚金。

针对二审判决结果，X 提起上诉。最高法院对于互联网上的名誉毁损如何进行判断引发各方关注。

（c）最高法院的判断

最高法院（最高法院 2010 年 3 月 15 日判决，载《刑集》第 64 卷第 2 期，第 1 页）作出如下陈述，驳回了 X 的上诉。

"首先，个人用户发布在网络上的信息，不能一概而论地解读为在读者看来是可信度较低的信息；在判断是否具有相当的理由时，应将其一概与个人使用其他表达手段之场合予以区别对待的依据并不存在。其次，发布在互联网上的信息可以在瞬间被不特定多数互联网用户浏览，由此所造成的名誉毁损之危害有时会非常严重，恢复已经受损的名誉绝非易事；就算在互联网上进行反驳，并不能保证可以完全恢复名誉。鉴于上述情况，在互联网个人用户实施表达行为之场合，应该与其他情形一样，针对表达行为实施者误信其所指摘的事实是真实信息这一情形，只有在参照确切的资料、根据，认为确实存在相当的理由构成误信的情况下，将其解读为名誉毁损罪不成立才是合理的，因此不能理解为应适用更为宽松的要件来否定该罪名的成立。"

（d）对"相当性理论"的探讨

一审从互联网表达的多样性出发，认为应当放宽"相当性理论"的标准。我们认为作出这一判断的背后隐藏的是乐观论立场（optimism——译者注），希望通过互联网上活跃的表达行为实现互联网的健康成长。

而最高法院与二审一样，采取的是互联网上的表达同样要适用"相当性理论"这一立场。作出这一判断的首要理由在于，不能一概而论地认为互联网上的表达都是可信度较低的信息。不过，就本案中被告人 X 所依据的互联网上的帖文等而言，法院认为其中也存在"不过是基于个人单方立场所写的内容"。由此，我们认为最高法院在有关互联网上表达多样性的认识上，实际上与一审并无太大差别。

反倒是最高法院在判断误信行为是否具有相当理由时要求必须参照确切的资料、根据的背后，正是出于对互联网上表达现状的忧虑。二审将这一点直接表述为"我们认为互联网上的表达行为今后会不断发展壮大，对表达内容的可信度要求会越来越高，由此真正的表达自由才会受到尊重"。

不过，为了提高互联网上表达的可信度，也并非一定要严格维持"相当性理论"这一固有法理。我们可以运用新闻媒体的特许权抗辩（Wire-service defense——译者注）这一想法，只要普通网络用户依据的是权威新闻机构的报道，就视为其参照了确切的资料、依据，从而认定其在网上的表达行为具有误信相当性。本案依据网上不可信信息进行表达引发了争议，而上述解释不仅可以与之相区分（distinguish），还照顾到了新闻机构的报道与普通网络用户进行表达的各自特点，从整体上扩大了表达自由，同时还有利于提高互联网上表达的可信度。当然，还存在一些值得探讨的问题，例如，如何判断新闻机构的可信度，是否仅限于直接浏览、引用新闻机构的报道等。但是，在这一方向上灵活运用传统法理，我们认为这是今后需要思考的课题。

本案中，"对抗言论"法理是否正确也是一个争议点。关于这一点，我们将与下面的判例一起展开探讨。

(3)"读卖新闻西部总社案件"

(a)事实概要与诉讼过程

本案中，Y（被告人）是一名自由新闻记者，在自己开设的网站上针对报社对报纸经销店的应对态度以及新闻业界的体制进行了批判性报道。该报道称，2008年3月1日，身为X_1（读卖新闻西部总社）法务室长的X_2等到访报刊经销店A，通知该店停止销售报纸，"并且拿走了准备夹在第二天晨报中的广告单等，该行为属于盗窃，X_2等在刑事诉讼中会成为被告"（以下简称为本案刊载内容）。然而，事实是拿走夹带广告单的并非到访的法务室长 X_2 等人,而是从事报纸夹带广告代理业务的 B 公司职员。他是在获得报刊经销店 A 的所长同意后,才拿走广告单的。因此,X_1、X_2 等以名誉毁损为由要求 Y 进行损害赔偿。

一审(埼玉地方法院 2009 年 10 月 16 日判决,未载入判例集)认为,"本案中,鉴于已经联系原告在涉事网站上对该报道予以驳斥,虽然这一做法不够充分",但考虑到"已经给予原告一定的反驳机会",故而不能认定该行为对两原告所造成的社会评价的降低,已经达到应予损害赔偿的程度。二审(东京高等法院 2010 年 4 月 27 日判决,未载入判例集)在结论部分采取了与一审相同的立场,驳回了 X_1 等的损害赔偿请求。因此,X_1 等上诉至最高法院。

(b)最高法院的判断

最高法院(最高法院 2012 年 3 月 23 日判决,载《判例时报》第 2147 期,第 61 页)认为,关于社会评价的降低,传统法理是以"普通读者的一般关注与阅读方法"为基准进行判定的;"本案涉事报道虽然刊载在互联网网站上,但是作为报道本身,"不"能认定普通读者会认为、评价该报道毫无可信性",包含本案刊载内容的报道显然导致了 X_1 等的社会评价降低。此外,本案刊载内容所指摘的事实并不真实,Y"只是主张自己相信了来自第三方的信息才在本案网站上刊载上述报道的,而第三方与 X_1 关系对立,双方曾上过法庭等。被告没有足够的事实来支持其相信本案刊载内容中所指摘的事实是真实的这一行为具有相当的理由"。因此,最高法院裁定撤销原判,发回原审法院重审。[关于重审,参见下文(4)中的(d)]

(c)围绕"对抗性言论"的判例

对此,我们可以认为,拉面连锁店案围绕是否修正"相当性理论"这一问题展开争论;而在读卖新闻西部总社案中,争议问题在于应如何看待互联网上表达行为所造成的社会评价降低。关于这一点,在以往的判例中,由计算机通信、电子公告板上的表达行为所引发的案件比比皆是。

例如,被告在电子公告板发帖称,原告在计算机通信中涉嫌非法使用ID。针对该发帖行为,东京地方法院1997年12月22日判决(载《判例时报》第1637期,第66页)认为,原告涉嫌非法使用ID的帖文已在该公告板中多次出现,嫌疑重大已成为共识;而且,原告对涉案帖文的反驳已发布在公告板里等。基于上述事实,法院判定被告的发帖行为并未导致原告的社会评价下降。

在Nifty-Serve"现代思想论坛"案件⑮中,Nifty-Serve为方便会员之间交换意见开设了公共论坛(电子会议室),原告在另外一个关于女权主义的论坛中积极发言而招致被告的批评,被告批评原告的帖文是否构成名誉毁损成为本案的争议焦点。一审(东京地方法院1997年5月26日判决,载《判例时报》第1610期,第22页)认为,被告的帖文"带有强烈的对原告进行个人攻击的色彩,足以造成原告社会名誉的降低",故判定被告名誉毁损成立。而二审(东京高等法院2001年9月5日判决,载《判例时报》第1786期,第80页)仅认定有关原告犯有杀死婴儿以及非法滞留等罪行内容的帖文会造成其社会评价的降低,除此之外的帖文不构成名誉毁损。同时法院指出,即便是言论市场也不容许那些不含佐证主张、不含反驳对方主张意思的发言出现,同时也否定了回击谩骂的价值。从对抗性言论这一观点来看,该案所采取的"重视发言行为实施的具体场景的处理思路"值得称道。⑯

Nifty-Serve"书与杂志论坛案件"一审(东京地方法院2001年8月27日判决,载《判例时报》第1778期,第90页)指出,考虑到计算机通信论坛的特征,应当在综合考量"该言论的具体原委、相关语境、受害人的反驳等情况的基础上,以参与计算机通信的普通读者为基

---

⑮ 本案具体经过详见Nifty诉讼研究会主编的《反驳——网络上的言论自由与责任》,光芒社2000年版。关于提供商的责任,参见本书第12章。

⑯ 参见高桥和之:《互联网上的名誉损害与表达自由》,载高桥和之、松井茂记、铃木秀美编:《互联网与法(第4版)》,有斐阁2010年版,第70页。

准,判定该发言是否具有导致他人社会评价降低的风险,或能否作为对抗性言论豁免其违法性"。法院进一步指出,基于原告在现实中已经作了充分恰当的反驳,故判定被告在论坛中的帖文并未造成原告社会评价的降低。

与此相反,匿名电子公告板"2-channel(简称"2ch",日本著名网络论坛——译者注)"的管理者因为没有删除带有名誉毁损性质的发言而被告上法庭,该案并未采用"对抗言论"法理。例如,"2-channel(动物医院)案"二审(东京高等法院2002年12月25日判决,载《判例时报》第1816期,第52页)认为,对"隐藏在匿名这一隐身衣之后,对自己的发言不想负任何责任并以此为前提的发言"者,不能说"请用言论与之对抗"。而且,原告在使用公告板时,在本案公告板中并未发表能够引发他人对自己进行攻击的言论,故认定被告名誉毁损成立。东京地方法院2003年7月17日判决(载《判例时报》第1869期,第46页)也指出,该公告板缺乏对等交流的前提,尚处于无法通过反驳就能阻止社会评价降低之状况,据此命令该论坛管理者删除名誉毁损性表达。

在另一起有关匿名公告板的案件中,东京地方法院2008年10月1日判决(载《判例时报》第2034期,第60页)指出,普遍认为当反驳奏效的情形下就不能认定社会评价降低;在争论中,只要由对方所引发的名誉毁损性言论在对抗性言论所容许的范围内,其违法性就会得到豁免。虽然法院对此看法持认同态度,但是"互联网公告板上的发布行为与当事人之间面对面的争论不同,当事人双方的言论与言论之间在时间间隔上留有介入的余地;不过公告板浏览者每个人的阅读目的、频度以及次数都不同,因此浏览者未必会对那些针对名誉毁损性言论发布方的反驳(对抗性言论)"进行确认,据此认定不应要求原告在本案公告板上进行反驳,公告板的管理者应当承担未删除名誉毁损性表达的法律责任。

(d)对"对抗言论"法理的探讨

如果对过往的判例进行概观,我们可以整理出以下内容:涉及计算机通信、电子会议室时,"对抗言论"法理具有妥当的一面;然而就匿名告示板而言,则无法认可其妥当性。而在拉面连锁店案件和读卖新闻西部总社案中,个人创建的网页上的表达行为成为争议问题。

其中,在拉面连锁店案中,一审采用了"对抗言论"法理,鉴于受害人事前发布过的信息曾引发名誉毁损性表达等"特殊情况"的存在,采取了应当宽松适用相当性理论的立场。与此相对,最高法院认为"在互联网上进行反驳,并不能保证可以完全恢复名誉",二审中曾就此详细举出以下几点:①无法要求那些不知道名誉毁损性表达存在的受害人进行反驳;②有时受害人会担心引发名誉毁损性表达的扩散,故而不做反驳;③针对匿名表达,有时难以进行切实有效的反驳;④浏览名誉毁损性表达的第三人看到受害人反驳的概率未必高。

二审中的上述观点本身的确具有说服力。不过,从"对抗言论"法理来看,就②而言,可能会招致以下批评,即受害人身处自己所引发的批评声浪之中,在本应进行反驳的场合,逃避反驳而选择诉诸法庭,该行为违反了表达自由的精神。即便就③而言,在需要受害方进行反驳的情况下,反驳是否奏效要视争论发展的具体情况而定,包括是否可以很好地阐述自己的观点。如果在对等公平的情形下展开论战,仍无法进行有效的反击,那属于受害人自身的责任,这就是由"对抗言论"法理推衍出来的最终结论。由此,笔者认为可以这样理解,即便二审及最高法院的指摘对"对抗言论"法理的适用范围进行限制,也并非对那些将这一法理引入电子会议室等场合的案例的否定。

那么,关于"拉面连锁店案件"和"读卖新闻西部总社案件",是否应该适用"对抗言论"法理呢?这两个案件中的当事人并不是在互联网上的同一个"空间"内展开论战的。下面要讲的情况也与①、④相关,互联网上每天都有数量庞大的网站创建、更新,对这些网页检查后逐一加以驳斥,即便对大企业而言,这也是沉重的负担;受害人即便在自己的网页上进行反驳,浏览过名誉毁损性表达的人也未必会看到[与东京地方法院2007年5月31日判决(未载入判例集)宗旨相同]。关于读卖新闻西部总社案,也有可能招致以下批评,既然是新闻机构,又是日本主流报社,就应该进行反驳。但是,面对批评,承担公共责任的报社使用自家报纸的版面进行反驳,这种做法本身就存在问题。综上所述,可以得出如下结论:即便是网页上的名誉毁损行为,适用"应当使用言论进行对抗"这一原则也并不妥当。

另外,上文讲过,在拉面连锁店案件中X与B之间,以及在读卖新闻西部总社案件中对新闻销售方式提出批评的Y与X_1之间,在引发争议的文章刊载之前,曾有过相当激烈的交锋过程。笔者认为,鉴于以上特殊情况的存在,上述两起案件,并非应适用"相当性理论"的情形,反倒应该在名誉毁损尚未成立的阶段,灵活运用"对抗言论"法理,在最高法院确立的以"普通读者的一般关注与阅读方法"为基准的传统法理的框架内,根据争论的语境展开具体探讨。

笔者认为,如果以上述两个最高法院的判例为前提,将"对抗言论"法理适用于博客、SNS并不妥当。不过,还是应当具体把握博客、SNS的特征,倘若在其事实上像电子会议室一样运作并引发论战的情况下,也存在认定未造成事实上的社会评价降低,或灵活适用"相当性理论"等的可能。

(4)其他观点

下面,我们谈一下有关互联网上名誉毁损的其他观点。

(a)特定性

在互联网上,人们基本上不会使用自己的真实姓名,而是使用网名、用户名、虚拟身份等发表言论、享用服务。若发表言论造成网名的使用主体等的评价降低,受害对象指向特定的个人,且在特定范围内大家都知晓其身份,则名誉毁损成立(上文东京地方法院1997年5月26日判决)。关于通称名,使用网络平台对此进行名誉毁损性言论攻击的情形亦相同（东京地方法院 2003 年 6 月 25 日判决，载《判例时报》第 1869 期，第 54 页）。

（b）名誉毁损的成立期限

当造成他人社会评价降低的表达上传到网上并处于普通用户都可以浏览的状态时，互联网上的名誉侵权即成立，与名誉受损人是否知晓表达已发布在网上无关。不过，只要相关表达处于用户可以浏览的状态下，就视为名誉毁损处于持续状态，不计算在诉讼时效之内（大阪高等法院 2004 年 4 月 22 日判决，载《判例 Times》第 1169 期，第 316 页）。

（c）超级链接

设置超级链接标记是互联网上名誉毁损存在的特殊问题之一。不难想象，面对带有超级链接的报道，读者会去浏览该链接内容。表达发布者有意通过设置超级链接的方式将其所链接的报道纳入自己的发布内容。因此，有的判例将插入链接的报道与所链接的内容视为一体，判定名誉毁损成立（东京高等法院 2012 年 4 月 18 日判决，未载入判例集）。

（d）损害赔偿金额的计算

上文讲过，名誉毁损抚慰金的数额取决于法院的裁量。关于这一点，读卖新闻西部总社案发回重审裁定（东京高等法院 2012 年 8 月 29 日判决，载《判例时报》第 2189 期，第 63 页）中指出，"损害赔偿金额的计算应综合考虑诸多因素，个别具体地进行判断，如名誉毁损的内容、表达的实施手段与场景、传播范围与样态、发展到散布的过程、加害人的身份、受害人的身份、受害人所遭受的不利益的内容和程度、名誉恢复的可能性等"，而且发布在网页上有可能会造成巨大的伤害；再考虑到在网络上停留的时间、点击数等因素，命令 Y 分别赔偿 X_1 40 万日元、X_2 等每人 20 万日元。

新闻机构网站上刊载的报道大多转载自其他新闻媒体。因此，涉案报道及原发媒体报道同时因名誉毁损被诉诸法庭，损害赔偿金额也要一同确定(奈良地方法院 2013 年 1 月 17 日判决,未载入判例集;东京地方法院 2014 年 3 月 4 日判决,载《判例时报》第 2225 期,第 83 页)。

(e)特定救济

互联网上的道歉公告、停止侵权也应依据传统法理进行判断。而且,当网站上刊载名誉毁损性表达时,作为恢复名誉的措施,法院往往会判令删除相关表达。

就道歉公告而言,图书(并未在网络上发表)引起的一则名誉毁损判例颇受关注。该案中,作为恢复名誉的"适当措施",法院判令在作者及出版社的网站首页刊登为期一个月的道歉公告(东京地方法院 2001 年 12 月 25 日判决,载《判例时报》第 1792 期,第 79 页)。最近,某周刊及其网站刊载了某政治家曾是原黑社会组织暴力团头目的情人的报道。对此,作为恢复名誉的措施,法院不仅判令该周刊删除网页上的相关报道、在周刊上刊登一次道歉公告,还特别要求在其网站上发布为期一年的道歉公告(东京地方法院 2015 年 5 月 27 日判决,未载入判例集)。

2 个人隐私、肖像权侵害

2.1 传统法理

(1)表达行为造成的隐私侵害

(a)个人隐私之概念

隐私权是在报纸杂志发达的 20 世纪初,在美国作为"独处的权利(right to be let alone)"被提出来的。随着不法行为法(或可称为侵权行为法——译者注)相关判例的发展,侵犯隐私权案件可整理为以下四种类型:①盗用他人姓名或肖像;②侵入他人私生活;③曝光他人私生活;④引发公众误解的公开行为。随着信息化社会的发展,将隐私权解释为

"对个人信息的自我控制权"这一观点得到越来越多人的认可。⑰

日本在"小说《盛宴之后》案件"一审(东京地方法院1964年9月28日判决,载《下级法院民事判例集》第15卷第9期,第2317页)判决中,也将个人隐私视为"个人私生活不被他人随意公开的法律保障及权利"。在当今大众媒体发达的社会里,它是保持公民个人尊严(《宪法》第13条)、保障追求幸福的权利所不可或缺的,是在不法行为法上受保护的人格利益,从而使隐私权作为一种"新人权"得以确立。(参见第11章)

(b)表达自由与个人隐私的调整

侵犯个人隐私的行为形形色色。不过,在追究表达行为所造成的隐私侵害的法律责任时,如曝光他人私生活等,在个人隐私与表达自由的关系上就会产生问题。现阶段并没有处罚侵犯隐私表达行为的规定。因此,只能在不法行为法的框架内,在表达自由与隐私权之间进行调整。

在上文提及的小说《盛宴之后》案件中,一审法院认定被公开的内容属于以下情形的,构成隐私权侵害:①私生活上的事实,或有被认为是私生活上的事实之虞;②以一般人的感受为基准不愿公开该事实;③该事实未被一般人所知,由于该事实的公开,让人切实感受到不快、不安。而本案事实符合上述标准,故法院判定纪实小说《盛宴之后》构成对原告隐私权的侵害。最近还有一则判例,依照上述基准裁定关于某著名职业足球运动员的报道中,与足球竞技无直接关联的、对其出生情况、家庭构成等的描述侵害了当事人的隐私权(东京地方法院2000年2月29日判决,载《判例时报》第1715期,第76页)。

对此,在原告因被实名报道犯罪前科而要求损害赔偿的案件中,最

---

⑰ 曾发生过饮食店经营者以侵害为由要求美食佳饮网站(Tabelog——译者注)运营者删除店铺信息等的案例。负责审理该案的法院并不认可权利、利益意义上的"信息控制权",即经营者根据本人意志自由选择店铺相关信息公开与否的权利(大阪地方法院2015年2月23日判决,未载入判例集)。

高法院在判决中明确了以下观点(最高法院 1994 年 2 月 8 日判决,载《民集》第 48 卷第 2 期,第 149 页"纪实文学《逆转》案件"):"必须承认,就前科等相关事实而言,既存在不予公开的利益值得法律保护的情形,同时还存在应予公开的情形,因此在作品中实名公开与某人犯罪前科等相关的事实,该行为是否构成不法行为,应参照该作品的目的、性质等对实名报道的意义及必要性进行综合判断。此外,进行综合判断时,不仅要考虑有前科者今后的生活状况,还要顾及案件本身所具有的历史、社会意义、案件当事人的重要性、该当事人的社会活动及其影响力。当不公开前科等相关事实的法律利益大于公开之时,有前科者可以就该公开行为所造成的精神痛苦要求损害赔偿。"

该案之后的判例认为"关于个人隐私侵害,应就不公开相关事实的法律利益与公开理由进行衡量比较。当前者的利益更大时,不法行为成立",从而明确了表达行为所造成的隐私侵害普遍适用个别比较衡量的判断模式。而且,当同一表达同时侵犯名誉权和隐私权时,应"根据被侵害利益的不同,审理违法性阻却事由是否存在等,进行个别具体的判断"(最高法院 2003 年 3 月 14 日判决,载《民集》第 57 卷第 3 期,第 229 页"长良川案件")。⑱

有的判例指出,在进行个别比较衡量时应考虑以下因素:①就报道而言,该报道的意图与目的、结合意图与目的公开个人私生活上的事实以及个人信息的意义乃至必要性、获取信息手段的合法性与相当性、报道内容的真实性、可能推断出当事人的报道方式、表达方式的相当性等;②就隐私侵害而言,被曝光的私生活上的事实以及个人信息的种类与内容、当事人的社会地位与影响力、当事人由于相关信息的公开而实际受

---

⑱ 该案中,周刊对少年(案发当时)杀人案件进行了报道,该报道引发了争议。除名誉毁损、隐私侵害之外,涉案报道是否还违反《少年法》第 61 条规定的禁止进行足以识别身份的报道,是否侵害少年成长发展权呢? 对此,最高法院认定该报道并不属于足以识别少年身份的报道。认为《少年法》第 61 条违宪的主张也很有说服力。参见松井茂记:《为什么不允许对少年案件进行实名报道》,日本评论社 2000 年版。

到的不利益的状况与程度等[东京高等法院2001年7月18日判决,载《判例时报》第1751期,第75页"'长腿叔叔'(日本民间孤儿救助团体——译者注)"公益法人专职理事案件]。不过,若进行个别比较衡量时考虑上述诸多因素,会对表达自由产生过强的"寒蝉效应"。

(c)正当的社会关注问题

关于公共人物私生活上的行为,诸如某大型消费者金融机构会长住院(东京地方法院1990年5月22日判决,载《判例时报》第1357期,第93页)、电视节目的常驻律师出入风月场所(东京地方法院2004年2月19日,载法院网站)等,有判例认为上述事实属于"公众的正当关注问题",并从这一观点出发判定表达自由优先于个人隐私;相反,某周刊对前著名企业代表在夫妻间私生活上的严重矛盾进行了报道,法院认为"原告已经不属于公共人物,不再具有社会影响力,因此私生活上的行为'不'能认定为正当的社会关注问题",故认定该报道构成对原告隐私权的侵害(东京地方法院2001年10月5日判决,载《判例时报》第1790期,第131页)。

此外,某月刊杂志对街头随机杀人案件中的行凶少年(案发时)进行了实名报道,遂被告上法庭。该判例认为"就犯罪嫌疑人而言,因犯罪的内容、性质的不同,当与犯罪事实相关时,犯罪嫌疑人的隐私也会成为正当的社会关注问题",从而裁定该报道不构成侵犯隐私(大阪高等法院2000年2月29日判决,载《判例时报》第1710期,第121页"堺市街头随机杀人案件")。

从以上判例,我们可以作出如下解读:关于自愿选择将自己置于公众视线之下的政治家以及政府官员、知名人士,从确保对其政治、社会活动监督的立场出发,对一般公众而言,他们私生活上的行为属于"正当的社会关注问题",有时会对其隐私权的保护进行适当限制以保障表达自由。

(d)纪实小说引发的隐私侵害

小说《盛宴之后》案件之后,与使用假名、匿名表达所造成的名誉毁损一样,若可以将特定个人锁定为原型人物,会发生隐私侵害(东京高等法院 2001 年 2 月 15 日判决,载《判例时报》第 1741 期,第 68 页"小说《石头上游泳的鱼》案件二审")。[19] 不过,也有判例认为,即便是以现实人物为素材进行创作,但这都是作者发挥艺术想象力创作出来的作品,会让人认为其内容是虚构的,故认定不构成隐私权侵害(东京地方法院 1995 年 5 月 19 日判决,载《判例时报》第 1550 期,第 49 页)。

(e)保护姓名、住址等的必要性

普遍观点认为属于个人隐私的信息可分为思想、信仰等与个人道德自律存在相关性的信息(个人隐私固有信息、敏感信息)[20]以及其他信息,法律对两者的保护程度不同。就这一点而言,我们认为像姓名、住址这样可以简单识别的特定个人信息,作为个人隐私受保护的必要性较弱,表达自由才是更应受到保护的权利。不过,有判例认为,刊登了艺人等的住址、电话号码等的图书是对其享受私生活上的安宁这一人格权的侵害,故下达了出版限制令(神户地方法院尼崎支部 1997 年 2 月 12 日决定,载《判例时报》第 1604 期,第 127 页;东京地方法院 1997 年 6 月 23 日判决,载《判例时报》第 1618 期,第 97 页;东京地方法院 1998 年 11 月 30 日判决,载《判例时报》第 1686 期,第 68 页)。

(f)禁止侵权

个人隐私一旦受到侵害,往往难以恢复。因此,普遍认为,与名誉毁

---

[19] 在这一点上,名誉毁损亦是如此(参见大阪高等法院 1997 年 10 月 8 日判决,载《判例时报》第 1631 期,第 80 页)。

[20] 此外,在 2015 年 9 月颁布的《个人信息保护法》修正案中将"需要特别留意的个人信息"定义为包含以下内容的个人信息,即个人种族、信仰、社会身份、医疗记录、犯罪记录、因犯罪而受到的伤害及其他为避免诸如对个人的不当歧视、偏见等、会对个人利益造成损害的、在政令中规定需要予以特别处理的信息(《个人信息保护法》第 2 条第 3 款)。原则上禁止未经本人同意获取此类信息;并对未经本人同意向第三人提供所持有的个人信息进行了限制(同第 17 条第 2 款、第 23 条第 2 款)。不过,考虑到表达自由,新闻机构公开报道时所需要的特别留意的个人信息等情形被排除在获取限制之外(同第 17 条第 2 款第 5 项)。

损的情形相比,针对表达行为造成的个人隐私侵害,责令停止侵害的适用范围更广。不过,问题在于下达禁令的判断基准是什么。

在"电影《厄洛斯+虐杀》案"一审(东京地方法院1970年3月14日决定,载《判例时报》第586期,第41页)中,就通过假处分以确保隐私权不受侵害而言,从《宪法》第21条保障表达自由、禁止检阅的精神出发,法院认为只有在隐私权侵害具有高度违法性的情况下才可以认可停止侵害请求权。对此,该案二审(东京高等法院1970年4月13日决定,载《判例时报》第587期,第31页)认为应采用个别比较衡量的判断基准。

最高法院在"小说《石头上游泳的鱼》案件"的判决(上文最高法院2002年9月24日判决)中指出,该小说不仅侵犯了个人隐私,还对名誉、名誉感情造成了侵害,因此"本案小说的出版等有给被上诉人带来重大且难以恢复的损害之虞",经过利益衡量对原审法院对本案小说下达出版禁令这一做法予以认可,维持原判(上文东京高等法院2001年2月15日判决)。不过,法院并未对这一判决的判断基准作出明确说明。

某周刊杂志对政治家的长女离婚进行了报道,法院以该报道侵犯隐私为由下达了停止销售的假处分裁定,周刊杂志对此提出申诉。该案中,东京高等法院认定涉案报道符合以下三个要件:①并未涉及公共利益之事实;②显然并非出于主要谋求公益之目的;③被侵权人有受到重大且明显难以恢复的损害之虞,据此驳回了申诉(东京高等法院2004年3月31日决定,载《判例时报》第1865期,第12页"《周刊文春》案件")。有观点对此给予好评,认为这一判断构架是将针对名誉毁损性表达的停止侵害的相关法理转用于个人隐私,相较个别比较衡量而言,具有更好的可预测性。

(2)肖像权侵害

(a)肖像权之概念

作为私生活上的自由(《宪法》第13条)之一,个人享有未经本人许可不得拍摄其容貌等的自由(最高法院大法庭1969年12月24日判决,载

《刑集》第 23 卷第 12 期,第 1625 页"京都府学联案件")。私法上将这一自由(肖像权)作为个人隐私权或人格权的一部分加以保护,未经本人同意,擅自拍摄、录制、公开其容貌等的行为构成不法行为。随着个人隐私概念的发展,当下大多是在隐私权的范畴内对肖像权问题展开探讨。

(b)表达自由与肖像权的调整

针对照片周刊杂志在公审法庭上拍摄并公开被告人容貌等行为,最高法院 2005 年 11 月 10 日判决(载《民集》第 59 卷第 9 期,第 2428 页)承认个人享有不被他人随意拍摄其容貌以及公开所拍摄照片等的人格权益,同时指出也存在作为正当采访行为允许其进行拍摄的情形,并作出如下陈述:"未经本人同意,拍摄某人的容貌等行为在不法行为法上是否构成违法,应综合考虑被拍摄者的社会地位、拍摄到的被拍摄者的活动内容、拍摄地点、拍摄目的、拍摄方式、拍摄必要性等因素,来判断对被拍摄者所造成的上述人格权益的侵害是否超过一般人社会生活上所能忍受的限度后予以裁决"。

在上述判断基准下,若拍摄行为被认定违法,公开所拍摄的照片、影像的行为在不法行为法上也视为违法。另外,若拍摄行为未被认定为违法,原则上公开其照片、影像的行为也不违法。不过,当公开曝光行为被认定为是与拍摄初衷截然不同的个别行为,并超过容许限度造成新的人格权益的侵害时,构成违法(东京地方法院 2007 年 8 月 27 日判决,载《判例 Times》第 1282 期,第 233 页)。

在公共道路等公共场合拍摄、公开传播他人容貌等行为一般都在容许限度内(冈山地方法院 1991 年 9 月 3 日判决,载《判例时报》第 1408 期,第 107 页)。以艺人为主要对象进行摄影等情况下,根据拍摄时的情形,有时也会构成不法行为(东京地方法院 2004 年 7 月 14 日判决,载《判例时报》第 1879 期,第 71 页)。另外,在私宅、个人房间偷拍他人容貌的行为基本上会被认定为违法(东京地方法院 1989 年 6 月 23 日判决,载《判例时报》第 1319 期,第 132 页等)。最近某艺人因与黑社会组织暴力团有关人士有染而宣布退出演艺界,后被人使用高倍长焦镜头长期偷拍其在下榻居所内的大量半裸休闲照片,部分偷拍照片被照片周刊杂志曝光。法庭对此审理认为,拍摄、曝光不能看作回应了正当的社会关注,而且拍摄手段恶劣。此外,按照判例基准,该偷拍行为超过了容忍限度,法院判令照片周刊杂志向前艺人赔偿330万日元(东京地方法院2013年7月9日判决,未载入判例集)。

(c)商品化权

判例认为,肖像等具有促进商品销售等吸引顾客的价值,这一依靠顾客吸引力而具有的排他利用权(商品化权)是以肖像权为前提产生的,其权利性质可以归类为人格权的一部分。另外,肖像等具有顾客吸引力的权利主体往往会引发社会关注,因此有时该主体对其肖像等作为正当表达等行为的使用负有容忍之义务,并据此作出以下说明(最高法院2012年2月2日判决,载《民集》第66卷第2期,第89页"粉红女郎案件"):"以下擅自使用肖像等的行为:①以肖像等本身作为独立鉴赏对象的商品等使用;②以商品等的差异化为目的将肖像附着于商品之上;③将肖像等用作商品等的广告等行为,在专门以利用肖像等的顾客吸引力为目的的情况下,会构成对商品化权的侵害,从而在不法行为法上认定为违法"。

(d)损害赔偿金额的计算

关于表达行为所造成的隐私侵害、肖像权侵害的损害赔偿金额的计算取决于法官的自由裁量。以往名誉毁损的抚慰金数额的大体标准为100万日元,而个人隐私侵害的抚慰金数额以50万日元为标准;对于个人病史等敏感信息的赔偿金额较高,对于个人甄别信息的赔偿会低于上述标准,这是以往判例的大体倾向。此外,关于肖像权侵害,普遍认为,若是照片周刊杂志侵权,可以得到较高金额的赔偿;而若是报纸、放送侵权,判令赔偿的金额则普遍较低。[21]

---

[21] 参见升田纯:《现代社会中的隐私权判例与法理》,青林书院2009年版,第357页起。

2.2　互联网上的隐私、肖像权侵害

(1) 表达行为造成的隐私侵害

(a) 通论

关于个人隐私的传统法理也同样适用于互联网上曝光他人隐私的行为。过去新闻机构也曾热衷于报道政治家、公职人员等的私生活。不过，互联网上的问题大多是由普通网络用户的表达行为对包括自己朋友在内的一般私人所造成的隐私侵害所引发的，这与名誉毁损的情况相同。而且，即便曝光他人隐私时隐匿当事人的真实姓名，该当事人也会在网络上被锁定曝光，从而引发二次、三次隐私侵害，这种倾向必须引起注意。

我们来看以下判例。该案中，原告是一名眼科医生，使用自己姓名、网名活跃于网络。被告在网上将其职业信息及其在按职业分类编撰的电话号码簿里刊载的原告所开设诊所的地址、电话号码等信息曝光。对此，法院认为"基于一般人的通常认知水平、站在原告的立场上来看，被告公开的信息是原告不愿意公开的，而且还是此前未被公众知悉的信息"，判令被告向原告支付20万日元的抚慰金（神户地方法院1999年6月23日判决，载《判例时报》第1700期，第99页）。此外，被告在自己管理的网络电子公告板上发布题为"无良经营法？Maniacs"的帖文，并在帖文中公开了原告配偶的姓名、住址及其亲属经营公司的名称、地址、电话号码。针对该发帖行为，法院判定被告向原告及其配偶各支付抚慰金10万日元（东京地方法院2009年1月21日判决，载《判例时报》第2039期，第20页）。

针对互联网上侵害个人隐私的言论，应否责令停止侵害也是根据传统法理进行判断的。例如，某大学教授的岳父是名作家，法院认定该作家在其网络刊载的日记里对教授及其妻子的名誉权、隐私权、名誉感情造成了侵害，并沿袭了最高法院在小说《石头上游泳的鱼》案件中确立的比较衡量的基准从而判令被告停止侵害（东京地方法院2011年6月30日判决，未载入判例集）。

(b) 对搜索服务商的删除请求

谷歌、雅虎等公司提供互联网搜索服务,通过在超过60兆的网页空间里爬行,实现根据用户需求机械性地、自动地显示搜索结果,从而使互联网上的表达自由、知情权具有实效,这一事实获得广泛认可。另外,作为欧盟《个人数据保护指令》的实践运用,欧洲法院在先行裁决中认为一般人应享有"被遗忘的权利"(以下简称被遗忘权)。受此裁定的影响,当在网上检索自己姓名后,所显示的链接网站侵害了自己的人格权,就此要求删除该检索结果的诉讼案件数量在日本也不断攀升。(参见本书第2章)

以往的判例在假处分和实体诉讼中对要求删除检索结果的诉求均不予以认可(东京地方法院2008年11月14日决定,未载入判例集;东京地方法院2010年2月18日判决,未载入判例集;东京地方法院2011年12月21日判决,未载入判例集)。例如,原告发现检索自己的姓名后会显示其一年半前曾因违反《防止骚扰条例》被捕的消息,遂提起诉讼。对此,京都地方法院2014年8月7日判决(载《判例时报》第2264期,第79页)认为,根据一般用户的通常认知,网络的检索结果仅显示与原告相关联的网站的存在以及链接地址(URL)等;即便原告曾被逮捕的消息是搜索服务提供商主动指摘的,由于能证明其真实性,故侵权行为的违法性得到阻却。就个人隐私侵害而言,若指摘事实是社会正当关注的问题,指摘的内容、方法并无不当之处,则违法性得到阻却。

与此相对,东京地方法院2014年10月9日决定(未载入判例集)勒令谷歌总公司暂时删除申诉人的相关不良记录。该申诉人在谷歌上输入姓名后显示自己曾是不良集团成员等信息,遂向法院提出删除相关新闻报道的申请。该决定是通过比较衡量停止侵权所得利益与所失利益,来决定是否认可原告的停止侵权请求的,同时还参考了"纪实文学《逆转》案件"的判决。本案中,申诉人的犯罪前科并非争议问题,也不是因为网络上检索到的个人公开信息会随着时间的流逝转化为个人隐私才不允许被公开的。不应将本案判决随意理解为是对"被遗忘权"的认可。

上文提及的京都地方法院判决的上诉审(大阪高等法院2015年2月18日判决,未载入判例集)认为,即便显示的检索结果并非对本案逮捕事实的指摘,但检索结果中的片段部分含有本案所涉逮捕事实的相关内容则属于名誉毁损;并与原审一样,认定其违法性被阻却。此外,该案虽然参考了纪实文学《逆转》案件的判决,但以网络发布的相关信息距离被逮捕发生仅经过较短时间等为由,否定其违法性,裁定不构成隐私权侵害。

我们可以对搜索引擎作以下理解:从其架构以及普通用户的认知来看,与其说搜索引擎自身造成名誉毁损、隐私侵害,不如说它只不过显示了网站链接地址(URL)等信息,搜索引擎最多会在为人们接触源链接网站所造成的名誉毁损、隐私侵害提供辅助性帮助这一限度内,承担侵害人格权的责任而已。而且,鉴于搜索引擎具有有助于人们实现表达自由、享受知情权的功能,明明所链接的网站并未被删除,法院却特地通过假处分程序勒令搜索引擎删除检索结果,对于这种做法应持谨慎态度。㉒

(2)肖像权侵害

(a)通论

尽管肖像权的相关传统法理主要是为了解决报纸、放送以及周刊作为采访、报道的一环,在拍摄、公开公职人员、名人的容貌等时所产生的

㉒ 参见宍户常寿、门口正人、山口淑子:《(三人对谈)互联网表达自由与个人隐私》,载《Jurist》第1484期(2015),第ⅱ页起。雅虎股份有限公司在《检索结果与个人隐私相关的有识者会议》报告书的基础上,针对以隐私侵犯为由提出的删除申请,于2015年3月公布了自主删除网络搜索显示信息的指针(http://publicpolicy.yahoo.co.jp/2015/03/3016.html)。而且,总务省:"安心、安全使用ICT服务研究会'报告书'关于应对互联网上个人信息、用户信息等的流通"(2015)是以促进相关业者的自我规制为主要内容的。

法律问题,但它同样直接适用于互联网。随着智能手机的普及,每个人的容貌都有可能在意想不到的时间、地点被自己的朋友或陌生人拍摄成画质清晰的图片、视频上传至社交平台(SNS),从而引发新的隐私权侵害问题,而这一点也受到越来越多的关注。同样需要注意的问题还有,在大数据应用不断发展的今天,人脸识别技术所使用的图像数据使相貌与姓名等一样成为个人识别的标识。[23]

原告在银座附近行走被人偷拍,包括脸部在内的全身特写照被刊登在介绍东京时尚潮流的网站上。该案中,法院审理认为这种拍摄方法与偶然把他人拍摄进去以及整体拍摄不特定的多数人的情形不同,会带给被拍摄者沉重的心理负担,故判定肖像权侵害成立。并在此基础上,法院进一步指出:若①拍摄、刊载行为与涉及公共利益之事实有密切关联;②其目的主要是谋求公益;③参照其目的,若拍摄、刊载方法合理,则其违法性被阻却。但本案中的拍摄行为并未得到本人许可;拍摄包括原告容貌在内都进行了特写;虽然是介绍时尚潮流的网站,却硬要以一种很容易辨识被刊载者容貌的方式进行刊载;这些事实都不符合要件③,故判令向原告赔偿30万日元抚慰金(东京地方法院2005年9月27日判决,载《判例时报》第1917期,第101页)。

(b)新闻发布网站与肖像权

报社将带有侵害死者敬爱追慕之情内容的照片传送给雅虎新闻(具体而言,就是上传至FTP服务器),并自动刊登在该网站上。对此,东京地方法院2011年6月15日判决(载《判例时报》第2123期,第47页)指出,当网站运营商接收新闻稿件以供读者浏览时,就负有"不刊登侵犯他人人格利益的照片以及一旦刊登后应将其迅速删除的义务",判令其对公开散布行为,每实施一次,网站运营者、报社等连带赔偿30万日元。不过,笔者认为网站运营商并非新闻机构,对接收的照片实施检查,不仅

---

[23] 《个人信息保护法》修正案将人脸识别数据视为个人识别符号,明确规定包括人脸在内的信息属于个人信息(第2条第2款第1项)。

会影响报道的实效性,还会严重损害新闻发布网站为广泛阶层的用户群体提供迅速、快捷浏览世界各地丰富而多元化报道这一特殊服务功能。鉴于以上要求会对知情权及网站的运营商、发送方双方带来寒蝉效应,应解读为:若新闻发布网站是在尊重权威报道机构报道自由的方针下开展运营的,那么只有在受害人主动提出删除要求并明确造成权利侵害的情形下,网站运营商才负有删除相关新闻报道的义务。

(c)谷歌街景与无人机

作为地图检索工具,谷歌提供谷歌街景(Google Street View——译者注)这一特色服务,可对所选择地点的样貌进行全景浏览。不过,由此引发的隐私侵害问题在世界各地不断出现。在日本,就该服务而言,发生过在公共道路上目光所及的范围内拍摄到阳台的情况。不过,画面中阳台所占比例较小,看不清是否晾晒有衣服。在此情形下,按照判例所采取的容忍限度这一基准,法院认定不构成隐私权侵害(福冈高等法院2012年7月13日判决,载《判例时报》第2234期,第44页)。

总务省研究会报告认为,关于道路周边街景服务,有必要根据具体案情分别进行判断。但是,从其目的等来看,不能因与隐私侵害、肖像权侵害存在关联,就认定存在重大问题,对该项服务一律叫停。[24]

此外,能够利用无线方式进行远程操控的小型无人航空器——无人机——在全球不断普及,不过,无人机也存在因其坠毁所造成的死伤危险及被用以发动恐怖袭击的风险。[25] 此外,它也可以从空中拍摄居所内的情景,从而引发人们对个人隐私、肖像权被侵害的担忧。总务省指针

---

[24] "基于用户视角的、关于ICT服务各相关问题的研究会"所发表的第一次提议(2009年8月),载 http://www.soumu.go.jp/main_content/000035957.pdf。

[25] 在2015年9月颁布的《航空法》修正案中明确规定,未得到国土交通大臣的许可、批准,禁止无人机在人群、住宅密集地上空以及机场周边飞行(第132条起)。而且,作为在189次国会上提交的议员法案,众议院通过了修订后的《禁止小型无人机在国会议事堂、内阁总理大臣官邸及其他国家重要设施、外国使领馆等周边区域上空飞行的法案》。该法案将移交参议院继续审议。

对谷歌街景所引发的问题进行探讨,并指出,如果不顾及拍摄方式、不采取模糊处理等措施,就有造成隐私侵害之虞;使用机器设备拍摄公共场所的照片中出现他人容貌时,若在一般人社会生活所能忍受的限度之内,则不构成肖像权侵害;而公共场所之外拍摄的情形则另当别论。[26]

（d）色情报复

为了发泄私愤、实施报复,昔日配偶、恋人等将对方的裸照等性图片、视频公布在互联网公告板上的行为称为色情报复。在美国已经有多个州通过了《反色情报复法案》。日本受"三鹰市跟踪狂杀人事件"（2013年）的影响,民众间要求进行反色情报复规制的呼声高涨,并于2014年11月出台了《色情报复防止法》（以下简称"本法"）。[27]

本法的立法目的是,处罚那些通过提供隐私性图像记录等侵害他人私生活安宁的行为。与此同时,在由于隐私性图像记录等信息的传播,对他人名誉或私生活上的安宁造成侵害的情形下,可以通过关于《提供商责任限制法》特例等规定,防止因个人名誉及私生活上的安宁受损所造成的侵害的发生、扩大（第1条）。这里需要注意的是,该法案引入了传统古典意义上的个人隐私内容,即私生活上的安宁这一概念。

本法将以下各条所列举的与被拍摄者的姿态图像相关的电磁记录及其他记录定义为"隐私性图像记录":①与性交或类似性交行为相关的人的姿态;②与他人接触被拍摄者的性器官等行为或被拍摄者接触他人性器官等行为相关的,可以引发性冲动或激起性欲的姿态;③针对未穿着任何衣物或穿着部分衣物的人,故意暴露人的性部位或对之特别予以强调的,并且可以引发性冲动或激起性欲的姿态。拍摄对象了解拍摄目的是供第三人阅览并允许随意拍摄的,或在了解拍摄目的的基础上进行拍摄的除外（第2条）。因此,成人电影（AV）、封面泳装照片集等都不

---

[26] 参见总务省:《有关在网络使用"无人机"拍摄影像等的指针》（2015年9月）。

[27] 参见松井茂记:《色情报复与表达自由（1—2·完）》,载《自治研究》第91卷第3期,第52页起;第4期,第44页起（2015）。

属于隐私性图像记录。不过,有观点指出,本法案中类似性交行为概念模糊不清、将性器官过度扩大到男性乳头等,有过度宽泛之嫌。

①通过电信线路以第三方可以锁定被拍摄者的方式将隐私性图像记录提供给不特定的多数人的行为;②采取上款所指之方法向不特定的多数人提供或公然陈列隐私性图像记录的行为;③以让他人实施前两款行为为目的,使用电信线路提供隐私性图像记录或隐私性图像记录物品的行为将受到处罚(第3条)。值得注意的是,本法的处罚对象不限于互联网上的发布行为,还包括前配偶等主体为泄愤所发布的图像等被第三方散播等情形。

提供商等未经信息发布者的同意就对信息传播采取防止措施时,原则上在该发布者接到问询起超7日后未对采取防止传播措施提出异议方可进行免责(参见本书第12章)。本法进行了特殊规定,即在该侵权信息涉及隐私性图像记录侵害时,问询期限缩短为2日。此外,还规定当受害人死亡时,其家属可以代为提起上诉(第4条)。

结　语

众所周知,在最高法院对"拉面连锁店案"及"读卖新闻西部总社案"的判决中均将名誉毁损的相关法理适用于互联网。但是,就法理的适用方式而言,需要根据互联网的特性区分不同服务类型展开具体讨论。

另外,互联网所造成的个人隐私、肖像权侵害引发了比以往更为重大的法律问题。或许可以说,在法理还未十分完善的情况下,互联网今后极有可能成为立法、判例推动发展的领域。

如今离开互联网这一"空间",表达自由、名誉与个人隐私都已无从谈起。正因如此,在将技术、服务的变化等纳入视野的同时,还需要对表达自由与名誉、个人隐私的调整方式进行持续不断的探讨。

* 本文部分内容得到科研经费(项目号:15K03102)的资助。

思考

1. 互联网上侵犯名誉权的维权方式,除法律救济手段之外,还有哪些解决手段呢?

2. 当对互联网上的隐私侵害行为进行刑事处罚时,可以考虑采取怎样的规制方式呢?

拓展阅读文献

上机美穗:《对网络言论所造成的名誉毁损、隐私侵害的救济》,载《札幌法学》第24卷第1期(2012),第31页起。

冈村久道编著:《互联网法律问题》,新日本法规出版2013年版。

奥田喜道编著:《网络社会与被遗忘权》,现代人文社2015年版。

铃木秀美:《"网络举报"与名誉毁损》,载《Jurist》第1411期(2010),第22页起。

高桥和之:《互联网上的名誉毁损和表达自由》,载高桥和之、松井茂记、铃木秀美:《互联网与法(第4版)》,有斐阁2010年版,第64页起。

松井茂记:《互联网的宪法学(新版)》,岩波书店2014年版。

松井茂记:《表达自由与名誉毁损》,有斐阁2013年版。

宫下纮:《隐私权的复权》,中央大学出版部2015年版。

毛利透:《表达自由》,岩波书店2008年版。

山口淑子:《网络时代的名誉毁损、隐私侵害和"事前限制"》,载《论究Jurist》第1期(2012),第50页起。

第4章　互联网上的猥亵表达、儿童色情　　　曾我部　真裕

引　言

规制淫秽色情表达的法令多种多样,除在本书第5章中将要讨论的有关青少年保护的法令外,最具代表性的就是对猥亵表达的刑法规制以及《儿童色情禁止法》中有关儿童色情的规制了。从广义上讲,两者都是对性表达的规制,并且都使用刑罚进行规制。但,在规制目的(保护法益)这一点上,两者却有所不同。与此相关,目前两者在应对策略上也不断呈现出差异,例如针对儿童色情问题,《儿童色情禁止法》引入了作为提供商自我规制的屏蔽措施等。

而且,这两种规制都禁止将性表达散播给有观看意愿的成年人。在这一点上,有别于有害信息,即便同样是与性表达相关的有害信息,也只是禁止青少年接触此类信息。

1　猥亵表达

1.1　刑法规制概要

(1)规制构造

(a)2011年《刑法》修订前存在的问题

这里我们梳理一下刑法的规制构造。首先,《刑法》第174条(公然

猥亵罪）处罚"公然实施猥亵行为者"。说到这里，大家自然会联想到当街暴露阴部、当街跳脱衣舞等典型情形。不过，后文我们会提及，这些情形在互联网上有时也会成为争议问题。

其次，《刑法》第175条（散布猥亵物品等罪）于2011年进行了修订。为了便于说明，笔者先从修订前的规定内容谈起。当时规定对以下三种行为进行处罚：

①散布猥亵物品罪[散布、贩卖猥亵物品（文书、图画或者其他猥亵物品）的行为]。"散布"是指向不特定的多数人无偿交付的行为（2011年的修正案对散布的意义进行了修改）。

②公然陈列猥亵物品罪（公然陈列猥亵物品的行为）。"公然陈列"是指将对象物的猥亵性内容置于不特定的多数人能够认知的状态。

③以贩卖为目的的猥亵物品持有罪（以贩卖为目的持有猥亵物品的行为）。

一直以来，日本主要以上述规定，特别是以散布猥亵物品罪为基准对认定的猥亵物品进行取缔，最初是小说，之后是写真集、录像带、DVD、漫画等。这些犯罪归根结底都是以猥亵"物品"，也就是有体物为前提的。当时的立法根本想象不到日后会出现互联网，因此在2011年修订前，为了应对利用网络传播猥亵图像（包括视频、静止图像两种）等行为，法院要进行复杂的司法解释。① 例如，有人将猥亵图像储存在服务器的硬盘里，并通过互联网将该猥亵图像置于不特定多数的网络用户可以浏览的状态下。该案应构成何罪成为争议问题。猥亵图像是信息（数据）而不是有体物（有形物品），因此有观点认为按照修订前的《刑法》，猥亵相关罪名恐怕不成立，这就是问题所在。关于这一点，最高法院认为硬盘属于有体物，是猥亵物品，使用者通过简单的操作就可以浏览其中的猥亵图像，因此公然陈列猥亵物品罪成立（最高法院2001年7月16日决

---

① 关于修订前刑法相关问题的解释，参见高桥和之等编：《互联网与法（第4版）》，有斐阁2010年版，第87页起（中山敬一撰写）等。

定,载《刑集》第55卷第5期,第317页"京都阿尔法网络案件")。

如上所述,即便是修订前的《刑法》,判例、通说均认为经由网络上传猥亵图像供人浏览的情形是可以应对的。但是,通过电子邮件附件发送猥亵图像等情形,因为不能再沿用之前的陈列猥亵物品——硬盘——这一解释思路,故不构成公然陈列罪。而且,附件中的图像是数据,并非有体物,因此散布猥亵物品罪也不成立。这样一来,就只能得出不可罚的结论,这是当时的普遍共识。2011年的《刑法》修订就是为了克服这种规制界限。

(b) 2011年《刑法》修订

随着《网络犯罪公约》的签署,日本政府开始着手完善国内相关法律。2011年的《刑法》修订就是在此大背景下进行的,并增设了计算机病毒相关罪名。不过,就与猥亵规制的关系而言,猥亵规制并不是与缔结《网络犯罪公约》直接相关、不可或缺的内容。总之,修订后的《刑法》可以对下列行为进行处罚(修正后的《刑法》第175条)②。以下的着重标明字是主要修订内容。③

①散布猥亵物品罪[散布猥亵物品(文书、图画、电磁记录相关的记录媒介及其他物品)的行为]。"电磁记录"是指"以电子方式、磁力方式以及其他人的感知无法识别的方式制作而成的记录,可供电子计算机信息处理用的物品"(《刑法》第7条之二)。而且,修订前的《刑法》区分了"散布"与"贩卖",新的《刑法修正案》将两者统称为"散布",也就是"散布"包含了"贩卖"。

②公然陈列猥亵物品罪。

③散布猥亵电磁记录罪(以电子通信的发送方式,散布猥亵的电磁

---

② 关于法律修订的整体过程及其概要,参见吉田雅之:《法律修订过程及其概要》,载《Jurist》第1431期(2011),第58页起。

③ 详见今井猛嘉:《从实体法的视角出发》,载《Jurist》第1431期(2011),第66页起;渡边卓也:《对刑法涉及互联网相关条款内容的部分修订》,载《刑事法期刊(Criminal law journal——译者注)》第30期(2011),第27页起;加藤敏幸:《刑法修正案第175条与网络色情》,载《情报研究(关西大学综合情报学部纪要)》第37期(2012),第1页起。

记录及其他记录的行为)。

④以有偿散布为目的的猥亵物品等的持有罪(以有偿散布为目的而持有猥亵物品,或者保管猥亵电磁记录的行为)。

上述修改的主要目的如下:

第一,如上文①所示,法条规定的"猥亵物品"中包括"电磁记录相关的记录媒介",因此记录猥亵图像数据的硬盘相当于"猥亵物品",将储存猥亵图像的数据在网上传播构成公然陈列猥亵物品罪。本项规定是对最高法院判例(上文最高法院2001年7月16日决定)的事后认可。

第二,如上所述,《刑法》修订前,普遍认为使用电子邮件向不特定的多数对象发送猥亵图像的行为是不可罚的,本项规定是为了应对上述情况而制定的。上文③中的散布电磁记录罪就是针对此种情况,此类行为被重新定义为犯罪。

第三,③将散布电磁记录(数据)规定为犯罪行为,同时规定以贩卖为目的(不过,新修正案中修改为"有偿散布")持有猥亵物品要受到处罚;以贩卖为目的的数据保管也要受到处罚。

通过上述修改,《刑法修正案》基本可以应对网络上的猥亵表达问题。具体内容,我们将在本章2.2中展开探讨。

(2)猥亵表达的规制依据与表达自由

如上所述,无论是有体物,还是电磁记录,《刑法》第175条对散布、公然陈列猥亵表达行为进行全面处罚。即便是成年人有接触此类表达的主观意愿,或在仅限成人进入的电影院、要求进行年龄认证的网站,对上述场合散布、公然陈列猥亵物品等行为均进行处罚。那么,进行全面规制的依据是什么呢?此外,它与表达自由的关系又如何呢[参见关于以猥亵定义模糊为由而展开的宪法讨论(3)]?过去有观点认为,猥亵表达本就被排除在表达自由的保障范围之外,对其进行规制不会引发宪法问题。不过,目前这种观点正在逐步得到修正。

言归正传,首先,就散布猥亵物品等罪的目的(保护法益)而言,判例认为其目的在于维护性秩序,维持最低程度的性道德(最高法院大法庭 1957 年 3 月 13 日判决,载《刑集》第 11 卷第 3 期,第 997 页"查泰莱案件")。即便散布给那些有接触猥亵表达主观意愿的成人,同样会构成犯罪,就是为了实现上述保护法益之目的。

对此,有批评称,以保护道德秩序为目的而设定刑罚是国家将特定的道德观强加于人,从对表达自由的宪法保障来看是有问题的。此观点也颇具说服力。

其次,还有学者从猥亵表达的社会危害性出发,探讨猥亵表达规制的正当性。对猥亵表达规制的探讨出现了各种各样的观点。传统观点认为猥亵表达是性犯罪的诱因。但是,有人对此进行了有说服力的批评,强调这一观点根本不存在实质性的证据。不过,也有观点认为,以对青少年会造成不良影响为由进行规制,同样也不存在任何实质性的依据,对此仍需持审慎态度。然而,就算以保护青少年为目的可以对猥亵表达进行规制,正当化的范围也应局限于限定场所、禁止散布给青少年等规制,不会像现行法规这样赋予如此宽泛的规制以正当性。

最后,作为强调猥亵表达危害性的观点之一,我们来谈一谈女权主义对"色情制品"规制的主张。女权主义者认为,色情把女性受虐待、被施以暴力、被奴役描写、规定成乐在其中的事情,并以此歧视女性,对维持、强化以男性占主导地位、女性处于从属地位这一形态所形成的社会关系起到了决定性作用,因此必须进行规制。该观点将色情看作一种歧视性表达或行为。20 世纪 80 年代,美国某市基于这一观点制定了规制条例,后被判定为违宪。[④]

综上所述,现行的猥亵表达的规制依据在理论上是脆弱的,有必要加以重新审视。

---

④ 参见高桥和之:《色情制品与性奴役》,载《性别与法(岩波讲座 现代法 11)》,岩波书店 1997 年版,第 221 页起。

(3)定义"猥亵"之意义

判例将"猥亵"定义为:①无益地引起性兴奋或刺激性欲;②伤害普通人的正常的性羞耻心;③违反善良的性道义观念的行为(上文最高法院大法庭1957年3月13日判决,"查泰莱案件")。这一定义虽然使用了下定义时的典型样式,实际内容却相当模糊,在具体判断方法上会带来巨大偏差。

就是否构成猥亵的判断方法而言,有一种观点认为关键在于如何衡量该表达物所具有的社会价值(艺术价值、学术价值等)。关于这一点,查泰莱案认为,猥亵性与艺术性是不同纬度的概念,即便是具有高度艺术性的作品也可以成为猥亵物品(称为绝对性猥亵概念)。然而,在之后的翻译小说《恶德之荣》案件中,审理法院认为存在下列情形,即文书所具有的艺术性、思想性可以缓和、淡化其中的性描写内容所带来的性刺激,从而使猥亵性达不到成为刑法处罚对象的程度;并认为这里的猥亵近似于相对性猥亵这一概念(最高法院大法庭1969年10月15日判决,载《刑集》第23卷第10期,第1239页)。

在小说《四张半榻榻米隔扇的贴纸》案中,法院对猥亵的判断方法作了进一步的阐述总结。具体如下:"在判断文书是否具有猥亵性时,应当综合审查该文书关于性的描写叙述程度是否露骨、详细;其描写叙述手法如何;性相关描写叙述内容在该文书中所占的比重;文书所表达的思想等和对性的描写叙述之间的关联性;文书的构成及展开;还包括文书的艺术性、思想性等对性刺激的缓和程度等。当从上述判断出发对该文书进行整体审视时,应当着重考虑该文书是否为迎合读者的好色情趣而创作;并参照当时社会的一般观念来判断该文书是否满足'无益地引起性兴奋或者刺激性欲、伤害普通人的正常的性羞耻心、违反善良的性道义观念的行为'……"(最高法院1980年11月28日判决,载《刑集》第34卷第6期,第433页)。

是否属于猥亵物品要根据社会的一般观念判断。因此时代不同，认定标准也会不同。上文谈到的三个判决的争议点都在于涉案小说是否属于猥亵物品。不过，现在我们已经很难想象法院会将它们认定为猥亵物品了。

我们来看一起近期发生的案例，摄影家罗伯特·梅普尔索普（Robert Mapplethorpe——译者注）出版的摄影集中带有直接、具体描述男性生殖器的照片。该案中，最高法院沿用小说《四张半榻榻米隔扇的贴纸》案中的判断方法，基于该摄影集的艺术性以及读者对象、引发争议的照片在整个影集中的比重等因素，判定其不属于猥亵物品（最高法院2008年2月19日判决，载《民集》第62卷第2期，第445页"梅普尔索普Ⅱ案件"）。引人深思的是，就在9年前，最高法院将带有同一照片的梅普尔索普摄影展作品目录认定为猥亵物品（最高法院1999年2月23日判决，载《判例时报》第1670期，第3页"梅普尔索普Ⅰ案件"）。

此外，猥亵定义的模糊性会导致自我审查（寒蝉效应），也就是表达的发布者因害怕遭受处罚而不敢进行表达。从表达自由的角度来看，这是需要注意的问题。实际上，从与艺术性表达自由的关联上来看，该问题有时会表面化。在案例中就曾出现过批评的声音，称美术馆等的过度自我规制会抑制艺术创作。

而且，现行法不仅模糊了猥亵的定义，还对散布猥亵物品等行为普遍进行处罚。除了理论上存在上文讲到的问题之外，也不符合现代社会的现状。这就造成警察拥有巨大的自由裁量权。站在法治主义的角度来看，这也是有问题的。

换言之，社会上流通着大量未成年人不宜的内容，一般认为只要打上马赛克避免直接暴露性器官就不属于"猥亵"，这就是社会现状。不过，即便进行过马赛克处理，通常意义上的成人内容也几乎毫无疑问地满足上述猥亵的定义。打上马赛克就行了，说到底这只不过是警察在查处猥亵犯罪行为时的实际操作基准，如果警察改变这一评判标准，那就万事皆休了。如此一来，就造成现实中通行的警察的解释与法律规定相背离，警察被赋予了大量的自由裁量权。关于这一点,笔者认为是有问题的。

1.2 互联网与猥亵规制

(1)网站上的猥亵图像

这里,我们就互联网上猥亵规制的个别观点进行探讨。

首先,就网站上的猥亵表达而言,①将图像(包括视频、静止图像)发布在主页、博客、公告板等供人浏览的行为;②提供可以下载图像的行为;③利用流媒体技术提供视频等行为成为争议焦点。此外,以在互联网上提供性姿态影像为业的行为受到《风俗营业法》(正式名称是"关于色情业经营等的管制以及业务合理化等的法律")的规制。该法案要求"影像发送型性风俗特殊营业"必须注册备案(第31条之七起)。当然,即便依照《风俗营业法》履行了注册备案义务,也并不意味着可以免除本文所论述的刑法对猥亵的规制。

我们在本章1.1中讲过,就上文①而言,构成公然陈列猥亵物品罪(《刑法》第175条第1款前半部分);就②而言,不仅构成公然陈列猥亵物品罪(《刑法》第175条第1款前半部分),当确有下载行为时,散布猥亵电磁记录罪(同条款后半部分)亦成立。

引发争议的是③。普遍认为,就流媒体而言,存在不属于"散布"的情形,即散布猥亵电磁记录罪名不成立的情形。也就是说,一般认为在③中,通常意义上的按需提供流媒体视频服务的情况与①相同。与此相对,例如在线聊天那样,以实时流(live streaming——译者注)的形式对性姿态进行现场直播的情形下,即便影像本身符合猥亵定义,也不构成散布猥亵电磁记录罪。这是由于以电子通信的发送方式"散布"是指"让不特定的多数人的记录媒体上储存电磁记录及其他记录"⑤,而视频

---

⑤ 参见杉山德明、吉田雅之:《关于"为了应对信息处理高度化等而部分修订刑法等的法律"(上)》,载《法曹(日本对律师、法官、检察官的统称——译者注)时报》第64卷第4期(2012),第94页。

流的情况是尽管信息会暂时储存在接收终端的高速缓冲存储器（cache memory——译者注）里，但瞬间就会消失。虽有接收、浏览行为，却不产生记录的储存、保存，因此普遍认为视频流不属于"散布"，仅构成轻微公然猥亵罪（《刑法》第 174 条）。

此外，就上述情况而言，无论是否以有偿为目的，均适用同样的刑罚。

（2）通过文件共享软件（P2P）传播猥亵图像

使用文件共享软件将猥亵图像提供给不特定的多数人的行为与发布在网页上一样，都可以构成公然陈列猥亵物品罪（《刑法》第 175 条第 1 款前半部分）。

不过，文件共享软件的场合，有时会在持有人并不知情的情况下发生扩散，因此持有人是否故意为之便成为争议的问题。

（3）通过电子邮件发送猥亵图像

针对不特定的多数人，以电子邮件的方式发送、传播猥亵图像，之前普遍认为这一行为并不构成犯罪。然而，2011 年《刑法修正案》增设了散布电磁记录罪（《刑法》第 175 条第 1 款后半部分），规定对以电子通信的发送方式散布电磁记录的行为予以处罚，因此此类行为也成为处罚对象。

（4）遮挡

对猥亵图像的局部等进行遮挡或打上马赛克，使之达不到构成猥亵犯罪的程度，然后将这些加工过的图像在网页、P2P 软件上进行传播。一般认为，即便作了上述处理，该情形如同给猥亵照片中的猥亵部分贴上极易撕掉的贴纸后进行售卖一样，只要这些遮挡可以轻易去除同样构成犯罪。

20 世纪 90 年代后半，名叫"Flmask"的具有去除马赛克功能的图像处理软件使网络传播猥亵图像行为成为争议问题（相关判例有：冈山地方法院 1997 年 12 月 15 日判决,载《判例时报》第 1641 期,第 158 页;大阪地方法院 1999 年 3 月 19 日判决,载《判例 Times》第 1034 期,第 283 页)。

判例中的争议点在于何种情形可称为"可以轻易去除"。关于这一点,曾有观点指出"关键在于公然陈列的猥亵物品是否准备以去除马赛克的形态进行陈列"⑥。

(5)链接、检索引擎、公告板管理者

例如,链接到无码的成人网站的行为也会构成公然陈列猥亵物品罪吗?笔者认为,没有判例对这一问题直接作出过解答。不过,最高法院决定可以作为参考。该决定认为,刊载儿童色情网站链接的行为构成儿童色情公然陈列罪(最高法院 2012 年 7 月 9 日决定,载《判例时报》第 2166 期,第 140 页)。这一判断,看似是对链接行为构成公然陈列猥亵物品罪的认可。但是,认为"猥亵信息的信息陈列(链接)与猥亵信息本身的陈列有着本质的区别"⑦等,对认可链接行为构成犯罪持否定态度的看法也很有影响力。上文最高法院决定中也附有反对意见。

此外,链接是否对公然陈列犯罪起到帮助作用,这也被视作问题。但是,就所链接的猥亵图像而言,该行为已经构成公然陈列猥亵物品罪;链接是在之后才被设置的,因而一般认为,虽说设置链接助长了猥亵犯罪本身的发生,但并不构成帮助犯。

关于搜索引擎的检索结果中出现无码成人网站信息,该情形与上文讲过的链接问题相类似。笔者的看法是,搜索引擎的情形与有意设置链接不同,它是根据算法机械性地、自动显示检索结果,对此如何评价成为

---

⑥ 参见高桥和之等编:《互联网与法(第 4 版)》,有斐阁 2010 年版,第 105 页(山中敬一撰写)。
⑦ 参见盐见淳:《互联网与猥亵犯罪》,载《现代刑事法》第 1 卷第 8 期(1999),第 38 页。

判断要点之一。而且,当电子公告板等刊载大量猥亵图像时,关于该公告板等管理者的刑事责任存有争议。不过,一般认为,对于积极倡导上传猥亵图像等情形,管理者可以构成公然陈列猥亵物品罪。[8]

(6)使用国外服务器发布猥亵图像

日本的刑罚法规中,既有只能处罚在日本境内发生的犯罪行为的规定,也有可以对境外犯罪行为进行处罚的规定(《刑法》第1条—第4条之二)。就本章讨论的猥亵表达相关犯罪而言,只能对国内犯进行处罚。问题在于"国内犯"的界定。一般认为,只要犯罪行为或犯罪结果的一部分发生在日本国内,即便其他相关行为发生在国外,即可作为国内犯进行处罚。

综上所述,关于使用国外服务器发布猥亵图像的行为,可以分为在日本国内上传猥亵图像与上传行为本身发生在国外两种情形。就前者而言,由于犯罪行为中的主要部分发生在日本国内,因此实践普遍将其视为国内犯进行处罚,判例中也有同样宗旨的判决。[9]

另外,在国外将猥亵图像上传至国外服务器、犯罪行为本身发生在境外的情形,有观点认为,从国内也很容易浏览这些猥亵图像,也可以说犯罪结果发生在国内,因此这种情形也可认定为国内犯。对此,有声音反驳说,如果对此观点持肯定态度,在日本国内可以浏览全世界的猥亵图像,那么所有的发布行为都会成为国内犯,这会引发与服务器所在地、所在国刑事裁判权上的冲突等严重问题,因而应持否定态度。关于这一点,学说的看法也存在分歧。

---

[8] 参见佐伯仁志:《提供商的刑事责任》,载堀部政男(监修):《〈提供商责任限制法〉实务和理论 实施10年以来的轨迹与展望》,商事法务2012年版,第161页。

[9] 根据永井善之:《网络·色情的刑事规制》,信山社2003年版,第231页起,初期判例由山形地方法院1998年3月20日判决,未载入判例集;大阪地方法院1999年2月23日判决,未载入判例集;上文提及的大阪地方法院1999年3月19日判决等。

2 儿童色情

2.1 围绕儿童色情规制的问题现状

(1) 何为儿童色情

在法律上,不同的国家对儿童色情的定义也有所区别。不过,毫不隐讳地说,儿童色情是以儿童为对象的"性剥削、性虐待的记录",可称为性剥削或性虐待的一种。因此,针对儿童色情问题,本应跳出保护儿童免受性剥削、性虐待这一普遍观点,以更宽广的视野展开探讨。不过,鉴于本书的性质,笔者不得不主要以儿童色情及其影像传播规制等观点为中心进行论述。

制作儿童色情影像行为作为性虐待本身就属违法行为。被制作成儿童色情影像,之后会给受害儿童带来长期精神上的痛苦,会使伤害半永久化。而且,也可以说儿童色情本身是将儿童置于性对象的地位,利用其年幼无知,对儿童进行性剥削。因此,儿童色情的规制目的,或称保护法益首先是保护被拍摄儿童。对儿童色情的规制以保护个人法益为首要目的。在这一点上,有别于猥亵表达规制,后者以保护社会法益为第一要务。

不过,儿童色情规制的保护法益,并不单是个人法益。例如,有观点认为儿童色情规制中还包括社会法益,如阻止将儿童描绘成性对象的风潮的蔓延、促进儿童健康成长等。特别是有些国际公约、外国法将没有真实儿童存在的、描写儿童性姿态的动漫等情形也包括在儿童色情定义之内。这种情形,明显就是为了保护社会法益。正如后文所述,在日本法中这种虚拟色情描写等并不包含在儿童色情定义之内。但是,也有观点认为日本的儿童色情规制的保护法益也包括社会法益。

在日本,对儿童色情的部分规制曾由对猥亵表达的刑法规制所代行。例如,故意露骨且清晰地拍摄性未成熟女孩的阴部。该案例(东京高等法院1981年12月17日判决,刊载于《高等法院刑事判例集》第34卷第4期,第444页)将所拍摄的照片认定为猥亵图画。但该照片是否属于猥亵图画成为庭审争议焦点。

但是,刑法中的相关规定作为对儿童色情的规制并不充分。如上所述,儿童色情规制和猥亵表达规制的保护法益并不相同。此外,从定义上讲,年幼儿童的性姿态是否该当猥亵要件,对此尚存疑问(如果以一般人为基准的话,并不能刺激性欲)。因此,日本1999年制定了《儿童色情禁止法》(正式名称是"关于儿童买春、儿童色情制品等相关行为的规制及处罚,以及儿童保护等相关的法律",1999年5月26日法律第52号)。不过,正式名称是2014年修订后的法案名称。该法案的制定及之后的修订,都与儿童色情规制的国际发展动态有着密不可分的关系。关于这一点,笔者将在(2)中进行概述。

(2)儿童色情规制的国际发展动态

(a)《儿童色情禁止法》(1999年)颁布前

从理解对日本法的影响这一角度出发,笔者分《儿童色情禁止法》颁布前与颁布后两个阶段,对儿童色情规制的国际发展动态进行概述。

从20世纪70年代开始,欧美各国逐步开始对包含儿童色情在内的、针对儿童的性剥削、性虐待行为进行规制。另外,欧美、日本等地的人到东南亚等地的"买春旅行"日益盛行,儿童卖淫及卖淫时被拍摄的儿童色情制品所造成的危害已成为严重的社会问题。

在此背景下,国际社会开始致力于解决儿童色情问题。《儿童权利公约》[1989年(日本1994年批准)]为其出发点。该公约规定缔约国须承诺"保护儿童免受一切形式的性剥削和性侵犯之害";为实现该目的,缔约国应采取一切适当措施(第34、35条)。进而,1996年由联合国儿童基金与国际终止童妓组织等非政府组织(NGO)牵头,在斯德哥尔摩召开了"反对儿童商业性榨取国际大会"。[10] 日本的国会议员、相关省厅官员等也出席了此次规模盛大的国际会议,并表示将会认真解决这方面的问题。这成为促使日本政府着手制定《儿童色情禁止法》的直接动因。

(b)《儿童色情禁止法》(1999年)颁布后

1999年日本制定了《儿童色情禁止法》,2000年以后国际社会对儿童色情的应对措施又有了新的进展。1999年国际劳动组织(ILO)通过了《禁止和立即行动消除最恶劣形式的童工劳动公约》(ILO第182号公约)(日本于2001年批准)。此外,作为《儿童权利公约》的任择议定书,2000年联合国大会通过了《〈儿童权利公约〉关于买卖儿童、儿童卖淫和儿童色情制品问题的任择议定书》[11](日本于2005年批准)。至此,儿童色情的相关规定以法律的形式确立下来。而且,作为网络儿童色情的应对措施,2001年欧洲理事会通过了《网络犯罪公约》(同年日本签署该公约;因为相关国内法律调整滞后,2012年才获得批准),其中就有儿童色情犯罪的相关规定。

此外,虽与日本没有直接关系,国际社会还采取了如下举措,加大了对儿童色情的惩戒力度:2004年欧盟制定了《关于打击儿童性剥削和儿童色情的框架决议》(2004/68/JHA),2011年又通过并执行了一项新的指令性规定(2011/92/EU)[12]。此外,作为重要国际会议,2001年第二届"反儿童(商业性)性剥削全球会议"在横滨举行,第三届大会于2008年在里约热内卢召开。

---

[10] 包含后文提及的第2届、第3届会议内容的相关资料,参见外务省网站(http://www.mofa.go.jp/mofaj/gaiko/csec01/index.html)、联合国儿童基金会日本网站(http://www.unicef.or.jp/about_unicef/advocacy/about_ad_act.html)等。

[11] 参见《法律·条约解说 条约〈儿童权利公约〉关于买卖儿童、儿童卖淫和儿童色情制品问题的任择议定书——2005年1月26日条约第2号》,载《法令解说资料总览》第282期(2005),第59页。

[12] 关于2011年指令的概要,参见植月献二:《立法信息 欧盟通过严打儿童性剥削、儿童色情等的新指令》,载《国外立法》第250-1期(2012),第6页。

2.2 《儿童色情禁止法》

(1) 立法及修订过程

(a) 立法背景

《儿童色情禁止法》于1999年颁布。普遍认为该法案的出台有着国际和国内背景。[13]

就国内因素而言,20世纪90年代以初、高中女生为主的卖淫活动盛行(所谓的援助交际),引发社会热议。亚洲等地的儿童卖淫、嫖娼问题是以人口买卖等结构性问题为背景的,而日本的援助交际具有其特殊性,如初、高中女生为挣零花钱而主动卖淫等。因此,这一现象也引发了大家有关社会学层面的探讨。不过,人们也越来越担心援助交际之风会肆意蔓延,这成为相关法律出台的背景。

此外,国际因素方面,如本章2.1(2)所述,进入20世纪90年代各国纷纷对儿童色情行为进行立法。在此大背景下,日本相关立法推进迟缓,而来自日本的儿童色情制品却在全球泛滥,这一现状遭到国际社会的普遍谴责。在1996年召开的"反对儿童商业性榨取国际大会"上,日本又遭到各方批评,于是就此表明了要认真解决这一问题的态度。受此影响,作为议员立法(议员向国会提交法案的立法形式——译者注),日本政府开始着手进行相关法案的制定工作,历经波折,终于在1999年5月18日出台了《儿童色情禁止法》。

(b) 立法过程中的争议点

整个立法过程涉及了方方面面的争论。儿童色情的定义和单纯持有这两个问题,既与儿童色情规制相关,也与现在的讨论相关。就前者而言,现行法案第3项中的儿童色情定义(第2条第3款第3项)含有

---

[13] 以下关于(1)的内容,详见森山真弓、野田圣子编:《详解〈儿童色情禁止法修正案〉》,Gyosei 2005年版,第4页起。

"不穿或只穿少量衣服的儿童姿态"这部分内容,这源自自民党的提案。而民主党的提案是"暴露性器官或肛门的未成年人的姿态"。而且,关于单纯持有,自民党的提案中主张禁止单纯持有儿童色情制品(没有惩罚措施),但民主党的提案对单纯持有行为并未作规定。关于这一点,法案支持了民主党的提案,搁置了相关规定。

(c)2004年修订

《儿童色情禁止法》附则部分明确表示争取在该法制定、实施后三年内对法案进行修订;无论是儿童卖淫,还是儿童色情,批捕数量逐年增加,凸显出问题的严重性。而且,如同本章2.1(2)所述,国际社会的应对措施又有了新的进展。基于以上因素,日本着手对法案进行修订。经过讨论,修正案于2003年提交至通常国会审议,并于第二年在通常国会(日本国会分为通常国会、临时国会和特别国会——译者注)上获得通过(2004年6月18日法律第106号)。

法案修订主要集中在以下三点:①关于立法目的的修订;②提高法定刑;③扩大处罚范围。这些修订主要是为了符合上文2.1(2)提及的《〈儿童权利公约〉关于买卖儿童、儿童卖淫和儿童色情制品问题的任择议定书》以及《网络犯罪公约》规定的义务所进行的调整。

此外,2003年提交通常国会审议的修正案中增加了禁止单纯持有的内容(没有处罚措施),该内容在法案制定过程中曾引发争议,并在国会审议阶段遭到在野党的反对而被删除。而且,通过创作物对非真实存在的儿童进行性姿态描写的行为是否包含在儿童色情之内,法案中虽未有明确规定,但在法案审议阶段成为争议的焦点。[14]

---

[14] 关于2004年进行的修订,参见岛户纯:《关于〈儿童买春、儿童色情制品等相关行为的规制及处罚,以及儿童保护等相关的法律修正案〉》,载《警察学论集》第57卷第8期(2004),第77页;岛户纯:《关于〈儿童买春、儿童色情制品等相关行为的规制及处罚、以及儿童保护等相关的法律修正案〉》,载《Jurist》第1274期(2004),第61页;井川良:《法令解说 针对儿童买春、儿童色情实施更为严厉的处罚——〈关于儿童买春、儿童色情(转下页)

(d) 2014 年修订

2014 年再次对法案进行了修订。此次修订的核心在于对单纯持有行为的规制,之前一直有声音主张有必要对此进行规制。不过,对此持慎重态度的观点仍然根深蒂固,就单纯持有行为的一般性规制而言,法案并未作出处罚规定,只对"以满足自己的性好奇心为目的",且基于自己意愿持有或保管儿童色情制品者进行处罚,并对儿童色情的定义进行了部分修改。此外,就制作儿童色情制品罪而言,法案将偷拍行为也列入处罚对象。而且,关于儿童色情制品在互联网上的传播日趋严重这一问题,法案规定相关业者负有配合搜查机构的工作、删除等义务。

另外,关于创作物(漫画、动漫等)中对非真实存在的儿童进行性姿态的描写,虽然有人主张要对这种表达行为进行规制,但是反对的声音同样强烈,包括附则部分在内,修正案均没有提及这一点。

(2) 儿童色情的定义

(a) 综述

《儿童色情禁止法》第 2 条第 3 款对儿童色情的概念进行了界定。依照该法案,儿童色情是指通过能够实现视觉再认的方法所进行的、针对本法第 2 条第 3 款各项所列儿童姿态进行记录的照片、与电磁记录相关的记录媒介及其他媒介(有体物)。该法案进一步规定,对保管、提供能够通过实现视觉再认的方法,对描写本法第 2 条第 3 款各项所列儿童姿态的信息进行记录的电磁记录(无体物)本身(以下简称儿童色情信息)等行为,作相同处罚。不过,为避免叙述太过冗长,除特殊情形外,以下不再单独进行累述。

该法案第 2 条第 3 款第 1 项到第 3 项将儿童色情分为三类,通常会

(接上页)制品等相关行为的规制及处罚,以及儿童保护等相关的法律修正案)》,载《时之法令》第 1734 期(2005),第 37 页等。

将其分别简称为"第 1 项(儿童)色情"等。本书也采用这一常用说法。

第 1 项色情是指描写"与以儿童为对象的,或儿童相互之间实施的性交或类似性交行为相关联的儿童姿态"的媒介。

第 2 项色情是指描写"能够刺激或满足性欲的、与他人触摸儿童性器官或儿童触摸他人性器官等相关联的儿童姿态"的媒介。

第 3 项色情是指描写"能够刺激或满足性欲的、不穿或只穿少量衣服的儿童姿态,特别是暴露或宣扬儿童性敏感部位(指性器官等及其周边部位、臀部或胸部)"的媒介。

2014 年的修订对第 3 项色情进行了部分修订。在本次修正案中增加了以下内容:"特别是暴露或宣扬儿童性敏感部位(指性器官等及其周边部位、臀部或胸部)"。

在界定儿童色情定义所使用的术语中,第 1 项色情中的"类似性交行为"是指"在异性性交或同等状况下发生的,或模仿性交行为所进行的手淫、口交,以及同性性行为等"[15],第 2 项色情中的"性器官等"是指性器官、肛门或乳头(第 2 条第 2 款)。此外,若是通过视觉可以辨识的、与性交或类似性交行为相关联的儿童姿态,即便没有直接暴露性器官(或是对性器官做了模糊处理)的情形也属于第 1 项色情。同理,若是通过视觉可以辨识的、与触摸他人性器官等相关联的儿童姿态,即便没有直接暴露性器官等(或是对性器官做了模糊处理)的情形也属于第 2 项色情。

第 2、3 项色情在各自所规定的儿童姿态的基础上,增加了"刺激或满足性欲"这一要件,而第 1 项色情中没有该要件。普遍认为,这是因为性交或类似性交行为一定会刺激或满足性欲。

另外,第 2、3 项色情中所规定的儿童姿态涵盖了相当广泛的内容,因此构成要件才增加了刺激或满足性欲这一要件。特别是 2014 年修订前的第 3 项色情定义有可能包括以下情形,如监护人拍摄的幼儿泡

---

[15] 参见森山真弓、野田圣子编:《详解〈儿童色情禁止法修正案〉》,Gyosei 2005 年版,第 76 页。

澡、洗浴时自然姿态的照片、视频等。针对这一定义,批评规制范围过于宽泛的声音不绝于耳。

因此,如上所述,通过2014年的修订,法案增加了"特别是暴露或宣扬儿童性敏感部位(指性器官等及其周边部位、臀部或胸部)"这一内容。普遍认为,新增的"特别"这一用语,其主要用意在于要求对该图像内容等的评价倾向于刺激或满足性欲。因此,幼儿洗浴时的照片等通常不会被认定为儿童色情。

(b)创作作品中的相关描写

如果在照片、与电磁记录相关的记录媒介及其他媒介中,通过视觉(非文章、声音)对第2条第3款各项所列儿童的性姿态进行描写,就属于儿童色情,但是,这里所说的"其他媒介"包含以下情形,如在纸上绘图、通过计算机软件绘图后打印在纸上等。因此,通过上述方法对真实存在的儿童进行描写,这种情况也属于儿童色情。

另外,该法案中的儿童是指不满18岁者(第2条第1款)。这里的"者"是指自然人,因此描写并非真实存在的儿童(虚拟儿童)的性姿态的漫画、动漫等在日本都不属于儿童色情。而在全球主要国家中,许多国家都将对非真实存在儿童的描写也归入儿童色情定义之内。不过,即便是那些将之归入儿童色情定义之内的立法对非真实存在儿童的性姿态的描写,规制范围也仅限于接近写实的"真实性"描写,而那些带有经过艺术加工描写内容的漫画、动漫基本上都被排除在规制对象之外。如上所述,即便在日本,也有观点认为创作作品中的相关描写也应被纳入规制对象。不过,需要留意的是,上述修订意味着儿童色情规制的一只脚已经踏进了社会法益的领域;儿童色情规制的性质发生改变的同时,与表达自由的紧张关系将会进一步升级。

(c)定义过于宽泛

就上文概述的儿童色情的定义,有人对此提出尖锐批评。虽有不少遭人诟病之处,但其中最大的问题在于第3项色情的适用范围不清,因此有可能将那些本与性榨取、性虐待毫无关系的行为涵盖进来(过于宽泛)。前面讲过,2014年修订前的第3项色情的定义中,"不穿或只穿少量衣服的儿童姿态"就包括拍摄幼儿泡澡、洗浴时自然姿态的家庭照片。所以,修法才增加了刺激或满足性欲的这一要件。不过,对此有批评指出这一要件几乎起不到限定的作用。

之所以这么说,是因为刺激或满足性欲基准的判断主体并非涉儿童性爱者等人,而是社会一般人。而一般人恐怕不会对婴幼儿、小学低年级儿童的裸体产生性欲或受到性刺激。因此,至少就婴幼儿等儿童而言,几乎无法想象会有符合第3项色情的情况存在。由此,就造成了本来应给予优厚保护的婴幼儿实际上受到的保护却很少。因此法院判例才会一边说应以一般人为判断基准,另一边却认定婴幼儿等的洗浴照片等属于儿童色情。这就是大家认为刺激或满足性欲这一要件不起作用的缘由。因此,不得不说第3项色情的定义非常模糊。然而,对此,最高法院认为"能够刺激或满足性欲的"这一表述是清晰明确的(最高法院2002年6月17日判决,载《最高法院判集刑事》第281期,第577页)。

(d)定义过于狭窄

还有人质疑称,不是存在虽然不满足现行法所规定的三种类型的定义,但与之相同的、可以被称为性剥削、性虐待记录的儿童色情制品吗?这是对现行法定义过窄的批评,恰好与上面的批评意见相左。具体的例子包括虽身着衣物,但头部、脸部等被喷射上精液的儿童照片等。

为避免上述问题的发生,有人主张应当从根本上改变儿童色情的定义方法。具体而言,就是在明确定义性虐待行为的基础上,将通过视觉可以辨识的方法描写性虐待行为的媒介定义为儿童色情。[16] 而《大阪府青少年保护培养条例》中有关制作性虐待记录等相关努力义务的规定就是这种思路的反映(该条例第39条)。

---

[16] 关于以上内容,参见园田寿:《〈儿童色情禁止法〉存在的问题》,载《法学研讨会》第55卷第11期(2010),第34页。

(3)纳入规制对象的行为

(a)纳入规制对象的行为

下面,我们就哪些行为会成为《儿童色情禁止法》的规制对象展开探讨。如上所述,经过 2004 年修订,《儿童色情禁止法》扩大了处罚范围。而且,2014 年的修正案将"单纯持有"(实为"以满足性好奇心为目的"的持有)行为也列入处罚对象。归纳起来,如图 4-1 所示。

图4-1 受《儿童色情禁止法》规制的行为

	特定少数人	不特定的多数人		
提供或通过电信线路提供	处3年以下徒刑或300万日元以下罚金	处5年以下徒刑或500万日元以下罚金(可数罪并罚)"公然陈列"作相同处罚		
	以提供给特定少数人为目的	以提供给不特定的多数人为目的	以满足个人性好奇心为目的	无目的
制作	处3年以下徒刑或300万日元以下罚金	处5年以下徒刑或500万日元以下罚金(可数罪并罚)		3年以下徒刑或300万日元以下罚金
持有或保管	同上	同上	处1年以下徒刑或100万日元以下罚金 须满足基于自身意愿而持有相关物品	
运输、带入日本或从日本销往国外	同上	同上 日本人带到国外或从国外带入日本作相同处罚		

看一下上表中的犯罪类型,就会明白新修正案高度重视儿童色情散播所造成的危害,并根据散播规模的大小来决定量刑的轻重。对尚未散播或不以散播为目的的行为仅作为例外进行处罚(仅限部分制作及持有、保管行为)。

在上述犯罪类型中,"提供"儿童色情是指将该儿童色情或电磁记录及其他记录置于对方可以利用状态下的,在法律上或事实上的一切行为,无论其目的是有偿还是无偿、无论散播对象是否是不特定的多数人,罪名均成立。"公然和陈列"是指"置于不特定的多数人可以观看的状态",这与《刑法》第 175 条中公然陈列的意思相同。无论是将儿童色情图像、影像等上传至网站、公告板等行为,还是将儿童色情网站的链接地址稍作改动后在网站上发布等行为(不是建立链接而是作为单纯字符串予以刊载的行为)均构成儿童色情公然陈列罪(最高法院 2012 年 7 月 9 日决定,载《判例时报》第 2166 期,第 140 页)。

儿童在交友网站、SNS 等社交平台结识成年人,并应其要求主动自拍、发送裸照等,能否将该行为(编辑、发送黄色短信)认定为单纯制作罪、提供罪,对此存有争议。[17]

"持有"与"保管"的区别在于对象是儿童色情制品(照片、电磁记录等记录媒介及其他有体物)还是儿童色情信息。"持有"是将儿童色情制品这一有体物置于自己实际支配之下,而"保管"是将儿童色情信息置于自己实力支配之下(典型情况包括将其保存在自己电脑的硬盘里等)。

(b)对单纯持有行为的规制

上文讲过,2014 年的《儿童色情禁止法修正案》规定,任何人不得随意持有儿童色情制品或保管儿童色情信息(第 3 条之二)。而且,"以满足个人性好奇心为目的持有儿童色情制品者(基于自身意愿而持有儿童色情制品者,且仅限于可以明确认定当事人就是持有者的情形)"也将被处罚(第 7 条第 1 款)。

该法案修订增加了"以满足个人性好奇心为目的"的表述,属于目的犯;这与之前已经列入处罚对象范围内的、以提供为目的的持有相对,前者常被称作"单纯持有罪"。事实上,在部分都、道、府、县制定的条例中对单纯持有或获取行为已有明确的处罚规定[《奈良县保护儿童

---

[17] 参见园田寿、曾我部真裕编:《对〈儿童色情禁止法修正案〉的思考》,日本评论社 2014 年版,第 34 页(园田寿撰稿)。

免受伤害条例》《京都府规制儿童色情条例》《栃木县保护儿童免受伤害条例》(不过,2014年《儿童色情禁止法》修订后,对地方条例相关规定进行了修改或废止了整部条例)],直至后来以法律的形式确定下来。

如上所述,就单纯持有儿童色情制品罪而言,国外不乏处罚的先例,因此一直以来都有人提议将其引入日本国内。另外,从宪法、刑法理论或从实务的角度出发,不断有人对此进行质疑,批评主要集中在以下几点:⑱

第一,从宪法的角度来看,这是对基本人权的制约,再加上规制依据不充分(这一点将在下文提及),因此不能将对单纯持有行为的规制正当化,其规制有违宪之嫌。不过,应将单纯持有罪与何种基本人权之间的关系视作可能存在的问题,关于这一点的讨论还不够充分。⑲ 不过,可以将其区分为:①因规制单纯持有行为而直接受到制约的基本人权,②随着对单纯持有行为的规制而间接受到制约的基本人权。首先就①而言,由于增设了单纯持有罪,持有人只能将手头持有的儿童色情制品处理掉,这就造成了对财产权(《宪法》第29条)的制约。

此外,就②而言,随着对单纯持有行为进行规制,人们就不能再阅览儿童色情制品,这就造成对表达自由(《宪法》第21条)以及一般性行为自由(《宪法》第13条)的制约;因无法购买此类制品,又会造成对契约自由(《宪法》第13条、第22条第1款)的限制,这些都是问题。不仅如此,就从"以满足个人性好奇心为目的"这一表述的关系而言,有罪判决相当于暴露了被告人的性嗜好,这是对隐私权(《宪法》第13条)的制约,同样也存在问题。还有观点认为,如果将表达自由看作通信自由,那么在家里阅览图像的行为是否包括在表达自由之中呢?

---

⑱ 详见园田寿、曾我部真裕编:《对〈儿童色情禁止法修正案〉的思考》,日本评论社2014年版,第3章(大林启吾撰稿)、第4章(高山佳奈子撰稿)、第5章(落合洋司撰稿)。

⑲ 参见园田寿、曾我部真裕编:《对〈儿童色情禁止法修正案〉的思考》,日本评论社2014年版,第43页起(大林启吾撰稿)。

第二,关于处罚依据(保护法益),对此有批评称,对单纯持有行为的规制缺乏正当的保护法益。如上所述,从与规制单纯持有行为的关系上看,基本人权论尚不完善。笔者认为这与之前认为没有处罚依据的讨论也有关系。制作儿童色情制品的行为本身就是对儿童的性剥削。而且,公然陈列、提供儿童色情制品是将儿童的性姿态置于众目睽睽之下,这不仅会对该儿童个人隐私造成侵害,还会给该儿童带来巨大的精神创伤,明显阻碍儿童的健康成长。一般认为,这就是对上述行为进行处罚的依据。

此外,原《京都府规制儿童色情条例》第7条第1款、第13条第1款规定,对给予报酬或约好要给予报酬,而从他人处获取所列儿童色情制品者进行处罚。该项规定通过处罚有偿取得行为,旨在遏制儿童色情的流通市场。

与此相对,例如有批评称,单纯持有罪与提供罪不同,前者不会扩大儿童受害的风险,因此对其进行处罚缺乏依据。毫无疑问,持有通常以取得行为为前提,在取得行为发生时,就可以预见其会扩大儿童所受伤害。从这一视角来看,对取得行为应当进行处罚。

第三,有人指出存在任意处罚的风险。这一问题在当年立法过程中已经进行过讨论。例如,因误下载他人单方面发送过来的带有儿童色情内容的电邮附件而持有的,在立法过程中就该情形有可能受到的处罚进行了讨论。第7条第1款括号内的内容(基于自身意愿而持有儿童色情制品者,且仅限于可以明确认定当事人就是持有者的情形)就是对此争议点的回应。不过,这一限定性规定能否发挥实效,对此尚存疑虑。

此外,还有出于正当目的而持有的情形,如以调查研究为目的等。为显示对此类行为的保护,法案规定要"以满足个人好奇心为目的"。对此,同样有人质疑这一限定性规定是否真能发挥实效。

2.3 自我规制手段
——屏蔽儿童色情网站

简而言之,屏蔽是指互联网接入服务提供商会(以下简称提供商——译者注)机械性地感知用户想要浏览网站的 IP 地址，如果该网址被列入屏蔽清单目录，就会禁止该用户进行访问。屏蔽与过滤不同，前者特点在于未征得用户(方)同意就阻断访问。

从 2011 年 4 月开始，作为行业自主规制措施，日本大型提供商与国家联手，开始对儿童色情网站实施屏蔽(顺便讲一下，目前日本对儿童色情之外的网络内容并未采取屏蔽措施)。

日本互联网热线中心(IHC)负责受理与违法有害信息相关的市民举报，市民对儿童色情网站的举报信息会先汇集到这里。当该中心认定举报信息确属儿童色情时，会将该信息提供给提供商等联合成立的互联网信息安全协会(ICSA)。ICSA 在确认 IHC 提供的信息是否符合认定标准等的基础上，建立屏蔽目标网址清单(以域名为主)，作为 ICSA 成员的提供商等会根据这一清单实施屏蔽(参见图 4-2)。

FIGURE 图4-2 屏蔽儿童色情信息的运作架构

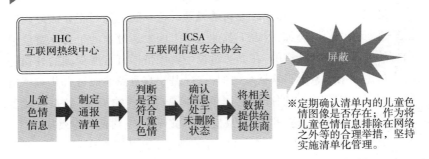

作为提供商的自我规制措施，当屏蔽实施时，会引发各种各样的法律问题。其中最大的问题是其与通信秘密之间的关系。日本《宪法》第 21 条第 2 款后半部分规定通信秘密受宪法保护。《电信事业法》继承了宪法的这一原则，第 4 条明确规定禁止侵犯通信秘密。作为直接对提供商进行规制的法案，违反此项规定会受到处罚(同法案第 179 条)。屏蔽是"获取"用户访问的目标网址,以禁止访问为目的"盗用"了用户的访问信息,因此符合侵犯通信秘密罪的构成要件。而且,普遍认为,上文提及的现行的规制架构,是在相当于紧急避险(《刑法》第 37 条第 1 款)的前提下建立的。

此外,笔者认为与网站相比,儿童色情更多的是通过 P2P 进行传播的。对此,屏蔽措施是无能为力的。关于这一点,警察、提供商、ICSA 三方合作,从 2014 年 4 月开始实施一项有别于屏蔽运作架构的新的应对措施。[20]

结　语

如上所述,关于猥亵及儿童色情的规制,就与表达自由等的关系而言,学界对其保护法益、规制范围等均存在诸多争议。另外,为确保规制在互联网社会具有实效,日本被迫摸索新的应对策略。原本猥亵、儿童色情表达就令人不快,这种看法往往会造成规制范围的不断扩大。对此,一定要多加留意。在有必要进行一定规制的同时,也有必要对此作出批判性的思考,即是否是仅出于对猥亵、儿童色情表达的不快感才进行的规制。

思考

就猥亵以及儿童色情的规制而言,本章已经讲过,学界对其定义、规制范围曾有过各种各样的批评。而且,在网络猥亵图像、儿童色情散布不断蔓延的今天,国内法规制也有其局限性。请大家思考一下,在此情形下应如何进行更为有效的规制?

---

[20] 详见 ICSA 网站"关于儿童色情传播中滥用文件共享软件的应对策略",参见 http://www.netsafety.or.jp/p2p/index.html。

拓展阅读文献

三岛聪:《性表达的刑事规制——对美国政府规制的历史性考察》,有斐阁2008年版。

加藤隆之:《性表达规制的界限——"猥亵"概念及其规制依据》,Minerva书房2008年版。

永井善之:《网络·色情的刑事规制》,信山社2003年版。

森山真弓、野田圣子编:《详解〈儿童色情禁止法修正案〉》,Gyosei 2005年版。

园田寿、曾我部真裕编:《对〈儿童色情禁止法修正案〉的思考》,日本评论社2014年版。

第 5 章　互联网上的青少年保护

铃木　秀美

引　言

对成年人而言,即便过激的性表达、暴力表达等所谓有害表达是合法的,但是从与青少年的关系来看,为保护青少年的健康成长,这些有害表达有时也要受到法律的规制。保护青少年免受有害表达的侵害是家长们普遍关心的问题,没有人会对保护青少年这一目的本身提出异议。可以说,在表达规制中,对国家立法机关而言,对有害表达的规制是比较容易推进的。实际上,即便在美国、德国等发达国家,一旦大选临近,候选人就会抛出规制有害表达的法律修正案,这逐渐成为大选中常见的拉票手段。① 与此相反,出于对"二战"前控制言论的反省,日本至今都未制定规制有害表达的法律。就电视节目而言,依靠的也是放送业者的自我规制。关于对青少年有害的图书(以下简称有害图书),地方公共团体出台了《青少年保护培养条例》对此进行规制。从表达自由的角度出发,认为该条例对有害图书的规制存在合宪性问题的声音一直不绝于耳。

在此背景下,随着互联网的快速普及,网络所引发的诸多问题也逐

---

① 美国就此问题的讨论,详见松井茂记:《互联网的宪法学(新版)》,岩波书店 2014 年版,第 182 页起;小仓一志:《网络空间和表达自由》,尚学社 2007 年版,第 95 页起。德国的情况可参见铃木秀美:《媒体融合时代的青少年保护》,载《庆应私塾大学媒体·交流研究所纪要》第 61 期(2011),第 21 页起。

渐显现,必须采取措施保护青少年免受其不良影响。② 1998年日本修订了《风俗营业法》(正式名称是"关于色情业经营等的管制以及业务合理化等的法律"),对向青少年提供性影像的行为做了规制。1999年出台了《儿童色情禁止法》(正式名称:"关于儿童买春、儿童色情制品等相关行为的规制及处罚,以及儿童保护等相关的法律",1999年5月26日法律第52号),2003年制定了《交友类网站限制法》(正式名称是"对利用网络介绍异性业务、引诱儿童行为等进行规制的法律")(参见本书第4、9章)。

而且,作为对互联网上有害信息的应对措施,日本2008年6月颁布了《完善青少年网络利用环境法》(正式名称是"营造青少年可以安全、安心利用网络环境的法律")③,该法于2009年4月1日正式实施。鉴于大多数青少年都会使用手机上网的实际情况,这部法案规定移动通信运营商必须提供手机安装过滤软件服务,从而避免青少年接触有害信息。此外,《青少年保护培养条例》对有害表达的规制一般以有害图书为规制对象,并不适用于互联网上的信息。不过,有的都、道、府、县为保护青少年上网,在《青少年保护培养条例》中明确规定要积极推进过滤软件的安装使用。

---

② 对这一问题的概观,参见新保史生:《网络社会中青少年保护相关政策、制度之现状》,载《法与计算机》第29期(2011),第3页起。关于有害信息的应对措施,参见松井茂记:《互联网的宪法学(新版)》,岩波书店2014年版,第177页起;小向太郎:《信息法入门(第3版)》,NTT出版2015年版,第123页起。

③ 2008年6月18日法律第79号。关于该法案,参见曾我部真裕:《共同规制——手机安装过滤软件的相关案例》,载德国宪法判例研究会编:《宪法约束力与媒体法》,信山社2015年版,第87页起;中谷幸司:《法令解说〈完善青少年网络利用环境法〉的制定》,载《时之法令》第1822期(2008),第29页起;冈村信悟:《关于手机过滤软件的最新动向》,载《Jurist》第1361期(2008),第32页起;前田雅英:《网络无所不在社会中的犯罪现状与青少年保护》,载《Jurist》第1361期(2008),第42页起;园田寿:《网络的匿名性与有害信息规制》,载《Law &Technology》第41期(2008),第42页起;内阁府、总务省、经济产业省:《〈营造青少年可以安全、安心利用网络环境的法律〉相关法令条文解释》(2009年3月),载 http://www8.cao.go.jp/youth/youth-harm/law/pdf/kaisetsu.pdf。

此外,与网络上青少年保护相关的互联网上的欺凌行为已成为突出的社会问题。2013年6月日本制定了《校园欺凌防止对策推进法》(同年6月28日公布、9月28日实施)。④《校园欺凌防止对策推进法》虽然禁止在校儿童、学生实施欺凌行为,却没有制定对违反此规定实施校园欺凌行为的儿童、学生直接制裁的条款。不过,作为对欺凌行为的应对措施,包括网络表达在内,如果一律禁止发布故意嘲笑他人的出身、宗教信仰、性别、残障、性取向或其他个人特征等内容的表达,并追究刑事责任的话,就会和有害图书规制一样,其合宪性会受到质疑。

因此,即便有必要保护青少年免受网络有害信息的影响,还是存在以下问题:为实现这一目的,是否应采取法律规制的手段?在使用法律规制的情形下,应当如何进行规制?本章将从宪法的视角出发,对此进行探讨。下面,首先对围绕有害图书规制所引发的宪法问题进行分析,并在此基础上,就《完善青少年网络利用环境法》对网络有害信息的规制、网络欺凌行为的应对措施等问题展开探讨。

1 有害图书规制和表达自由

(1)条例中对有害图书的规制

除长野县之外,日本所有的都、道、府、县都制定了以健康培养青少年(未满18岁者)为目的的条例(即便是长野县,有的在市、町、村一级也制定了相同内容的条例)。⑤ 条例中有关有害图书的规制是以父母教师联合会(PTA)为中心发起的驱逐"有害图书"运动的成果。虽说是有害图书,受到规制的媒介不仅有书籍、杂志,还包括录像带、DVD等。与

---

④ 关于该法案,参见小林美津江:《校园欺凌防止对策推进法出台》,载《立法与调查》第344期(2013),第24页起。

⑤ 参见右崎正博:《青少年保护条例的过去・现在・未来》,载《法律时报》第76卷第9期(2004),第39页起。

《刑法》第 175 条对猥亵图书的规制相比,有害图书的规制不仅对性表达的规制范围更广,而且规制对象还包括排除在法律规制之外的恶毒表达、暴力表达等。因此,以阻碍青少年的健康成长为由对有害图书进行规制时,如何界定其与表达自由之间的界限就成了问题。

(2)《岐阜县青少年保护培养条例》案件

1989 年,最高法院在《岐阜县青少年保护培养条例》案中(以下简称本案),针对一直以来存在较大争议的有害图书规制的合宪性问题作出了初步判断。依照《岐阜县青少年保护培养条例》(以下简称本条例),当认定图书内容"有可能明显刺激青少年性情感,或严重助长青少年残暴性,阻碍其健康成长"时,除紧急情况外,在听取县青少年保护培养审议会(以下简称审议会)意见的基础上(第 9 条),知事可以单独认定该图书为有害图书(第 6 条第 1 款)。而且,在那些应被认定为有害图书的书籍中,就"以特别下流的姿态或性行为为拍摄对象的照片,或刊载这些照片的版面占整个编辑版面一半以上的出版物"而言,不用进行个别认定,可以事先依据规则审定该照片的内容后统一进行认定(第 6 条第 2 款)。接着,岐阜县在本条例实施规则第 2 条中,将本条例第 6 条第 2 款中照片的内容规定为"一、全裸、半裸或类似状态下的猥亵姿态""二、性交或与此相类似的性行为";而且岐阜县告示就其具体内容进行了更为详细的规定。此外,就本条例第 6 条第 1 款或第 2 款所认定的有害图书而言,条例禁止有害图书的贩卖、租赁业者将此类图书贩卖、散发、出借给青少年,并禁止自动售货机(以下简称自售机)业者摆放此类图书进行销售,违反上述规定的将被处以 3 万日元以下罚金或罚款。此外,关于禁止自售机摆放有害图书,但书明确规定"根据法令规定,禁止青少年入内的场所"设置自售机的情形不在此限制范围内(第 6 条之六)。

X 股份有限公司从事图书的自动售卖业务,1985 年 4 月到 8 月期间在位于岐阜县两地的自售机里摆放了属于岐阜县知事统一认定的有害图书类的杂志进行销售,次数多达 5 次。因涉嫌违反本条例,该公司及公司董事长被告上法庭。对此,一审(岐阜简易法院 1987 年 6 月 5 日判决)作出有罪判决,并处罚金 6 万日元。二审(名古屋高等法院 1987 年 11 月 25 日判决)维持原判,驳回了原告的上诉。X 股份有限公司等以该条例违反宪法为由再次提出上诉,但被最高法院驳回(最高法院 1989 年 9 月 19 日判决,载《刑集》第 43 卷第 8 期,第 785 页)。⑥ 此外,因该公司董事长在法院审理期间死亡,故法院对该公司下达了终审判决。

(3)最高法院的判断逻辑

在本条例对有害图书的规制中,若为出版后被单独认定为有害图书的情形,考虑到审议会需要 1—2 个月的时间对此进行审议,故相关业者收到岐阜县下发的有害图书认定通知后停止以青少年为对象的杂志售卖行为或自售机售卖行为的,可以不予处罚。与此相对,如果是统一认定方式,在岐阜县未事先下达行政指导、通知、撤销命令等情形下,仅将包含统一认定内容的杂志摆放在自售机进行销售就违反了条例。本条例中的统一认定方式是有害图书规制中最为严格的规制。

本案中,关于本条例对有害图书的规制,被告人方主张如下:①不承认本条例所规定的有害表达与阻碍青少年健康成长之间具有合理的因果关系,因为不认可规制目的具有合理性,故本条例对有害图书的规制违法了《宪法》第 21 条第 1 款;②本条例事实上造成了对有害图书贩卖的全面禁止,属于检阅,违反了《宪法》第 21 条第 2 款;③有害图书定义

---

⑥ 关于判例评析,参见横田耕一:《规制有害图书保护青少年的合宪性——以最高法院对〈岐阜县青少年保护培养条例〉违宪诉讼的判决为中心》,载《Jurist》第 947 期(1989),第 89 页;高见胜利:《"有害图书"认定与表达自由》,载高桥和之等编:《宪法判例百选Ⅰ(第 5 版)》,《Jurist》增刊第 186 期(2007),第 114 页;桥本基弘:《自售机售卖色情制品和有害图书认定》,载堀部政男等编:《媒体判例百选》,《Jurist》增刊第 179 期(2005),第 128 页;松井茂记:《"有害图书"认定与表达自由》,载长谷部恭男等编:《宪法判例百选Ⅰ(第 6 版)》,《Jurist》增刊第 217 期(2013),第 118 页。

不明确,违反了《宪法》第21、31条;④关于有害图书的认定要件、处罚规则等,都、道、府、县之间的管制力度参差不齐,违反了《宪法》第14条。不过,最高法院驳回了被告人关于违宪的全部上述主张。

最高法院认为,就①禁止自售机摆放有害图书进行售卖是否违宪而言,可参照关于《刑法》第175条猥亵文书散布罪的两个判决(最高法院大法庭1957年3月13日判决,载《刑集》第11卷第3期,第997页"查泰莱案件";最高法院大法庭1969年10月15日判决,载《刑集》第23卷第10期,第1239页"翻译小说《恶德之荣》案件"),以及关于性行为自由的《福冈县青少年保护条例》案件的判决(最高法院大法庭1985年10月23日判决,载《刑集》第39卷第6期,第413页);关于②有害图书的认定是否属于检阅,可参照海关检查案件判决(最高法院大法庭1984年12月12日判决,载《民集》第38卷第12期,第1308页)以及北方期刊案件判决(最高法院大法庭1986年6月11日判决,载《民集》第40卷第4期,第872页)。由以上判决的宗旨明确可知,禁止自售机摆放有害图书进行售卖并不违反《宪法》第21条第1款,有害图书的认定也不属于检阅。而且,针对被告主张③有害图书的定义不明确,最高法院仅回应称"不能说"本条例的定义"不明确"而已。

法庭意见给出的理由如下:

"本条例所规定的有害图书一般会对判断能力尚不成熟的青少年性价值观的形成造成负面影响、会助长对性变态行为或暴力性偏激行为等抱有认同感的风潮的滋生蔓延。因此,可以说有害图书会损害青少年的健康成长,这已成为全社会的共识。而且,利用自售机售卖有害图书这一销售方式具有以下特点:不会和卖家面对面,在心理上更易购买;白天、黑夜均可购买;自售机存放的有害图书在街头展示,更易激起购买欲望等。因此只能说与书店等售卖行为相比,自售机的弊端要大得多。"此外,在听取审议会意见到认定为有害图书期间,自动售货机业者有可能已经完成了有害图书的销售。为有效打击此类钻法律空子的行为,本条例第 6 条第 2 款所规定的统一认定方式是"必要且合理的"。因此,就禁止自售机摆放有害书籍售卖而言,"从与青少年的关系来看,显然没有违反《宪法》第 21 条第 1 款;即便从与成年人的关系上看,虽然在一定程度上制约了有害图书的流通,但这是在实现净化危害青少年健康成长的有害环境这一规制目的的过程中衍生出的必要的、不得不接受的制约,因此并不违反《宪法》第 21 条第 1 款"。

从学说上看,上述判决理由并不能完全充分证明有害图书规制的合宪性。(此外,该判决中还列出了学者出身的伊藤正己法官的补充意见。就此,笔者将在对个别观点的解说中提及。)

(4)检阅、事前限制与明确性理论

学说认为,《宪法》第 21 条所保障的表达自由,当为实现公共福祉(《宪法》第 12、13 条)时,也可对其进行限制。不过,对表达自由的限制必须具有正当化的可能性。在探讨正当化的可能性之时,学说将对表达的规制分为以下四种类型:①检阅、事前限制;②模糊不明确的,或过于宽泛的规制;③基于表达内容的规制;④表达内容中立性规制。⑦

其中,关于检阅、事前限制,最高法院在海关检查案判决中将检阅定义为"以行政权为主体,以表现思想内容等的表达物为对象,以禁止该表达物的全部或部分发行为目的,在发行前对该表达对象物的内容进行穷尽性的、全面的审查,若认定为不当表达物的,则禁止其发行"。学说对此分为广义说与狭义说两种理解。前者认为《宪法》第 21 条第 2 款原则上广泛禁止各种各样的事前限制,后者则认为第 21 条第 2 款是绝对禁止"检阅"的规定,不属于检阅的事前限制原则上被第 21 条第 1 款所禁止。⑧ 暂且抛开检阅应当解读为广义说、狭义说中的哪一种这一问题,就最高法院关于"检阅"的定义而言,其将之局限于对"表现思想内

---

⑦ 参见芦部信喜:《宪法(第 6 版)》,高桥和之补订,岩波书店 2015 年版,第 195 页。
⑧ 参见松井茂记:《大众媒体法入门(第 5 版)》,日本评论社 2013 年版,第 56 页起。

容的表达物"加以"穷尽性地、全面地"审查这一情形。对此,学说提出"强烈批评,认为适用范围过窄"[9]。

接下来要讨论的是明确性理论。[10] 在罪刑法定原则之下,为告知国民哪些行为是被禁止的,刑罚法规的条文必须清楚明确(《宪法》第 31 条)。而且,当刑罚法规对表达自由进行限制时,会引发以下问题:模糊、不明确的规制会对表达行为造成寒蝉效应(明明是宪法上允许的表达行为,表达主体却不敢进行表达)。在有害图书的规制上,有害图书定义的明确性也成为争议问题。

(5)基于表达内容的规制与表达内容中立性规制的二分法理论

"双重标准理论"是基于美国判例法理形成的体系化理论。日本的学说认为,根据该理论,在审查表达自由规制的合宪性时,必须比审查经济自由规制适用更为严格的标准。[11] 在表达自由的领域里,就规制自由的法律而言,此时应排除合宪性推定,以违宪性推定为基准进行判断。

在基于双重标准理论所进行的对限制人权立法的合宪性审查中,有"严格审查""严格合理性审查""合理性审查"三种审查标准。[12] 严格审查的特征在于法院会对限制人权的依据进行严格审查。而合理性审查的情形则是首先推定限制人权的立法合乎宪法,除非能证明有明显的、不合理之处。在严格程度上,位于这两种审查标准之间的就是严格合理性审查(又称中间审查)。

关于上文提及的③和④的表达规制,学说的观点是,在③基于表达内容的规制(着眼于表达内容的规制)和④表达内容中立性规制(不是对表达内容,而是对表达行为发生的时间、地点、方式等加以规制)中,应

---

[9] 参见芦部信喜:《宪法(第 6 版)》,高桥和之补订,岩波书店 2015 年版,第 202 页。
[10] 参见芦部信喜:《宪法(第 6 版)》,高桥和之补订,岩波书店 2015 年版,第 205 页起。
[11] 参见芦部信喜:《宪法(第 6 版)》,高桥和之补订,岩波书店 2015 年版,第 103 页起、第 193 页起。
[12] 参见涉谷秀树:《宪法(第 2 版)》,有斐阁 2013 年版,第 712 页起。

适用严格程度有所差异的审查标准(基于表达内容的规制与表达内容中立性规制的二分法理论)。⑬

根据二分法理论,因存在公权力为封杀对自己不利的表达而对其进行规制的危险,故基于表达内容的规制要适用严格审查标准。严格审查标准要求规制目的必须是为保护真正的不可抗拒的利益(compelling interest),规制手段必须是达到规制目的所必要的、最低限度的规制,以及规制目的与手段之间必须具有必要的、不可或缺的关联性。而表达内容中立性规制适应严格合理性审查标准。规制目的必须是为保护重要利益(important interest),而不能仅为维护合法权益(legitimate interest)。⑭

此外,即便同样都是基于内容的规制,也存在多种情况。因此,基于表达内容的规制是否应毫无例外地适用严格审查标准,有必要对此进行考量。学说中比较有说服力的观点是,自我实现(表达自由对于个人人格发展是不可或缺的)和自我统治(国民通过言论活动参与政治决策)是表达自由的价值。如果以表达内容与表达自由价值之间的关联性为线索,相较于与自我统治密切相关的政治性言论而言,商业性言论属于低价值表达,因此对商业性言论的规制要适用中间审查,而不是严格审查标准。⑮此外,着眼于表达内容带来的社会危害,如煽动违法行为、猥亵、名誉毁损、侵害个人隐私、歧视性表达等,有时会被认为是低价值表达。⑯

---

⑬ 参见芦部信喜:《宪法(第6版)》,高桥和之补订,岩波书店2015年版,第194页起;松井茂记:《大众媒体法入门(第5版)》,日本评论社2013年版,第49页起。不过,就不同规制类型适用不同审查标准而言,还有观点认为两者都应毫无差别地适用严格审查标准,这种看法也颇具影响力。参见市川正人:《表达自由的法理》,日本评论社2003年版。

⑭ 所谓选择必要的、最小限度的规制手段(Less Restrictive Alternatives,简称LRA)基准属于严格合理性审查范畴。涉谷秀树:《宪法(第2版)》,有斐阁2013年版,第714页。

⑮ 参见芦部信喜:《宪法(第6版)》,高桥和之补订,岩波书店2015年版,第192页起。不过,有观点认为对商业性言论的规制也应适用严格审查。松井茂记:《大众媒体法入门(第5版)》,日本评论社2013年版,第189页起。

⑯ 参见高桥和之:《立宪主义与日本国宪法(第3版)》,有斐阁2013年版,第210页起。

(6) 有害图书规制与表达自由

依照本条例,被单独指定为有害图书的图书以及含有统一认定内容的图书,不得向青少年出售、出借或提供阅览;同时禁止摆放在自售机内进行售卖。上述规制在制约有意出版、销售此类图书的商家的表达自由的同时,也制约了有购买意愿的读者的知悉的自由(又称知情权、获取信息的自由)。而且,对于读者而言,本条例的规定带有事前限制的色彩。这是因为即便书籍已经正式出版,一旦被认定为有害图书,读者再想获得该书的渠道本身就会受到限制。

对有害图书的规制是为了让青少年远离有害图书,知悉的自由受到限制的主要是青少年。不过,自售机的销售方式与书店面对面的售卖方式不同,通常对于购买者没有年龄限制,无论昼夜都可以购买自售机里存放的图书。而且,摆放在街头的自售机还存在相较于书店更能激起人们购买欲望这一问题。因此,本条例为实现规制目的,原则上禁止将有害图书摆放在自售机里进行售卖。但书里明确规定依照法令的规定,青少年禁止入内的场所放置的自售机不在此限制范围之内。根据上述规定,对成年人而言,在任何人都可以自由出入的场所已经无法在自售机上购买有害图书。这样,知悉自由不仅在涉及青少年的场合上受到限制,连成年人的知悉自由也受到了限制。

(7) 青少年知悉的自由

本案的争议在于,通过自售机售卖有害图书的销售业者的刑事责任,本条例规定的以及与之相关的有害图书规制的合宪性问题。是否存在立法事实可以佐证有害表达对青少年的健康成长造成阻碍,成为本案的最大争议点。

表达自由受宪法的保护。青少年与成年人一样都是表达自由的享有主体。知悉的自由包含在表达自由保障范围内。不过,青少年与成年人不同，身心尚处在发育期；与成年人相比，青少年的判断力还不成熟。因此，为保护青少年免受身心发育不成熟所带来的危害，青少年的知悉自由有别于成年人，应受到一定的约束。青少年保护的第一责任人是其监护人。当监护人自身无法履行应有的职责时，公权力也可以介入以保护青少年的利益。一般认为，如果是成年人，原则上不允许公权力为保护成年人自身，限制其自由；而如果是青少年，则允许为保护青少年自身，出于法律父爱主义（paternalism——译者注）的制约从而克减其自由。[17]

因此，有害图书规制应依照何种基准进行合宪性审查就成为问题。关于这一点，伊藤正己法官在本案判决附带的补充意见中指出，因青少年判断力尚未成熟，"在某种表达的接收者指向青少年的情况下，判断对该表达的规制是否合宪，不能像以成年人为对象的表达规制那样适用严格标准"。针对这一主张，学说认为有害图书规制是基于表达内容的规制，因此即便在涉及青少年的场合上，其合宪性审查也应适用严格标准。不过，青年人具有与成年人不同的身心特点，学说以此为前提，认为"在审查立法事实、立法目的、立法手段之时应考虑青少年的特点"，承认存在一定缓和的余地。[18]

(8) 有害图书规制的立法事实

虽说如此，学说主张对有害图书的规制基本上应适用严格审查标准，即在审查基准的宽严程度上，学说与伊藤法官在补充意见中的看法之间存在重要差异。这种差异明显体现在针对为有害图书规制目的提供支撑的立法事实的相关看法上。

本条例的目的在于，防止危害青少年健康成长行为的发生，助力青

---

[17] 参见松井茂记：《大众媒体的表达自由》，日本评论社 2005 年版，第 208 页起。
[18] 参见横田耕一：《规制有害图书保护青少年的合宪性——以最高法院对〈岐阜县青少年保护培养条例〉违宪诉讼的判决为中心》，载《Jurist》第 947 期 (1989)，第 94 页。

少年健康成长(第1条)。关于支持对有害图书进行规制的立法事实,本条例作了如下说明,通常"有害图书容易诱导青少年误入歧途,会对青少年的心理发育带来危害"。然而,对此,学说批评称上述立法事实尚未得到科学的证明。伊藤法官在补充意见中指出,即便不能说这一立法事实已经过科学的论证,但是有害图书规制的合宪性证明,只要满足"有害图书与诱导青少年误入歧途等危害之间具有相当程度的盖然性关联"即可。此外,法庭意见完全没有提及有害图书与青少年误入歧途之间的关联性,就将有害图书"会对青少年性价值观的形成造成负面影响、会助长对性变态行为或暴力性偏激行为等抱有认同感的风潮的滋生蔓延"认定为立法事实。对此有批评称,该部分表述并不涉及青少年误入歧途,而是从价值观、风潮等层面来把握问题,只是把老观点换了一个新包装而已。[19]

每当有青少年恶性案件发生时,人们都会提到漫画、电视、游戏等的不良影响。学说中还有人认为,在对有害图书进行规制时,"造成不良社会影响"这一程度的描述不足以奠定其危害性,有害图书的危害性应解释为,诱导青少年误入歧途(性变态行为或暴力性偏激行为),或助长对性变态行为或暴力性偏激行为的容忍风潮的滋生蔓延。[20]

(9)成年人知悉的自由

学说认为,为认可有害图书规制的合宪性,必须采取如下规制手段,在尽可能降低对成年人知悉的自由的限制的同时,实现让有害图书远离青少年的目的。关于这一点,伊藤法官在补充意见中指出,对有害图书的规制封杀了成年人知悉的自由,这种情况就可认定为违宪。对

---

[19] 参见横田耕一:《规制有害图书保护青少年的合宪性——以最高法院对〈岐阜县青少年保护培养条例〉违宪诉讼的判决为中心》,载《Jurist》第947期(1989),第93页。

[20] 参见芹泽齐:《青少年有害图书规制》,载岩间昭道等编:《增刊法学研讨会 宪法Ⅱ(第3版)》,日本评论社1994年版,第131页。

此,普遍认为,伊藤法官的上述观点"超出了法庭'补充'意见的范围",只是沿用了学说的一贯立场。[21]

此外,自售机出售所谓成人杂志的情形与一般图书不同。传统图书发行方式都是由出版社出版经过代销店在书店出售。而自售机业者则是集出版商、销售商于一体,一般不具有自售机以外的销售渠道。因此,此种规制禁止在自售机上进行销售会造成除青少年禁入的极少数场所以外,自售机业者都不能再销售成人杂志的结果。因为对有害图书的规制,成人杂志销量下降,这对于自售机业者来说不合算,通过自售机方式销售成人杂志的出版、销售势必会不断萎缩。因此,此种规制在与业者一方的表达自由之间存在诸多问题,如禁止在自售机上销售实质上起到禁止发行的效果,采取统一认定的方式所导致的寒蝉效果也非常明显。而且,即便规制目的是保护青少年,明明无须对成年人入手有害图书进行限制,却造成对其知悉自由的大幅限制。因此,学说中也有观点认为对有害图书的规制属于违宪。[22]

(10)有害图书定义的不明确性

本条例对有害图书的规制属于设有刑罚罚则的表达规制,因此必须满足上文提及的明确性原则。特别是在统一认定的场合,事前通知等并非执法机关的法定义务,销售或在自售机上摆放售卖经统一认定后被指定为有害图书的杂志的行为,可立即适用刑罚。由此来看,相较于个别认定,对有害图书的统一认定更需要法令条文的清晰明确。

就本条例将"明显刺激青少年性情感,或严重助长青少年残暴性

---

[21] 参见高见胜利:《"有害图书"认定与表达自由》,载高桥和之等编:《宪法判例百选Ⅰ(第5版)》,《Jurist》增刊第186期(2007),第115页。

[22] 参见横田耕一:《规制有害图书保护青少年的合宪性——以最高法院对〈岐阜县青少年保护培养条例〉违宪诉讼的判决为中心》,载《Jurist》第947期(1989),第94页;芹泽齐:《青少年有害图书规制》,载岩间昭道等编:《增刊法学研讨会 宪法Ⅱ(第3版)》,日本评论社1994年版,第132页。

(第6条第1款)"这一定义用于对有害图书的个别认定而言,伊藤法官的补充意见认为,"该定义存在称不上清晰明确的一面",但是岐阜县青少年对策本部次长(相当于副部长——译者注)通告对审查基准进行了具体规定,因此不能说其不明确。而且,本条例中,统一认定的定义是"以特别下流的姿态或性行为为拍摄对象的照片,或刊载这些照片的版面占整个编辑版面一半以上的出版物"(第6条第2款)。与个别认定相比,在条例层面对该定义进行了具体化;并通过实施细则以及公告(1979年7月1日岐阜县公告第539号)进一步明确了照片的内容。伊藤法官在补充意见中又进一步指出,结合上述诸多下位规范,本县条例对有害图书个别认定及统一认定的定义解释也可称为限定性解释。因此,如果与保护青少年这一社会利益综合在一起考虑,也"可以适当放宽"对明确性的要求,所以不能以基准不明确为由判定法令违宪。学说中既有支持伊藤法官补充意见的声音[23],也有对在制约青少年知悉的自由时,放宽对明确性的要求这一主张持批评的态度。此外,还有观点从罪刑法定原则的宗旨出发,主张通过下位规范加以具体化并不充分,条例本身的定义也必须具有明确性。[24] 还有观点指出,至少就本条例的统一认定而言,在被统一认定为有害图书的情形下,未对相关业者进行行政指导、下达撤除命令,就直接对出售有害图书或将之摆放在自售机售卖给青少年的行为进行处罚,因此对放宽有害图书定义标准不予认可,认为规制涉嫌违宪的可能性很大。[25]

---

[23] 参见芦部信喜:《宪法学Ⅲ(增补版)》,有斐阁2000年版,第344页。
[24] 参见芹泽齐:《青少年有害图书规制》,载岩间昭道等编:《增刊法学研讨会 宪法Ⅱ(第3版)》,日本评论社1994年版,第132页。
[25] 参见横田耕一:《规制有害图书保护青少年的合宪性——以最高法院对〈岐阜县青少年保护培养条例〉违宪诉讼的判决为中心》,载《Jurist》第947期(1989),第95页。就青少年条例所采用的标准化统一认定制度而言,曾我部真裕在《关于青少年健康培养条例对有害图书类规制纪要》(载《法学论丛》第170卷第4、5、6期(2012),第506页起)中指出,鉴于规制所带来的寒蝉效果,"难道不应该予以废止吗"?

（11）之后的判例

针对本案判决体现出的与表达自由相比更重视对青少年的保护这一司法导向，学说基本持批评态度。1994 年日本批准了《儿童权利公约》，该条约立足的理念是，应在"以儿童具有自我决定能力这一可能性为前提的基础上，将培养增进自我决定能力"作为推进儿童权利保护的方向。因此，有观点认为日本的青少年观也在发生改变，本案判决是以青少年心智普遍尚未成熟为前提，故有必要对本案判决进行重构。[26]

然而，在本案之后的判例中，最高法院仍参考这一判决。有关个别认定软盘为有害图书所引发的争议诉讼中，最高法院认定《宫崎县青少年健康培养条例》以及基于该条例所进行的个别认定合乎宪法（最高法院 1999 年 12 月 24 日判决，载《法院时报》第 1258 期，第 1 页）。此外，关于《福岛县青少年健康培养条例》，最高法院也作出了相同的裁决，裁定禁止自售机摆放有害图书进行售卖符合宪法；并指出装有顾客年龄识别装置的自售机不符合面对面售卖的本质特征，据此认定对该类自售机的规制符合宪法（最高法院 2009 年 3 月 9 日判决，载《刑集》第 63 卷第 3 期，第 27 页）。如上所述，"猥亵表达"属于刑法明文禁止的行为。相较于"猥亵表达""有害图书"的规制范围更广，在规制范围的界定上存在模糊性，而且某一表达对于不同接收者而言，其价值并不相同。因此学说中也有人据此指出，"以青少年为对象的有害图书规制不仅统一以未满 18 岁为划分依据，还进行事前规制，《宪法》第 21 条并不能使这种广泛规制正当化"[27]。

---

[26] 参见奥平康弘：《新闻出版与法》，新世社 1997 年版，第 307 页。
[27] 只野正人：《〈福岛县青少年健康培养条例〉与宪法第 21 条、第 22 条、第 31 条》，载《平成 21 年（2009 年——译者注）度重要判例解说》，有斐阁 2010 年版，第 17 页。

2 互联网上的有害信息规制

(1)安装过滤软件等有害信息规制对策

随着互联网的普及,网络有害信息的泛滥成为热点问题,例如在网上发布诱使他人犯罪的信息、怂恿他人自杀的信息、详细记录爆炸物制造方法的信息等。这些有害信息虽不违法,但却给青少年的健康成长带来危害。因此,总务省、警察厅[28]等行政机关,以及自民党、民主党、地方公共团体、互联网服务提供商(以下简称 ISP)、手机运营商主体等多措并举,从各个方面积极推进网络有害信息的整治。

随着手机在青少年中的普及程度越来越高,青少年,特别是高中生不再通过个人电脑(以下简称电脑),而是更多地依赖手机特别是智能手机上网。但是,与使用家庭、学校的电脑相比,监护人、教师难以对青少年使用手机,特别是智能手机上网情况进行监管。在此背景下,在为保护青少年免受有害信息的影响所采取的应对措施中,关注热点主要集中在为手机安装过滤软件上。

所谓上网过滤软件是指"发挥按照一定的标准对互联网上的网页进行评价、判别,有选择性地将违法、有害网页排除在外的功能"的软件。[29] 若讨论对象为电脑,每个网络用户都可以选择性地安装上网过滤软件。但是手机却存在以下问题:它具有通过手机运营商的网关服务器统一拦截用户对特定网站访问的特点[30],所提供的上网过滤服务只有手机运营

---

[28] 参见石桥昭良《少年使用手机现状、存在的问题及其对策》,载《搜查研究》第 674 期(2008),第 67 页起;横江智敬:《关于推进对违法信息、有害信息的整治》,载《搜查研究》第 685 期(2008),第 2 页起。

[29] 总务省电信消费者信息港:《你了解绿色上网过滤软件吗?》,载 http://www.soumu.go.jp/main_sosiki/joho_tsusin/d_syohi/filtering.html#f01。

[30] 参见冈村信悟:《关于手机过滤软件的最新动向》,载《Jurist》第 1361 期(2008),第 34 页起。

商提供目录方式以及特定分类限制访问方式两种,这让用户的选择非常受限。㉛

(2)《完善青少年网络利用环境法》的制定

日本 2008 年 6 月颁布了《完善青少年网络利用环境法》。同年春,自民党与民主党在法律上将有害信息定义为"严重助长青少年残暴性的信息"等;并在此基础上,着手开展相关法案的准备工作。该法案内容包括在内阁府新设用以审查有害网站的委员会;手机、网吧业者等负有安装过滤软件的义务;网站管理者、ISP 负有删除有害信息的义务;设立罚则;等等。不过,不仅是微软、雅虎、乐天等互联网业者,日本报纸协会、日本民间放送联盟、互联网活跃用户会(MIAU)、高中 PTA 联合会等各方面的机构都对国家参与网络有害信息的判定、设立绿色上网标准表示担心。

如果对有害信息加以定义,并在行政上对互联网上信息内容是否具有有害性进行审查;同时要求手机、网吧业者等承担安装上网过滤软件的义务,还对不履行义务的相关业者设立罚则,这部法律就会与上文提及的有害图书规制一样存在违宪问题。最高法院虽然认可有害图书规制的合宪性,但当论及对互联网上有害信息的规制时,无论如何都不应无视学说对有害图书规制的强烈批评。

而且,安装上网过滤软件的情形不仅存在把并非有害内容的信息加以屏蔽的风险,还存在过滤软件所造成的信息规制对用户而言具有隐蔽性等问题。㉜ 此外,如上所述,手机还存在固有缺陷问题。与电脑安装过滤软件不同,手机安装过滤软件只有两种方式,从而限制了用户的

㉛ 参见冈村信悟:《关于手机过滤软件的最新动向》,载《Jurist》第 1361 期(2008),第 35 页图 1《个人电脑与手机安装过滤软件的主要方式》。

㉜ 关于上网过滤软件的特征及存在问题,参见小仓一志:《网络空间与表达自由》,尚学社 2007 年版,第 156 页起;纸谷雅子:《青少年网络保护法律制度——非"违法"的"有害"信息的应对策略》,载《法与计算机》第 29 期(2011),第 20 页起。

选择空间。由于上述问题的存在,《完善青少年网络利用环境法》虽然规定手机运营商负有提供过滤软件安装的义务,但是对不履行该义务的手机运营商并没有制定罚则,采用了尊重民间自主规制的基本理念。但是,该部法律包含例示性规定,如"严重阻碍青少年健康成长"等信息。这些内容虽然会给予民间规制一定的方向性引导,但如何运用、其运用又会对自主规制带来怎样的影响,这些都值得持续关注。

2008年6月6日《完善青少年网络利用环境法》在众议院"关于青少年问题的特别委员会"上作为委员会提出的法案进行审议,并于当日在众议院获得通过。6月11日该法案在参议院获得通过。虽说在野党参与了法案出台前的修改、完善工作,但从提交审议当天算起,仅经过六天就获得通过,引发批评声浪,认为国会就互联网上有害信息规制的审议并不充分。[33]

(3) 青少年有害信息的例示

《完善青少年网络利用环境法》(以下简称本法)的立法目的是"鉴于互联网上对青少年有害的信息大肆泛滥这一状况,有必要采取措施提高青少年合理利用互联网的能力,同时通过提高青少年有害信息过滤软件性能及使用普及率等措施尽可能减少青少年通过网络浏览有害信息的机会,从而营造青少年可以安心上网的环境,有助于维护青少年权利"(第1条)。

本法的理念如下:①通过本法所规定措施的实施,培养青少年自身具有自主使用信息通信机器、合理选择网络流通信息并加以利用的能力,以及合理使用互联网发布信息的能力(以下简称合理使用互联网的能力);②通过完善青少年网络利用环境相关措施,包括提高青少年有害信息过滤软件的性能以及普及率、青少年网络应用相关业者为

---

[33] 《悄然到来的媒体规制》[载《法学研讨会》第647期(2008),第135页]一文对此提出批评,认为法案审议并不充分。

防止青少年浏览对自身有害的信息所采取的措施等,尽可能减少青少年利用网络浏览有害信息的机会;③在完善青少年网络利用环境相关措施的推进过程中,国家、地方公共团体应充分考虑自由表达活动的重要性及互联网的特性,并对民间承担更多自主的主体性规制责任持尊重态度。

此外,本法将"青少年有害信息过滤软件"定义为"按照一定的标准筛选以供公众浏览的网络信息,并在此基础上限制网络用户浏览对青少年有害信息的程序(为了得到一定的结果而将对电子计算机下达的一连串指令的组合)"(第2条第9款)。

本法中的"青少年有害信息"是指"使用互联网以供公众浏览(含视听)的、严重阻碍青少年健康成长的信息"(第2条第3款)。作为例示列举了以下情形:①"直接且明确地约定、居中介绍或诱使他人犯罪或从事违反刑罚法令的行为;直接且明确地发表诱使他人自杀的信息";②"对人的性行为或性器官等的猥亵描写,以及其他明显使人产生性欲、刺激性欲的信息";③"描写杀人、处死、虐待等令人毛骨悚然的场面和其他内容异常残暴的信息"(第2条第4款)。

上述规定归根结底只是"例示",而具体什么信息属于青少年有害信息,对此进行的个别判断及认定标准的制定都交给了相关业者、青少年的监护人等。如上所述,在各政党筹备法案的过程中,各方对国家参与有害信息的判断、标准制定等方方面面都表达了担忧。青少年有害信息作为本法的规制对象,并没有为明确其范围而设定具体的标准,而是通过例示的方式为"民间主体指明了基本指针"。期待在民间主体的自主性、自律性规制中制定具体标准。㉞

㉞ 参见内阁府、总务省、经济产业省:《〈营造青少年可以安全、安心利用网络环境的法律〉相关法令条文解释》(2009年3月), http://www8.cao.go.jp/youth/youth-harm/law/pdf/kaisetsu.pdf),第4页。

(4) 儿童、青年培养支援推进本部

本法要求在内阁府设置"青少年有害网络信息对策及环境整顿促进会"(旧第 8 条第 1 款),并规定该机构负责制定"保障青少年能够安全安心使用网络的基本计划(以下简称'基本计划')"。一直以来,在应对有害信息上存在省厅间的横向协作不充分等问题。基于此认识,政府设立该机构以便采取统一有效的应对措施,并采用了制定基本计划这一运作架构。㉟ 此外,日本 2009 年出台《儿童、青年培养支援推进法》(2009 年法律第 71 号),后又对该法案进行了修订。随着法案的修订,"青少年有害网络信息对策及环境整顿促进会"更名为"儿童、青年培养支援推进本部"。迄今为止,该机构制定了第 1 次(2009 年)到第 3 次(2015 年)基本计划。㊱

此外,本法还规定了如下内容:为提高青少年合理利用互联网的能力,国家、地方公共团体应采取必要措施推进合理利用互联网的相关教育(第 13 条第 1 款);应采取必要措施促进家庭青少年有害信息过滤软件使用的普及(第 14 条);开展合理利用互联网的相关启示活动(第 15 条)。

(5) 手机运营商、ISP 负有提供过滤服务的义务

手机上网服务提供商(手机运营商)负有以下义务:"当提供手机上网服务的签约方、手机终端或 PHS 终端的使用者是青少年时",除非该青少年的监护人提出不接受有害信息过滤服务,否则必须以接受有害信息过滤服务为条件方可为该青少年提供手机上网服务(第 17 条第 1

㉟ 参见中谷幸司:《法令解说〈完善青少年网络利用环境法〉的制定》,载《时之法令》第 1822 期(2008),第 35 页。

㊱ 参见本田昭浩:《基于完善青少年网络利用环境法及基本计划的应对措施等》,载《法与计算机》第 29 期(2011),第 55 页起;山本和毅:《为保障青少年安全、安心使用互联网而进行环境整顿的相关措施(上)(下)》,载《警察学论集》第 65 卷第 10 期(2012),第 54 页起;第 11 期(2012),第 99 页起。

款);为青少年办理入网协议时,监护人也有义务讲明手机终端或 PHS 终端的使用者为青少年(第 2 款)。在此基础上,本法又进一步规定当接受上网服务的客户提出申请时,上网服务提供商有义务提供青少年有害信息过滤软件或青少年有害信息过滤服务(第 18 条)。

这里所说的"青少年有害信息过滤服务"是指"按照一定的标准筛选供公众浏览的网络信息,并在此基础上提供限制网络用户对青少年有害信息进行浏览的服务,或是为青少年有害信息过滤软件运营方持续提供,使用青少年有害信息过滤软件限制网络用户对青少年有害信息进行浏览所需信息的网络服务"(第 2 条第 10 款)。

本法原则上规定手机运营商负有提供青少年有害信息过滤服务的义务(青少年的监护人提出不接受有害信息过滤服务的情形除外)。与此相对,ISP 只有在客户"提出申请"的情形下,才负有提供青少年有害信息过滤软件或过滤服务的义务(第 18 条)。手机运营商与 ISP 所承担的法律义务之所以不同是源于以下认识:鉴于目前青少年使用手机接触有害信息"远比"电脑容易得多,这一点上文已经提及;加之可以设想家用电脑多为家人共用,电脑还可以安装过滤软件,因此要求 ISP 负有与手机运营商同样的义务会有"过度规制之虞"。㊲ 就 ISP 而言,作为防止对其过度规制的进一步措施,本法规定"政令所规定的对青少年浏览青少年有害信息影响轻微的情形"除外(第 18 条但书)。作为此规定的延续,《营造青少年可以安全、安心地利用网络环境等的法律施行令》(2008 年 12 月 10 日)明确规定 ISP 签订网络服务协议的人数"不超过 5 万人的"可作为例外情形(施行令第 2 条)。

㊲ 参见内阁府、总务省、经济产业省:《〈营造青少年可以安全、安心利用网络环境的法律〉相关法令条文解释》(2009 年 3 月), http://www8.cao.go.jp/youth/youth-harm/law/pdf/kaisetsu.pdf),第 23 页。

(6) 相关业者的义务

对于制造青少年使用的、具有上网功能的机器(具体包括电脑、游戏机、机顶盒、网络电视、手机以及 PHS 以外的移动信息终端等)的接入终端设备商,本法规定其应采取预装青少年有害信息过滤软件等方法,令使用者能够方便地使用青少年有害信息过滤软件或青少年有害信息过滤服务后,方可销售该机器(第 19 条)。[38]

而且,对于"青少年有害信息过滤软件的开发商及青少年有害信息过滤服务提供商",本法规定应努力提高过滤软件和过滤服务的性能和便捷性,尽量努力减少对青少年有害且浏览不受限制的信息。接着,本法又规定在开发青少年有害信息过滤软件、提供青少年有害信息过滤服务时,开发商、服务商负有注意以下事项的努力义务,应注意的事项是:①尽可能根据青少年的不同成长阶段及网络用户的需求,对限制浏览的信息进行有选择的详细设置;②对没有必要限制浏览的信息,尽量减少对其浏览的限制(第 20 条)。①中出现的"详细"可以理解为按照年龄段设定不同的过滤标准,如面向小学生、初中生、高中生等的过滤标准及网络用户方能自主设定可浏览网站的过滤架构。[39]

(7) 防止青少年浏览的相关措施

特定服务器的管理者负有努力义务,当该管理者得知他人使用自己管理的特定服务器发送对青少年有害的信息,或自己试图发送对青少年有害的信息时,应尽可能采取措施以确保青少年无法通过网络浏览该有

---

[38] 详见内阁府、总务省、经济产业省:《〈营造青少年可以安全、安心利用网络环境的法律〉相关法令条文解释》(2009 年 3 月), http://www8.cao.go.jp/youth/youth-harm/law/pdf/kaisetsu.pdf),第 25 页起。

[39] 参见内阁府、总务省、经济产业省:《〈营造青少年可以安全、安心利用网络环境的法律〉相关法令条文解释》(2009 年 3 月), http://www8.cao.go.jp/youth/youth-harm/law/pdf/kaisetsu.pdf),第 33 页。

害信息(以下简称防止青少年浏览措施)(第 21 条)。这里所说的"特定服务器的管理者"是指使用特定服务器(可供上网用户浏览信息之用的服务器),"应他人的要求将信息置于公众上网就可以浏览的状态,向公众提供信息浏览的服务者"(第 2 条第 11 款)。具体而言,ISP、内容服务提供商,以及公告板、网页管理者等都属于特定服务器的管理者。之所以规定特定服务器的管理者应努力采取措施以防止青少年浏览有害信息,是出于对互联网表达自由的担忧。而且,本法还规定该努力义务的履行仅限于特定服务器的管理者"知道"他人发送有害信息的情形。这是为了明确这一规定并不是要求特定服务器的管理者对青少年有害信息的发送进行常态化监控。[40]

可以想见的防止青少年浏览有害信息的措施有:转为青少年无法浏览的会员制网站;绑定过滤软件;根据管理权限对青少年有害信息进行删除等。[41] 此外,依照管理权限采取措施(屏蔽)让包括成年人在内的公众都无法浏览,这虽是一种防止青少年浏览的措施,但如果对公众浏览进行阻断,会造成对成年人浏览行为的限制,而该浏览行为本来就无须受到规制(目前日本对儿童色情之外的信息未采取屏蔽措施,参见本书第 4 章)。为保护青少年,是否要采取如此严格的措施全凭特定服务器的管理者的判断,不过也要顾及成年人知悉的自由。[42] 当特定服务器的管理者采取措施防止青少年浏览时,本法规定其负有建立、保存与防止青少年浏览措施相关的记录等的努力义务(第 23 条)。"就利用其管理

---

[40] 参见中谷幸司:《法令解说〈完善青少年网络利用环境法〉的制定》,载《时之法令》第 1822 期(2008),第 37 页。

[41] 参见中谷幸司:《法令解说〈完善青少年网络利用环境法〉的制定》,载《时之法令》第 1822 期(2008),第 38 页。

[42] 参见内阁府、总务省、经济产业省:《〈营造青少年可以安全、安心利用网络环境的法律〉相关法令条文解释》(2009 年 3 月),http://www8.cao.go.jp/youth/youth-harm/law/pdf/kaisetsu.pdf),第 34 页指出:阻断公众浏览是防止青少年浏览的措施之一,不过,对没有必要对成年人浏览加以规制这一点未作说明。

的特定服务器发送对青少年有害的信息而言",本法还规定特定服务器的管理者负有"建立接受国民举报青少年有害信息的制度"的努力义务(第22条)。

此外,当服务器的管理者认定通过互联网供公众浏览行为涉嫌犯罪或触犯刑罚法令,并采取措施防止公众浏览此信息时,该信息的发布者可以向服务器的管理者请求损害赔偿。关于此情形下损害赔偿的限制,本法附则第4条规定在法案实施后立即进行讨论,并根据讨论结果采取必要措施。例如,就互联网上发布的裸照而言,即便服务器的管理者根据《刑法》第175条认定其属于公然陈列所禁止的猥亵图画,并使用防止公众浏览的措施,但也会出现服务器的管理者认定错误的情形。

如果服务器的管理者在互联网上尽可能将本应受宪法保护的表达置于公众无法浏览的状态,那么对表达的发布者而言,服务器的管理者是否应当承担损害赔偿责任就成为问题。不过,本法是有关青少年保护的法律,而且是否违法最终须由法院判定,仅仅依据行政厅的判断就下达删除命令,并对违反命令的行为设定罚则,有过度规制的风险。因此,本法未将违法信息应对措施包含在内。[43]

(8)促进过滤机构

本法规定,①对青少年有害信息过滤软件和青少年有害信息过滤服务进行调查研究、普及推广并开展启示活动;②相关业者要经过总务大臣、经济产业大臣的注册才能从事推进青少年有害信息过滤软件技术开发业务(以下简称过滤推进业务)(第24条第1款)。注册是指在促进过滤机构注册簿上登记注册年月日及注册号、注册人的姓名及住址、开展业务的事务所地址等信息。经过注册的业者称为"促进过滤机构"。

---

[43] 参见中谷幸司:《法令解说〈完善青少年网络利用环境法〉的制定》,载《时之法令》第1822期(2008),第39页。关于这一问题,参见丸桥透:《"青少年有害信息"与民事责任》,载《法与计算机》第29期(2011),第65页起。

从本法法案的起草阶段直至最终阶段一直引发争议的是,是应让国家参与其中,还是委托民间第三方机构通过信息分级过滤青少年有害信息。因之前也曾讨论过由国家批准的"指定促进过滤机构"负责有害信息的认定,因此自民党内部就有人从表达自由的角度出发提出批评,认为应排除国家的一切干预。在上述争议的背景下,本法采用了"注册制"。

关于注册制,本法作了以下说明:推行注册制不仅是为了加强与国家的日常交流沟通,还有利于预算措施的共同提案等的顺利开展。"制定青少年有害信息过滤软件的性能指针并不属于促进过滤的业务范围,判断某一信息是否属于青少年有害信息也不在促进过滤的业务范围之内,因此本法规定的注册制不会带来国家介入互联网上表达自由的后果"。

注册制看上去是一种比较灵活的手段。例如,总务省、经济产业省若认为其是确保过滤推进业务公正运行所必需,不仅可以要求促进过滤机构提交报告、资料,收集该机构相关活动的开展情况,还可以利用报告、资料提交等机会,将自己的想法通过非正式的方式传达给促进过滤机构(第27条)。当存在促进过滤机构对提交报告、资料的要求不作回应或提交虚假报告、资料等情形时,大臣也可以取消其注册资格(第26条第5项)。即便出台了注册制度,运行情况不同,也有可能出现使用公权力侵害网络表达自由的情况。因此,注册制如何实行,需要持续关注。[44]

(9)EMA对社区网站运营管理体制的认定

2008年4月8日,日本成立了手机网站审查使用监视机构(Content Evaluation and Monitoring Association,EMA),会员包括手机运营商、移动

---

[44] 参见园田寿:《网络的匿名性与有害信息规制》,载 *Law & Technology* 第41期(2008),第44页也提出了同样宗旨的观点。松井茂记:《互联网的宪法学(新版)》,岩波书店2014年版,第203页对此提出批评,认为政府积极参与民间过滤业务,"这种民间自我规制并非真正意义上的自我规制,而是政府法律规制的另一种替代形式,具有极大的危险性"。

运营商等。㊺ 同样作为第三方机构,日本还设立了网络内容审查监视机构(I-ROI)。

EMA 的设立宗旨是:在确保青少年不同成长阶段主体性的同时,为保护青少年远离违法及有害信息、促进移动内容服务(mobile contents——译者注)的健康发展,采取过滤、信息分级以及开展启示、教育活动等多项综合性措施。同年 6 月 30 日,EMA 公布了面向手机的社区网站[博客、社交网络服务(SNS)、网站制作服务、公告板等]的一揽子认定标准(社区网站运行管理体制认定标准)。该标准由①基本方针、②监控体制、③用户服务、④启示与教育四部分构成,并设置了 22 个认定条目。确立社区网站运行管理体制认定制度的目的在于,通过建立符合 EMA 认定标准的网站运营管理体系,为青少年利用社区网站营造、维持一个健康的网络环境。EMA 负责受理来自一般用户等的投诉、意见,并将其在认定标准上予以体现;同时为确保网站安全认证运行管理体制的良性运转,对社区网站实施监控。依照本法,通过 EMA 安全认定的网站、APP 等将不会被列入青少年有害信息过滤清单。

此外,2013 年 12 月日本社交网站"Mixi"(日本最大的 SNS 网站——译者注)正式宣布 2014 年 1 月底之后将不再进行 EMA 的认定。此举将会动摇本法架构,引发普遍关注。㊻ Mixi 表示从历史业绩来看,他们已经采取尊重监护人履行监护责任这一方针。

㊺ EMA 是为确保青少年不同成长阶段的主体性,采取综合性措施以保护青少年远离违法、有害信息,促进移动内容服务健康发展的第三方机构。关于"设立过程",参见 http://www.ema.or.jp/prospectus/process.html。还可参见曾我部真裕:《共同规制——手机安装过滤软件的相关案例》,载德国宪法判例研究会编:《宪法约束力与媒体法》,信山社 2015 年版,第 97 页起。

㊻ 参见《日本经济新闻》2013 年 12 月 16 日晚刊,第 12 页(田原和政撰写)。自 2014 年 2 月起,即便青少年使用过滤软件,只要获得监护人的同意并按照自己的需求设置访问受限的网站后就可以访问 Mixi。

(10)有害信息过滤的现状与课题

本法规定手机运行商、ISP 有义务为用户提供过滤服务。受此影响,2012 年 6 月使用有害信息过滤服务的用户数量增加到 8527600 人(电信业者协会统计结果)。但是,之后作为对传统功能手机的替代,智能手机、平板电脑终端迅速普及;加之国际社交网站用户多使用移动终端,而对上述情况的技术应对存在滞后性等因素,从而造成过滤服务的用户数量呈下降趋势。从那时起,内阁府、自民党等就意识到与 2008 年立法时相比,青少年保护措施的前提已发生变化,遂明确表示将就本法的修订展开讨论。政府也于 2015 年 7 月 30 日确定了《青少年网络环境整治基本计划》(第 3 次),再次要求手机运营商等促进过滤软件的推广应用。

都、道、府、县中,有些地方基于条例采取了相对独立的措施。[47] 千叶县、爱知县及许多都、道、府、县的条例规定,在向青少年出售智能手机时,商家负有介绍过滤软件功能的义务。在东京都、大分县、鸟取县等几个县,条例规定监护人必须在青少年使用上网设备时进行监管。此外,2015 年三重县对《青少年健康成长条例》进行了修订,并进一步规定商家必须向青少年监护人说明除手机线路外,无线局域网线路也要安装过滤软件;当对方拒绝使用时,监护人要向商家提交正当理由说明;商家还负有保存该书面说明的义务。

此外,过滤有害信息作为保护青少年的措施也有其局限性,因此有人主张应大力推进素质教育。总务省开发了能为青少年网络素养打分的测评考试(考试时间为 35 分钟)。参与测评的学校结束考试后,总务省会收集、分析相关数据结果,并作为"学生网络素养评估指标"(Internet Literacy Assessment indicator for Students, ILAS)发布《保障青少年安

---

[47] 参见小仓一志:《通过条例规制互联网"有害"信息》,载《札幌法学》第 19 卷第 2 期(2008),第 35 页起。

全、安心使用互联网的指针》。㊽ 总务省认为设立"学生网络素养评估指标"将有助于地区开展过滤普及宣传活动及相关业者提供、改善安心、安全的过滤服务,并为国际性指标的制定注入日本智慧。

(11)共同规制的可能性

作为互联网上有害信息的应对措施,若要运用法律对其加以规制,在与表达自由的关系上,就会像有害图书规制那样引发各种各样的问题。特别是互联网上"保护青少年的规制极有可能对给成年人发送信息造成实质性的限制,对此也要多加注意"㊾。若因此而放弃法律规制,依靠自我规制来解决问题,虽然可以解决公权力制约表达自由的问题,但也存在自我规制无法发挥实效性的风险。因此,近年来在有害表达规制领域,规制方与被规制方共同进行规制的想法备受关注。这种规制方式被称作共同规制(co-regulation)、强制性自我规制(enforced self-regulation)、受规制的自我规制等。㊿ 根据这一想法,公权力仅限于创立一个以自我规制为前提,同时可以实现自我规制的架构并参与其中。而且,只有在自我规制无法实现规制目标的情形以及出现意想不到的(副)作用的情形下,公权力才能介入自我规制的过程。在仅通过法律规制难以达成规制目标的领域,如环境保护、个人信息保护、消费者保护等,人们都对共同规制的重要性表示认同。本法也是基于上述观点构建而成。

共同规制会滋生规制方与被规制方相互勾结的问题。此外,公权力还存在以"自我规制"为幌子过度限制表达自由之虞。但是,一般认为

㊽ 关于ILAS,参见2012年9月10日总务省宣传资料,载 http://www.soumu.go.jp/menu_news/s-news/01kiban08_02000092.html。

㊾ 参见小向太郎:《信息法入门(第3版)》,NTT出版2015年版,第127页。

㊿ 参见曾我部真裕:《关于媒体法制中的共同规制》,载《初宿正典先生花甲纪念论文集 各国宪法的差异与接点》,成文堂2010年版,第637页起。关于互联网政策与共同规制,参见生贝直人:《信息社会与共同规制》,劲草书房2011年版。

只要集思广益、灵活应对,共同规制中存在的问题都能迎刃而解。德国已采用共同规制方式应对有害表达。此外,2007 年 12 月欧盟还出台了《视听媒体服务指令》,要求各成员国将该指令转化为本国法律时,以促进对共同规制与自主规制等的利用。[51]

作为互联网上有害信息的应对措施,即便采取法律规制,也不一定能有效地解决问题。若如此,那就应在尊重互联网上表达自由的同时,致力于采取灵活的应对策略,如灵活运用自我规制、通过教育提高网络用户的素养等。即便是采取法律规制,也应局限于采取基于确保自我规制时效性的规制。

3 网络欺凌的应对策略

(1)《校园欺凌防止对策推进法》

在涉及互联网上青少年保护的问题中,备受社会关注是网络欺凌问题。2011 年 10 月滋贺县一名中学生因受到欺凌而自杀。受此事件影响,日本 2013 年 6 月以政党议员立法的形式制定了《校园欺凌防止对策推进法》(同年 6 月 28 日公布、9 月 28 日施行)。为全面、有效地推进校园欺凌防止对策的实施,这部法律在确立欺凌行为防止对策相关基本理念的基础上,①明确了国家和地方公共团体等的责任和义务;②规定了校园欺凌防止对策的基本方针;③规定了防止校园欺凌的基本实施对策。

在该法所规定的"基本实施对策"中,还包括有关"推进网络欺凌防治对策实施"的规定(第 19 条),具体如下:"学校设置者及设置的学校应当对该校在籍的儿童及其监护人等开展对网络信息交流的高度流通

---

[51] 参见西士彰一郎:《欧盟"层级式"通信·媒体法体系》,载《报纸研究》第 682 期(2008),第 43 页起;市川芳治:《欧盟在电信·广电融合时代下的应对策略》,载《庆应法学》第 10 期(2008),第 273 页起。

性、信息发布者的匿名性以及其他网络发送信息特性的认识和启示活动,力求避免或有效应对网络欺凌的发生"(第 19 条第 1 款);"国家和地方公共团体要对负责监控儿童等是否通过网络形式实施或被卷入欺凌事件的网络监察机关及其他相关机关所采取的措施提供支援,并努力完善网络欺凌相关案例的应对机制"(第 2 款);在发生网络欺凌后,受害儿童等及其监护人可以要求删除与该欺凌行为相关的网络信息,或依据《提供商责任限制法》要求网络平台提供信息发布者的身份信息,"若有需要,可以请求法务局或地方法务局协同办理"(第 3 款)。

《校园欺凌防止对策推进法》虽然禁止在校儿童、学生实施欺凌行为,却没有制定对违反欺凌禁止行为的儿童、学生进行直接制裁的条款。该法不过是要求国家和地方公共团体开展防止网络欺凌的启示活动、对监控欺凌行为所采取的措施予以支援、努力完善网络欺凌发生时的应对机制而已。虽说出台了《校园欺凌防止对策推进法》,但普遍认为,作为网络欺凌的防止对策,上网过滤软件的使用非常重要。[52]

(2)美国的动向

在美国,教育由州一级管辖。就网络欺凌应对措施而言,许多州都制定了《反欺凌法案》,有些还规定禁止网络欺凌(cyberbullying)。对违反情形进行处罚的方式有,劝告、调换班级、停学处分、退学处分等。据说有些州将网络欺凌作为犯罪行为通过州刑法予以规制。[53] 在日本,作为欺凌行为的应对措施,如果对包括网上表达行为在内的、故意嘲笑他人的出身、宗教信仰、性别、残障、性取向或其他个人特征等的表达行为予以禁止并追究刑事责任,与上文提及的有害图书规制一样,其合宪性

---

[52] 参见岛田敦子:《儿童网络欺凌行为和解决策略》,载《法律广场》第 68 卷第 3 期(2015),第 38 页起。

[53] 参见田中佑佳《关于公立学校学生发布伤害他人言论行为规制的相关宪法问题》,载《阪大法学》第 64 卷第 1 期(2014),第 157 页起。

将受到质疑。

就欺凌行为而言,因加害人与受害人同是青少年,所以应采取比有害表达规制更为灵活的应对策略,如采取措施提高青少年在家庭、学校里的素养及有效使用上网过滤软件等。

结　语

为明确运用法律对互联网上的青少年有害信息进行规制时所产生的诸问题,本章首先详细介绍了有害图书规制在宪法上的长期争论;并在此基础上,对《完善青少年网络利用环境法》的架构进行了说明。即便是在对猥亵表达进行刑法规制时,"猥亵"定义的不明确性都成为争议问题;对于涉及更广泛表达规制的"青少年有害信息"而言,其就更难被定义了。因此,如果运用法律对青少年有害信息进行规制,将带来青少年无法接触到本应接触到的信息的风险。过滤并不能屏蔽所有有害信息,也存在将并非有害的信息排除在外的可能。从表达自由的观点来看,相较于运用法律手段规制有害信息,更应着力于提高青少年的网络素养、推广上网过滤软件。

思考

关于《完善青少年网络利用环境法》,有批评称政府积极介入民间过滤业务的这种自我规制方式涉嫌违反《宪法》第21条。这是因为一般认为这种做法并非真正意义上的自我规制,而是法律规制的另一种替代形式,具有极大的危险性。但是,即便运用法律手段对互联网上的有害信息进行规制,如果没有确保其实效性的有效手段,也可以考虑灵活运用共同规制的方法。所谓共同规制的方法是指进行法律规制以便自主规制更好地发挥作用。为保护青少年免受有害信息的侵害,是应依靠监护人的监管、相关行业的自我规制,还是需要一定的法律规制呢?如果需要法律规制,应采取何种形式的规制呢?请就此展开思考。

此外,还有一个本章未曾涉及的争议问题,即禁止进行披露少年犯罪者身份的报道。《少年法》规定家庭法院的审判不公开进行,禁止报道少年犯罪者的姓名、年龄、容貌等可以判别本人身份的信息(第61条)。这一规制是考虑到少年犯罪者将来回归社会而设立的,报纸、电视等都严守这一规定。然而,即使违反这一禁止规定,《少年法》中也没有相应的处罚规定,从而造成一旦有少年犯罪案件发生,该少年的姓名等信息往往会在网上曝光,并遭到人肉搜索。为解决这一问题,是应在《少年法》中增设相应的处罚规定,还是通过学校教育等方式提高网络用户使用者的网络素养呢?请思考一下采取何种对策为好。

拓展阅读文献

松井茂记:《互联网的宪法学(新版)》,岩波书店2014年版,第177页起。

小仓一志:《网络空间与表达自由》,尚学社2007年版,第95页起。

松井茂记:《大众媒体的表达自由》,日本评论社2005年版,第115页起、第201页起。

松井茂记:《为什么不允许对少年案件进行实名报道?》,日本评论社2000年版。

松井茂记:《青少年保护培养条例对"色情漫画"的法律规制(1)—(3·完)》,载《自治研究》第68卷第7期(1992),第67页起;第8期(1992),第90页起;第9期(1992),第45页起。

第 6 章　互联网上的歧视性表达与仇恨言论　　小仓　一志

引　言

以前经常听到这样的说法,把互联网(包括之前的电脑拨号上网会员制通信服务)公告板上的发帖称作"厕所涂鸦"。互联网上的一些表达缺乏可信性,不过是个人情感的宣泄,因此可以认定为价值低的表达(或是没有价值的表达),加之很难查出发帖人是谁,才会被大家认为与"厕所涂鸦"相类似。

笔者认为,的确可以把本章讨论的"互联网上的"歧视性表达、仇恨言论称为"厕所涂鸦"。这是因为事实上,针对受歧视的部落、在日韩国人与朝鲜人,除通过明信片、电话等途径外,还有很多歧视性表达的行为是以在公共设施上"涂鸦"等方式来实施的,这与网络发帖在内容上具有共通的特征。不过,作为互联网上表达所特有的问题,需要特别留意以下四点:①互联网是匿名性很强的传播媒介,用户更容易隐藏自己的身份随意发表不负责任的言论;②只要接入互联网,就可以不受地域限制,从任何地方收发信息;③与传统媒体不同,用户在互联网上可以不经第三方审查,直接进行表达;④互联网上的内容很容易粘贴复制,即便能够删除,依旧会长期残留在网络上。不管是司空见惯的电脑,还是智能手机、平板型终端、家用游戏机等都可以轻易上网发帖、浏览,因此应对上述问题变得比以往更加困难。

不过,就歧视性表达、仇恨言论的定义、两者间的关系及其内容而言,学说对此并未形成统一的观点。不过,可以做如下解释,所谓歧视性表达是指针对那些基于人种、性别、性取向等差异而被区别对待的"少数群体(minority)"进行以侮辱、名誉毁损、憎恶、排斥、歧视为内容的表达行为。在美国,歧视性表达与仇恨言论(hate speech)为同义概念。① 另外,"向不特定的多数人发表能够助长或夸大对某一群体共同特征所带有的固有偏见(无端指责)的行为"都被视为广义上的歧视性表达,其中还有观点主张"针对那些历史上遭受歧视的人种或少数族裔所发表的露骨的憎恶、敌意等"仇恨言论也应包括在内。② 在日本,部落歧视问题历来都是争论的焦点;针对在日韩国、朝鲜人的歧视性表达引发社会关注还是最近的事情(对阿伊努人的歧视性表达也在增加)。关于这一点,《消除种族歧视公约》将其定义为种族歧视,是应予以处理的"基于种族、肤色、世系(descent)或民族或人种(第 1 条第 1 款)"的歧视。这里所说的"世系",存在两种对立的解释立场③:一种立场认为其中包括基于被歧视部落等身份制度而被区别对待的群体;另一种则认为其中不包括这部分群体(外务省的立场④)。在通过《消除种族歧视公约》时,众议院外务委员会(1995 年 11 月 21 日)、参议院外务委员会(同年 11 月 30 日)在附带决议中指出"我国存在部落歧视问题、阿伊努问题、在日定居外国人等问题,要加倍努力消除一切形式的歧视"。本章以附带决议

---

① 参见高桥和之:《立宪主义与日本国宪法(第 3 版)》,有斐阁 2013 年版,第 219 页;涉谷秀树:《宪法(第 2 版)》,有斐阁 2013 年版,第 381 页等。下文中无论涉及日本,还是其他国家,都统称为"歧视性表达"。

② 参见杉原泰雄编:《体系宪法事典(新版)》,青林书院 2008 年版,第 518 页(阪本昌成撰稿)。

③ 参见市川正人:《宪法案例研究(第 2 版)》,日本评论社 2009 年版,第 132 页;师冈康子:《何谓仇恨言论?》,岩波书店 2013 年版,第 41—42 页;山田健太:《法与新闻出版(第 3 版)》,学阳书房 2014 年版,第 306 页;内野正幸:《歧视性表达》,有斐阁 1990 年版,第 139—140 页。

④ 参见众议院外务委员会(1995 年 11 月 21 日)朝海和夫政府委员的答辩(《第 134 次国会众议院外务委员会会议记录》第 6 期,第 2 页)。

的宗旨及歧视性表达的历史变迁为基础,对包括部落歧视在内的歧视性表达一并加以考察。

下面笔者围绕以互联网为中心的歧视性表达展开探讨。(本章的)结构分为三个部分,首先从概观网络歧视性表达的具体案例(1)开始。接着,就世界各国对歧视性表达的应对策略(2)以及日本的对应措施(3)进行介绍。这里主要考察现实生活中的真实案例,在讲到世界各国(的应对策略)时,也会尽可能地涉及互联网相关法规、判例等。最后就日本互联网上歧视性表达规制的"过去"和"未来"展开思考。

1 互联网上歧视性表达的具体案例

1.1 之前的状况

歧视性表达在最初阶段上主要集中在部落歧视方面。来看一下电脑拨号上网会员制通信服务时代发生的案例,1994年4月,Nifty-Serve(日本最大的互联网服务提供商——译者注)的公告板上有人发帖称要查询石川县受歧视部落名(1995年11月又多次发布同样内容的帖文);1997年5月有人冒充福冈市职员发送了含有部落歧视内容的电子邮件,收件人又将该内容转发在Nifty-Serve的公告板上(此前,曾发生过类似情况,1989年2月至8月期间有人使用无线电分组通信方式发送大阪府、和歌山县受歧视部落名、主要职业名录,里面还带有部落歧视性表达内容;1991年1月有人针对在日朝鲜人发送歧视性言论。⑤)。使用互联网(初期)的案例有,1996年8月大阪大学部落解放研究会运营的电子公告板上出现了部落歧视内容的帖文;1997年5月和9月"大和民族守护会"的网络主页先后两次刊载了带有歧视部落民众、在日韩国人与

---

⑤ 参见友永健三:《互联网与部落歧视》,载《人权》第117期(1997),第17页。

朝鲜人、残障人士等内容的言论。如上所述,在网络歧视发展初期,大多表现为①发布关于受歧视部落名、职业的帖文;②辱骂那些受歧视部落民出身者、在日韩国人与朝鲜人的言论,如"不是人""去死吧""杀掉他们"等。此外,还有③散布特定个人是受歧视部落民出身、在日韩国人与朝鲜人等个人信息。⑥

之后,上述三种类型的表达依旧活跃在网络上。不过,在质和量上都发生了新的变化。其特点可以总结为,大型公告板上的歧视性表达不断增加;以歧视为目的的网络主页向"多媒体化"发展,视频分享网站成为新的发布平台。就前者而言,2000年5月发生的"西铁巴士劫持事件"的犯罪声明出现在2ch(日本最大的论坛网站——译者注)上。受此事件的影响,该论坛引起社会广泛关注(原因在于大众媒体一直大力宣传说"可以自由发布任何内容的帖子"),有人指出,之前出现在个别主页、公告板上的歧视性表达都集中在2ch上。不过,据称自从2ch针对受歧视部落等问题采取措施之后,歧视性表达就转至megabbs、Yahoo!等规制措施相对宽松的公告板上了⑦(呈现出从"一极集中"到多级分散的倾向⑧)。

关于歧视性表达的"多媒体化",有观点指出,通过对大量图像与动画数据、谷歌地图及实景功能等的二次加工,以一种更具视觉冲击力的形式进行歧视性表达成为新趋势。代表性案例有2006年10月在"欢迎访问爱知县B地区"的网络主页上刊载了包括以爱知县为中心的未指

---

⑥ 参见小仓一志:《网络空间与表达自由》,尚学社2007年版,第191—192页。

⑦ 2006年6月2ch论坛发生了使用符号、隐语的形式发布枥木县受歧视部落名、部落出身者姓名的帖文事件。据说此事件发生之后,2ch就采取了相应的措施,但是其他公告板的应对措施就相对迟缓。

⑧ 参见田畑重志:《歧视案例增加与当前所面临的课题》,载《部落解放》第599期(2008),第92页。该文称自从媒体报道了"朝鲜绑架日本人问题"之后,针对在日韩国人与朝鲜人的歧视性表达在质和量上都发生了巨大变化。参见田畑重志:《民族歧视相关网络歧视帖文的现状与课题(2)》,载《Sai》第57期(2007),第23页。

定区域内的受歧视部落的详细地图、该区域内的住宅、工厂照片、疑似从自行车上拍摄的视频,并带有歧视性文字解说(之后,制作者因犯名誉毁损罪,被判处 1 年徒刑,缓刑 4 年)。同类案例还有 2007 年 3 月在雅虎地球村(GeoCities——译者注)首页刊登了以墨田区为中心的区域内的住宅、工厂照片,并配有歧视性文字解说;在谷歌地图上出现了可供阅览的、题为"鸟取县内的同和地区(受歧视部落)"的我的地图,并带有歧视性文字说明;将拍摄内容为兵库县、和歌山县境内受歧视部落样貌的视频发布在视频分享网站上等。⑨

不仅如此,最近还出现了针对阿伊努族的歧视性表达而引发的事件。2014 年 8 月,札幌市议会的金子快之议员(所属于自民党与市民会议)在推特上发帖称,"现在已不存在什么阿伊努民族。作为阿伊努系日本人的最大好处无非就是滥用特权,这不合理。无法向纳税人交代"。还在自己的博客上批评说,这些人强调自己是阿伊努族人是为了从行政上获取好处,在证明程序上也都是"自称"或"推断"为阿伊努民族这样缺乏客观性的表述。⑩ 因公然发表上述妄言,该议员受到所属政党的除名处分(9 月 9 日)。市议会例会也通过了对金子快之议员的劝辞决议案(9 月 22 日)。

1.2 最近的判例

近年来,网络歧视性表达也逐渐成为诉讼中的争议问题。不过,在此提及的两个案件并非仅在网络上发表歧视性言论,其特点在于将真实发生的街头宣传、示威活动现场拍摄的视频上传至视频分享网站。

---

⑨ 参见部落解放、要求确立人权政策中央执行委员会编:《2008 年度版 全国接连发生的歧视案件》,解放出版社 2008 年版,第 83—85、90 页(以下简称《20××年度版》);《2011 年度版》,第 14—15、97 页;《2012 年度版》,第 13 页。

⑩ 参见《札幌市议员金子快之发帖称"阿伊努民族已不存在了"》,载《北海道新闻》2014 年 8 月 17 日朝刊;《市议员金子快之博客称现行法规中没有证实"阿伊努"存在的依据》,载《北海道新闻》2014 年 8 月 18 日朝刊。

(1) 奈良水平社博物馆案件

2011年1月,"不允许享有在日特权的市民会"(以下简称在特会)(日本极右团体——译者注)时任干部在水平社博物馆(奈良县御所市)前进行街头宣传活动,声称该博物馆正在进行的、题为"韩国与日本——'韩国合并'一百年(1910年大日本帝国基于《日韩合并条约》,将大韩帝国并合——译者注)"特别展出中关于慰安妇问题的展示、解说内容有误。活动中,不仅对(在日)朝鲜人、朝鲜国进行了诽谤中伤,其中还夹杂了大量歧视水平社博物馆、受歧视部落的言论,并将现场拍摄的视频上传至视频分享网站,置于大多数人可以阅览的状态。对此,水平社博物馆提起诉讼,要求进行损害赔偿。

奈良地方法院审理后认为,在特会在街头宣传活动中所使用的"秽多""非人"等词语"是众所周知的歧视性不当用语,鉴于原告设立在特会之目的及活动状况,并结合被告作出该言行的时间、场合等,认定被告的上述言行构成对原告的名誉毁损是恰当的""被告的不法行为给原告造成的有形、无形的损害极大"(奈良地方法院2012年6月25日判决,未载入判例集;判决支付150万日元抚慰金)。该判决具有以下特点:①针对歧视性表达,认可其为民法上的不法行为;②在无形损害成为争议点的同类案件中,赔偿数额更高。这些特点都被之后的判决所继承。[11]

(2) 京都朝鲜学校案件

2009年12月、2010年1月、2010年3月,在特会成员聚集在京都朝鲜第一初级学校(京都市南区)周边进行了3次示威活动。期间发表大

---

[11] 参见古川雅朗:《水平社博物馆街头宣传歧视事件》,载前田朗编:《为什么现在会有仇恨言论?——歧视、暴力、胁迫、迫害》,三一书房2013年版,第66页起;《2013年度版》,第86—89页。

量歧视性言论,并伴有暴力活动,场面异常激烈。与此同时,拍摄示威活动现场的视频被上传到视频分享网站[YouTube、Niconico 动画(日本线上弹幕视频分享网站——译者注)](据说第一个视频发布后,一周之内就有超过 10 万次的点击量)。因此,运营该学校的学校法人京都朝鲜学园提起诉讼,要求被告进行损害赔偿并停止今后在学校周边进行示威活动。

京都地方法院认为本案中示威活动、视频发布行为不仅属于妨碍该校教育业务的不法行为,还是严重损害该校社会评价,即原告名誉的不法行为;同时也是对基于在日朝鲜人这一民族出身的排斥,其目的在于妨碍在日朝鲜人享受基于平等立场上的人权及基本自由,故还具有《消除种族歧视公约》第 1 条第 1 款所规定的种族歧视的违法性。而且,该公约第 2 条第 1 款要求各缔约国禁止、消除种族歧视并采取相应措施;第 6 条要求通过法院确保针对种族歧视实施有效的救济措施;该公约从第 6 条起规定法院要承担解释的责任和义务,以求各缔约国的国内法律符合本公约的规定。审理法院进一步明确指出,在刑事案件的量刑上,犯罪动机为种族歧视的属于加重量刑的因素。在类似本案这种民事案件中,不法行为同时属于种族歧视的以及不法行为是以种族歧视为动机的,该公约会直接影响民事法的解释适用,此等情节会成为加重无形损害认定的因素(京都地方法院 2013 年 10 月 7 日判决,载《判例时报》第 2208 期,第 74 页;赔偿金额共计 12263140 日元,其中有形损害(163140 日元)、无形损害(1100 万日元)等,并禁止今后在学校半径 200 米以内的区域内进行示威活动)。而且,大阪高等法院判决还对京都地方法院未曾提及的"开展民族教育的利益"予以认可,并支持了京都地方法院的判决(大阪高等法院 2014 年 7 月 8 日判决,载《判例时报》第 2232 期,第 34 页)。之后,日本最高法院驳回了在特会的上诉(最高法院 2014 年 12 月 9 日决定,未载入判例集)。此外,在民事案件之前的刑事案件中,法院也作出了有罪判决,认定被告人侮辱罪、暴力妨碍业务罪等成立,判处各被告人1—2年徒刑(缓刑4年)(京都地方法院2011年4月21日判决,未载入判例集;大阪高等法院2011年10月28日判决,未载入判例集;最高法院2012年2月23日决定,未载入判例集)。

在京都朝鲜学校案件的诸判决中,特别是对2013年京都地方法院判决可作如下评价,该判决在承袭之前奈良地方法院判决两个特点的同时,进一步明确了这两个特点的内涵。换言之,该判决就本章上述1.2(1)中的①进行了判示,即对不特定多数所属的整个群体发表歧视性言论,即便这一行为相当于《消除种族歧视公约》第1条第1款规定的种族歧视行为,在未对个人造成具体损害的情形下,不能认定其为不法行为而勒令其赔偿(除非限定新的立法)。这就等于承认在现行法律框架下(仅限于现行框架)歧视性表达行为也可以构成不法行为,并划定了不法行为的认定标准。关于②这一点,判决明确了《消除种族歧视公约》第1条第1款规定的种族歧视,在民事案件中是加重无形损害认定的因素;在刑事案件中属于加重量刑情节。这就解释了该案必须判定高额赔偿的原因。[12]

2　世界各国针对歧视性表达的应对策略

关于如何应对歧视性表达,可以分为国际法、国内法两个层面;关于国内法层面的应对方式,各国应对策略存在明显差异。这里分两部分进行介绍,一是对歧视性表达规制持肯定立场的、以德国为中心的欧洲各国等;二是重视表达(言论)自由,对歧视性表达规制一直持否定立场的美国。

---

[12]　参见富增四季:《京都朝鲜学校袭击事件》,载前田朗编:《为什么现在会有仇恨言论?——歧视、暴力、胁迫、迫害》,三一书房2013年版,第32页起;小谷顺子:《对日本国内憎恶表达(仇恨言论)规制的考察》,载《法学研究》第87卷第2期(2014),第385页起;奈须祐治:《具有重大意义的京都地方法院判决 明确了本国法律制度的界限》,载《Journalism》第2013年11月号,第110页起。

2.1 国际法层面

20 世纪 50 年代末,针对以欧洲为中心的、不断抬头的反犹太主义(新纳粹主义),联合国人权委员会通过了题为《种族、民族憎恶的一切形式》的反纳粹决议(1960 年)。联合国大会先后通过了《消除种族歧视宣言》《消除种族歧视公约》《公民权利和政治权利公约》(《国际人权公约 B 公约》)[13](1963 年、1965 年、1966 年)等。国际社会迅速采取行动,积极响应联合国的上述决议。

不过,就《消除种族歧视公约》而言,其核心条款是第 4 条 a 项和 b 项。第 4 条将犯罪行为类型化,具体有:①一切传播以种族优越为根据的思想的行为;②一切传播以种族仇恨为根据的思想的行为;③煽动种族歧视;④煽动对特定种族等人群实施强暴行为;⑤助长、煽动种族歧视的集体行为;⑥有组织地助长、煽动种族歧视及其他宣传活动;⑦加入助长、煽动种族歧视团体或参与其活动等。[14] 因此,出于宪法保障表达(言论)自由、结社自由等立场,日本和美国将该公约长期搁置。

之后,经过约 30 年的时间,日本追随美国(1994 年批准)也加入了该公约(1995 年)。不过,在加入时同样做了保留,即"当适用公约第 4 条 a 项和 b 项规定之时""只要不与日本国宪法保护下的集会、结社、表达自由及其他权利相抵触,就履行基于上述规定之义务",即日本虽然加入了该公约,但和美国一样选择了规避公约规定义务与本国宪法权利相抵触的策略。但是,消除种族歧视委员会敦促日本"为全面实施本公约第 4 条禁止歧视之规定,修改完善相关法律""作为应对憎恶及种族歧视表达的追加措施,应确保宪法、民法、刑法相关规定的有效实施,特别是

---

[13] 《国际人权公约 B 公约》(日本于 1979 年批准)要求以法律的形式禁止任何构成煽动歧视、敌意或暴力鼓吹民族、种族或宗教仇恨的行为(第 20 条第 2 款)。(不过,需要注意的是公约并没有明文要求用刑罚加以禁止)

[14] 此外,第 4 条(a)项规定对任何种族或属于另一肤色或人种的人群实施强暴行为、对种族主义者的活动给予任何协助者,包括筹供经费在内,应依法惩处。

应推进针对性搜查、处罚相关人员等措施的实施""进一步推动针对种族主义思想传播的预防、教育活动,防止在互联网上进行种族歧视违法活动,如发表憎恶言论、宣扬种族歧视等"(2010年)、"对在集会上发表憎恶、种族主义言论、煽动种族主义暴力、憎恶行为采取断然措施""采取切实手段打击包括互联网在内的大众传播媒介上的仇恨言论"(2014年)等。虽然日本政府并不负有必须遵守上述建议的直接义务,但面临的"外部压力"却非常巨大。⑮[此外,关于互联网上的歧视性表达,2003年通过的《网络犯罪公约》附加议定书规定,为规制①以种族、肤色、世系或国民、民族出身、宗教为由,针对个人或群体威胁对其实施严重犯罪,②公然表明憎恶、蔑视、嘲笑之意思的行为,③否定、美化种族灭绝等,各缔约国应完善国内相关法律。不过,批准该议定书的国家并不多(截至2013年1月共计20个国家)。]

2.2 国内法层面

(1)赞同规制的国家(德国等)

在国内法层面对规制歧视性表达持肯定态度的国家,除德国、法国等欧洲各国,还可举出加拿大、澳大利亚等国。特别是德国出于对纳粹主义(以及纳粹主义所造成的后果)的深刻反省,对歧视性表达一直都是采取严厉规制的国家(之一)。

1960年德国将(自古就有的)刑法中的煽动斗争罪修改为煽动民众罪,对以扰乱公共安宁的方式激起对部分居民的仇恨等侵害他人人格尊严的行为进行处罚。1973年德国又增设了煽动种族仇恨罪,对散布、陈列、制作赞扬暴力的文书或煽动种族歧视的文书等行为进行处罚。20世纪70年代法国出现了否认、质疑德国纳粹在奥斯维辛集中营等地有计划、有组

---

⑮ 参见山田健太:《法与新闻出版(第3版)》,学阳书房2014年版,第306页;日本报业协会研究会编:《新版·法与报纸》,日本报业协会1990年版,第267—268页(江桥崇撰稿);师冈康子:《何谓仇恨言论?》,岩波书店2013年版,第74—78页。

织地屠杀600多万犹太人这一事实的言论,也就是所谓的"奥斯威辛谎言",之后(联邦)德国也出现了类似言论。针对此类表达行为,德国过去一直以煽动民众罪、侮辱罪等进行处罚。1994年德国又新设了否定犹太人大屠杀罪,对公开或在集会上宣传、否定或淡化纳粹屠杀犹太人罪行等行为进行处罚。德国正是这样一直稳步推进对歧视性表达的规制。

1972年法国制定了一部概括性法律——《反种族歧视法》,禁止源于出身或族裔、民族、种族、宗教,煽动针对个人或群体的诽谤、名誉毁损、歧视、仇恨、暴力等行为。法国同时于1990年通过了禁止否定、美化犹太人大屠杀的《盖索法》。

除欧洲各国外,赞同对歧视性表达进行规制的国家还有加拿大和澳大利亚。在批准《消除种族歧视公约》之后的1970年,加拿大对《联邦刑法典》进行了修改,对"煽动种族灭绝""煽动仇恨""宣传仇恨"三种行为进行规制。其中"煽动种族灭绝"是指"针对可识别的群体宣扬、激化种族灭绝(近年扩大了适用范围)"的行为;"煽动仇恨"是指在公共场所发表言论以煽动对(可识别的)群体的仇恨,足以破坏治安的行为;"宣传仇恨"是指以私人交谈以外的方式表达言论,故意激化对(可识别的)群体仇恨的行为。这里所说的"可识别的群体"是指可以根据肤色、种族、宗教、民族出身(后又增加了性取向)而加以识别的群体(而且,1977年出台的《加拿大人权法》也将利用电话、通信系统发布歧视性表达的行为列入规制对象。该法在1998年的修正案中增设了罚金刑;在2001年的修正案中明确将网络表达行为列入规制对象。不过,上述规定于2014年废止)。

作为加入《消除种族歧视公约》时的要求,1975年澳大利亚制定了《反种族歧视法》,煽动歧视行为、宣传歧视行为都成为规制的对象。1995年澳大利亚通过了《反种族憎恨法案》。该法案将符合下列情形之一的行为纳入《反种族歧视法》的规制范围。具体如下:(1)在公开场合做出冒犯、侮辱、羞辱及恐吓个人或群体感情的事情,且该事实的发生具有合理的盖然性;(2)在公开场合,基于某个人、某群体的一部分或整个群体的种族、肤色、民族或族裔出身所进行的表达行为(此外,在澳大利亚,电话通信犯罪相关修正案规定,故意利用互联网恐吓、骚扰、攻击他人等行为都应视为犯罪)。[16]

一般认为,对歧视性表达进行规制的各国法律不仅适用于现实生活中的表达,同样也适用于互联网上的表达。而且,1997 年出台的德国《多媒体法》明确规定,互联网服务提供商(ISP,以下称为提供商)知道自己要传播的内容,且在技术上可以防止其传播的情形下,对所传播的内容负有法律责任。这项规定同样适用于歧视性表达。

在法院审理的有关网络歧视性表达的诉讼中,引发争议的是恩斯特网站(Zundelsite)案和阿德莱德研究所(Adelaide Institute)案。前一案例中,德籍加拿大居民恩斯特·曾德尔(Ernst Zündel——译者注)在互联网上开设歧视性网站,后被加拿大政府驱逐出境。在其返回德国之后又因煽动种族仇恨罪等被判有罪(有期徒刑 5 年)(2007 年)。后一案例是德国出生的澳大利亚人弗雷德里克·托本(Fredrick Töben)成立了名为阿德莱德研究所的团体,在互联网、印刷品上发表否认犹太人大屠杀的言论,并声称对自己提出抗议的犹太人智力低下等,在入境德国时被逮捕,后被判有罪(有期徒刑 10 个月)(2000 年)。之后,托本的相关言论在澳大利亚也被认为存在问题,并被联邦法院裁定违反《反种族歧视法》,责令其删除网站主页上的不当言论,禁止以后再发表类似言论(2002 年)。但是,托本拒不执行法院的判决,遂以侮辱法庭罪受到起诉,并被作出有罪判决(有期徒刑 3 个月)(2009 年)。[17]

---

[16] 参见师冈康子:《何谓仇恨言论?》,岩波书店 2013 年版,第 102—132 页;埃里克·布莱奇(Erik Bleich——译者注):《仇恨言论——表达自由的界限何在?》,明户隆浩等译,明石书店 2014 年版,第 40—41 页;藤井树也:《IT 化时代的表达自由与歧视规制——以澳大利亚网络种族歧视问题为题材》,载《筑波法学杂志》第 1 期(2007),第 98—101 页。

[17] 参见中原美香:《围绕网络歧视的国际动向》,载《部落解放》第 595 期(2008),第 51—54 页;浜田纯一:《网络时代的表达自由——美国〈通信净化法〉违宪判决和德国〈多媒体法〉》,载《部落解放》第 431 期(1998),第 26—27 页;师冈康子:《何谓仇恨言论?》,岩波书店 2013 年版,第 130—132 页。

（2）对规制持否定态度的国家（美国）

与对歧视性表达规制持赞同态度的欧洲各国相反，美国对此采取否定的立场。特别是德国所抱有的所谓"战斗的民主主义"的观点，即认为不应给予那些否定"自由、民主的基本秩序"的主张、政党活动以自由，美国（还有日本）对此持否定态度。可以说，美国的看法是从"国家赋予自由"这一观点出发的，以"对抗性言论"为基调，意在维护"观点的自由市场"（关于"对抗性言论""观点的自由市场"，参见下文）；而德国则从"国家保障自由"这一观点出发，赞同国家介入针对歧视性表达等的规制（法律规制）。

我们在上文中提过，美国在批准《消除种族歧视公约》（1994年）时，也提出了保留。这是因为《美利坚合众国宪法》及各项法令给予个人言论自由、表达自由、结社自由以广泛保护。因此，在上述权利应受到保护的范围内，不承担该公约所规定的以立法及其他方式制约权利的一切义务，特别是第4条、第7条所规定的义务"。就在美国批准该公约之前，联邦最高法院对规制歧视行为的立法作出了重要裁决。在1992年R. A.V. 判决［R. A.V. v. City of St. Paul, 505 U. S. 377(1992)］中，青少年将一个燃烧的十字架（burning cross）投入居住在白人社区的非洲裔黑人移民家的庭院前，该行为因违反了圣保罗市条例而遭到起诉。圣保罗市条例明确禁止基于人种、肤色等事由，放置明知会激起他人愤怒、恐惧或气愤之情的象征物，如燃烧的十字架、纳粹党徽等。该案中，圣保罗市条例的合宪性受到质疑。对此联邦最高法院的法庭意见认为，即便本案条例的主要规制对象是排除在（规定言论自由的）《宪法第一修正案》保护范围之外的挑衅言论（fighting words），但基于人种、肤色等事由或主题基础上的规制属于对特定表达内容的集中打击（基于表达内容的规制），这是不被允许的（与此相左的同意意见也认为本案条例违宪。同意意见的基本观点是，对挑衅言论的规制并未违反《宪法第一修正案》，但本案条例未能将规制对象限定在挑衅言论上，存在规制范围过于宽泛等问题）。进而，在第二年又发生了威斯康星州诉米切尔案［Wisconsin v. Mitchell, 508 U. S. 476（1993）］。针对一名黑人青年命令他的朋友们"让白人尝尝被打的滋味"，遂对附近的白人小孩使用暴力这一行为，该案判决加重了刑罚。该判决令人对该州的《仇恨犯罪法案》（针对源于种族、宗教等所产生的憎恨、偏见而实施的犯罪行为加重刑罚的法律）是否违宪产生了质疑。联邦最高法院强调该法案的规制对象是犯罪行为，被告的种族偏见并非作为言论，只是作为犯罪动机，因此认定即便在量刑时考虑这一因素也并不违反《宪法第一修正案》。

由上述案例的判决可知，针对歧视性表达的规制作为"表达规制"，法院原则上会认为其违宪[18]；而对仇恨犯罪的规制作为行为规制则被解读为合宪［关于后者，先后出台了《仇恨犯罪统计法》（1990 年）、《仇恨犯罪判决强化法》（1994 年）、《防止仇恨犯罪法》（2009 年）等，进一步强化了对仇恨犯罪的规制］。一般认为，无论是在现实生活，还是在网络空间，美国都不允许对歧视性表达进行法律规制。因此，据说（为了钻法律的空子）很多歧视性网站都是从美国的服务器发布信息的；有些网站的管理者、运营者本身就是种族歧视主义者。

此外，互联网上的仇恨犯罪问题也曾被诉诸法庭。具体案例有加利福尼亚大学尔湾分校的一名学生自称是"仇恨亚裔者"（Asian Hater），给同级的亚裔同学发送了内容为"我会把你们一个一个找出来杀掉"的邮件，从而被判有罪（有期徒刑 1 年，并处罚金 10 万美金）（1998 年）。同类案例还有有人针对加利福尼亚州立大学、麻省理工学院的拉美裔学生等进行歧视性表达，并发送了内容为"我会来到你身边杀死你"的邮

---

[18] 2003 年弗吉尼亚州诉布莱克判决［Virginia v. Black, 538 U.S. 343（2003）］指出，即便依照州法律对以恐吓为目的的焚烧十字架的行为进行规制，也并不违反《宪法第一修正案》（不过，判决认为焚烧十字架的行为是"意图恐吓个人或群体的显而易见的证据"的部分违宪），从而承认有例外情形存在。

件,后获有罪判决(有期徒刑2年)。⑲

3 日本针对歧视性表达的应对措施

这里我们在介绍日本有关歧视性表达的宪法学说的同时,还会对国家、地方公共团体在长期实践探索中形成的法律(案)、条例(案)规制进行介绍。

3.1 宪法学说

日本的宪法学说一直深受美国判例理论的影响。就并非针对特定个人、团体,而是针对具有某种属性的群体发表歧视性表达而言,宪法学说基本对规制持否定或慎重态度。就上文提及的国际法层面的规制动向及与之相呼应的欧洲各国在规制上的动向而言,认为"这值得参考,'国际社会都是这样做的''不要错过这趟车'之类的情绪都应加以抨击"⑳;"从世界范围来看,不能否认美国的表达自由理论是个例,但同时也必须认识到该理论在保障表达自由上给我们树立了理想标准"㉑等主张完全源自对以下学说的理解。

首先,该学说也被称为否定规制说,它认为可将歧视性表达区分为:①煽动他人对少数种族等施加危害的表达;②对歧视少数种族等起助长作用的表达;③损害少数种族等名誉的表达;④侮辱少数种族等的表达。其中,①和②属于煽动违法行为,只有满足布兰登伯格原则[布兰登伯格诉俄亥俄州案,Brandenburg v. Ohio, 395 U.S. 444(1969)所明确的标准。

---

⑲ 参见中原美香:《围绕网络歧视的国际动向》,载《人权》第205期(2005),第7—8页。

⑳ 横田耕一:《日本的人权与人权保障制度》,载松本健男等编:《高野真澄先生退职纪念 今后的人权保障》,有信堂高文社2007年版,第34页。

㉑ 参见浜田纯一:《网络时代的表达自由——美国〈通信净化法〉违宪判决和德国〈多媒体法〉》,载《部落解放研究》第431期(1998),第28页。

具体是,除非该表达是"煽动他人即刻实施非法行为或以产生即刻的非法行动为目标,且该主张的确具有煽动或产生这种即刻的非法行动的盖然性时,才可以进行规制"]才可以加以规制。㉒ 但同时认为对③、④的规制无法在宪法上正当化。㉓ 该学说的基础是对"观点的自由市场"理论的强烈信任。所谓"观点的自由市场"是指认识真理的最佳方法就是设立一个人人都可以自由表明所思、所想的"空间"("观点的自由市场"),在此"空间"内言论可以自由交锋("对抗性言论"),孰优孰劣则由该"空间"内的人来决定。(反言之,除非是"像挑衅言论、侵害他人隐私表达那样"产生具体、直接的危害,无法通过"对抗性言论"解决的例外情形,否则不允许国家介入这一"空间"。)

其次,还有一种学说,也可称为有限规制肯定说。他将歧视性表达分为:(1)以侮辱少数群体自身为内容的表达;(2)煽动他人实施歧视性待遇的表达;(3)助长对他人实施歧视性待遇的表达三种情形。该学说的特点是,就(1)而言,歧视性表达规制正当化的依据在于必须对少数群体中的每个人的名誉感情加以保护,只有在"故意有意侮辱,且性质极其恶劣"的情形下,对其进行规制才合乎宪法。[此外,关于(2),该学说认为要依照布兰登伯格原则进行判断;而就(3)内所涵盖的、作为《大阪征信机构条例》规制对象的表达(后文会讲到)而言,从保护个人隐私的观点出发,允许对其进行规制]。㉔ 该学说主张,支撑表达自由的两种价值包括个人通过言论活动意欲实现自我的个人价值("自我实现"的价值)和(作为主权者的)个人通过相关言论活动能更好地参与政治决策过程的社会价值("自我统治"的价值);与这两种价值相比

㉒ 如果强调这一点,"与其说是有限规制肯定说,不如说是限制性规制肯定说"在意思表达上比规制否定说更为准确。

㉓ 参见松井茂记:《互联网上的表达行为与表达自由》,载高桥和之、松井茂记、铃木秀美编:《互联网与法(第4版)》,有斐阁2010年版,第39页。

㉔ 参见内野正幸:《人权的明与暗》,明石书店1992年版,第199—203页;浜田纯一:《利用互联网煽动歧视》,载《部落解放研究》第126期(1999),第56—57页。

照,歧视性表达可视为"低价值表达",根本没有必要对这种表达活动予以强力保护。

上述两种学说的最大不同点在于,对于划归为④、(1)的"故意有意侮辱少数群体,且性质极其恶劣的表达"是否可以进行规制这一问题上。不过,可以说符合这一领域的表达毕竟只是例外,能成为规制对象的此类表达并不多见。因此,针对有限规制肯定说,就有批评指出,为规制极少部分歧视性表达,就容许实施对整个表达自由造成威胁的规制,这是不合理的;如果为达到预期的结论就降低对表达自由的保障程度,会带来混淆宪法解释论与政策论的结果,这是不合适的。㉕

此外,一般认为,无论是以上哪种学说,两者均认为不管是在现实生活,还是网络空间进行的歧视性表达,都应统一进行规制。不过,需要注意的是也有部分学说主张㉖,互联网上的歧视性表达具有开放性、匿名性、传播范围广泛、信息获取便捷等特征,有可能造成比传统媒体更为严重的危害(特别是关于受歧视部落名、出身地名录等类内容),因此应容许对此进行更为广泛的规制。

3.2 法律(案)、条例(案)

上文讲过,针对歧视性表达的法律规制,众多宪法学说对此采取了否定或消极的立场。日本政府也采取了相同的立场。日本政府在加入《消除种族歧视公约》时就曾指出,该公约的规定有可能与日本《宪法》第21条第1款(表达自由、集会与结社自由)、第31条(罪刑法定主义)等相抵触,对该公约第4条 a 项、b 项予以保留。关于《国际人权公

㉕ 参见藤井树也:《仇恨言论的规制与表达自由——美国联邦最高法院 R.A.V.判决与 Black 判决》,载《国际公共政策研究》第9卷第2期(2005),第14页;小谷顺子:《美国对仇恨言论的规制》,载驹村圭吾、铃木秀美编:《不同状况下的表达自由Ⅰ》,尚学社 2011年版,第472—473页。

㉖ 参见浜田纯一:《利用互联网煽动歧视》,载《部落解放研究》第126期(1999),第57—58页。

约 B 公约》第 20 条第 2 款（禁止鼓吹仇恨），日本政府表示《宪法》第 14 条倡导法律面前人人平等，此外，在《刑法》《教育法》《劳动法》等多个领域都采取了有助于反歧视、反仇恨、反暴力的措施。今后仅会在现行法律框架下无法规制的行为产生具体弊端的情况下，充分考虑表达自由的要求，探讨立法事宜。从以上表述就可以看出，日本政府认为目前暂不需要采取应对措施。不过，即便在日本，也并不是完全没有针对歧视性表达的立法化动向。

(1)《人权拥护法案》与《鸟取县条例》

作为规制歧视性表达的立法，《人权拥护法案》就是其中的典型代表。该法案是在于 1996 年 12 月制定的《人权拥护对策推进法》的基础上，依照隶属于法务省的人权拥护推进审议会提出的题为"人权救济制度状况"的咨询报告（2001 年 5 月）制定而成的。如果再往前追溯，《人权拥护对策推进法》的出台有着非常深刻的国内外背景，如地域改善对策协商会提出的《今后关于尽早解决部落歧视问题的应对策略的基本状况（意见呈报）》（1996 年 5 月）；联合国大会通过了要求各缔约国设立国家人权机构的《促进和保护人权的国家机构的地位原则》（《巴黎原则》）（1993 年 12 月）；人权拥护委员会制度存在的问题；联合国人权委员会最终意见（1998 年 11 月）指出日本未设立针对警察、入境管理局职员虐待行为进行申诉的独立机构等。

2002 年 3 月提交国会审议的《人权拥护法案》新设了作为法务省直属机构的人权委员会，并明文规定当侵犯人权现象发生时，通过人权委员会的任意调查（作为以积极的方式发现并获取证据、查明事实的活动，可区分为任意调查和强制调查。二者区别仅在于该调查活动是否需要对公民基本权施加干预——译者注）、建议、指导、调整等一般性救济程序，当事人仍遭受①不当歧视性待遇，②不当歧视性言行，③助长个人歧视的行为，④虐待等的情形下，人权委员会在通过附带过失罚款的传唤、提交书证、入内检查等方式开展调查的基础上,以调停、仲裁、告诫、诉讼法律援助等特别救济程序,谋求当事人的人权救济。(就③而言,人权委员会还可以提起诉讼,要求公开或停止该行为。)但是,针对该项法案,有观点称其存在诸多问题,如(1)救济对象模糊不明确、涵盖范围过广;(2)对法务省的直属机构是否有能力应对侵犯人权的公权力心存质疑;(3)人权委员会在进行调查时,可对侵犯人权者科以过失罚款、无需搜查令等。2003年10月,该项法案因众议院的解散而成为废案。㉗

该法案不存在重新提交审议的可能,处于被封杀的状态。但是,在地方层面,也有地方公共团体有意引入同样的制度。鸟取县通过了《鸟取县关于推动侵犯人权救济及救济程序的条例》(2005年10月)。该条例参考了被废弃的《人权拥护法案》㉘,并预计于2006年6月施行。然而,该条例被指出存在与《人权拥护法案》同样的问题,因此制定了无限期延长该条例施行的条例(2006年3月)。人权救济条例再审委员会对此又进行了重新讨论,结果该条例没有施行就被废止了(2009年4月)。

(2)《消除种族歧视法案》与《大阪市条例案》

之后,除了在民主党执政期间向国会提交的《人权委员会设置法案》(2012年11月;同月因众议院解散而成为废案)等之外,并没有看到明显的立法化动向。不过,现在"第二次立法化浪潮"席卷而来。在新大久保(东京都新宿区)、鹤桥(大阪市生野区)的韩国城等地发生了反韩游行,并在街头宣传活动中发生激烈冲突;互联网上也出现了越来

㉗ 参见田岛泰彦、梓泽和幸编:《保护谁的人权?——〈人权拥护法案〉与市民自由》,日本评论社2003年版,第2—12页;松井茂记:《大众媒体的表达自由》,日本评论社2005年版,第178—180、187—191页。

㉘ 两者差异明显。不同点主要有,煽动对特定个人的种族歧视等信息的收集以及多次发表极其粗鲁、粗暴言行等行为也是鸟取县条例的规制对象;对拒绝或妨碍调查的,鸟取县条例处以5万日元罚金,而《人权拥护法案》处以30万日元罚金,前者处罚相对较轻;鸟取县条例并未包含调停、救济等特别救济程序。

多的歧视性言论。为遏制这一趋势,《关于推动采取措施消除种族歧视等行为的法律案(〈消除种族歧视法案〉)》提交国会(参议院)审议,同时大阪市旨在遏制仇恨言论的条例案(《大阪市防止仇恨言论条例案》)也交由大阪市议会审议(均于2015年5月22日提交)。

上文中先提及的《消除种族歧视法案》是由民主党、社民党等共同提出的。该项法案禁止以种族等为由实施(针对特定个人的)不当歧视行为及(针对具有同一种族等共同属性的不特定群体的)不当歧视性言行(不过,并未设立违反后的处罚规定),还包括防止歧视相关措施的制定与实施、要求国家与地方公共团体完善与民间团体等的合作协作体制等内容。特别是关于互联网上的歧视性表达,一般认为应采取必要措施以支持相关业者进行自主应对。后提及的《大阪市防止仇恨言论条例案》规定,当大阪市民、团体等受到大阪市内外发布的仇恨言论(包括网络表达)侵害的情形下,不仅可通过(广义上的)市民申请及市长职权采取措施防止仇恨言论的扩散、公布仇恨言论发布者或发布团体的名称,还可以预先垫付用以追究发布者民事责任的诉讼费用等。而且,该条例案还新设立了大阪市仇恨言论审查会。该机构可以就是否属于仇恨言论、市长所采取的措施、公布内容、预先垫付诉讼费用等问题发表意见。

笔者认为,上述法案、条例案虽然在一定程度上顾及了表达自由,但是对表达自由的影响程度有多大,恐怕还需要进一步详细观察。

(3)《大阪府条例》与《冈山市条例》

与此相对,有些地方公共团体通过条例的形式对(部分)歧视性表达进行规制。《大阪府征信机构条例(关于规制大阪府部落歧视现象相关调查等的条例)》(1985年10月施行)以征信机构、侦探业者为规制对象,要求他们"不得对特定个人及其亲属的现在或过去的居住地是否属于部落民聚集地区进行调查、报告";不得"提供部落民聚集地区一览表以及告之特定场所或地区属于部落民聚集地区"等。对征信机构、侦探业者违反上述规定的,可以下达行政指导与停止营业等行政命令、科以3个月以下徒刑或10万日元以下罚金(进而在2011年10月的修正案中,将从事土地调查等的相关业者也纳入规制对象)。学说认为,该条例援用了被歧视部落出身者的个人隐私权等,才使对征信机构等的规制得以正当化。《冈山市禁止电子公告板相关有害信息记录行为条例》(2002年5月施行)㉙明文规定禁止在该市运营的公告板(BBS——译者注)上发布那些被认定为有可能助长不当歧视的信息及其他"有害信息"的帖文。"有害信息"作为该条例的规制对象,不仅内容宽泛,而且被删除的对象还包括"有害信息"以外的信息,因此该条例有违反宪法之嫌。但是,该市的电子公告板已经停止运营,因此可以说该条例的相关规定已经形同虚设。

结　语
——日本互联网规制的过去、将来

在歧视性表达针对特定个人、团体的情况下,可以考虑以名誉毁损罪(《刑法》第230条)、侮辱罪(《刑法》第231条)、胁迫罪(《刑法》第222条)、威力妨害业务罪(《刑法》第234条)等进行处罚;也可同时要求行为人承担名誉毁损、业务妨害、种族歧视行为等所造成的不法行为责任(《民法》第790条)。但是,如果针对具有某种共同属性的群体进行歧视性表达,就难以通过现行法规进行规制,(即便站在容许另立新法的立场上)从表达自由的角度来看,能够加以规制的范围也极为有限,这是宪法学上的普遍理解。关于这一点,无论是在现实世界还是在互联网上实施此类歧视性表达行为,可规制范围同样极为有限。

另外,一直以来以网络信息为媒介的提供商会根据与客户签订的合

㉙　据说有人在冈山市电子公告板上发布了有关部落歧视的帖文成为该条例制定的契机。

同条款采取相应的应对措施㉚(就本章介绍过的部分具体案例而言,提供商也采取了删除、禁止浏览等措施)。尽管合同条款是由各提供商拟定的,但是电信运营商协会(TCA——译者注)、电信服务协会、日本互联网提供商协会、日本有线电视联盟共同策划制定了《违法、有害信息应对相关合同条款的规范条目》(2006年11月颁布,并于2014年12月进行了修订),明确规定禁止发送猥亵表达、儿童色情信息等行为以及侵害个人隐私、肖像权、知识产权等行为,同时还对"不当歧视、诽谤中伤或侮辱他人,以及助长对他人的不当歧视、毁损他人名誉或信用等行为""(本单位认定为)违反公序良俗、侵害他人权利的行为"予以禁止。当接到举报,并认定存在符合上述禁止事项的行为的情况下,提供商会要求签约用户(表达发布者)删除相关表达、停止实施禁止事项内的行为、协商解决投诉问题等;同时提供商也有义务采取删除、禁止浏览、禁止上网、解除合同等措施。上述规定使各提供商真正发挥"示范"作用。㉛ 而且,法务省人权拥护机构(法务局、地方法务局)一直以来都要求提供商对有关侵害人权表达进行删除,随后修订的《提供商责任限制法(名誉毁损、个人隐私相关指针)》(2004年10月)进一步明确了删除程序方法、应对步骤。根据该指针,当要求提供商删除相关表达时,如果不存在否定"有充分理由足以相信他人的权利正在遭受不当侵害"的特别理由,提供商已经采取最低限度内的防止发送的措施,提供商可以免于对发布者(表达发布者)承担损害赔偿责任。

不过,关于前者的合同条款,有人指出存在禁止事项(的规定)不明确、禁止事项的该当性难以判断、投诉处理手续不透明(即便不删除那些不构成违法的信息,也不会产生损害赔偿责任)、缺乏鼓励删除的激励机

㉚ 关于这一点,不仅是日本,欧美各国也采取了相同的应对策略(中原美香:《围绕网络歧视的国际动向》,载《部落解放》第595期(2008)),第49页。

㉛ 参见松井修视:《就互联网上歧视性表达相关课题的思考——以基于总务省ICT政策与提供商责任限制法框架的解决方式为线索》,载《人权》第302期(2013),第8—9页。

制等问题,因此提供商才会听之任之,致使大量歧视性表达充斥网络。关于后者的人权拥护机构的删除请求,有观点认为,提供商所采取的删除、禁止浏览等措施存在"滞后性",这会导致侵害后果的扩大。

歧视性表达属于攻击社会弱者(少数派)的表达;在判例、学说上一直引发规制争议的都是攻击政府、社会强者(多数派)的表达。如果将歧视性表达与后者相比较,可以说两者大相径庭。然而,不得不承认,不管源于大多数人所厌恶思想的歧视性表达有多么令人不快,既然它只是一种"表达",就必须作为"表达"加以对待,原则上要在"观点的自由市场"上通过"对抗性言论"予以应对。歧视性表达作为事关平等的表达,往往带有政治色彩,对这一点我们也不能视而不见。而且,在表达自由相关问题上,日本将美国视为准据法国,连美国都已经制定了(以1964年《民权法案》为代表的)《禁止种族歧视法案》和(上文提到过的)《仇恨犯罪法案》。就上述情况而言,日本也应讨论相关立法问题。不过,我们要充分注意将基于表达内容的规制排除在外这一点。

法律规制应被应用于从表达自由的观点来看可以正当化的领域及为消除歧视本身的领域。为消除歧视,应采取教育、启示活动、社会活动等综合性手段。就互联网上的歧视性表达而言,笔者认为也应最大限度地减少不必要的法律规制,应将追求提供商自主应对措施(自我规制)的实效性放在首位。

思考

本章介绍了因网络歧视性表达所引发争议的案例,请站在对立面的角度,思考一下可以采取哪些具体手段,并举例说明。

拓展参考文献

注释中所列举的文献也是与本章主题相关的主要参考文献,可供对此感兴趣的读者学习和参考。

第 7 章　电子商务与合同

木村　真生子

引　言

随着互联网的普及,如今这个时代,足不出户便可轻松实现网上购物。而且,只要提前在计算机上设置好指令,即使无人值守,电脑也会自动帮你完成股票交易。

日本民法规定,只要有意思表示(将期望发生某种法律效果的内心意愿表达于外部的行为),买卖合同即可成立(《民法》第 555 条)。作为合同成立的要件,并不要求其必须采用书面形式等固定方式。如果是这样的话,那么,将网络买卖合同等同于一般的买卖合同看待即可,似乎并不值得特别一提。然而,计算机的自动化程度越高,便越会偏离当事人通过相互交换要约和承诺来形成意思的这种传统意义上的"合同"范畴。那么,到底能不能将网络买卖合同与以往的"合同"等而论之呢?①

本章将对以往被称为电子商务的网络合同中存在的法律问题进行探讨。首先对电子商务的运作方式进行介绍,从中了解电子合同的特点后,再对这些特点所带来的私法上的问题进行思考。此外,在互联网交易中,Web 页面上的表示("表示"为日文说法,意为"表述、描述,或标示、标注等"。为了与后文述及的《不当赠品及不当表示防止法》在名称及所指上保持一致,此章均直接采用日文说法——译者注)是消费者获

---

① 参见内田贵:《电子商务与民法》,载《债权法修正的课题与方向》,《NBL》增刊第 51 期(1998),第 274 页。

取信息的重要来源,因此本章还将介绍目前针对 Web 网站上的表示所采取的消费者保护措施。最后围绕电子合同的法律问题进行探讨。

1　电子商务的运作方式

1.1　电子商务的意义与沿革

尽管法令上并未对电子商务进行定义,不过,电子商务通常是指利用互联网或其他计算机网络进行的商品或服务交易、资金转账或数据传输等经济活动。

在计算机走向普及的 20 世纪 60 年代后期,为了高效促成交易,电子商务将一些特定企业用专用线路连接起来,把此前所采用的纸质合同的信息转换为电子数据,在企业之间进行交换[EDI(Electronic Data Interchange,即电子数据交换)],之后电子商务便由此起步。这种无纸化交易提高了交易的准确性和快速性,大幅改善了流通方面的问题,减少了企业的库存费用。不仅如此,由于纸质文档的电子化,办公成本和劳务费也得到了节约。

随后,当利用电子手段进行交易作为一种社会化基础被人们认知后,数据误传以及传输延误等利用计算机进行交易时特有的弊病便逐渐显露。于是,为了避免纠纷,防患于未然,企业对企业的交易(BtoB,Business to Business)开始采取当事人之间提前签订基本合同的方式来解决问题。所以,初期的电子商务通常指,与特定交易对象"利用计算机交换基本合同中所记载之信息的一种交易"(狭义的电子商务)。

然而,EDI 交易必须使用专用线路②,需要一定的初期投资和运营成本。因此,能够实施电子商务的企业为数有限。而且,连接时间以及可

---

② 附加价值通信网(Value Added Network,VAN)等被作为通信媒体使用。

交换的数据量也有限。在这一点上,利用公共线路的互联网则可提供优质、低成本的通信环境。于是,互联网作为通信媒体也逐渐被用于企业间的电子商务之中(广义的电子商务)。此外,随着代理(Agent)技术被引入互联网,所有的办公事务均可通过计算机程序自动处理了。

代理技术指代替人工进行信息处理的一种技术。讲得更具体一些的话,它是一种软件在网络上的运用,这种软件的基本概念是"将人的指令付诸实施,同时被人委以职务和权限",这种软件被称作 Bot,Bot 就像一个隐形机器人活动在网络上。例如,Bot 会根据既定程序自动检索关键词,还能处理像商品的下单、接单这种带有意思决定功能的事务。

而当代理技术创造了以电子商品目录取代纸质商品目录的技术之后,网上便出现了无需人工介入也可实施交易的虚拟店铺(亦称线上店铺),面向消费者的电子商务(BtoC: Business to Consumer,亦称互联网商务)从此粉墨登场了。在虚拟店铺上,卖方将商品展示在网上,顾客可以通过点击设置在计算机屏幕或移动终端上的按钮自动下单,之后的结算和发货交由计算机程序处理即可。如果将这些线上店铺联合在一起,就会形成大家所熟知的乐天、雅虎之类的虚拟商城(亦称网上购物中心、电子商城等)。这种商业模式与零售店铺入驻的购物中心、购物商城之类的并无二异。目前,日本国内面向消费者的电子商务,其市场规模已增至 12.8 兆日元(同比增长 14.6%)。③

1.2　作为通信营销的电子商务

网络购物作为一种"互联网营销"为人们所知。不让顾客亲眼目睹商品,顾客只能依赖显示的信息和广告来决定购买与否的这种营销

---

③　2014 年日本国内企业间电子商务中,狭义的企业间电子商务交易额增至 197 兆日元(同比增 5.0%),广义的企业间电子商务交易额增至 280 兆日元(同比增 4.0%)。参见经济产业省:《平成 26 年我国经济社会信息化、服务化基础设施整备(电子商务市场调查)(2015 年 5 月 29 日发布)》。

方式,可将其视为通信营销(日文为「通信贩卖」——译者注)的一种形式。

互联网营销不限于物品交易,从软件这种无形的工业产品,到游戏、音乐数据、视频发布服务等娱乐相关产品,其涉及的对象极为广泛。其中,软件类销售具有拆封合同(shrink-wrap contract——译者注)的性质。所谓拆封合同是指,在启封商品包装之际,使用许可合同即可在商品提供者与用户之间宣告成立的一种合同。通常,合同内容会非常醒目地印刷在商品包装上。如果是通过互联网营销购买的软件,那么使用许可的内容就会显示在安装界面上,点击"同意"或"接受"按钮后方可继续安装,因此,它也被称作"点击合同"。

互联网拍卖也是互联网营销的一种形式。与其他形式不同,它的特征在于:交易方式为竞争交易,双方交易当事人有时均为消费者(CtoC,Consumer to Consumer)。不过,虽说是消费者之间的交易,但交易平台由网站运营者提供,交易规则也大多由网站运营者制定,网站运营者会以中间人的身份参与消费者之间的交易。

1.3 电子商务的未来

以上介绍的电子商务大多采用的是可根据既定程序运行的代理技术。而现在,智能代理及移动代理这种高端代理技术开始被运用于电子商务之中。例如,智能代理是在人工智能研究的基础上发展起来的计算机程序,他可根据自主的意思决定原理运行,而移动代理则是在分布式计算(distributed computing——译者注)研究的基础上发展起来的程序,它可通过在网络上自由移动来执行任务并返回源主机,向用户提交处理结果,实施监视或远程操作(参见图7-1)。

图7-1 未来的电子商务

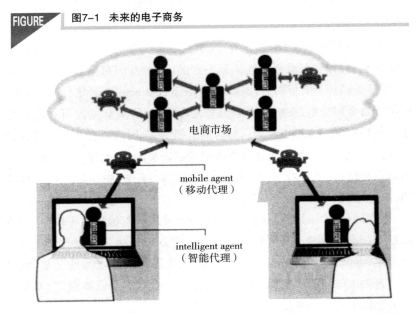

这种自主运行的计算机程序已经被运用在现在的电子商务中了。④ 例如,证券市场上进行的股票程序化交易就是商业交易中利用高端代理技术的一个典型。取代人工、通过自主判断实现运行的计算机程序,在现在以及未来的电子商务中或将担当重任。

2 电子合同的特点

2.1 问题所在

以下,将在合同缔结过程中,通过互联网或专用线路等通信线路进行信息交换达成一致的合同称为"电子合同"(狭义上,则将采用电子文

---

④ 高端代理技术若被恶用就会变成计算机病毒。

档并附有电子签名⑤和时间戳作为达成一致之证据的合同称为"电子合同",常见于 BtoB 交易中)。

虽然从电子商务上述的发展过程来看,电子合同看起来不外乎就是一个合同缔结手段的自动化或电子化问题,然而电子合同涉及的绝不只是这种与合同缔结方式相关的表层问题。在此,笔者将从电子合同不同于以往面对面签署的纸质合同之处发现它的特点,再对其特点引发的问题进行思考。

2.2 合同缔结的自动化与人的责任

第一,电子合同的最大特点在于,原本由人签署的合同被计算机这种"自动装置"取而代之了。例如,进行线上交易时,在界面上输入购买数量和配送信息的是人,而通过接口(interface,即人机接触的部分)进行回应的却是计算机,即合同是在人与计算机之间交换的。那么,零售店使用的 POS 系统(交易信息管理系统)又如何呢? POS 系统中,计算机会针对售出的商品自动下单,再由另一方计算机接收这些信息,也可视为是计算机之间的交易。所以,电子商务是一种计算机发挥主导作用的交易,由技术性装置代替人工参与合同缔结过程。也就是说,这会带来合同缔结过程的自动化现象,引发人应当如何参与其中的问题。例如,按照界面显示点击申请(提交订单)按钮的动作,与要求在纸质文档上签名盖章的行为颇为相似。但是,人们有时候意识不到对计算机的操作就是一种意思表示的外在行为,所以常常会出现无意识地反复点击按钮,或者因为没看清界面上的提醒而点错按钮之类的机器误操作行为,从而围绕合同是

---

⑤ 电子签名是指为保证电子文书的合法性所附的签名信息,用于识别签名人身份,防止伪造和篡改。日本于 2001 年开始实施《电子签名法》,已经具备电子签名与纸质文书中的签名、盖章同等使用的法律基础。

否成立产生纠纷。⑥

另外,厂家在设计计算机的申请(提交订单)界面时,有时候也并未意识到让人操作机器的结果就是让人签订了一份具有约束力的合同,也不太顾及人的知觉、认知特点和动作、运动特点,而是偏重于设计感。这一点,在合同对方不是人而是计算机的情况下也一样。例如,在试用阶段因测试不充分造成计算机出现错误,这个原因很可能就在于计算机系统的制造者和使用者都没有意识到计算机的运行结果会影响到合同的成立与否。然而,在电子商务中,时刻要考虑到存在于计算机背后的人,这一点非常重要,对在什么样的情况下、由谁来承担合同责任进行探讨是很有必要的(归责性问题)。

2.3 匿名性的功过

第二,将众多匿名参与者聚集在网络市场上,这是互联网电子商务具有的重大意义。⑦ 而由于无法确认参与者的真实身份,随着交易不透明性的增加,涉及交易安全的风险也会增加。例如,像非法使用他人信用卡、在交易界面上擅自使用他人 ID 密码这类欺骗他人的"冒用",以及未成年人未经法定代理人的同意私自进行交易,这些都会让人对当事人之间合同的有效性产生怀疑(无权限交易效果的归责)。另外,还有否认自己行为的"装糊涂"和"玩失踪"情形,一旦与商品没有送达或者与出售残次商品同时发生,就会导致合同履行障碍,使合同不能履行。

---

⑥ 记忆容量大、擅长单一动作的计算机在人的操作下与人共同完成一个任务时,由于人和机器的特点不同,很容易发生人为错误(Human Error)。其中包括:行为习惯导致的错误(人因习惯而产生的无意识行为)、遗忘导致的错误(因马虎大意而忘记确认)、误解导致的错误(自以为是对的而自行其是)、违规导致的错误(因偷懒、懈怠而不遵守规章规则)等。

⑦ 有的交易也会优先保护发送者的隐私。

2.4 电子文书的脆弱性

第三,由于电子文书所具有的优点同时也是它的缺点,因此有可能引发下列问题:

瞬间可达远方的迅速性是电子文书的优点。然而,如果要约和承诺之间的时间间隔消失了,那么在一系列的交易流程中,计算机的哪一步操作与合同成立相关就不甚分明了。由于信息的扩散性(传播性)和瞬时性,对于卖方未觉察标价有误期间蜂拥而至的合同要约,就有可能产生卖方是否必须予以接受的问题。

此外,电子文书虽然易于检索和保管,但在安全方面却存在缺陷。互联网通信的运作方式决定了各方相关人员都会参与信息流通,因此很容易发生文书被更改、篡改和复制的情况。而且,卖方在合同缔结之后有可能还会更改信息,而信息则是买方缔结合同的前提,如果不能确保信息一致,就会产生能否解除合同的问题。

即使不存在有意篡改信息的情况,也不一定能够保证发送者发出的数据和接收者收到的数据前后一致。因此,对于有的交易形态(比如通过网上银行转移资金之类的交易)而言,添加一个能够对数据的一致性进行认证的设置就显得非常重要。

2.5 ICT 服务提供者和使用者之间的信息差距

第四,电子合同是以高度复杂的信息通信技术(Information and Communication Technology,ICT)为基础成立起来的,因此,ICT 的飞速发展将加大 ICT 服务提供者和使用者之间的信息差距。例如,购物商城或拍卖网站的入驻者和消费者进行交易时,只能依赖商城或网站运营者单方面提供的使用条款和系统。因此,当系统发生故障时,服务使用者(入驻者和消费者)的利益就有可能单方面受到侵害。

此外,ICT 的发展为互联网广告创造了花样繁多的手法。从前以多数使用者为对象、纯粹只提供信息的"广告"就有可能出现类似"劝诱"的行为。例如,瞄准特定人群的定向(Targeting)广告如果被网络素养(正确使用信息资源的能力)低下的消费者看到的话,这些消费者就有可能在点击显示器画面上的按钮时无意识地签订了合同。

3　电子合同中的私法问题

日本虽然没有一部法律专门就电子合同中的概括性权利义务作出规定⑧,但是经济产业省颁布的《电子商务及信息财产交易相关准则》(以下简称《准则》)一直以来都为围绕电子商务的法律解释提供重要指针。本节将就《准则》《民法》以及《有关电子消费合同和电子承诺通知的民法特例法》(以下简称《电子合同法》)等对涉及电子合同的法律问题作了哪些规范进行介绍。

3.1　要约与承诺

合同在双方互相明确意思并确认达成一致时即告成立。民法将这种合意的形成视作"意思表示达成了一致",将一方的意思表示称为"要约",另一方的意思表示称为"承诺",认为合同因要约与承诺的意思表示一致而成立。但是,此时很重要的一点是,双方均存在以合同成立为目的的意思。例如,网店购物和便利店购物一样,如果以某价格购买某物和以某价格出售某物的意思达成了一致,那么合同便成立了。但是在电子商务中,这些不过是无法形成固有之意思的计算机所做的机械式回应而已,因此不能被视作当事人的直接的意思表示。那么,人通过计算

---

⑧　联合国国际贸易法委员会(UNCITRAL)1996年发布了《电子商务示范法》(UNCITRAL Model Law on Electronic Commerce),欧盟2000年发布了《电子商务指令》(E-Commerce Directive)。此外,对于超过一定金额的合同均规定必须采用书面形式的美国、新加坡等英美法系国家也都拥有针对电子合同有效性的制定法。

机缔结合同时,当事人是如何达成合意的呢?

在线上购物和酒店预订的系统中,计算机通常会自动弹出某个显示,这个显示就来自人的决定,是人对于计算机界面上要显示什么所做的预先决定。此时,商家是在向外部表示其有意促成合同成立,并将计算机显示的结果归属于自己。也就是说,可以认为,计算机只是作为人的"工具"发挥作用,意思表示是由人和机器分工完成的。或者也可以这样认为,在以往的合同中,人是在合同缔结的最后阶段做意思决定,而在电子商务中,人做意思决定的时间被移至合同过程的最初阶段了。这样一来,只要遵从计算机程序提前设定好的规则,那么合同即便是通过计算机签订的,也可认为是基于意思表示的一致而成立的。但是,因为代理(Agent)具有自律性,能自主进行意思决定,超出了单纯"工具"的范畴,所以很难再按照以往的意思理论来思考合同成立的依据,必须进行更深入的理论探讨。

那么,就按照这个想法来看一看在"点击诈骗"中,如果商家认为合同成立而向点击者索要费用时,被索要者是否有义务予以接受。

只要点开电脑或手机上收到的邮件、短信或者 Web 页面上显示的 URL,就会自动登录付费服务而被索要费用,这就是"点击诈骗"。例如伪装成纯粹的宣传短信,谎称"视频畅享,立即点击!"发来一个 URL,或者伪装成付费服务解约、退会手续办理之类的短信发来一个 URL,这种点击诈骗在虚假信息诈骗中屡见不鲜。但实际上,这种邮件短信或计算机界面上的显示不过是引诱顾客"要约"的"要约诱饵"而已。因此,合同不成立,索要费用没有法律依据,故点击者没有义务回应对方的索求。进而,即使要约人操作有误,但如果该错误(误以为)是由设置点击的商家有意所为造成的,则满足诈骗的要件。这样的合同不能视为有效,要约人可追溯至缔约之时,当作不曾订过合同(意思表示的"撤销")。

《民法》第 95 条规定,要约人在合同的重要部分有过错,且要约人无明显疏忽(重大过失)时,可主张合同从成立时无效(意思表示的"无效")。而且,对于上文所述的因诈骗而做出的意思表示,该法第 96 条规定可以撤销⑨。⑩ 此外,《电子合同法》还规定,消费者没有订立合同的意思却错误点击了申请(提交订单)按钮时,除非商家采取措施对所提交内容进行确认(参见图 7-2),否则,无论要约人有无重大过失,均可主张因过错而导致的合同无效(《电子合同法》第 3 条)。因此,一旦合同因无效或撤销失去了效力,原则上,依据合同向对方交付的金钱或物品均可要求对方退还(《民法》第 703 条)。⑪

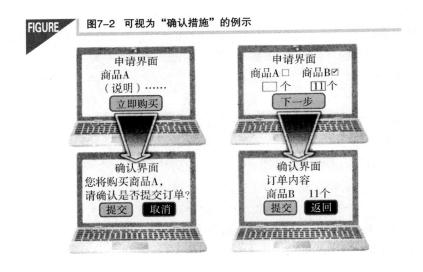

图7-2 可视为"确认措施"的例示

---

⑨ 东京地方法院 2006 年 1 月 30 日判决(载《判例时报》第 1939 期,第 52 页)中指出,因界面设计为点击画面后就会自动登录会员并显示收费,故原告与被告间合同不成立。被告向原告索取费用属于侵权行为,需向原告支付精神损失费。

⑩ 意思表示的"无效"和"撤销",他们的不同之处在于缔约时该合同是否有效。一旦撤销,两者的效果没有大的区别[详见大村敦志:《基本民法(第 3 版)》,有斐阁 2007 年版,UNIT6,第 75 页起等]。此外,《民法部分修正法律案》(2015 年 3 月 31 日上呈至国会,实施时间未定)(以下称《民法修正案》)中提议,将错误意思表示的效果视作撤销(《民法》第 95 条)。

⑪ 《民法修正案》拟取代现行法的规定而在《民法》第 120 条之二中规定,原则上,以恢复原状作为意思表示(法律行为)的无效和撤销的效果。

3.2 合同的成立时间

合同成立时间之所以存在争议,不外乎是因为自合同成立起,合同当事人就要受到合同内容的制约而已。以网店购物为例,在合同成立前,当事人可中止合同,而在合同成立后,买方就有义务付款,卖方则有义务交货给对方。假如买方违反了合同,卖方有权强制让违反合同的买方履行合同,视情况也可要求赔偿损失。因此,对于合同当事人而言,弄清楚合同生效的时间是一个非常重要的问题。

关于这一点,《电子合同法》第 4 条规定,电子合同的成立时间以承诺通知的到达时间为准。《准则》规定,到达时间是指意思表示开始处于应当能够被对方所知道的客观状态,即意思表示被置于对方的控制范围内(势力范围)的时点。[12] 在此,笔者将分两种情况探讨合同成立时间,一种是承诺通知被显示在 Web 页面上,另一种是通过电子邮件发送承诺通知。

(1) Web 页面

互联网营销中,只要在显示器画面上将商品名称、数量、订购人的地址、姓名等输入电子格式合同中,点击申请(提交订单)按钮(发出要约),显示器画面上就会出现收到订单(要约被承诺)的字眼。此时可认为,要约是通过 Web 页面进行的,承诺通知也是通过 Web 页面发出的。因此,承诺通知被显示在要约人的显示器画面上的时间便是合同成立的时间。

此时,只要显示器画面的显示正确即可,要约人是否对显示的内容进行了确认并不影响承诺通知的到达效力。另外,由于通信故障导致承诺通知未被显示在显示器画面上时,原则上则认为承诺通知未被送达。

---

[12] 参见最高法院 1961 年 4 月 20 日判决,载《民集》第 15 卷第 4 期,第 774 页;最高法院 1968 年 12 月 17 日判决,载《民集》第 22 卷第 13 期,第 2998 页。

(2)电子邮件

通过电子邮件等电子方式订立的合同,原则上承诺通知在极短的时间内便可送达对方。因此,与异地人签订合同,需要通过电子邮件发送承诺通知时,合同成立时间不适用以发信主义为前提的《民法》第526条第1款及第527条,合同成立时间是承诺通知的到达时间(《电子合同法》第4条、《民法》第97条第1款)。[13] 说得更准确些,就是承诺通知的收信人(即要约人)所指定的邮件服务器(相当于"专用信箱"),或其通常所使用的邮件服务器内的邮箱(相当于"个人信箱")中所记录的承诺通知处于可读取状态的时间(参见图7-3)。

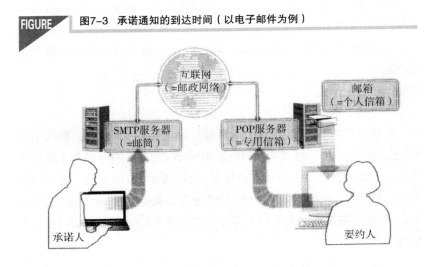

图7-3 承诺通知的到达时间(以电子邮件为例)

因为文字乱码无法解读,或者因为制作承诺通知使用的是要约人没有的应用软件而导致数据被加密或压缩后原始数据处于无法还原等情

---

[13] 此外,《民法修正案》拟修订《民法》第97条第1款,规定无论隔地与否,所有的意思表示均采用到达主义。

形下的,不能视为"可读取状态";相反,承诺通知一旦被邮箱记录,之后即使因系统故障导致承诺通知消失,合同也成立。

但是在互联网营销中,非合同相对人的网上商城运营者有时候会利用计算机程序自动发送写有"此邮件为您的订单信息到达本公司服务器时的自动回复邮件。在您确认订单内容后,工作人员联系您的时间为买卖合同的成立时间"的电子邮件。这种情形可认为是,合同相对人意图在订购人(要约人)亲眼确认订单信息之后,再重新向他发送电子邮件,并进行承诺的意思表示。也就是说,必须注意这种自动发送的邮件并非承诺通知,其不过是将收到订单的事实通知给对方的"观念通知"(亦称"事实通知")而已。因此,在不同于网上商城的、无须通过第三人的正常交易(Arm's Length Transaction,指买方与卖方独立进行的交易,互相之间并无任何关系——译者注)中,如果未在 Web 上或自动发送的邮件中明示承诺通知将随后发出,那么即便是计算机自动发送的邮件,它也具有承诺通知的意义。

(3)互联网拍卖

如果说拍卖中的"投标"是要约的意思表示,那么合同则因招标人的承诺而成立。这样的话,合同成立时间就是投标人"中标"的时间。但是,拍卖网站的使用者是通过网站运营者提供的系统进行交易的,其使用之际必须同意网站运营者制定的使用条款。也就是说,网站使用者的合同必然受到使用条款中之内容的影响。

有的使用条款规定[14],缔结合同和安排商品的收发货等协议均在使用者之间进行,使用者自身负有履行合同的责任。另外,运营者不过是为那些有意通过互联网拍卖以最高出价达成交易的使用者们提供一个缔结合同的契机而已。因此,互联网拍卖中,合同在中标之时并未确定成立。

---

[14] 参见《Yahoo! Japan 使用条款》第 8 章《雅虎拍卖规则》。

但是,这并不意味着招标人可在中标后更改对标的物的说明,也并不意味着中标人可重新进行价格交涉。可以认为,通过中标这个行为,中标人只是因中标价获得了优先交涉权而已。因此,互联网拍卖中,招标人和中标人就商品的移交方式、货款的支付方式等合同中具有交涉余地的事项达成合意之时方为合同成立时间。

3.3 标价错误与卖方的责任

在 A 公司开设的购物网站上,Y 公司售出的电脑标价为 1 台 2787 日元。X 向 Y 公司发送邮件订购了 3 台。同日,X 收到了 A 公司接单确认邮件。然而到了次日,X 却收到 Y 公司的邮件,称标价有误,无法接受订单。于是,X 主张在他接到 A 公司发来的接单确认邮件时买卖合同已经成立,要求 Y 公司履行买卖合同。那么,Y 公司是否必须按照错误标价把电脑卖给 X 呢?(参见东京地方法院 2005 年 9 月 2 日判决,载《判例时报》第 1922 期,第 105 页。)

通常,卖方的标价出现错误时,以下两种情形可免除卖方按照错误标价售出商品的义务。第一,商品的买卖合同尚未成立;第二,虽然合同已经成立,但标价错误属于意思表示错误,买卖合同无效。不过,如果卖方有明显疏忽(重大过失),因错误导致无效的主张则不被承认。[15] 但是,如果有购买意愿的人意识到该价格为错误标价,或者即使未意识到,但网站的大部分使用者都认为这是错误标价,这种情形下,即便卖方有重大过失,也可允许其主张错误无效。因为若相对人知道表意人存在错误,则没有必要对相对人进行保护。

另外,上述案例中,至少可认为大部分有购买意愿的人都能注意到

---

[15] 东京地方法院 2011 年 12 月 1 日判决(载《判例时报》第 2146 期,第 69 页)的案例介绍中认为,网站上显示的旅行费用有误是旅行社存在重大过失,因此承认该标价有误的合同成立。相反,东京高级法院 2014 年 1 月 30 日判决(载《金融·商事判例》第 1440 期,第 10 页)在介绍外汇押金交易中因系统故障造成汇率显示有误的案例时则认为,实施错误显示的网络银行不存在重大过失,因此不承认该价格显示有误的合同成立。

所标价格有误,且 X 主张合同成立的依据不属于卖方的承诺通知,只是商城运营者(A 公司)的自动回复邮件而已。基于这些原因可认为,对于 X 的主张,Y 公司没有义务接受。

3.4 冒用

电子商务环境下要确认操作者是否为本人非常困难,所以很容易出现盗用他人 ID 和密码并冒充他人在网店购物以及使用他人信用卡结算等"无权限交易"。

不过通常情况下,这种交易中除了被冒充的那个本人外,还有多方角色参与其中。比如网上商城的开办者、商城的入驻者、信用卡公司或银行,以及负责商品运送的快递公司等。如果被冒用者遭受了损失,那么应当由谁在什么情形下,以及在什么范围内承担责任呢?

(1)民法的规定和"冒用"

无权限者发生交易时,若本人未向无权限者授权,则不承担该交易产生的法律责任。不过,若无权限者假冒本人进行活动的原因是由本人一手造成的,则应当由本人承担责任。所以,出于对相对人的信赖保护以及对交易安全的保护,民法在一定的要件下[16]设立了交易效果归责于本人的制度(《民法》第 109、110 条,称为"表见代理制度")。

判例也一直认为,若代理人假借本人之名从事权限外活动,而相对人有合理的理由相信该行为为本人所为时,则应当由本人承担无权限交易产生的责任。[17] 我们在思考电子商务中因冒用引发的交易责任时,同

---

[16] 需要满足相对人善意无过失(不知者无罪)、存在归责于本人的事由、存在权利外观之类的要件。

[17] 最高法院 1969 年 12 月 19 日判决(载《民集》第 23 卷第 12 期,第 2539 页)的案例中,对于代理签名类推适用了《民法》第 110 条对权限外行为的表见代理的规定。

样可依据民法的这一规定进行探讨。⑱

（2）就身份确认方式达成合意的交易

线上交易中，商家（卖方）为了确认顾客是否为本人，有时候会让顾客设置特定的 ID 和密码。这意味着商家和顾客就身份确认方式事先已经达成合意，可以进入后续交易。因此，只要交易是基于事先达成合意的身份确认方式进行的，那么，即使因顾客本人的疏忽导致 ID 和密码被盗用，也要将"冒用交易"的效果归属于顾客本人，商家与顾客本人之间的合同是成立的。

但是，有时也会出现因商家的过失导致 ID 和密码泄露的情况。因此，如果使用条款中规定，无论何种情况下商家均可免除全部责任，那么，该使用条款的有效性就会因为涉及《消费者合同法》第 10 条而存在问题。《消费者合同法》第 10 条规定，约款等合同条款中不利于消费者的条款无效。因此，若被冒用者的利益因违背诚信原则的行为遭受单方面侵害，则该约款事先达成的合意有可能无效。

另外，在不使用特定 ID 和密码的一次性交易中，顾客和商家之间没有事先合意。因此，民法原则上认为，商家和顾客本人之间的合同不成立，若发生冒用交易，本人无须承担责任。

（3）信用卡结算

线上交易常常会使用信用卡进行结算。这时，交易的申请人（要约人）即信用卡会员，需在申请界面上输入信用卡的卡号、有效期等信息。但是，有时会发生信用卡会员以外的第三人冒用持卡人进行刷卡结算的情况（参见图 7-4）。

---

⑱ 除了民法规定，例如以"冒用"行为访问具有限制访问功能的网站，还将被视为《非法访问禁止法》（该法第 3、8 条）的处罚对象。此外，非法使用他人信用卡自当不用说，非法制作电磁数据也将被视为刑法的处罚对象（《刑法》第 161 条之二第 1 款、第 163 条之二等）。

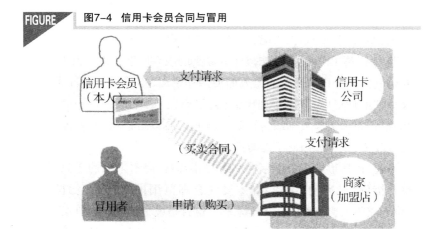

图7-4 信用卡会员合同与冒用

关于这一点,信用卡会员条款规定,除了下列所承认的本人具有可归责性的情形以外,持卡人通常不承担支付义务:第一,会员未尽到善良管理人的注意义务,违反了对信用卡以及信用卡信息妥善保管的义务。第二,信用卡被盗或丢失后未在第一时间采取挂失等措施。

因此,如果信用卡是被家庭成员刷用,或者是持卡人自己将信用卡借与他人并告知他人有关卡的信息后被刷用的,那么信用卡会员本人就很有可能要承担被人冒用后所引发的交易责任。另外,如果是信用卡加盟店泄露了卡的信息导致卡被他人盗刷的,本人则不具有可归责性,信用卡会员不承担支付义务。

3.5 未成年人的意思表示

未成年人未经法定代理人(亲权人或监护人)同意所进行的合同要约,即使是电子合同,原则上同样可由未成年人本人或其法定代理人撤销(《民法》第 5 条、第 120 条第 1 款)[19]。那么,如果一个 14 岁的中学生

---

[19] 申请人若为幼儿等无民事行为能力人(对自己的行为结果不具有判断能力的人),则合同无效。通常认为申请人具备 7—10 岁左右的能力即可,但具体情况需做具体判断。

在网站上针对"是否成年?"的提问点了"是"的按钮,未经父母同意购买了线上游戏,孩子的亲权人能否撤销该交易呢?

《民法》第 121 条规定,未成年人之类的限制民事行为能力人为了让人相信其为完全民事行为能力人而使用诈术时,不得撤销其行为。[20] 在上文所述的情形中,商家受理申请(接受要约)时采取了一定的年龄确认措施,但是未成年人却故意谎报了年龄。所以可以认为,商家判定对方是成年人,亲权人因此不能撤销合同。

不过,该情形中还可能存在一个问题就是,商家采取的是怎样的年龄确认措施。《准则》要求,商家要在合理范围内履行一定的注意义务,将未成年人交易纠纷防患于未然。也就是说,作为商家,其必须考虑从交易性质上能多大程度对未成年人的要约做出预见、要约若被撤销会带来多大风险、如何与建立防止未成年人撤销系统所需成本进行平衡等各种问题,从而建立一个能够对要约人的年龄以及对方为未成年人时是否经过了法定代理人的同意进行确认的系统。

如此一来,如果申请界面上还只是单纯地通过点击"是"的按钮来确认"是否成年?",那么,未成年人即便做了虚假输入,也有可能不被视为诈术。商家必须要建立起一个确认系统,先在申请界面上明示"未成年人须经亲权人同意"以示警告后,再要求要约人输入年龄以及出生年、月、日。

3.6　合同不履行

不仅限于电子商务,交易中因商品或服务的卖方违反合同,从而导致买方无法获得合同预期利益的情况时有发生。若出现商品未送达等不履行合同的情形,或者类似送达商品与合同不符的违反合同约定的情形,买方原则上可以要求卖方履行合同约定。并且,若卖方逾期未履行(迟延履行),买方原则上可以设定相当期限催告卖方履行,仍不履行时

---

[20]　判断未成年人是否使用了诈术时,要考虑年龄、商品的性质、商品面向的对象等具体情况,在此基础上作出具体判断。

可解除合同,也就是当做不曾订过合同(《民法》第541条)㉑。

但是,例如在互联网拍卖中购入以正品参展的中古手表后,即使发现他是赝品,买方也不得要求卖方交付正品。因为现行法规定,像中古品这种"特定物",其质量和性能与合同不符时,买方不得要求卖方交付与合同约定相符之物。不过,买方自知悉事实起一年内,可以解除合同要求返还价款(《民法》第570条)㉒,或者不解除合同要求损害赔偿(《民法》第415条)。

此外,若因卖方在广告或表示上作假,致买方产生误解而缔结合同,那么除了上述方法之外,买方还可通过主张合同系因错误或欺诈订立,从而脱离合同关系。此外买方还可以以违反说明义务为由,要求卖方予以侵权损害赔偿(《民法》第709条)。如果是BtoC交易,依据《消费者合同法》第4条的规定,买方可以依据不实告知(对重要事项所作的陈述与客观事实不符)主张撤销合同,或者依据不利益事实的告知主张撤销合同。(《关于特定商业交易的法律》的合同解除,参见后文4.3。)

3.7 商城及拍卖网站运营者的责任

商城及拍卖网站的交易主要由提供交易"平台"的运营者、入驻者(展示者)以及消费者(中标人)三方构成。使用者之间通过交易"平台"进行交易,若发生纠纷,非合同当事人的运营者是否需要承担一定的义务和责任,对此看法不一。

㉑ 《民法修正案》拟在《民法》第541条的解除要件中追加催告期限结束时债务不履行不属于情节轻微这个要件。

㉒ 在通过互联网拍卖被交易的中古车阿尔法罗密欧被发现油箱有漏油现象的案例(东京地方法院2004年4月15日判决,载《判例时报》第1909期,第55页),以及车辆行驶距离与仪表盘显示大相径庭的案例(大阪地方法院2008年6月10日判决,载《判例Times》第1290期,第176页)中,依据《民法》第570条承认卖方负有责任。此外,《民法修正案》拟在《民法》第570条中追加,卖方针对不符合合同内容之处,事后可通过降低价格等作出应对,负有完全履行的义务(卖方的补正义务)。

（1）对当事人间纠纷的处理

商城等的运营者有时会在使用条款中注明，运营者对入驻者和消费者这种当事人之间的交易概不负责。但是，对于有些情况，运营者不负任何责任是有欠妥当的。比如消费者购买的商品未送达却无法与入驻商家取得联系，或者运营者明知道商城里有人出售残次商品却放任不管致使消费者受到侵害等。

《准则》认为，这些情况下有可能追究运营者的侵权行为责任，或追究其因违反对商城使用者的注意义务（违反对入驻者的管理义务）而产生的责任。该思路同样适用于拍卖网站上的交易。

鉴于此，商城运营者中也有人开始实施消费者补偿制度，但是对于补偿金额和申请次数做了一定限制。不过，这种补偿规定似乎将很多情况都视作例外排除了。因此，必须对照《消费者合同法》第10条，看一看该补偿规定是否属于单方面做出的对消费者不利的条款。[23]

（2）系统故障

运营者的使用条款有时会规定，商城或拍卖网站的系统若出现非正常运行，运营者可免责。的确，从计算机系统的性质而言，系统难免会出现错误、故障等运行不佳的状况。但是，在围绕拍卖网站的某案件上，名古屋地方法院2008年3月28日判决（载《判例时报》第2029期，第89页）的观点是，运营者有义务建立零缺陷系统来提供服务。[24]

但是，运营者只要尽到了人们通常对其所期待的注意义务，则只需承担管理和运营上的责任即可，无须承担使用条款上因不履行债务而产

---

[23] 关于拍卖网站补偿规定的有效性，广岛地方法院2005年5月30日有一个判决案例，但未载入判例集。

[24] 在J:COM股票下单失误的案件中，法院承认交易所负有使用合同中的系统提供义务（东京高级法院2013年7月24日判决，载《判例Times》第1394期，第93页）。

生的损害赔偿责任。㉕ 不过,什么情况下才可称得上尽到了注意义务,尚需进一步具体探讨。

(3) 商城运营者的名义出借责任

商城入驻者若以一种易被误认为是商城运营者的外观形式从事营业活动,那么,与其进行交易的购买人则可能会误认为自己的交易对象就是商城运营者。当购买人因和入驻者进行交易蒙受损失时,坚信自己的合同对方就是商城运营者的购买人能否向运营者追究损害赔偿责任呢?

解决这个问题时,有一个案例可做参考。该案例中,法院对于将商铺租给他人开店的超市类推适用了名义出借责任(最高法院 1995 年 11 月 30 日判决,载《民集》第 49 卷第 9 期,第 2972 页)。名义出借是指允许他人使用自己公司的名称(商号)从事营业(事业)活动(参见图 7-5)。《商法》第 14 条和《公司法》第 9 条规定,对将他人误认为名义出借人的第三人,名义出借人与他人均要对相对人(第三人)承担连带赔偿责任。不过,名义出借人承担责任的前提是必须满足以下三个要件:存在名义出借人即为营业主的外观;名义出借人允许他人使用其名义;相对人误认为名义出借人即为营业主。

把这个放到商城运营者身上来看的话,关于外观这一点,除了合同中的支付手段外,还须对商号(或商标)的使用关系、网页的页面构成,以及广告的使用方式等进行综合考虑。不过,购买人若通过一般注意就能分辨出商城运营者和入驻者,则不在名义出借责任范围之内。

话说,我们在思考提供交易"平台"的商城或者网站运营者的义务时,不妨联想一下从事市场运营的交易所的义务。例如,金融商品交易所要确保市场公正可信,在监督者的带领下对上市金融商品的质量和运

㉕ 东京高级法院判决 2014 年 1 月 30 日,载《金融・商事判例》第 1440 期第 10 页;东京地方法院 2012 年 10 月 31 日判决,载《金融・商事判例》第 1440 期,第 22 页。

图7-5 名义出借人责任的类推适用

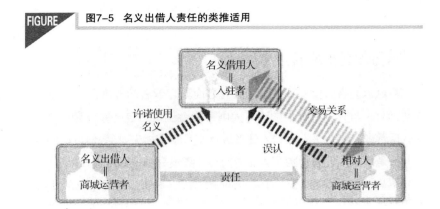

营系统实施严格管理,负有妥善完成自主规制业务的义务(《金融商品交易法》第84条)。正因为电子商务市场中无人对此进行综合管理,所以笔者认为,商城和网站运营者应当基于自治精神,承担为提供安全、安心之市场努力的义务。

4 与 Web 网站表示相关的消费者保护机制

互联网交易中,Web 网站的表示是了解商品或服务内容以及交易条件等信息的唯一来源。因为这些信息由经营者单方面提供,所以经营者和消费者之间很容易产生信息能力的差距。而且由于 Web 页面的限制,能够进入消费者视野中的信息有限,更会加大信息差距。另外,电子合同通常由个人借助机器独立操作完成,因此很容易引发操作或判断失误。

了解了互联网交易的这种特点之后,接下来看一看对于 Web 网页上的表示,都有哪些行政规制,行业还自行采取了哪些措施。

4.1 广告规制

广告并非以直接、确定的合同成立为意图。但是,作为"要约诱饵"

的广告表示却在合同成立过程中起着重要作用。

(1)《赠品表示法》的规制

《赠品表示法》制定了严格的规定,以防经营者在商品或服务的质量、内容、价格等方面进行虚假表示。互联网交易中的表示可定位为面向不特定多数人的广告,服从《赠品表示法》的规制,即经营者不得就其提供的商品或服务的质量、规格等内容进行比实际明显优良并使人发生误认的表示(优良误认表示)、不得就其价格及其他交易条件进行明显有利并使人发生误认的表示(有利误认表示)(《赠品表示法》第5条)。并且还计划将优良误认表示行为和有利误认表示行为纳入罚款对象(预定2016年春季实施)。

另外,消费者厅发布了(1)《面向消费者的电子商务表示中涉及赠品表示法的问题和注意事项》,以及(2)《与互联网消费者交易相关的广告表示中涉及赠品表示法的问题和注意事项》(以下简称《互联网广告指南》),对互联网交易特有的广告表示在使用跳转链接(点击一下文字便可跳转至其他页面)等手法之际需要注意的事项进行了明确。尤其在(2)中,就免费增值(freemium,是指免费提供基本服务,对附加服务收费的一种商业模式,常用于游戏服务或视频发布服务等)、限时限量营销(flash marketing,是指在限定期间内销售一定数量的优惠券,对商品或服务的价格给予折让的一种商业模式)等使用了新型商业模式的广告表示有可能违反《赠品表示法》的具体事例进行了列举,提醒经营者不要进行使消费者发生误认的表示。

(2)《特定商业交易法》的规制

《特定商业交易法》针对通信营销业者(以营利为目的,具有反复持续销售行为时,无论是法人还是个人,均相当于经营者)[26]实行广告规制。

---

[26] 互联网拍卖中也常有个人大量出售自己不需要的物品或作为兴趣收集来的物品。但是,若无特殊情况,他们将被视为营销业者。(参见消费者厅:《互联网拍卖的营销业者指南》)

《特定商业交易法》规定通信营销业者有义务告知货款的支付时间和方法，经营者的姓名（名称）、地址、电话号码等相关事项，以此将异地人间交易产生的纠纷以及"玩失踪"现象防患于未然［第11条、《〈特定商业交易法〉施行规则》（以下简称《施行规则》）第8—10条］。同时，禁止对商品进行夸大、不实的广告宣传（第12条），对于广告宣传涉嫌违反该条款的经营者，要求在规定期限内提交对广告内容进行证明的合理的证据（第12条之二）。

此外，对于未同意接收电子邮件广告者，原则上不得向其发送电子邮件广告（Opt-in事前允诺规制，第12条之三）。㉗ 为此，经营者必须预先对必要信息（URL或邮件地址）进行表示，以便消费者能够表达拒绝接收电子邮件广告的意思；不得使用不合理的申请界面或表示方法让用户发出违背其意愿的合同要约（第14条第1款第2项、《施行规则》第16条）。

若违反以上规定，主管大臣或都、道、府、县知事可命令营销业者等提交报告或账簿、文件资料及其他物品，或者对营销业者的店铺或营业所进行入室检查（第66条第1款、第68条）。㉘ 另外，违反规定的营销业者不仅会被列为指示改善业务或命令停止业务的对象（第14、15条），倘若违反不得夸大广告、事前允诺规制、改善业务指示及停止业务命令，有时还会被判刑或处以罚款（第70条起）。进而，营销业者等若实际进行了或有可能进行明显虚假或夸大的广告宣传时，适格（由内阁总理大臣认可的——译者注）消费者团体（第58条之十九）可要求其采取必要措施停止行为或加以预防。

㉗ 就合同成立或商品发货等与合同内容或履行相关的事项发送电子邮件进行通知时，广告若被插入电子邮件中一起发送，则视为例外（该法第12条之三第1款第1项）。

㉘ 此外，针对使用互联网的电子商务网站的法令遵守情况，各官公厅将定期开展检查（称作"网上冲浪日"）。若发现有违法事实，将通过邮件进行警告或提醒，经过一段时间后再次检查。

4.2　隐性营销

隐性营销(Stealth Marketing)是指宣传推广自家产品和服务的经营主体(以下称广告主)进行的一种不为消费者所觉察的促销活动。这种广告手法与避免己方战斗机被敌方雷达探测到的技术有相似之处。例如,经常有人在那种提供信息交换服务的"点评网站"上或博客这种由个人提供信息的 Web 网站上,就某个产品或服务发文分享个人的感想、意见以及评价等。然而,如果发文者和广告主的关系,比如发文者从广告主那里获得佣金之类的情况被隐瞒的话,消费者则不易觉察这些发文有失公正。2012 年 1 月,日本曾就承接水军业务的某经营者在美食网站上编造虚假好评,与餐饮店共同进行"隐性营销"一事进行过报道。以此为契机,欺骗消费者的"隐性营销"引发了社会关注。

但是,在介绍金融交易,比如通过预测国外外汇市场走势进行交易的"二元期权"(binary Option)等博客上,联盟客(Affiliate,他们在自己的 Web 网站或邮件杂志上登载广告,若该广告带来了商品或服务被购买的效果,便可以从广告主那里获得报酬)发布无证金融业者的横幅广告,诱导消费者进行违法交易的隐性营销依旧不绝如缕。另外,有的经营者还自己在点评网站上发帖,给竞争对手的商品或服务写差评,进行"逆向隐性营销"。

确实,这种广告宣传手法就像找人在店铺门前大排长龙的"雇托",或者对毫无医学根据的健康食品的效果大唱赞歌的"作秀"那样,一直被经营者们所使用。在欺骗消费者这一点上,无论是"雇托"还是"隐性营销",其问题在本质上并无二异。但是,"隐性营销"之所以会引发更为深刻的问题,是因为在互联网的匿名性、扩散性、瞬时性的共同作用下,欺骗消费者的非法信息瞬间便会大量扩散开来,且错误信息一旦被扩散出去则鲜被更正。此外,消费者的行为具有易受情绪左右的特点,当人们因缺乏信息或对自我判断感到不安时,容易产生从众行为。

因此，口碑信息对消费者的影响力非常大。如果以行动经济学和社会心理学的研究成果逐渐揭示出来的这种消费者的行为本质为前提的话，那么可以说，隐性营销是一个必须严加规制的宣传手法。

为此，消费者厅的《互联网广告指南》[参见本章 4.1（1）部分]认为，经营者作为引诱顾客的手段在点评网站上发布信息、自行发布或委托第三人发布口碑信息时，若就其提供的产品或服务的质量、交易条件进行比实际或比同业竞争者明显优良或有利的宣传并使人发生误认，则视该信息为违反《赠品表示法》的不当表示。

但是，与美国联邦贸易委员会制定的《广告推荐与见证的使用指南》(Guides Concerning the Use of Endorsements and Testimonials in Advertising) 不同，现行法中，日本并未规定接受广告委托的博主等第三人负有披露自己与广告主之间关系等[29]行为义务。但至少有余地认为，广告主负有对第三人所做广告的合法性进行监视，对是否违反法令进行检查的诚信原则上的义务。

4.3 《特定商业交易法》中的退货权

与上门营销不同，以互联网营销为首的通信营销中，消费者很少受到来自营销业者的不当压力和影响。[30] 因此，法律上并未设置允许消费者无条件，即无须承担运费便可撤销要约或解除合同的"冷却期制度"。

但是，若经营者在广告中对能否退货及退货条件、是否产生退货费用等未进行表示，则消费者于商品到货后 8 日内可退货，费用自理（第 11 条第 4 项、第 15 条之二）。《退货特别约定》可被理解为一种以保护消费者为目的的、在法律性质上属于保留解除权的合同，购买人希望解除买卖合同时无须通过书面形式，只需将收到的商品退还经营者即可。

---

[29] 互联网广告界拟出台规定，于自己公司运营的博客上刊登宣传报道文章时，有义务在文章上标注 PR 标识。

[30] 互联网通信营销业者在 Web 网站上的表示是否属于"劝诱"，对此看法不一。

因此,经营者要想避免蒙受这种不利益,就必须提前进行"不可退货"的表示,或者在广告页面上对退货时效等退货条件做出明示(参见经济产业省《通信营销退货特别约定表示指南》)。而且,必须采用容易识别的方式进行表示(《施行规则》第9条第3项),尤其是在"最终申请界面"上若未对退货特别约定进行表示,退货特别约定则可能无效(《施行规则》第16条之二)。

4.4　经营者团体的自主规制

互联网相关技术的发展日新月异,与此同时各种各样的服务应运而生。但是新兴服务对于消费者而言未必都是有益之物。为了对威胁消费者安心、安全的互联网交易做出迅速应对,必须由熟知相关业务的人员来制定实际有效的规则。自主规制是一种同业者间的商业道德,因此它可以实现比法令更高水平的规制,其在这一点上意义重大。

在消费者保护领域从事国际性活动的经济合作与发展组织(OECD)发布了《电子商务消费者保护指南》。在日本,公益社团法人日本通信营销协会等也制定了《通信营销电子商务交易指南》,依据《特定商业交易法》及其他相关法令,对经营者必须遵守的基本方针作出了规定。

此外,日本通信营销协会还实施"在线认可标识制度",让消费者使用通信营销时有一个参考标准,以便对营销业者的合法性作出判断。该制度的目的在促进互联网营销的同时,兼顾保护消费者权益。

只要在日本国内有事业据点、具有一年左右的互联网营销活动经历,那么无论是法人还是个人,均可申领在线认可标识。但是,自申请之日起向前计算三年内曾被撤销过认可标识的经营者以及不符合申请条件者,不在此列。经营者提交申请后,经审查符合条件的,便可被授予认可标识。当消费者看到表示在 Web 网站上的标识就可以相信,该通信营销业者真实存在(可通过商业登记簿复印件确认),并且遵守《特定商业交易法》所规定的广告表示义务。

结　语

要克服由电子合同的自动性,即合同缔结过程中无人工介入这个特点带来的问题,以及由匿名性、瞬时性、扩散性、低安全性带来的问题,我们可以从技术方面谋求解决,或者通过事先在当事人之间制定好规则来予以应对。此时,特别重要的一点是,必须要求将计算机当作工具使用的人在使用之际保持一定的谨慎(注意义务)。

但是,与一个是否真实存在都不清楚的相对方隔空交易时,其注意能力自然也会受限。而且对于注意能力的看法也不一。还有一个问题是,当事人对于电子合同的不确定性产生的问题事先难以尽数把握。要做到尽可能处理好这种不确定性,保持当事人利益平衡,就是最好要存在一个具有普遍性、合理性的规则。

的确,面对电子商务的相关问题,日本除了有上述综合性民事规则和具体行政规制共同发力外,还有业界团体的软法(soft law)做补充。但是,与电子商务及合同相关的法律体系决非浅显易懂,而是非常复杂的。如何确保法律框架的一体性,以更好地应对电子合同固有的问题,或将成为今后的课题。

思考

1.通过不具有意思的计算机程序缔结合同时,合同的成立依据应从何处寻求? 若合同由具有自律性的计算机来缔结,又当作何思考?

2.使用计算机系统进行交易的经营者若要防范合同缔结过程中出现系统故障而被问责存在过失,事先应作哪些考虑?

3.为什么必须对隐性营销进行规制? 请思考一下,除了本文中所述理由之外,还有哪些理由?

拓展阅读文献

松本恒雄、齐藤雅弘、町村泰贵编:《电子商务法》,劲草书房2013年版。

日本律师联合会编:《消费者法讲义(第4版)》,日本评论社2013年版。

齐藤雅弘、池本诚司、石户谷丰:《特定商业交易法手册(第5版)》,日本评论社2014年版。

内田贵:《IT时代的交易与民事法制》,载《法学协会杂志》第118卷第4期(2001),第481—519页。

冲野真巳:《互联网交易——消费者通过互联网购买商品的合同》,载加藤雅信等编:《野村丰弘先生还历纪念论文集 二十一世纪判例合同法的最前线》,判例Times社2006年版。

矶村保:《围绕互联网·拍卖交易的合同法问题》,载《民商法杂志》第133卷第4期、第5期(2006),第684—702页。

河野俊行:《互联网拍卖的法律分析(1)(2·完)》,载《NBL》第730期,第13页;第733期(2002),第70页。

村田厚生:《人类·错误的科学》,日刊工业新闻社2008年版。

森田宏树:《关于电子消费者合同中消费者无意图的意思表示》,载Daniel Harrington Foote、长谷部恭男编:《消融的界线 超越的法律4 媒体与制度》,东京大学出版社2005年版。

宇贺克也、长谷部恭男编:《信息法》,有斐阁2012年版,第9章、第10章(山本丰撰稿)。

第8章　电子商务支付与结算、电子货币

森田　果

1　电子商务支付与结算的运作方式

1.1　现金以外的支付手段存在的必要性

电子商务的支付结算与普通商业交易有相似之处,亦有不同。笼统地说,BtoC(企业对消费者的交易)、BtoB(企业对企业的交易)、CtoC(消费者间的交易)三者都属于商业交易,但实则大不相同。其中,BtoB 不论是在电子商务中,还是在普通(线下的)商业交易中都没什么大的区别。BtoB 鲜有按照每笔交易进行支付结算的情况,通常都以一个月等为单位进行汇总,于次月一次性完成支付结算。此时一般都会通过银行转账完成支付结算(有时也会使用票据、支票和电子债权),与银行转账相关的法律问题不论是在电子商务中还是在普通商业交易中都是一样的。

与此相反,BtoC 和 CtoC 在电子商务中更多采用的是与普通商业交易不同的支付结算方式①,而在线下商业交易中二者多使用现金进行支付结算。当然,最近使用电子货币和信用卡进行支付结算的场景越来越多(如为降低现金处理成本、获取积分等,动机多种多样),但总体而言使用现金的依然占据多数。

然而在电子商务中,使用现金进行支付结算是毫无效率可言的。我

---

①　在 CtoC 这种商业交易中,卖方和买方的匹配需要成本,因此很少采取电子商务以外的交易方式。

们以网购书籍为例来看一下。假如此时必须使用现金,那么原则上购买人必须前往身为卖方的债权人的住处,并以现金清偿债务(《民法》第484条)。尽管也可以利用现金挂号汇款的方式邮寄现金,但是这将大大抹杀人们足不出户便可轻松购物的便捷性。像电子商务这种以隔地人之间的交易为前提的情形下,使用现金进行支付结算的成本极其高昂。因此,一般来说,电子商务中涉及交易价款的支付结算时,使用现金以外的支付手段是一个合理的选择。

1.2 银行转账

说到现金以外的支付手段,首先跃入脑海的就是银行转账。购买人可通过 ATM 机、银行窗口、网上银行等,向卖方指定的银行账户转账来完成支付结算。此类交易有时候要求在交易标的物发送(或交付)前就完成银行转账(预付),有时候则要求收到交易标的物后再转账(后付)。不管这两种方式的哪一种,标的物的交付和价款的支付都不是同时被履行的,因此,若为预付形式,购买人将承担标的物得不到交付的风险,而若为后付方式,卖方将承担价款得不到支付的风险。

1.3 收款代理

便利店等的收款代理是与银行转账的后付相似的一种支付手段。使用收款代理时,卖方将电子商务交易的标的物和缴费单同时邮寄给购买人,购买人收到标的物后,持缴费单前往便利店支付价款。收到价款的便利店从中抽取手续费,再将价款汇入卖方银行账户。

1.4 信用卡

除银行转账以外,信用卡也是常被使用的一种支付手段。使用信用卡时,购买人需要将自己的信用卡信息(卡号、登记持卡人、有效期、安全码)提供给卖方。卖方照会信用卡公司获得该笔交易的许可后,便会向购买人发送标的物。事后,信用卡公司抽取手续费,再将余额汇入卖方账户(法律构成为债权转让和第三人代为清偿),同时对当月交易额进行汇总,要求信用卡持有人(大多与购买人一致)于次月返还。信用卡持有人可一次性还款,也可分期还款(也包括循环信贷)。使用信用卡进行支付结算时,卖方于售出后从信用卡公司收到价款,而购买人则于约一个月后向信用卡公司支付与交易额等额的钱款,就等于购买人接受了信用卡公司的信用透支(借款)。

1.5 电子货币

不过,对于在线上交换信用卡信息心存担忧的人——通常这些信息被交换时都做了加密处理,但 SSL 等加密技术也存在脆弱性——不在少数,这些人在电子商务中可能不会使用信用卡。他们若想享受电子商务的便捷性,除了利用上文言及的银行转账以外,还可以使用电子货币。电子货币分为两类:一类需要使用 IC 卡和手机等载体;另一类可在线上使用。后者被称为服务器类型的电子货币(WebMoney、BitCash 等)。而需要使用载体的前者有两种类型:预付型电子货币(Suica、WAON、nanaco、Edy 等)和后付型电子货币(QUICPay 等)。后付型电子货币基本上和信用卡属于同类——可将其视为以小额交易为主要对象的信用卡,而预付型电子货币的性质则有所不同。

(1)预付型电子货币

使用预付型电子货币时,购买人(电子货币持有人)须将资金预先转给电子货币的发行主体,同时获得代表一定金额的电子货币数据(该过程常被称为充值)。电子商务中使用这种电子货币进行支付结算时,电子货币数据将被作为标的物的交易价款转移给卖方。转移之后,购买人电子货币账户中的余额相应减少。卖方以电子货币的发行主体事后会将同等金额的法定货币(扣除手续费后)汇入自己的银行账户为前提,接受这种电子货币支付结算方式。预付型电子货币不同于信用卡,它以预先充值的金额为使用限额。因此,在遭遇失窃时,自己的资金被他人无限度(不过,可至使用限额)盗用的危险性很低。

(2)服务器类型的电子货币

服务器类型的电子货币则是通过便利店、游戏用品店等实体店,或是通过线上交易购入密码(几位数的号码),输入密码后在所购金额的范围内进行支付,多用于线上游戏、音乐等的内容下载。使用服务器类型的电子货币时,电子数据不是从使用者那里被直接转入加盟店的,因此,服务器类型的电子货币与依托 IC 卡等载体的电子货币不是同等意义上的"电子货币"。它将发行的密码及卡上的信息作为确认本人身份的手段,执行向加盟店转移资金(银行转账)的命令。这种结算手段与其说是电子数据,毋宁说是存款债权更为贴切。②

1.6 到付(货到付款)

以上介绍的银行转账、信用卡以及电子货币,他们的支付结算时间与电子商务标的物的交付时间不一致。然而,电子商务中,购买人在真正收到标的物之前,对于标的物是否符合自己的期待无法做到确信,而卖方对于购买人是不是一个值得信赖的人,能否履行支付价款义务同样无法做到确信。因此,想要实现标的物交付和价款支付同时履行的需求

---

② 不过,即便是依托 IC 卡等载体的电子货币,电子数据也未必是纯粹的结算手段。例如 Suica(一种将乘坐轨道交通、公交车和购物集于一体的便利 IC 卡,由东日本铁路公司发行——译者注),IC 卡上确实记录着与余额(和以前的交易记录)相关的电子数据,但那不是 Suica 的真正记录。各个 IC 卡真正的余额则被记录在 Suica 的服务器上,Suica 的使用者只要将 IC 卡放在终端上,IC 卡上的记录就会被核对,而后以服务器上的记录为准被更新。若因为某种原因导致 IC 卡上的记录与服务器上的记录不相符合时,IC 卡上的记录将被更改,与服务器上的记录保持一致。从这个意义而言,正文中所说的区别不过是相对而言的。

就会高于普通的商业交易。配送公司使用的到付便是针对这种需求应运而生的一种支付结算手段。使用到付时,配送公司将电子商务的标的物送至购买人指定的地址,在那里,购买人对标的物进行验收,同时向配送公司支付交易价款(和手续费),之后配送公司再将交易价款汇给卖方。因此,使用到付时,标的物交付和价款支付的同时履行将在购买人的指定场所完成。

2 支付与结算中的法律问题

2.1 风险分配

买卖交易发生时,若使用现金支付结算,买方将即刻实际失去资金,而卖方将实际获得资金。买方向卖方的资金转移于当场实际完成,买方向卖方承担的支付对价债务消灭。这种实现了资金的实际转移并使债务消灭的状态被称为结算最终性(finality)。然而,在本章1.1中所讲的现金以外的支付手段都不是现金的完全替代物。既然他们是现金的不完全替代物,那么就会夹杂着现金支付结算中所不存在的各种风险。

现金以外的支付手段如同现金一样,具有即刻"实现资金的实际转移并完成结算"这种效果是不是一件好事,并不好讲。例如,信用卡或电子货币遭遇失窃,被第三人擅自盗用时,该如何看待这种支付效果?又如,卖方提供的商品或服务有缺陷,买方想要解除买卖合同或追究瑕疵担保责任[买卖标的物有瑕疵(该买卖之物不具备正常交易应有的品质),该瑕疵若通过交易上要求的一般注意也无法发现时,买方可解除合同,无法解除时可要求赔偿损害的一种制度]时,能否以存在瑕疵为由停止支付?像这样,使用现金以外的支付手段时会产生各种风险,将这些风险分配给谁、怎么分配,需要法律规定和约款(经营者为了格式化处理与不特定多数使用者之间的合同而预先制定的合同条款)来决定,这是他们的重要任务。例如,从支付价款的买方来看,存在的风险有"支付对象有误时,该笔支付的效力如何认定？""他人假冒自己,使用自己的资金支付时,该笔支付的效力如何认定？""数据输入有误时,该笔支付的效力如何认定？""支付结算过程中数据消失或改变时,该笔支付的效力如何认定？""撤销或解除了买卖合同时,该笔支付的效力如何认定？"等。而从接收价款的卖方来看,存在的风险则有"支付结算过程中数据消失或改变时,该笔支付的效力如何认定？""离接收资金剩最后一步而支付人或结算机构破产时,还能否获得资金的转移？""支付人完成支付后声称'刚才的支付有误'时,该笔支付的效力如何认定？"等。

2.2 默认规则(default rule)的设定

对于如何分配这些风险,最好的办法莫过于由使用该支付手段的当事人协商确定一个最佳方案。但是,若未成为合同当事人就进行协商,需要花费高昂成本,且社会上的交易活动多如牛毛,若逐个都要通过协商确定合意内容,也是一种成本的重复和浪费。更何况,既然可以预测某个支付手段将由大量当事人反复持续使用,那么最理想的状态就是让其内容达到一定程度的标准化。鉴于此,法律规定和约款一般都希望采用"若当事人进行过协商,则多数情况下可依据合意自主进行选择"(所谓的多数派默认规则)的风险分配方式。因为这样一来,既能实现理想的风险分配,也能节约当事人之间的协商成本。

2.3 规则设定的视角

如何才能实现最佳的风险分配？在思考这个问题之际,需要重点看一看本章 1 中提及的支付手段所具有的几个结构性特点。首先,1 中提及的支付手段都不是通用(universal)系统,而是网络型系统。在网络型系统中,只有网络参与者才能使用这些支付手段。例如,信用卡只能在那些向信用卡公司提交申请并获批交付的信用卡使用者和信用卡公司的缔约加盟店（贴有 VISA 和 Master Card 等国际信用卡品牌标志的店铺）之间使用。与此不同，除了现金，支票、票据等有价证券也都无须加盟某个特定网络，不论向谁支付，在法律规定上均不存在问题（实际是否愿意接受支票或票据支付则另当别论）。与通用系统相比，网络型系统的优点是安全性高，可事先对使用者进行审查，且易于留下记录。

其次，1 中提及的支付手段都不是开环型支付手段，而是闭环型支付手段。使用闭环型支付手段时，如果不把证券、电子货币等结算手段返回发行机构，就无法完成结算。与此相反，使用开环型支付手段时，则无需将结算手段返回发行机构，当事人之间可无数次使用他来完成支付。开环型支付手段的典型代表就是现金。开环型支付手段的缺点在于不可避免地会加大结算手段的伪造、变造风险，或延迟结算最终性的确认时点。闭环型支付手段的不足之处在于会增加发行机构的业务处理量，然而随着电子化的发展，这个成本变得微不足道，闭环型支付手段的缺点也因此得到克服，优点大于缺点。③

那么，接下来我们就看一看这些名目繁多的支付手段都存在哪些法律问题。

3 电子货币的法律问题

3.1 电子货币的运作方式

电子货币中，使用最多的是预付型电子货币（大多数服务器类型的电子货币基本上也都一样），使用者可通过预先支付一定金额来"购买"

---

③ 不过，也有像后文中提到的比特币那样，虽然属于开环型，但却通过改变构造来改进不足——部分引入闭环型构造——从而兼顾了实用性的支付手段。

电子货币的数据（转账充值）。事实上，向使用者发行 IC 卡等载体的发卡机构（Issuer，例如发卡公司）并非自己发行电子货币，其通常是将发行业务委托给背后的运营公司，通过运营公司向使用者发行数据。

　　电子商务中，使用者使用电子货币向加盟店支付时，作为购买价款，电子数据一旦从使用者处转移至加盟店，按照加盟店合同的规定，运营公司就有义务从加盟店购买该数据。电子货币卡使用条款（运营公司和使用者之间缔结的约款）大多规定，"可使用电子货币向加盟店支付价款"。此处的法律构成虽不曾被明确过，但可以推定，其采用的是加盟店概括性同意通过数据转移进行代物清偿（债务人经债权人同意，以他种给付代替其所负担的给付时，该给付与清偿具有同等效力，见《民法》第 482 条）这样一种法律构成。

3.2　原因关系与支付关系

　　当（电子商务中）使用的不是现金，而是电子货币等现金以外的支付手段时，一种方便的做法就是，认为此处（至少在观念上）存在两种法律关系（并非逻辑必然），即作为买卖合同支付结算之原因的"原因关系"和使用该支付手段的"支付关系"。前者的原因关系中常会发生的瑕疵有：购买的商品有误（错误）、购买后发现是残次商品或服务而以不履行债务为由想解除合同、转移的电子数据与买卖价款金额有误差，等等。那么，原因关系中如果出现了这样的瑕疵，会不会影响电子货币的支付效力呢？

　　此时，从逻辑上而言可能会出现两种构成：无因构成和有因构成。前者指支付关系不受原因关系中的瑕疵影响，即使原因关系中存在瑕疵，支付关系的效力也不会产生任何问题；后者则指支付关系受到原因关系中的瑕疵影响。电子货币的约款大多采用的是原因关系中的瑕疵不影响支付关系的无因构成。也就是说，即便买卖合同中存在无效、可撤销事由等瑕疵，买方也不能以支付无效为由，要求电子货币的运营主体返还数据或价款。买方只能依据原因关系,要求原因关系中的电子商务的卖方返还不当得利。

这种无因构成乍看起来或许缺乏对买方消费者的保护。但是,错误和债务不履行解除的认定需要经过非常复杂的事实确认。结算机构不是直接参与原因关系的结算当事人,而只是在背后负责与支付手段相关的资金转移(结算)。与结算当事人不同,它对原因关系中的来龙去脉知之甚少,难以确认其中是否存在异常。尤其是结算机构需要迅速处理大量的结算业务,如果对每一个原因关系都必须顾及的话,将产生庞大的成本。若采用有因构成,结算机构必然会确认清楚原因关系中不存在瑕疵后再实际进行资金转移,这样一来反而会对使用者造成极大不便。因此,不是让结算机构,而是让结算当事人来承担原因关系中的风险,这才是最为有效的、堪称是买卖双方以及运营公司众望所归的风险分配方式。

3.3 无权限交易

除此之外,电子货币还存在卡和数据遗失后被他人使用(无权限使用)的风险。对此,电子货币使用条款大多也规定由使用者承担风险,运营公司不承担损失。不过,如果不是无记名电子货币,而是记名电子货币的话,多数情况下,当事人向运营公司报失后,遗失的卡和数据就会失效,不会遭到他人无权限使用,尚未使用的金额往往也会得到填补。

实行这样的风险分配是因为,最能有效预防卡和数据遗失的不是运营公司而是使用者,所以,通过让使用者承担风险来激励使用者采取对策以防遗失是最为有效的办法。进一步而言,若平常就将电子货币的使用限额设定为较小额度,则遗失时的损失额度也是可控的。不过,如果是因为卡的安全性或密码设置的脆弱性造成遗失,那么,激励运营公司采取对策进行预防则更为有效,此时理应让运营公司承担风险(但是,这样的约款几乎是不存在的)。

与此相反,当卡出现损坏或数据发生异常时,则无须担心会被他人无权限使用,也不会产生"风险"。这种情况下,大多规定由运营公司将余额返还给使用者,或者再为其发放一张新的电子货币卡。

电子货币还存在一个问题就是,如果数据被伪造,那么使用伪造数据所完成的支付是否有效。现实中,使用者向加盟店进行支付的环节是不会产生问题的(因为如果被发现伪造数据,其交易当场就会遭拒),问题在于万一加盟店接受了使用者的支付,是否可以要求运营公司支付该笔金额。处理这个问题时,可以依据运营公司和加盟店之间缔结的加盟条款,但可以推定的是,加盟条款大多会规定运营公司负有回购义务。这是因为让开发、运营这套系统的运营公司来防止数据被伪造更加具有实效性,只要不是加盟店所支持的伪造、篡改,那么,让运营公司承担风险就可以激励运营公司构筑起一个数据防伪系统。[4]

3.4 运营公司的破产风险

除了以上阐述的交易风险以外,电子货币还存在一个风险,那就是运营公司有可能因为资金不足而无法将使用者支付的数据转换成等价值的金额返还给加盟店。此外,使用者有时候也可能希望运营公司再返还自己存入的电子货币[5],这时,使用者则将承担运营公司的信用风险。对此,《资金结算法》(2010 年实行)作出了相关规定。预付型电子货币(无论是使用了载体的,还是服务器类型的)作为预付方式的支付手段(第 3 条第 1 款),其发卡机构必须进行内阁总理大臣登记(第 7 条),且必须将未使用余额的 1/2 以上作为发行保证金交予托管(第 14 条),使

---

[4] 例如,看起来像开环型,但实质上采用的是闭环型运营,每次的转让都需要经过运营公司服务器的话,伪造风险就会大幅降低。

[5] 但是,如果承认可自由退款,则有可能符合《出资法》第 2 条禁止的"存款"。因此,只限于运营终止时方可退款(《资金结算法》第 20 条)。

用者享有该笔发行保证金的优先获偿权（第31条第1款）。

4　银行转账中的法律问题

4.1　银行转账的运作方式

通过银行转账进行支付时，转账委托人将资金委托给托收银行（利用金融机构转账时，受客户委托进行转账的金融机构）后，收款人委托代收银行（利用金融机构转账时，将客户委托的转账从其他金融机构代为接收的金融机构）将资金汇入自己的账户。托收银行将资金转移至代收银行，代收银行再将资金汇入收款人账户后，就完成了资金转移。

使用银行转账这种支付手段进行电子商务的支付结算，大致会产生两种风险：一种是使用存款债权这种结算手段带来的风险，无权限人交易（存款账户被本人以外的他人用于交易时的效力、限制行为能力人进行交易时的效力）就属于此类；另一种是支付关系存在于原因关系之外时带来的风险，即原因关系中出现欺诈、错误等意思表示上的瑕疵，或者原因关系中出现因不履行债务导致合同解除之类的情形时所带来的支付关系的效力问题。

4.2　原因关系与支付关系

就后一种风险而言，使用银行转账时的风险分担方式基本上与使用电子货币时一样。原因关系中即使出现某种瑕疵，或者转账时转错账户，基本上不会影响银行转账的效力。⑥ 即使出现了这种情况，转账委

---

⑥　之所以说"基本上"，是因为在转账有误的案件中，银行转账的效力实质上被否定的案例（名古屋高级法院2005年3月17日判决，载《金融·商事判例》第1214期，第19页；东京地方法院2005年9月26日判决，载《判例时报》第1934期，第61页等）并非没有。这些案例中，代收银行更多是作为结算当事人出现的，而非结算机构。

托人也必须按照撤回转账(转账手续结束后,按照转账委托人的请求对该委托进行撤回的手续)的流程进行操作,若得不到收款人的同意则无法收回资金。

这种运作方式乍看起来似乎缺乏对转账委托人的保护,但其实反而是合理的。如果承认可以单方面撤回转账,代收银行对收款人可能将承担损害赔偿责任,从而会激励银行迟迟不肯入账。与其这样,不如尽快对结算最终性进行确认,以实现快速支付结算,这样做,于转账委托人而言也更为便利。此外,银行作为结算机构,很难获知原因关系中是否存在瑕疵,因此,让作为结算当事人的转账委托人承担风险是最为有效的。[7]

4.3 无权限交易

接下来看一看刚才提及的前一种风险,即无权限人通过银行转账擅自转移资金的风险。事实上,只有在 ID 和密码(使用网上银行时)、现金卡和密码(使用 ATM 转账时)被无权限人盗取时才会产生这种风险。这就引发了让受害人和代收银行的哪一方承担该风险更为有效的问题。对此,比较理想的方式是哪一方能够更为低廉、更为实效地掌控风险,就让哪一方承担风险。[8] 原因在于,让无法掌控风险的一方承担风险,并不能实现降低风险的目的,而让能够掌控风险的一方承担风险,反而会激励那一方努力寻求良策以避开风险。

按照这个思路,这些风险基本上都属于存款人能够掌控的风险,因此应当让存款人承担风险。而由于存款人分为多种类型,且人的能力(记忆密码的能力)也存在极限,预见到这些情况的银行是能够通过

---

[7] 不过,对于原因关系中的风险,银行也并非完全不能掌控,在一定范围内让银行承担义务也是有意义的(参见 UNCITRAL《国际转账示范法》第 10 条)。

[8] 此外,也可以将投保的可能性(即银行与存款人哪一方更容易购买保险)和风险偏好的不同(风险规避型、风险中立型和风险偏好型)等纳入考虑。

一定的提醒注意,或者开发更为安全的系统做到风险掌控的。若银行对此有懈怠,就应当承担风险(最高法院 1993 年 7 月 19 日判决,载《判例时报》第 1489 期,第 111 页;最高法院 2003 年 4 月 8 日判决,载《民集》第 57 卷第 4 期,第 337 页等)。《存款人保护法》(以及依据此法制定的《银行卡规定试行方案》)采用的也是这个原理。

4.4 使用网上银行时

以上所探讨的窗口交易和 ATM 机交易中采用的风险分配方式,同样适用于无权限人使用网上银行的情形。网上银行存在的风险有 ID 和密码被他人非法盗用的风险,以及被盗后损失不断扩大的风险。对于前一种风险,使用者通过下载安全软件或者不去访问可疑网站等措施,只要不让自己管理的计算机感染病毒,基本上就可以控制。另外,有时候还会发生 ID 和密码因银行数据库里的客户信息被泄漏或者在登录过程中被盗取的情况,对于这种形式的风险,银行通过提高系统安全就可以控制。此外,银行还可以通过向使用者开展安全宣传活动(视情况也可以考虑配发安全软件)来降低此种风险。

另外,就后一种风险而言,比较理想的做法是,参照《存款人保护法》中关于被盗卡(自己的账号被非法使用)的处理规定,激励当事人采取预防措施[参见《存款人保护法》中关于被盗卡的处理(第 5 条)]。如果使用者发现自己的账号被非法使用却未第一时间联系银行(联系银行后,银行通过更改登录信息可防止损失继续扩大),可通过让使用者承担损失来激励使用者迅速向银行报失。

不过,如果损失是由使用者无论再怎么注意都不可避免地会以一定概率发生的安全事故造成的,那么,与其让运气欠佳的个别使用者来承担损失,不如以全体使用者加入保险的形式来承担损失。从风险偏好的角度而言,这种做法可能也更为理想。这时,应当让银行承担一定部分的损失,以此将损失分散、摊薄至全体使用者。

5 到付和收款代理的法律问题

5.1 风险分配

配送公司的到付服务是电子商务中常用的一种支付手段。该服务中,卖方会将价款债权的受领权授予配送公司。也就是说,此时缔结的是卖方作为到付服务的使用者,将商品的运送和商品价款的收款业务委托给配送公司,配送公司接受委托这样一个合同。⑨ 从买方那里拿到价款的配送公司事后会通过银行转账将价款汇交卖方。从结算已经无法撤回这个意义上而言,买方将价款交付给配送公司的时点(因为配送公司有受领权)就是结算最终性的确认时点,商品的移交和价款的支付同时被履行,配送公司于价款交付后破产的风险由卖方承担。

收款代理也采用与此类似的法律构成。卖方从买方处通过电子商务取得商品价款债权后,再将价款债权的受领权授予便利店。买方将现金交付给便利店后,便利店再通过银行转账将价款汇交卖方(但是,现金交付后很短的时间内就会将支付信息通知给卖方)。收款代理中,便利店具有价款债权的受领权,便利店受领可视为本人受领。因此,买方将现金交付给便利店的时点就是结算最终性的确认时点,之后,便利店于结算日之前破产的风险由卖方承担。⑩

如同上文所述,到付和收款代理采用的法律构成都一样,都是将价

---

⑨ 补充一下,移动电话公司代替内容服务提供商从用户处收取内容使用费的服务,也具有与到付相似的性质。

⑩ 还有一种服务业态他比收款代理更进一步,不仅替卖方代理,也替买方代理。例如,美国的 PayPal 和 Apple Pay,其服务是将买方委托的资金(委托方式有信用卡划账和银行转账)汇给相对人,汇入指定银行的账户。这种服务因无须直接向原因交易的相对人披露信用卡号和银行账户等信息,在电子商务中很受欢迎。但是,这并不意味着无权限交易的风险为零,在风险承担上,其存在的问题与银行转账相同。

款债权的受领权授予配送公司或便利店,支付关系并未独立于原因关系之外。因此,即使原因关系(准确地讲,并没有独立)中出现因不履行债务导致合同解除之类的瑕疵,也不会发生支付关系独立恢复原状的情况。即使买方事后发现受领的物品或服务有瑕疵,也不能依据买卖合同的解除来要求配送公司或便利店返还价款,只能向卖方行使原因关系中的请求权(不当得利返还请求权等)。

5.2 与公法规制的关系

关于到付和收款代理,还需考虑他们与公法规制的关系。作为支付手段,在使用有结算机构参与的手段之际,通常存在两种风险:①结算机构存在非法行为的风险;②结算机构破产的风险。如果是银行转账,这两种风险均可通过《银行法》得到化解。如果是电子货币(预付方式的支付手段),则可通过《资金结算法》,采用比《银行法》更为宽松的形式(登记制度、发行保证金)来化解这两种风险。但是,到付和收款代理却没有可化解这些风险的行业法规制。

从逻辑上而言,到付和收款代理都属于异地人之间的资金转移,即"汇兑交易"(从客户处接到要求采用异地人之间无须直接输送现金便可实现资金转移的运作方式进行资金转移的委托后,接受委托或者接受并完成委托)(《银行法》第2条第2款第2项)。未经银行业许可经营此业务,可能会违反《银行法》。事实上,未经银行业许可向国外输送资金的"地下钱庄"此前就曾被多次告发,并被作出有罪判决(最高法院2001年3月12日决定,载《刑集》第55卷第2期,第97页;横滨地方法院2003年12月25日判决,载《判例Times》第1177期,第348页)。

从形式上(法律构成)而言,到付和收款代理中的配送公司和便利店都是卖方代理人,但这并不是决定性因素。实质上,他们不受规制的依据可推断有以下两点:其一,不管是到付还是收款代理,上文所述的

①、②风险均由卖方经营者承担,买方消费者无须承担;其二,他们均未被用于跨境交易,因此不存在规避适用反洗钱(资金洗白)规制(《犯罪收益转移防止法》等)的可能性。⑪

根据《资金结算法》,只要作为"资金移动业"(第 2 条第 2 款)进行内阁总理大臣登记(第 37 条),便可依法提供这些服务。但是,到付和收款代理的经营者大多都没有进行"资金移动业"登记。

6 信用卡的法律问题

6.1 信用卡的运作方式

信用卡也是电子商务中常用的一种支付手段,同时也是涉及多个当事人的支付手段。首先,作为买方的使用者和被称为发卡机构的信用卡公司之间缔结信用卡使用合同后,卡便被交付买方使用。其次,被称为收单机构(Acquirer)的信用卡公司与卖方加盟店之间缔结加盟合同,使该公司的信用卡可在加盟店使用。此外,还有将发卡机构和收单机构结合在一起,提供结算系统的国际信用卡(VISA、MasterCard、JCB 等)。信用卡与此前谈及的支付手段不同,它是先向经营者完成资金转移,再要求使用者还款。因此,从形式上来讲,就是信用卡公司借贷给使用者,信用卡公司承担使用者的信用风险。由于后文所述的种种原因,收单机构从加盟店收取(预扣)3.25%~3.5%的加盟手续费,发卡机构从使用者处收取利息和年费的情况极为常见。

另外,一种被称为结算代理商的存在有时候也会介入进来。结算代理商也是五花八门,加盟总店就是其中之一。它居于收单机构和加盟店之间,先与收单机构缔结加盟总店合同,然后俨然自己就是收单机构似

---

⑪ 相反,如果出现小规模的、很多的经营者大范围受害,或者被用于资金洗白的情形,那么,到付和收款代理将来也可能受到《银行法》的规制。

的,再与复数的加盟子店缔结使用合同(加盟子店合同)。⑫ 加盟店向收单机构提出信用卡的加盟申请后,收单机构会对该加盟店进行审查。如下文所述,使用信用卡进行支付结算时,由于部分采用了有因构成,收单机构需要就加盟店出售的商品或服务是否正规、加盟店与反社会势力有无瓜葛等进行审查。因为审查时间耗时较久,很多电商商家为了迅速开启事业,都希望与可在短时间内完成审查的结算代理商缔约。网上商城中也有商家同时提供这种结算代理服务。

对于交友网站和成人网站,日本国内的收单机构在审查时通常会拒绝与他们缔结加盟店合同。与此相反,一些在日本的国外收单机构在加盟店审查的标准上则比较宽松。有的结算代理商会先与这些收单机构缔结加盟总店合同,再向国内的交友网站和成人网站提供信用卡结算服务。⑬ 因此,交友网站和成人网站的运营者会通过结算代理商成为信用卡加盟店。然而,与这种结算代理商相关的消费投诉接连不断,鉴于此,消费者厅于2011年7月开始实施健全的结算代理商登记制度,效果却不尽如人意,后于2015年6月30日关闭了登记网站。⑭

6.2 原因关系与支付关系

那么,信用卡作为一种支付手段,对于其他支付手段中存在的各种风险分配,又是如何处理的呢？首先,原因关系中存在瑕疵时,例如因购买的商品或服务有瑕疵而出现不履行债务导致合同解除情形下,是否会影响信用卡的支付关系？信用卡与其他支付手段不同,他采用的是有因构成,在一定条件下原因关系的瑕疵将影响支付关系。

---

⑫ 除此之外,还有各种各样的结算代理商。有的拥有加盟子店的代理权,可对接收单机构,有的则只做加盟店合同的中介事宜。

⑬ 国际信用卡针对收单机构有地域划分,因此,收单机构跨境提供服务将违反国际信用卡制定的规则,然而这种服务却现实存在。

⑭ http://www.caa.go.jp/kessaidaikou-close/

使用信用卡支付价款时,若不采用一次性付款,而是采用分期付款[15],则作为"综合信用购买中介"（Comprehensive Credit Purchase Intermediary——译者注）,适用《割赋贩卖法》（又译作《分期付款销售法》——译者注）（第2条第3款）,使用者可以援用所谓的抗辩权接续（第30条之四、第30条之五）,即原因关系中出现因欺诈、错误导致合同撤销、无效,或者因加盟店破产导致提供服务之债务得不到履行等情形时,使用者享有以这些原因关系中的抗辩事由来对抗信用卡公司的权利。但是,使用者能做的只有主张抗辩权,不能要求信用卡公司退还已经支付的分期付款,且原因交易的对象必须是商品或服务,或者政令中指定的权利。[16]

那么,信用卡为什么不同于此前介绍的支付手段,而部分采用了有因构成呢？信用卡存在的风险是,一些无良加盟店会进行不良交易,让消费者蒙受损失。控制这种风险的方法有两种:①由收单机构对加盟店进行调查,将无良加盟店剔除出去;②提醒使用者不要和无良加盟店进行交易。《割赋贩卖法》中采用的价值判断是,①是更具实效性的风险控制手段,并且,与其让个别使用者接受风险（购买保险）,不如让信用卡公司为全体使用者购买保险,这样更为廉价。

采用有因构成的话,结算机构对原因关系进行调查确实会产生调查成本（这里指对加盟店进行加盟审查的成本）,但是,信用卡相比其他支

---

[15] 在日本,使用信用卡支付时大多为一次性付款,极少有分期付款（包含循环信贷在内）。

[16] 适用《割赋贩卖法》需要一定条件,因此,像一次性付款这种不适用《割赋贩卖法》的情形是否也可以承认抗辩权接续,那就是解释的问题了。关于这一点,最高法院1990年2月20日判决（载《判例时报》第1354期,第76页）中指出,因为《割赋贩卖法》第30条之四是创设性规定,没有可适用的规定时,仅限于特殊事由方可承认抗辩权接续,并列举了可予承认的特殊事由。例如,使用者和中介业者之间达成了特别合意这种情形,还有,中介业者知道或应当知道加盟店不履行债务的原委却实施了垫付等,这种可依据诚信原则将不履行债务的结果归属于中介业者的情形。

付手段而言,每次的使用金额都比较大,一旦遇到无良加盟店,损失的金额也巨大,因此很有必要对消费者加强保护。另外,消费者往往会乐观地偏信"自己不会上当,不会被无良加盟店欺骗",不太可能主动购买保险,因此,通过信用卡公司采取强制投保的方式更加合理。

6.3 无权限交易

接着,再来看一看信用卡被持卡人以外的他人(例如掌握了卡号等信息)无权限使用时产生的风险,即无权限使用的风险是怎样分配的。出现这种情形时,往往查不到非法使用者是谁,因而会引发被刷金额最终由谁负担的问题。信用卡会员条款大多规定由信用卡持卡人负担被非法使用部分的金额,如若及时报警对遗失和失窃进行了登记,并就遗失和失窃一事通知了发卡公司,则可对该部分金额予以免责。此外,信用卡公司会将信用卡持卡人作为被保险人购买信用卡盗刷保险(超过保险金额的部分由信用卡公司自行负担),保险费则被转换为向持卡人收取的年费或者加盟店手续费,最终分散、摊薄至全体使用者。

条款中规定的对持卡人不予免责的情形大多如下:因持卡人故意或重大过失导致非法使用信用卡、持卡人让他人使用信用卡、非法使用者为持卡人的家人或共同居住者、损害发生的时间早于联系发卡机构的时间 61 天。其中,前三种情形属于由持卡人掌控风险更具实效的情形,所以让持卡人承担损失是合理的。此外,规定只对 60 天以内的非法使用额予以免除,可以激励持卡人加强对使用明细的日常检查,发现存在非法使用后能尽早通知、报告发卡机构,以防非法使用造成的损失不断扩大。

若不在这些免责事由之列,则由信用卡公司承担非法使用信用卡带来的风险。这样分配的原因是,尽管持卡人在相当程度上也能够防止信用卡遗失或失窃,防止卡号等信息泄漏,但是如上文所述,信用卡的使用金额一般都比较大,且信用卡公司能够直接或间接地采取措施来提高线上网站的安全性(PCI-DSS 或 PA-DSS 等),还能够建立或引入可发现非法使用之规律并拒绝承认使用的系统。让信用卡公司承担风险,可以激励信用卡公司抑制非法使用信用卡。

7 虚拟货币的法律问题

——以比特币为中心

7.1 比特币的运作方式

虽然统称为虚拟货币,实际上虚拟货币的种类非常多。本章节将以成文的 2015 年 1 月时最为流通的比特币(网上的一种加密货币)为前提进行论述。与此前介绍的几种支付手段相比较,比特币的特点之一就是匿名性,这与现金颇为相似。

比特币没有发行人,用计算机进行"挖掘"就可以从系统中挖出比特币来。其利用特定的加密系统,通过逐一记录持有人收到了多少比特币,又转让出去多少进行交易。比特币和实体货币进行交易时,多半需要通过私设的交易所进行。比特币的价值由市场机制决定,有可能出现大幅波动。

使用电子货币、银行转账、到付、收款代理、信用卡这些支付手段时,谁在哪里进行了怎样的交易都会留有记录。⑰ 相对于此,现金因为"无法写上名字"(封金这样的特殊情形除外),则不会留下上述记录。所以,如果想在网上匿名捐款、想支付婚外恋约会的餐宿费用、想逃税或隐匿资产时,不具有匿名性的支付手段往往多有不便,于是便会出现对于现金或者与现金相似的具有匿名性的支付手段的需求。比特币恰巧具有这种意义上的匿名性,谁在哪里使用比特币进行了怎样的交易,都

---

⑰ 例如,使用电子货币 Suica 后,过去的交易记录将留存在它的 IC 卡内,只要有读卡器,就能够读取 IC 卡内的交易记录。

不会留下记录。

这在反洗钱规制上就会产生规制可能存在漏洞的问题。鉴于此,比特币被认为也可适用《组织犯罪处罚法》第10条第1款和《犯罪收益转移防止法》第4条第1款的规定。[18]

比特币的另一个特点是没有特定的结算货币,无法反映特定金额。本章此前介绍的每一种支付手段最终都将存款债权作为结算货币,可与一定金额的法定货币相联动。例如,预付型电子货币可在预先充值的金额范围内进行交易,信用卡也是以刷卡金额(若为外币,则采用外汇换算后的金额)为基准确定付款金额。相对于此,比特币没有特定的结算货币[19],其自身价值也将随着行情发生波动。从这个意义上而言,可以说比特币实质上是一个类似于随着汇率会发生波动的外币。这一点,从比特币在一些外汇交易尚未实现自由化的国家大多会受到规制中便可得到印证。

7.2 公法规制

对于具有以上特点的比特币,公法规制和私法规整这两个方面都可能存在问题。就公法规制而言,《通货单位及货币发行法》第7条中的"法定货币"、《纸币类似证券取缔法》第1条第1款中的"具有相同样式,可根据每次交易之需确定金额并大量发行,虽为证券却具有与纸币类似作用之物"、《出资法》第2条中的"存款"、《银行法》第2条第2款第2项和《资金结算法》第2条第2款中的"汇兑交易"、《金融商品交易法》第2条第24款第3项和第4项中的类似"通货"的金融商品,这些均与比特币不符。其依据就在于,比特币不具有类似于通货的强制通用力,且他的价值由交易所的行情决定,波动幅度大。因而在税收方面,比

---

[18] 但是,虚拟货币交易所不属于《犯罪收益转移防止法》第2条第2款所说的"特定事业者"。因此,现行法下,虚拟货币交易所不负有对身份识别事项等进行确认的义务。

[19] 若在交易所进行比特币交易,现金和存款债权则可能成为结算通货。

特币不属于通货,和其他的"物"一样会被征税。

由此,人们发现比特币的有利之处在于他不会作为通货而受到各种公法的规制,是一种自由的"金钱"。不过,希望反洗钱规制和消费者保护的安全网能够鞭及比特币,持此想法的人数正在日益增加。

7.3 私法规整

就私法方面而言,比特币在与其他支付手段相同的各个议点上都可能存在问题。首先,就结算最终性的确认时点以及原因关系对支付关系的影响而言,比特币与其他网络型支付手段不同,没有相关条款对这一点作出规定。为此,在这两个问题上,基本上只能按照结算当事人明示的或者默示的合意来定。比特币与其他网络型支付手段不同,不存在作为结算机构的发行主体,所以只能依据结算当事人之间的合意确认规制。[20]

但问题是如果没有明示的合意时,该怎么理解默示的合意呢?大多情况下,可以认为比特币发生记录转移的时点即为结算最终性的确认时点。至于原因关系和支付关系这两者的关系,既然不存在结算机构,那么在这上面多费笔墨也无实益。但是可以推知,多数当事人的合理意思是,即使原因关系中存在瑕疵,但由于无法对转移的比特币进行识别(匿名性),因此不影响支付关系,只能行使原因关系中的不当得利返还请求权。[21]

其次,关于失窃等导致的无权限交易,由于比特币和现金一样具有匿名性,因此无法对遭窃的比特币进行识别并要求返还。即使后来取得者出现了,笔者也认为,既然比特币具有匿名性,从他适用即时取得制度

---

[20] 但是,若通过交易所进行交易,有时候交易所可能会作为结算机构参与其中。这种情形下,可依据交易所条款这种明示的合意来处理各种各样的法律问题。

[21] 但是,遗留了一个问题是,只依据当事人的意思是否可以产生破产法上的效果(像分离权这种破产隔离效果)。

(《民法》第192条,是指通过交易行为平稳而公然地开始占有动产者,如系善意且无过失,则即时取得行使于该动产上的权利的制度)而言,最终结果就是很难认为取得者具有恶意或有过失,也无法溯及既往。像这样,比特币在民法上尽管不属于"金钱",但因为他具有匿名性特点,私法对他的处理方式实质上接近于金钱。另外,关于伪造,比特币有制度上的规定,他是按照参加者的人数(CPU数量)以多数决的方式来决定某一块比特币的产生的。

结　语

如上所述,在思考电子商务中的支付与结算以及电子货币的法律问题时,最重要的是应当思考达成怎样的合意才最具效益。就这一点而言,他与普通的支付结算并无任何两样。

思考

1. 现行法下,使用信用卡支付时若不采用分期付款,就不能适用抗辩权接续,但是也有人主张应当将该适用扩大至一次性付款。请思考一下,这种主张会对谁产生怎样的利弊?从整体而言,这个主张是否具有合理性?

2. 通货应当具有的基本属性之一就是"稀缺性"。因为具有稀缺性才能保持其价值并抑制伪造。可通过与一般通货相对比来思考一下,比特币这种虚拟货币是如何保证其稀缺性的?

3. 比特币这种虚拟货币,除了具有被用于洗钱的危险性之外,还因具有匿名性而存在被用于违法交易的风险。对于这种风险,应当如何进行控制?还是说原本就不应当进行控制?请就此试作思考。

拓展阅读文献

片冈义广:《试论比特币等虚拟货币的法律问题》,载《金法》第1998

期(2014),第 37 页。

小塚庄一郎、森田果:《支付结算法——从票据支票到电子货币(第 2 版)》,商事法务 2014 年版。

Steven Shavell:《法与经济学》,田中亘、饭田高译,日本经济新闻出版社 2010 年版。

福田正之:《美国对比特币等虚拟货币的法律规制及其对日本法律的启示》,载《NBL》第 1027 期(2014),第 58 页。

渡边雅之:《比特币的规制》,载《NBL》第 1021 期(2014),第 7 页。

Rainer Böhme, Nicolas Christin, Benjamin Edelman et al.,"Bitcoin: Economics, Technology and Governance", Journal of Economic Perspectives, Vol. 29, No. 2, pp. 213-238(2015).

本文执笔得到东北大学得津晶副教授的有益建议,在此深表感谢。

第9章　互联网与刑法

渡边　卓也

1　互联网与刑法

1.1　科学技术的发展与刑法

科学技术发展的历史，同时也是它被恶用的历史。技术发展了，当然就会有人利用它为自己谋求利益。这时，就会有人实施一些违反社会秩序、侵害他人利益的行为。互联网也不例外。刑法是关于犯罪和刑罚的法律规范的总称。如果"犯罪"这个概念意味着违反社会秩序、侵害受法律保护之利益（法益）的行为，那么，恶用技术的行为自然也应当由刑法来处置。然而，面对科学技术的发展，刑法却往往显得力不从心。

这是因为刑法领域存在罪刑法定主义这个铁则，即对什么行为处以何种刑罚必须由法律事先作出明文规定，不得将法无明文规定的行为定为"犯罪"，处以刑罚。通常认为其理由在于，由国民的代表，即国会议员对应受处罚的行为作出的法律规定，可限制法院任意行使刑罚权（民主主义的要求），同时，将应受处罚的行为提前公布给国民，可保障他们实施行为时的预测可能性（自由主义的要求）。

若恶用技术的行为符合既存的刑罚法规，那么，对其定罪处刑毫无问题。但是，随着科学技术的发展，一些新出现的行为往往会超出刑罚法规的预见范围。这时，刑法就不得不屈从于恶用技术的行为。要解决这个问题,就需要尽可能地进行软性解释,或者预先准备好一个尽可能模糊的刑罚法规,以便将所有行为都能够包摄在内。但是,这两种方法都会使罪刑法定主义失去实效,因而从理论上就被否定了(禁止类推解释及明确性原则),那么,就只剩下新行为每引发一次问题就创设一个能够将他包摄在内的刑罚法规这一个方法了。

如上所述,刑法只能以后置的立法来应对技术恶用行为。也就是说,首先要从解释论上厘清既存的刑罚法规的适用边界,当该行为超出刑罚法规的预见范围时,接下来就要从立法论上设计一个能够将他包摄在内的刑罚法规。但是,由于刑法伴随着刑罚这样的严厉制裁,所以通常认为运用刑法应当尽可能审慎(刑法的谦抑性),一直以来,日本对于从立法论视角寻求解决的做法都持消极态度。但是也可以说,这种消极态度反而成为诱因,迫使法院只能通过软性解释来应对问题。在这种情况下,近年来不断有人指出刑法领域也需要立法活性化。在此虽然没有余地对这种观点的是与非展开详述,但是可以肯定的是,互联网犯罪恰恰就是这种立法活性化的代表。

1.2 互联网犯罪

虽然统称为互联网犯罪,实际上互联网犯罪的种类五花八门。[①] 如果从立法必要性的角度进行分类的话,可将其分为以下几种类型:①能够包摄于既存的刑罚法规之内,不会产生任何新的议点的行为。这时,适用刑法既不会产生解释上的困难,也没有立法的必要性。②能否包摄于既存的刑罚法规之内存在争议,必然产生新的议点的行为。这时,如果难以从解释论视角寻求解决,就只能从立法论视角寻求解决。

---

① "恶用计算机及电子通信技术的犯罪"曾被称为"高科技犯罪",现在通常称之为"网络犯罪"。另外,欧洲委员会(Council of Europe)的《网络犯罪公约》(Convention on Cybercrime)要求将包含本章节介绍的行为在内的多种行为认定为犯罪,日本也于2012年批准实施。不过,对于是否认定为犯罪,可依据缔约国自己的判断予以保留的情形也很多。

③完全不能包摄于既存的刑罚法规之内的行为。这时，从一开始就只能从立法论视角寻求解决。

以①为例，比如通过互联网上的电子公告板委托杀人，这种行为作为一个博人眼球的事件或许会被煽情报道，但是由于教唆杀人（《刑法》第 61 条第 1 款、第 199 条）的方法没有限制，因此在解释论上并不会产生新的议点。同样，所谓的呼吁他人实施恐怖主义活动（Terrorism）的行为也可被理解为教唆犯罪，不会产生新的议点。② 判例（东京高级法院 2009 年 3 月 12 日判决，载《高刑集》第 62 卷第 1 期，第 21 页）认为，在电子公告板上发布（虚假的）杀人预告的行为将导致不得不出动警察，属于诡计妨害业务（《刑法》第 233 条后段），如下文所述，"诡计"的方法不一定有限制，所以并不产生新的议点。③ 还有，利用 Web 网站上的广告实施诈骗（《刑法》第 246 条），这种行为或许会因为受害人数众多、数额巨大引发社会问题，但是，只要称得上是"欺骗他人（广告浏览者）"，就不会产生新的议点。

以②为例，比如在 Web 网站上刊登报道批判他人，这种行为即使构成名誉毁损罪（《刑法》第 230 条第 1 款），但是，只要具有"相当的理由"相信该报道内容属实，就可能存在免责的余地，那么，互联网的特性对这个判断会产生怎样的影响就可能成为议点。若在 Web 网站上刊登的是猥亵图像，则该行为是否属于"陈列"猥亵"物"（《刑法》第 175 条）就可能成为议点。

---

② 但是，对于该行为是否属于《破坏活动防止法》中的"煽动"（该法第 38 条起）这一点，由于该法将"煽动"定义为"运用文书、图画或言行"对他人实施犯罪的决心"进行助长或刺激"的行为（该法第 4 条第 2 款），所以，围绕"文书"等的解释也存在产生新议点的余地。

③ 针对公务员的"职务"是否属于"业务"这一议点，东京高等法院认为要以判例（最高法院 1987 年 3 月 12 日决定，载《刑集》第 41 卷第 2 期，第 140 页）的立场（以有无"强制力"为标准）为前提，同时认为"对于虚假报警这种妨害行为，强制力并未达到可行使的级别"，最终认定"若没有发生虚假报警，原本应该被执行的"业务遭到了阻碍。

以③为例,比如通过互联网擅自访问竞争企业的计算机,浏览该计算机内记录的机密信息,这时并没有一个合适的刑罚法规可对访问和浏览行为本身进行打击。制作计算机病毒使他人的计算机感染病毒,这时若病毒造成了实害,则该行为可能构成损坏电子计算机等妨害业务罪(《刑法》第234条之二),但是并没有一个合适的刑罚法规可对造成计算机病毒感染的行为本身进行打击。

一直以来,刑法学对于②的情形更倾向于从解释论上探讨既定的刑罚法规的适用边界,从而寻求一种能够将新出现的行为包摄在内的逻辑。这种倾向起因于日本对于从立法论视角寻求解决所持有的消极态度。然而,身处立法活跃的时代,不一定非要以既存的刑罚法规为前提去寻求包摄的可能性。与其这样,不如一边从理论性角度对刑罚的适用边界进行明确,一边对立法者提出的修正案的是与非进行分析,也可为从立法论视角解决问题做出贡献。这种做法对于③的情形而言,也不失为稳妥之策。因此,接下来的章节将对属于②和③的行为引发问题时,从解释论和立法论视角寻求解决的情况进行概述。

2　互联网上的表达规制

2.1　名誉毁损表达

若"公然""披露某种事实"损害了他人名誉,则名誉毁损罪(《刑法》第230条第1款)成立。既然是互联网上的表达,基本上都称得上是"公然"。而且,由于披露事实的方法没有限制,比如将批判他人的报道刊登在Web网站上的这种情形,若认为该报道可能会降低被批判人的社会评价,就属于名誉毁损罪。不过这样一来,即使是经过细致周密的采访才刊登了报道,也可能一律被列为处罚对象。于是,该行为是否适用为平衡名誉保护与表达自由而引入的与公共利益有关的特例(《刑法》第 230 条之二)就引发了争议。

不过,该特例认为,事实"若被证明为真,则不予处罚"。因此,即便是经过了细致周密的采访,行为人相信确有其事,但只要不能证明其真实性(真实性误信),就不能免于处罚。对此,也有观点认为,真实性是决定犯罪成立与否的重要因素,这种误信能够阻却故意,不成立犯罪。然而这样一来,因轻率导致的误信也可能会逃脱处罚。于是,认为误信"若是基于确实的资料与根据,而有相当理由"时应予以免责的观点(最高法院大法庭 1969 年 6 月 25 日判决,载《刑集》第 23 卷第 7 期,第 975 页)占据了主导地位。这种观点在理论上是否合理,在此就不做详述了,值得注意的一点是,这种观点是在涉及新闻报道的案例中被作为标准提出来的。也就是说,这为日后根据互联网上的表达之特点定立新的标准留下了可能性。

下述这个案例围绕这一点就产生过争议。该案例中,有人在 Web 网站上刊登了一篇报道,对开展特许经营(franchise)业务的企业进行了指责。第一审在承认事实的真实性未经证明后指出,在互联网上,(a)被披露事实者轻而易举就"能进行反驳",(b)所发布的"信息通常被认为可信度很低",以此为真实性误信的情形定立了新的免责标准。也就是说,第一审认为,若"明知披露的是虚假事实却予以发布,或者未按照互联网对个人使用者所要求的水准进行调查,对真实性未经确认就予以发布",才应当视为名誉毁损罪。对此,第二审则针对不知道信息存在时的反驳的可能性和不清楚对方有无浏览可能性时的反驳的有效性,以及互联网信息的低可信度提出质疑后,还提到了信息扩散造成严重受害的可能性,对重新定立标准予以了否定。最高法院也认为此判决合理,对原有标准予以维持(最高法院 2010 年 3 月 15 日决定,载《刑集》第 64 卷第 2 期,第 1 页)。

审级间之所以结论不同是因为对反驳的可能性和信息的低可信度做出的判断不同,然而问题则出在对这两点应当予以考虑的理论依据上。其中,(a)反驳的可能性一直以来都是被作为对抗言论(more speech)法理而讨论的(参见本书第 3 章)。④ 但是,一般认为名誉"毁损"只需具备名誉降低的抽象危险就足够了,因而无须等到作为名誉恢复之前提的名誉降低那一刻来临,犯罪成立与否理应在披露事实之时就已确定。而反驳则发生于犯罪之后,它能否直接影响犯罪的成立令人存疑。于是,譬如也有观点认为,可将"受害人"按照自己的意愿步入争论之地,"接受"名誉降低之"危险"的行为作为名誉毁损表达的违法性阻却事由来考虑。另一方面,(b)信息的低可信度因其本身可能会阻碍名誉降低,因此认为它可以直接影响犯罪的成立与否。不过,"毁损"只需具备名誉降低的抽象危险就足够了,但低可信度决定犯罪成立与否的场景却很难设定。如上所述,从理论上也能够对维持原有标准的立场作出解释。

另外,随着技术的发展,在 Web 网站上发布使用数码相机偷拍的裸体照片,或者制作某人脸部与他人裸体的合成照片并进行发布,这种事情变得轻而易举。像这种未经被拍摄者同意而发布照片的情形是否也将构成名誉毁损罪或侮辱罪(《刑法》第 231 条)便引发了讨论。但是,这两罪的保护法益"名誉"指的是对人的人格价值的社会评价(外部名誉)以及自我评价(主观名誉)。发布偷拍或合成的照片虽然会令被拍摄者感到羞耻,心生不快,却不会降低对此人的评价。倘若会降低评价的话,那也仅限于像所谓的"偷拍"是其本人"主动展示裸体"这种事实被披露的情形(参见东京地方法院 2002 年 3 月 14 日判决,载法院网页),即可以认为,此处的侵害即使构成侵犯隐私,也不构成名誉毁损。倘若对此应做处罚,那就需要从立法论视角寻求解决。

如上所述,关于互联网上的名誉毁损表达,虽然在真实性误信情形

---

④ 这个法理主要出现在宪法学的讨论之中,曾在一个与计算机通信论坛上的争论相关的民事判例中被采用过(东京地方法院 2001 年 8 月 27 日判决,载《判例时报》第 1778 期,第 90 页)。

的免责标准上产生了新的议点,但现阶段认为尚不处于必须更改解释的状况。不过,根据今后的状况,比如在确保反驳的可能性和有效性的前提下,新的标准或将存在被接受的余地。此时,与原有标准一样,也可将这个问题作为特例的解释进行讨论,但从罪刑法定主义的角度而言,还是应当从立法论视角摸索解决之策。

2.2 猥亵表达

散布猥亵物等罪(《刑法》第175条)由于涉及表达自由,其处罚依据本身就存在争议。因此,它作为在互联网犯罪方面存在多种议点的犯罪而备受关注。例如,围绕对在Web网站上刊登猥亵图像的解释,讨论就一直十分活跃(参见本书第4章)。这些讨论也涉及了从事服务器(记录猥亵图像的数据)运营的提供商的刑事责任(参见本书第12章),以及数据被记录在他国Web网站时刑法的适用可能性等与其他犯罪共通的总论性议点。不过,有关该罪固有的分论性议点,则随着判例的积累,逐渐达到了观点上的基本一致。

该罪于"散布"或"公然陈列"猥亵"物",以及以"有偿散布为目的""持有"猥亵"物"时成立,那么,何为客体的"物"、何种行为属于规制对象中的"散布"或"陈列"就成为议点。关于这一点,虽然也有判例(冈山地方法院1997年12月15日判决,载《判例时报》第1641期,第158页)秉持将图像信息自身视为客体的观点(信息论),但是,认为"物"是指有体物(占据一定物理空间的固体、液体、气体),将硬盘等信息记录媒介视为客体的观点(媒介论)则占据主流。此时,由于客体没有移动,因而不能将意味着客体移交的"散布"视为问题所在,而只能将"陈列"视为问题所在。于是,也有判例(最高法院2001年7月16日决定,载《刑集》第55卷第5期,第317页)基于"陈列"是指将物的猥亵内容"置于可识别的状态","未必要达到无须特别努力就能立刻识别的程度"这一理解,采用了硬盘中记录的信息内容的识别可能性这种设定,显示了对"陈列"的构成要件符合性给予广泛承认的想法。

然而,在通过电子邮件以附件形式发送猥亵图像信息这种情形中,倒不如以信息论为前提,将该信息的"散布"视为问题所在反而更加自然。在这种情况下,2011年《刑法》进行了修正。修法首先对媒介论的解释进行了探讨,在猥亵"物"的例示中新增了"有关电磁记录的记录媒介"这一项。然后采纳了信息论的主张,将"电磁记录或其他记录"区分于"物"另行列出,还新增了"以电子通信的发送方式""散布"这样的字眼,将"电磁记录或其他记录"视为客体。并且新增了"电磁记录"的"保管"这个概念,用来与以有偿散布为目的的"物"的"持有"相对应。

此外,有些表达即使未达到猥亵程度,但因为对青少年有害也被视为规制对象(参见本书第5章)。例如,《风俗营业法》(又译作《色情业经营法》——译者注)的目的除了"保持善良的风俗与清净的风俗环境"之外,还"要对危害青少年健康成长的行为予以防止"(第1条),并以处罚的形式进行营业规制。1998年该法修正时新增的对"影像发送型性风俗特殊营业"的规制(第31条之七、第52条第4项等)中,该营业被定义为"通过电子设备为客人送达为唤起性好奇心而带有表现性行为场面或者裸体姿态之影像的营业"(第2条第8款),并规定"不得为未满十八岁周岁者提供该服务"(第31条之8第2款)。⑤

如上所述,关于互联网上的猥亵表达,围绕猥亵"物"的符合性以及"陈列"的符合性虽然产生了新的议点,但当初并不认为已经到了必须立法的地步。基于有些情形无法从解释论视角寻求解决这一认识,刑法最终才走上了从立法论视角寻求解决之路。不过,关于一些具体内

---

⑤ 此外,该法规定,提供商作为"影像送达设备"这种"公众自动传播装置的设置者",有义务采取措施为"防止影像传播"做出努力。

容,例如围绕"陈列"和"散布"的包摄范围⑥等,仍然存在探讨余地。

2.3 儿童色情表达

上文所述的规制均以作为信息接收者的青少年的健康成长为目的。与此相对,儿童色情表达规制的目的则在于保护儿童不被信息发送者利用,免遭性剥削和性虐待。1999年立法的《儿童色情禁止法》以"保护儿童权利"、使儿童免遭"性剥削和性虐待"为目的(第1条),同时对制作和扩散"儿童色情"行为(第2条第3款)进行规制。这里所说的"儿童色情",是指对"以儿童为对象"实施的性交行为相关联的"儿童姿态"进行的"描写"(参见本书第4章)。

也就是说,不仅仅是"制作""儿童色情"(第7条第4款),对此进行"提供"或"公然陈列"(同条第2、6款),以及以这些行为为目的的"持有"(同条第3、7款)等情形都将受到处罚。其中,与扩散相关的规制具有和散布猥亵物等罪相类似的构造。因此,很多情形都会援用该罪的解释。鉴于此,《儿童色情禁止法》先于《刑法》修正,于2004年修正之际,在作为客体的"儿童色情"的例示中新增了"有关电磁记录的记录媒介"一项,还新增了"通过电信线路""提供"这样的字眼,将"电磁记录或其他记录"视为客体,并且新增了以提供等为目的的"电磁记录"的"保管"这个概念。

进而于2014年修正之际,该法在禁止一般性"持有"和"保管"(第3条之二)的基础上,只将"以满足自己的性好奇心为目的""基于自己的意愿"而持有的情形列为处罚对象(第7条第1款)。这些规定旨在将

---

⑥ 比如将马赛克图像中隐藏着猥亵性图文的情形也承认为"陈列",这种观点占据着主导地位(参见上文冈山地方法院1997年12月15日判决),使"陈列"概念失去了限定功能。另外,倘若"通过信息传输"进行"散布"的情形中也可包含浏览者下载数据的情形(东京高级法院2013年2月22日判决,载《判例时报》第2194期,第144页),那么,在Web网站上刊载猥亵图像的情形也可包摄在"散布"中,"陈列"就可能失去独立存在的意义。

"被迫接收他人恶意发送的儿童色情邮件"以及"网上冲浪时无意间访问儿童色情"之类的情形排除在外,但是其理论依据令人存疑。并且,因为涉及对"目的"等的认定,所以除外的实效性也存在受质疑的余地。除此之外,修法还新增了将"秘密"制作儿童色情列为处罚对象的规定(第7条第5款),但是处罚依据并不明确。

此外,该法将"提供报酬""对儿童实施性交等行为"(儿童卖淫)也列为处罚对象(第4条)。与此相关联,2003年立法的《交友类网站限制法》以"保护儿童免受儿童卖淫及其他犯罪的侵害,帮助儿童健康成长"为目的(第1条),并采用处罚的形式进行营业规制(第7条、第32条第1款)。此外,该法禁止利用该业务"引诱"儿童或成人"成为儿童的异性交往对象",包括"成为性交等的对象"(第6条),并将部分行为列为处罚对象(第33条)。在此,儿童卖淫等的预备行为被列为了处罚对象,但是有批评意见称,处罚也可能会鞭及应当成为保护对象的儿童自身所实施的"引诱"。

如上所述,关于儿童色情表达,日本曾数次从立法论视角尝试解决。相较于猥亵表达,这种试图通过立法使儿童色情表达得以迅速解决的举措也可谓妥当。不过,就其具体内容来看,在处罚依据和实效性上仍然留有探讨的余地。

2.4　网络跟踪

跟踪(stalking)是指因抱有恋爱感情而对所关注的人进行单方面纠缠。它也包含以互联网电子公告板上的互动为契机,利用检索引擎等扒出对方个人信息后进行跟踪的情形。这种使用互联网实施的跟踪被称为网络跟踪。因跟踪导致情绪激动,进而发展为重大犯罪的情形不乏少数。鉴于其导致的杀人事件确实时有发生,就需要从立法论视角着手解决,以便法律能够在早期介入。

在这种情况下,2000年立法的《反跟踪骚扰法》提出的目的是"防止个人的人身安全、自由、名誉等受到侵害,同时为全体国民安全而稳定的生活提供保障"(第1条),并且规定,禁止因为"对特定者抱有恋爱感情及其他好感,或者因为这种感情未被满足而产生怨恨,以宣泄怨恨为目的"(第2条第1款所列情形),使对方"人身、住所等的安全或名誉"受侵,或者陷入"人身自由严重受侵的不安之中"(第3条),对违反行为可进行警告(第4条)或下令禁止(第5条),并将反复发生的该行为视为"跟踪行为"(第2条第2款),列为处罚对象(第13条起)。

在现实中,"纠缠等"行为除了尾随对方的"纠缠"和"埋伏"(第2条第1款第1项)之外,还包含像"将侵害对方名誉的事项告知对方或置于可被知晓的状态"(第2条第1款第7项),以及"将侵害对方性羞耻心的事项告知对方或置于可被知晓的状态"(第2条第1款第8项)之类的情形。因此,将包含这些事项的文书或图像通过电子邮件发送给对方,或在 Web 网站上公开的行为也可能被视为将该事项"告知对方"或"置于可被知晓的状态"而成为禁止对象。进而,该法 2013 年修正时,针对遭到"拒绝后,仍连续"试图联系对方的行为,在对其手段进行规定时,除了"拨打电话"和"发送传真"之外,法案新增了"发送电子邮件"(第2条第1款第5项)这一项。

话说回来,连续"发送电子邮件"这一行为本身并不构成其他犯罪。与此相对,将"损害名誉的事项"公布在 Web 网站上的行为虽然也有可能构成名誉毁损罪(《刑法》第230条第1款),但是在这种通过电子邮件将该事项发送给对方的情形中,有时也存在因为没有"公然"性而不满足名誉毁损罪之构成要件的情形。而《反跟踪骚扰法》对包含此情形在内的那些无法包摄于既存的刑罚法规之中的行为则可进行广泛处罚,立法论的意义便体现在此。不过,其处罚依据却并不明确。

关于这一点,该法首先以防止"人身安全、自由、名誉"等各种法益受到侵害为目的。在此,比起"跟踪"本身,该法将跟踪行为的反复发生及发展为重大犯罪的危险视为问题所在，采取对法益不做限定的形式，可以说实现了概括性处罚的早期化。但是，从刑法谦抑性的角度来看，也可以说这种具有概括性和抽象性的危险是不能成为处罚依据的。其次，该法也以"为全体国民安全而稳定的生活提供保障"为目的。但是，"安全而稳定"是一个意义含混的模糊概念⑦，只讨论对它的侵害也不能为处罚提供依据。而行为的反复发生等要件是否能够填补这些不足，也应当予以慎重讨论。

此外，实施跟踪时，有时行为者会让人将分手恋人的裸体图像扩散在互联网上。这种色情报复（Revenge Porn）除了有可能构成名誉毁损罪和散布猥亵物等罪之外，还可能被视为"儿童色情"的扩散行为或"跟踪行为"而成为处罚对象。但是也有人指出，图像被扩散后持续存在于互联网上会造成严重侵害，需要加大从立法论视角予以解决的力度。在这种情况下，2014年立法的《色情报复防止法》以防止"个人的名誉及私生活的安稳受到侵害"为目的（第1条），并且规定将有关"性交"等"人体姿态的拍摄图像"（第2条）⑧在未经被拍摄者同意的情况下进行"提供"等行为列为处罚对象（第3条）。有别于既存的刑罚法规的这些处罚，其依据尽管不明确，但是和上文提到的偷拍图像之类的案例一样，也可从侵害隐私的角度对其依据作出解释。

如上所述，为了解决跟踪的问题，日本从立法论视角进行了各种各样的尝试。为了将重大犯罪防患于未然，这种通过立法寻求迅速解决之举也可谓妥当。不过，就其具体内容来看，关于这些立法与既存的刑罚法规之间的关系和处罚依据，仍然留有探讨的余地。

---

⑦ 该法对以"纠缠等"方式侵害他人多种法益，使他人"感到不安"的行为予以禁止。从这一点来看，也可以说，问题不在于"安全"，而在于安全感受到侵害（参见东京高级法院2003年3月5日判决，载《东京高级法院刑事判决时报》第5卷第1—12期，第8页）。

⑧ 此外，该"图像"中的性描写的内容沿袭了作为儿童色情表达规制客体的"儿童色情"中的性描写的内容。

3 互联网与财产保护

3.1 信息的刑法保护

由于计算机在社会上的普及,具有财产价值的重要信息作为数据开始被记录于计算机的记录媒介之中。于是,未经管理员同意,擅自访问该信息并进行读取行为的可罚性便引发了争议。这种行为放在现在来看,可以从擅自访问信息的过程着眼,按照后文提及的违反《不正当访问禁止法》所涉之罪进行追究,但是换个角度,能否从所读取的信息自身的财产价值着眼,把这种行为包摄在将人的财产视为法益、被称为侵犯财产罪(日文为"财产犯"——译者注)的犯罪之中呢?这个问题被摆在了面前。

刑法规定,窃取他人财物可按盗窃罪(《刑法》第 235 条)定罪处罚,但是一般的理解是,这里并不包括上述所谓的信息窃取。也就是说,从援用民法规定"'物'是指有体物"(《民法》第 85 条),认为作为该罪客体的"财物"必须是有体物(有体性论)的观点来看,信息不属于"财物"。另外,还有一种观点认为,如果某物像电一样可被储存于蓄电池内,具有"可移动性"和"管理可能性"(大审院 1903 年 5 月 21 日判决,载《刑录》第 9 辑,第 874 页),则可将其包含在"财物"之中(管理可能性论)。但是,这种观点出于要和将财产性"利益"作为客体的犯罪(《刑法》第 236 条第 2 款等)相加区分的需要,也认为例如像债权等权利,即使"可进行事务性管理",也不属于"财物"之列。由此可见,信息也无法被认定为"财物"。

判例也一样,例如对于窃取企业机密资料的行为,不是将记录于该资料中的信息作为客体,而是将记录(印刷)该信息的纸张作为客体,承认盗窃罪成立(东京地方法院 1984 年 6 月 28 日判决,载《判例时报》第

1126期,第6页等)。这种解释和将"财物"及"物"作为客体的所有的侵犯财产罪相同,同时,如上文所言,他也影响到了对猥亵"物"的解释。例如,在关于损坏器物等罪(《刑法》第261条)的某案例中围绕这一点就引发了争议。该案例中,行为人用一些鱼贝类图像覆盖了硬盘上记录的文件,即利用所谓的木马病毒实施了攻击。针对被覆盖的数据(电磁记录)姑且不论,硬盘只要恢复出厂设置便可正常使用,并无任何"损坏"这样的主张,法院认为,该硬盘不再具有对此前所记录的数据进行随时读取或持续更新的功能,硬盘功能受损的事实清晰,承认损坏器物等罪成立(东京高级法院2012年3月26日判决,载《东京高级法院刑事判决时报》第63卷第1—12期,第42页)。

对于这样的案例,在现在看来,实施病毒攻击的行为本身不仅有可能被追究后文提及的有关不正当指令电磁记录的犯罪,若被覆盖的文件属于"供政府机关使用"的记录或"有关权利和义务"的记录,则毁弃公用文书等罪和毁弃私用文书等罪(《刑法》第258、259条)也存在成立的余地。这两种罪名都是在1987年的《刑法》修正时将"电磁记录"追加为客体的。此外,覆盖行为若妨害了使用该计算机所进行的"业务",则由"损坏""电磁记录"导致的损坏电子计算机等业务妨害罪(《刑法》第234条之二)也存在成立的余地。其中,除了毁弃公用、私用文书等罪以外,由于法益不同,以上罪名都可能在损坏器物等罪之外另外成立。

说起损坏电子计算机等业务妨害罪,它是在1987年修正《刑法》时为了完善以"诡计"或"威权"为手段欲对人实施加害行为的业务妨害罪(《刑法》第233条后段、第234条)而新增的。但是,也有判例将这种对物实施的加害行为按照以前的妨害业务罪进行处理。比如最高法院的一个判例就认为,将唤作"电话偷费装置"的特殊电子器件安装在电话线路上,使电话机计费装置无法运转的行为也属于诡计妨害业务罪(最高法院1984年4月27日决定,载《刑集》第38卷第6期,第2584页)。从这一点来看,可以说从立法论视角寻求解决的意义不大。不过,它的法定刑重于妨害业务罪,所以,从对产生重大后果的案件必须予以相应处罚这一点而言,它还是具有意义的。

此外,虽然一般性信息窃取未被列为处罚对象,但是特别法中规定,对信息范围加以限定后,可在一定的条件下对获取信息的行为进行处罚。例如,《不正当竞争防止法》以"确保经营者之间公正竞争及正确实施国际规则"为目的(第1条),将"通过不正当手段获取商业秘密的行为"等视为"不正当竞争"进行规制(第2条),"以获得不正当利益为目的"或者"以对保有者实施侵害为目的",通过包含不正当访问行为在内的"管理侵害行为"来"获取""企业机密"的,将被列为处罚对象(第21条)。由此可见,信息窃取的不可罚性并没有被认为是绝对的。

如上所述,若按照以前对于"财物"的解释来看,想要通过刑法对具有财产价值的信息进行保护是有限度的。这是因为由于信息的外延并不明确,是否可以将他作为客体进行立法一直处于举棋不定之中。不过,属于侵犯财产罪的毁弃公用、私用文书等罪自不用说,像损坏电子计算机等业务妨害罪这类侵犯财产罪的相邻犯罪,也将"电磁记录"作为客体,尝试从立法论视角寻求解决。从这一点来看,只有盗窃罪和损坏器物等罪的客体被限定在有体物上是否妥当令人存疑。笔者认为,这些犯罪也存在从立法论视角寻求解决的余地。

3.2 电子商务与侵犯财产罪

电子商务(Electronic Commerce)是指以电子技术为手段,完成合同从申请到履行的全过程或部分过程的商务活动。其特征有:可快速处理大量信息,提高企业之间的交易效率;可通过消费者的消费数据对消费进行预测,使库存和生产都变得容易控制;等等。另外,物流业态的变革使企业与消费者之间,或者消费者与消费者之间直接进行交易成为可能,例如互联网拍卖系统的确立便是如此。然而,由于电子商务不是面对面交易,所以也会出现轻易便可冒充他人等问题。鉴于此,电子签名认证制度等制度性措施正在探索当中(参见本书第 7 章)。而作为刑法上的处置,首先要考虑的就是能否将其包摄于侵犯财产罪之中。

由于财产损害发生在交易过程中,因此,首先可按诈骗罪(《刑法》第 246 条)论处。不过,如上文所述,只要称得上是"欺骗他人",就不会产生新的议点。例如,根本就没有打算将商品寄给互联网拍卖的中标人,却向对方发送邮件假称只要对方支付价款就会寄送,从中骗取价款的这种情形,可认定成立诈骗罪。但问题在于通过计算机的自动处理发生财产转移的情形下该如何定罪。例如,使用非法获得的他人银行卡,从他人账户向自己账户转账的这种情形,因为人的判断未介入其中,所以诈骗罪不成立。并且,因为没有发生财物的占有转移,所以盗窃罪也不成立。于是,为了应对这种行为,1987 年《刑法》修正时,增加了使用电子计算机诈骗罪(《刑法》第 246 条之二)。

该罪的客体仅限于财产性"利益"(利得罪)。此处的"利益"被解释为一种广泛的概念,例如他包含了获得对一定的存款余额可进行提取和转账的地位等事实上对财产可进行自由处置(积极利得型)的情形,以及通过更改费用支付文件上的记录而规避费用请求等造成债权人事实上几乎不可能进行追究的状况从而规避债务(债务规避型)的情形。从判例来看,更改存款余额(东京高级法院 1993 年 6 月 29 日判决,载《高刑集》第 46 卷第 2 期,第 189 页)、获取所谓的电子货币(最高法院 2006 年 2 月 14 日决定,载《刑集》第 60 卷第 2 期,第 165 页)就属于此。这种解释虽然认为通过计算机实施事务处理时必须确实伴随财产转移,但是比起财产,其却将财产的获取权视为"利益",对"利益"的概念进行抽象化,这样做是否妥当,还存在探讨的余地。

所获取的"利益"有时也会以信息或服务的形式呈现出来。这种情形下,使用电子计算机诈骗罪是否成立,是从"信息的非转移性"和"素材的同一性"的角度进行探讨的。该观点认为,信息被获取后依然留存在对方那里,服务被获取后被害人也不过是失去了价款请求权而已,都不存在客体的转移。关于这一点，最近有一种意见占据了主导地位。该意见认为，可将信息使用费的规避和信息"获取权"的取得视为问题所在，承认该罪成立。但是笔者认为，就前者的观点来说，由于费用是信息的对价，所以首先应当将使用信息的利益视为问题所在。另外，就后者的观点来说，该观点对应当通过"权利"来实施转移的财产（信息等）作为本罪行为客体的适格性并未进行探讨，而是通过将利益概念抽象化掩盖了问题。对于信息的客体性，笔者认为应当追溯至利得罪有无要求对象转移性和对象同一性的必要这个问题上，从正面予以探讨。

该罪的规制对象是，向计算机输入"虚假信息或不正当指令"，制作出"不真实的电磁记录"的行为（制作型）以及提供"虚假的电磁记录"的行为（提供型）。对于信息的"虚假"性、指令的"不正当"性以及随之产生的记录的"不真实"性，通常应当对照"为电子计算机事务处理系统所预设的事务处理的目的"来进行判断，而非对照所记录的信息本身（数字和记号等）的精确性（上文东京高级法院1993年6月29日判决）。例如，在输入窃得的信用卡卡号进行申购并获得电子货币的案例中，信用卡持有人本人无申购意思，不存在本人申购的事实，这一点就引发了争议（上文最高法院2006年2月14日决定）。尽管"事务处理的目的"与某个人的具体"意思"相一致的情形也很多，但是从作为利益转移的原因行为的容许性这个角度而言，还是应当对照为该信息处理"系统"所预设的客观的制度目的来进行判断。

另外，该罪的处罚仅限于那些依据不真实（虚假）的"电磁记录"来处理财产权的得失与变更事务的情形。但是，倘若使用计算机获取财产的一般性行为都具有当罚性，则"电磁记录"的介入这个特殊要件也并非不可或缺。关于这一点，例如在一个通过发送非法信号使用国际电话服务的案例中，不真实的"电磁记录"就是费用支付文件，他是作为获取服务的结果被制作出来的，无法认为获取财产时存在"电磁记录"的介入。最终，该罪名成立依据的是规避使用费，而非获取服务（东京地方法院 1995 年 2 月 13 日判决,载《判例时报》第 1529 期,第 158 页),该要件作为一个限定要素是否发挥了作用,存在进行质疑的余地。

此外,输入虚假信息获取电子货币的情形,还有可能涉及伪造罪是否成立的问题。也就是说,因为电子货币是将通过计算机上的结算所获得的"财物"等财产的权利转换为数值(参见本书第 8 章)的一种具有财产价值的信息,称得上是一种"提供给人用于处理财产事务的电磁记录",所以,1987 年《刑法》修正时新增的非法制作电磁记录罪(第 161 条之二),以及 2001 年《刑法》修正时新增的非法制作支付用磁卡电磁记录罪(第 163 条之二)均存在成立的余地。不过,前者对照于它的法定刑,有可能对电子货币是具有财产价值的信息这一点无法做出适当的评价;后者由于将记录该信息的媒介限定为"磁卡",因此,举个例子说明,它对记录在"信用卡"上的电子货币可以进行规制,对记录在移动电话上的电子货币就很难进行规制。其实,在媒介为"磁卡"这一点上承认这样的区分,这么做是否具有实质性意义本就令人存疑。

如上所述,电子商务过程中产生财产损害时,除了诈骗罪,使用电子计算机诈骗罪是否成立也是一个问题。对于个别的成立要件,包括它有无存在的必要性在内,都需要重新进行探讨。另外,虽然非法制作电磁记录罪和非法制作支付用磁卡电磁记录罪也存在成立的余地,但有可能对案例的特质无法作出适当的评价。因此,要想对非法制作具有财产价值的信息作出适当评价时不受"磁卡"形状的限制,就应当从立法论视角探讨解决之策。⑨

---

⑨ 此外,这些罪行,例如包括使用获取的电子货币另外获取财产的情形在内,若和同时成立的使用电子计算机诈骗罪等侵犯财产罪放在一起进行罪数认定,结果就可能被视为一罪处理。也可以理解为,这反映了从获取电子货币到利用他获取财产之间存在着应当视为一罪的事实。由此可见,从立法论视角谋求解决之际,应当就伪造罪和侵犯财产罪二者的合理划分进行探索。

4 网络安全的保护

4.1 网络入侵

网络入侵(Hacking)一般指通过网络擅自访问他人计算机进行信息浏览或数据篡改。其实,网络入侵这个说法本身并不具有否定意义,人们有时会将这种带有恶意的网络入侵特称为破解(Cracking)。1999年的《不正当访问禁止法》对"不正当访问行为"以及该行为的"助长行为"做出了禁止,并将之列为处罚对象(不正当访问罪及不正当访问助长罪),2012年修正时又提高了这些罪的法定刑,同时还创设了新的罪名,扩大了处罚范围(识别符号取得罪、识别符号保管罪及识别符号要求输入罪)。

该法制定之际曾指出,利用计算机进行的犯罪正在增加。也就是说,该法认为,比起不正当访问行为,其后因实施犯罪所造成的实害才是问题的关键。不正当访问罪也有可能构成基于与实害的关系而将处罚提前至不正当访问行为实施阶段的、所谓的处罚预备行为的罪名(预备罪式构成)。该法在目的规定(第1条)中首先就提出了"要防止利用电信线路进行与电子计算机相关的犯罪"。但是,对于像数据的非法获取(信息窃取)以及计算机的无权限使用这样的实害,明明不存在可为之定罪的罪名却要对其预备行为进行处罚,这就会引发这么做是否妥当的问题。

关于这一点,立法者认为,首先,不正当访问罪的保护法益是"社会一般人对访问控制功能的信赖",即必须对使用权人等进行正确识别。其次,"不正当访问行为若横行于世,将会扰乱通过访问控制功能所实现的电子通信秩序,在使用者中产生无法安心使用网络的不信任感,使网络的相互连接受到限制"。从这种理解来看,该罪会构成对社会法益的危险犯(信赖保护原则),类似于将"公共信用"视为法益的伪造罪(《刑法》第 148 条起)。也就是说,可以将不正当访问罪作为一个规定来理解,该规定的目的是维护通过访问控制功能得以实现的、相互连接于网络之上的计算机系统。这就如同可以将伪造罪作为一个规定来理解,其目的是维护通过"文书"等得以实现的交易系统一样。

从具体的规制内容来看,该法将不正当访问罪(第 11 条)中的不正当访问行为(第 3 条)定义为,通过电信线路向具有访问控制功能(第 2 条之三)的"电子计算机"输入与该功能相关的他人的"识别符号"(ID 及密码)并进行启动,使受到该功能限制的"使用"处于可用状态的行为(第 2 条第 4 款第 1 项),以及通过输入可规避限制的"信息"或"指令"所实施的同样的行为(第 2、3 项)。也就是说,通过网络进行入侵将受到规制。

如上所述,不正当访问采取的方法必须是,对连接网络的计算机上所设置的控制功能进行规避。于是,围绕如下两点就展开了讨论:第一,应当以何为标准判断该功能的有无;第二,在设定有该功能的前提下,应当以何为标准判断该功能是否设置了使用"限制"。关于前者,比如遇到电子计算机只有部分使用受到了限制这种情形时,有观点认为,应当将问题的着眼点放在对信息本身的访问限制上,而不是电子计算机上。关于后者,比如遇到通过输入识别符号以外的方式却获得了与输入识别符号的方式相同的计算机使用这种情形时,只能说现行法中尚无法找到一个明确而客观的标准(东京地方法院 2005 年 3 月 25 日判决,载《判例时报》第 1899 期,第 155 页)。然而 2012 年该法修正时,却并未从立法论视角对这些问题予以解决。

话说回来,只要能获得识别符号,任何人都能轻而易举地实施不正当访问行为。鉴于此,为了确保禁止不正当访问行为具有实效性,该法将为使用权人以外之人"提供"他人识别符号的行为视为不正当访问行为的助长行为予以禁止(第 5 条),并列为处罚对象(第 12 条第 2 项、第

13条)。对于这个不正当访问助长罪,可作如下定位:在能够预见到的各种准备行为中,它着眼于提供识别符号(也可以说是不正当访问行为的工具)这一行为,是一个将不正当访问罪的部分帮助行为犯罪化的规定(独立共犯)。关于该罪,该法2012年修正时规定,"出于业务及其他正当理由的情形"除外。⑩ 不过,《刑法》既然已经在总则中规定对"出于正当业务的行为"不予处罚(第35条),那么,再重复同样的字句另作规定就没有意义。而从处罚范围之明确性的角度来看,对于那些应当予以正当化的行为,还是应当努力从分论上尽可能予以类型化。

另外,该法2012年修正时,同样是出于确保禁止的实效性这一目的,还新增了对"以供"不正当访问行为"之用为目的"的识别符号的"取得"和"保管"行为的禁止规定(第4、6条),并将其列为处罚对象(第12条第1、3项)。对于这个识别符号取得罪及识别符号保管罪,可作如下定位:从为了防止识别符号不正当流出、不正当流通,从而对不正当访问实施前的一系列行为予以禁止的角度来看,它是一个将不正当访问行为的部分准备行为犯罪化的规定。同时,为了应对通过"网络钓鱼"(phishing)取得识别符号的行为,该法也对"冒充"访问管理员"使人产生误认",在Web网站上刊登或者通过电子邮件向使用权人发送"旨在要求其将识别符号输入特定电子计算机的信息"(第7条)的行为予以禁止,并列为处罚对象(第12条第4项)。对于这个识别符号要求输入罪,可作如下定位:它是一个基于与识别符号取得罪的关系而将处罚早期化的规定。

如上所述,对于不正当访问罪,虽然可以通过信赖保护原则进行说明,但这种原则是通过设定系统维护这样一个难以对整体进行把握的、

---

⑩ 制定当初,"由该访问管理员实施的情形,或者经该访问管理员或该使用权人同意实施的情形"就被排除在外(旧法第4条但书)。现在也一样,同样的情形被排除在不正当访问行为之外,并且,"经访问管理员同意的情形"被排除在识别符号要求输入罪之外。此举意义何在,令人存疑。

抽象的目的来谋求处罚正当化的,同时,通过将法益抽象化来谋求处罚早期化,不过是掩盖了该罪作为预备罪的实质而已。现行的规定将该罪的帮助行为和准备行为予以犯罪化,在处罚范围扩大过度这一点上给人留下了批判的余地。其实,倒不如先从预备罪式构成来理解该罪的罪质,再对处罚范围作出限定,这种做法也不失为一种选择。这时,对于没有相关罪名可为之定罪的实害,同样需要就是否可将其犯罪化这一点进行探讨。

4.2 计算机病毒

计算机病毒(Computer Virus)通常是指对计算机造成损害的程序,它会从一个程序文件感染给另一个程序文件,是对计算机造成损害的程序(所谓的恶意软件)中的一种。对于让计算机感染病毒的行为,可通过有关不正当指令电磁记录的犯罪(《刑法》第 19 章之二)进行规制。《刑法》第 19 章是 2011 年《刑法》修正时增设的,理由是电磁记录(即病毒)发出的不正当指令使电子计算机无法按照使用者意图运行,从而导致损失频频发生。

实际发生损害时,也可通过损坏电子计算机等业务妨害罪(《刑法》第 234 条之二)进行处置。因此,有关不正当指令电磁记录的犯罪也有可能构成基于与实害的关系而将处罚早期化的、处罚预备行为的罪名(预备罪式构成)。但是,对于一般的业务妨害罪,法律不仅倾向于不以实害的发生,而以其存在危险作为既遂标准(最高法院 1953 年 1 月 30 日判决,载《刑集》第 7 卷第 1 期,第 128 页),而且还在 2011 年修正时新增了一条损坏电子计算机等业务妨害未遂罪(第 234 条第 2 款)。因此,不可否认,这些罪和有关不正当指令电磁记录的犯罪在适用范围上存在重复。的确,像通过个人计算机擅自发送邮件对外泄露数据这种没有相关罪名可为之定罪的实害的处罚漏洞也是个需要解决的问题,但是,要解决这个问题,就会引发对其预备行为进行处罚是否妥当的问题。

关于这一点,立法者认为,有关不正当指令电磁记录的犯罪,它的保护法益是"社会一般人对电子计算机程序的信赖",即不得发出不正当指令,使电子计算机不能按照使用者的意图运行。对于上述的实害,也只是基于它与这种"信赖"的关系,而把它作为一个会使信赖丧失的契机看待而已。也就是说,若对这种侵害放任不管,人们进行信息处理时就不会再相信程序,进而也会对计算机顺利处理信息的功能造成妨碍。从这种理解来看,该罪会构成对社会法益的危险犯(信赖保护原则),类似于伪造罪。也就是说,可以将该罪理解为一个规定,该规定的目的是维护通过计算机程序的使用得以实现的信息处理系统。

从具体的规制内容来看,首先,"制作""提供"以及供他人使用("供他人的电子计算机运行之用")病毒的行为将被处罚(《刑法》第168条之二)。还有,作为其前一阶段的行为,"取得"及"保管"病毒的行为将被处罚(《刑法》第168条之三)。对于供他人使用,未遂也可受处罚(《刑法》第168条之二第3款)。例如,发送的病毒停留在对方电子邮箱中的情形就属于此类。不过,对着手运行的时间判断不同,可能会引发此情形和供他人使用之情形有何区别,以及此情形和保管有何区别这样的问题。

以上各罪名,其客体均为使用"电子计算机"之际发出"不正当指令"的"电磁记录"。发出的指令是否"不正当",要根据计算机使用者的"意图"进行判断。判断时,不应当以个别的具体使用者的实际认知为标准,而应当以一种基于和法益的关系而被加以规范化理解的意图为标准,并结合该程序的功能内容、关于功能的说明内容,以及预设的使用方法等进行综合考虑。因此,通常认为,像程序制作阶段不可避免地会产生错误(bug)、程序制作者未经使用者同意安装修改过的程序这些情形都在一般社会人容许的限度之内,本来就不属于不正当指令,其制作安装行为不符合构成要件。不过,"不正当"这个概念意义颇多,对它的判断标准要依赖于对意图的规范化理解。从这一点而言,这些要件并没有对具体标准作出明示。

此外,制作、提供、取得以及保管都需要"以供他人的电子计算机运行之用为目的"。在和该要件的关系上,立法围绕像研究人员或反病毒软件制作者为了研究或实验而制作病毒这种实质上应当予以正当化的行为展开了讨论。立法者认为,供他人之用是指在对病毒不知情的第三者的计算机上,使病毒处于可以运行的状态,所以,上述行为不符合构成要件。虽说如此,但从明确性的角度而言,这种解释还是有问题的。于是,法案在提交修正法案的阶段便增加了"若无正当理由"这句话,这样就可以将行为的正当性直接作为标准使用了。但是,从处罚范围之明确性的角度而言,对于那些应当予以正当化的行为,还是应当努力从分论上尽可能予以类型化。

如上所述,对于有关不正当指令电磁记录的犯罪,虽然可以通过信赖保护原则对其法益进行说明,但这种构成和不正当访问罪的情形一样,也是存在问题的。另外,关于适用范围的重复问题,理论上暂且不论,实际上也并未得到解决。笔者认为,倒不如先从预备罪式构成来理解该罪的罪质,再对处罚范围作出限定,这种做法也不失为一种选择。

思考

有人说,批评为了应对恶用科学技术的行为所做的立法,也可能阻碍问题的迅速解决。也有人说,从维持互联网秩序,使处罚得以切实实施的角度来看,法益抽象化和处罚早期化造成处罚范围扩大也在所难免。这样的说法有无问题,值得思考。

拓展阅读文献

佐久间修:《最先端法律领域的刑事规制》,现代法律出版 2003 年版。

永井善之:《服务器·色情的刑事规制》,信山社 2003 年版。

冈田好史:《网络犯罪及刑事法的规制》,专修大学出版局2004年版。

渡边卓也:《电脑空间中的刑事规制》,成文堂2006年版。

园田寿《:信息社会与刑法》,成文堂2011年版。

第10章　互联网与知识产权法

驹田　泰土

引　言

本章将对知识产权法与互联网有着怎样的关联尽可能进行简明易懂的解释。知识产权法与互联网的关系密不可分，因此可以说，若不具备一定的知识产权法知识，是无法安全享用互联网或将之用于事业发展的。

但是需要提前申明一点的是，名为"知识产权法"的法律并不存在。它不过是作为保护知识产权的一整套法律的上位概念被用于学术研究而已。如同本书的书名一样，把与互联网相关的法律规范（不管它属于哪一部法律）汇总在一起，统称为"网络法"。

大致而言，保护技术的《专利法》（日文为《特许法》，"特许"意为"专利"——译者注）、保护艺术的《著作权法》、保护标志的《商标法》和《不正当竞争防止法》都属于知识产权法。以下将分章节就每一部法律的概要，以及这些法律中涉及互联网的问题进行论述。

1　互联网与《专利法》

1.1　《专利法》概述

保护技术的法律中最具代表性的是《专利法》。[①] 说得更精确一

---

①　除此之外，保护技术的法律还有《实用新案法》。不过，该法只保护"与（转下页）

些,《专利法》是以"发明"为保护对象的。《专利法》中所称的发明是指,"利用自然规律做出具有高水平技术思想的创作"(《专利法》第2条第1款)。

发明分为物的发明和方法的发明(包含为了物的生产而发明方法)。举例而言,以液态氢为燃料的转子发动机就是物的发明,不使用染料而使用蛋白质(食用肉等)染出粉色则是方法的发明。

发明要想取得专利,必须要有助于产业经营,或者必须是未被公开的新事物(产业上的利用可能性和新颖性要件,《专利法》第29条第1款)。并且,仅仅有"新"这一点还不够,还必须达到所属技术领域的普通知识者不易实现的水平(进步性要件,《专利法》第29条第2款)。

原则上,能够提出专利申请并取得专利的是发明人(《专利法》第29条第1款)。若经转让获得了取得专利的权利,则其他人也可提出申请(《专利法》第33条第1款)。就所谓的职务发明而言,由于每出现一项新的发明,公司就要从作为发明人的员工那里接受该权利的转让比较麻烦,故可以预先(发明之前)在合同或工作规章中对此作出约定(《专利法》第35条第2款的相反解释),或者也可以从一开始就规定该权利属于公司(《专利法》第35条第3款,为了防止二次转让,2015年修正时增设了此规定)。不论属于哪一种情形,作为发明人的员工均可以接受金钱或其他经济上的利益作为等价报酬(《专利法》第35条第4款)。而像骗取发明后提出申请等这种不具有专利取得权的人提出申请的行为则属于违法,将被拒绝(《专利法》第49条第7项)。

当发明出现重复时,对于同一发明,虽然多人拥有专利取得权,但其

(接上页)物品的形状、构造或者组合相关的设计"(该法第3条第1款),与方法相关的技术不受保护。

该法和《专利法》一样,规定权利也因注册而成立,但其先于注册而进行的审查只停留在基础性的东西上,并不涉及有无新颖性等实体面的东西,可快速授权。不过,实用新案权人必须出示由特许厅审查官制作的实用新案技术评价书并向侵权人提出警告之后,方能对侵害人行使其权利。(该法第29条第2款)

中最先提出专利申请的人将取得发明专利(《专利法》第39条第1款、第29条之二),发明时间的先后并不重要。这个被称为先申请原则。

取得专利权后,专利权人在以利用该专利发明为业(称为"实施",《专利法》第2条第3款)上享有独占权(《专利法》第68条)。若第三人希望合法实施该发明,原则上需要专利权人转让专利权,或者通过合同(许可合同)取得实施权(《专利法》第77、78条)。若未经许可擅自实施,将构成专利权侵权。专利权人可以请求停止或预防侵害(差止请求,《专利法》第100条)。而且,专利权侵权通常构成侵权行为(《民法》第709条)。故,专利权人可向侵害人请求赔偿损害(专利发明由官方以公报形式向大众公开,对侵害人的过失推定有明文规定,《专利法》第103条)。

1.2 作为发明的计算机程序

如上所述,《专利法》中的发明是指利用自然规律做出的创作。因此,未利用自然规律的纯粹的思考产物,即便再有用、看上去再像发明,都不属于《专利法》中所称的发明。比如说,密码的设置方法②、双关语等记忆方法、游戏规则以及商品陈列方法等都不是发明。

站在这个角度上来看,曾被指出在发明性上存在问题的便是计算机程序。计算机程序是一种记录,记录的是向计算机发出特定处理指令的计算方法。因此可以认为,它不过是一种人为的决定,并未利用自然规律。但是,计算机的硬件资源需要利用电力等自然力量这一点毋庸置疑。而且,计算机程序是与硬件资源共同发挥技术之有用性的。基于这些原因,在今天,计算机程序也被承认具有发明性。也就是说,计算机程序被视为"物的发明"的一种类型,通过网络实施的传输行为也被认为

---

② 这是旧法(大正10年法)下的案例,东京高级法院1950年2月28日判决,载《民集》第7卷第4期,第474页,"欧文字单一电报隐语制作方法案";最高法院1953年4月30日判决,载《民集》第7卷第4期,第461页,同案上诉审。

是与物的发明相关的专利权效力能够鞭及的"转让"行为(《专利法》第2条第3款第1项括弧内)。

如上文所述,在今天,计算机程序也可能成为发明,为了不让利用自然规律这个要件失去意义,通常认为,计算机程序若要成为《专利法》中所称的发明,其作为目的的作用效果必须通过与硬件资源的具体协动来获得。

1.3 商业方法专利

在日本,具有优秀创意的经商方法自古以来就被称为某某商法而研学至今。例如,由卖药郎在客户家中设置药箱,日后再访时针对已使用部分的药品收取费用,这种形式被称为"先用后利商法",在富山县一带的行脚商中非常盛行,后来广为人知(富山卖药郎)。这种商法中,客户可以将暂不确定日后是否使用的药品这一商品提前放置在身边,日后只要就使用部分支付费用即可,不会产生额外支付。

当然现在也有某某商法这种称呼,也会使用"商业模式"(商业方法)这种更为时尚的称呼。例如,在建设时不仅仅铺设铁路,还会沿铁路周边建造游乐场、棒球场、住宅小区以及商场,以获得相乘的收益效果,曾几何时,私铁的这种经营方式作为优秀的商业模式频频出现在商务书籍的介绍中。

以上介绍的"先用后利商法"和私铁的经营方式,其自身都不具有发明性。因为它们只是思考的产物,并未利用自然规律。然而如今,由于软件相关技术的高度发展,通过和计算机以及网络设备的巧妙组合便可实现复杂的商业方法。这样一来,在使用硬件资源所进行的信息处理方法之中,有的方法同时可被视为商业方法——倘若如此,那么它也将成为专利保护的对象。在这种思路的推动下,所谓的商业方法专利于20世纪90年代后期以来逐步得以确立。可以说,商业方法专利就是在围绕计算机程序所确立的思路的延长线上产生的。

商业方法专利在全世界得以普及的契机则是1998年7月23日美

利坚合众国联邦控诉法院的一纸判决。该判决推翻了以往认为商业方法不属于专利保护对象的判例法。该案中,被请求进行无效确认的发明(美国专利第5193056号)是一个数据处理系统,该系统被用于计算一个名为中心辐射(Hub-and-spoke——译者注)的投资信托的时价。该系统将多家投资信托的资金(基金)存放在中央的投资组合(portfolio——译者注)中进行管理,以使资金得到最有效的利用。因其概念图容易让人联想到车轮的轮毂和辐条,遂得此名。在日本,自旧住友银行于2000年2月取得与金融交易相关的商业方法专利后,大家开始一窝蜂似的跃跃欲试。商业方法专利除了上述与金融商务相关的以外,与电子商务的中介及结算方式相关的也很多。

如同上文在计算机程序部分阐述的那样,商业方法中,也只有那些对硬件资源的使用带有技术性意义的,其发明性才能获得肯定。例如,把"通过邮政直接邮寄广告所进行的通信营销"中的"邮政"更换为"电子邮件",并不会在发明性上获得肯定。(不管是通过邮政还是通过电子邮件进行通信营销,在本质上,都不过是人类思考的产物或决定而已。)而且,如果不能满足相较以往技术而言具有创作困难性(进步性)这个要件,同样无法取得专利。借着这股东风,曾经一段时期内商业方法的专利申请蜂拥而至,但是后来人们逐渐了解了取得专利的难度,据特许厅(日文所言"特许厅"即"专利局"——译者注)统计,专利申请数在2000年达到峰值后持续减少,近年才呈现出不再减少的趋势。③ 另外,相较于其他领域,取得专利的数量本身也不多。

1.4 使用互联网对发明进行部分实施

假设某项专利发明被数人联手复制,他们每人只承担了复制专利权保护范围(patent claim——译者注)内的某一部分。例如,若某个方法的

---

③ 参见特许厅主页:《商业相关发明的最新动向》,载 https://www.jpo.go.jp/seido/bijinesu/biz_pat.htm。

发明由4道工序A—D组成,则各工序可以由甲、乙、丙、丁4人分别完成,也可以由甲完成A—C,由乙完成最后的D。因为不论是哪一种情形,都不存在某一个人能够复制整个发明的情况,所以往往就会得出不存在侵害人这样的结论,致使该发明得不到保护。那么,不管参与的是哪一道工序,将所有实施者都视为侵害人,这样的结论又是否妥当呢?或许有的情形下也未必妥当。原因在于,有的实施者对于除此之外还有哪些工序,以及整体情况如何可能毫不知情,那么对于他们(并未意识到自己参与了对某个方法的实施的人)而言,就有可能遭受意外打击。

这种问题即便在不涉及互联网的领域也有可能产生,更何况在那些以使用互联网为不可欠缺之要素的发明,其中问题产生的频率就会更为频繁。原因在于,身处异地的几个人通过网络可以轻而易举地参与到某个专利发明的复制之中。

并且,使用互联网的这种发明,也可以是系统的发明,即物的发明。因此,上述问题不仅会出现在方法的发明中,也会出现在物的发明中。例如,某系统通过多台计算机之间的网络通信成立,而每台计算机都有人进行信息处理这种情形。这种"物"(系统)的发明,到底是谁在对其进行"生产"和"使用"呢?

对于这种专利发明的复制,迄今为止的审判案例倾向于认为,若某个特定的人处于主导地位,那么,即使该发明的其他部分由他人实施,也可认为该处于主导地位的人在实施该发明。例如,有这样一个案例(与互联网无关),该案例涉及的是一个被用在钟表字盘上的电镀图像形成方法的发明。法院认为,即使是将该方法中间工序制成的电镀图像转让给他人,让他人实施最后一道在钟表字盘上压贴图像的工序,由于该电镀图像的实质用途就是最后这道工序,且该电镀图像制造商对此心知肚明,也应判定该制造商以最后一道工序的承担者"为工具"实施了(侵害了)整个发明(东京地方法院2001年9月20日判决,载《判例时报》第1764期,第112页"电著画像形成方法案")。再举一个与互联网相关的案例,该案例涉及的是一个供货系统的发明,眼镜镜片订货商可通过自己的计算机向镜片制造商的计算机传输信息,实现镜片的便捷供货。法院判定,处于"对该系统进行支配管理"地位的制造商为侵害人(东京地方法院 2007 年 12 月 14 日判决,载法院网站"HOYA 案")。还有一个案例,该案例涉及的是一个通过简易方法就能够让 PC 用户访问目的网站的方法发明,法院认为其实施主体并不是用户,而是提供与该发明相关之服务的 Y 公司(知识产权高级法院 2010 年 3 月 24 日判决,载《判例Times》第 1358 期,第 184 页"JAddress 服务案")。虽然在本案的发明中,用户只需在地址栏中输入电话号码、公司名称和产品名称等就能够访问目标 URL 网站,但是知识产权高级法院认为,本案的发明不是对"访问"的发明,而是对"提供访问的方法"的发明,用户的行为不存在问题。倘若从形式上来看专利权保护范围的记载,不得不说本案涉案发明的构成部分中也包含了用户的行为。不过,该案例的判决则是将重点放在了 Y 公司在复制中处于主导地位,用户只是被动承担任务这一点上。

2 互联网与《著作权法》

2.1 《著作权法》概述

保护艺术的法律是《著作权法》。说得更为精确一些,《著作权法》是以"作品"为保护对象的。作品的代表有小说、绘画、音乐以及电影等,只要称得上是人类知识和文化活动的产物,皆可称为作品。所以,《著作权法》虽说是保护艺术的法律,其实覆盖的范围非常广泛。像计算机程序这种很难称得上是艺术的东西,在《著作权法》中也被实际视为作品的一种类型(《著作权法》第 10 条第 1 款第 9 项)。④

但是,作品必须是"用创作方法表现的东西"(《著作权法》第 2 条第 1 款第 1 项)。这意味着从该表现中能够感受得到作者的个性。计算机程序之所以能够成为作品,是因为指挥计算机进行特定动作的指令组合并非一成不变,存在程序员表达个性的余地。而且,如果说收录他人诗作的诗集在诗作的选择和编排上体现了编辑的个性,那么,诗集应当于收录的诗作之外另行被视为作品(称为"编写作品",《著作权法》第 12 条第 1 款)。数据库有可能于收录的单个信息之外另行被视为作品,也是出于同样的理由(《著作权法》第 12 条之 2 第 1 款)。⑤

作品的创作人(作者)享有作者的权利(《著作权法》第 17 条第 1 款);和取得专利权一样,其不需要履行任何手续(第 17 条第 2 款)。如果多人偶然创作了同一作品或类似作品(偶然暗合),则各自成为作者,享有作者的权利。各作者无法互相行使权利阻碍作品的使用⑥,这是因为这种情形下,各人不过是在使用自己的作品而已。不过,由于作品是作者个性的展露,他与发明不同,偶然暗合的事态鲜有发生。

作者的权利包括作者的人格权和著作权。前者保护的是作者对作品的思考(精神利益),后者保护的是作者享有的作品被使用时所产生的经济利益(《著作权法》第 17 条第 1 款)。这两种权利均为排他性权利,作者可以请求停止或预防侵害(差止请求,《著作权法》第 112 条)。而且,对作者权利的侵害通常构成侵权行为(《民法》第 709 条)。故,作者可向侵害人请求赔偿损害[作者的人格权遭到侵害时,可请求赔偿精

---

④ 虽然《著作权法》覆盖的范围非常广泛,但是像椅子、电灯这种实用物品的设计,则另外受到《意匠法》这部法律的保护。因此,对于这些设计,法院倾向于尽量采用《著作权法》不予保护这样的解释(对"美术"范围的严格解释)。

⑤ 但是,如果是数据库的话,将针对它的体系结构来判断有无独创性,而非针对信息编排。

⑥ 这是旧法(明治 32 年法)下的案例,最高法院 1978 年 9 月 7 日判决,载《民集》第 32 卷第 6 期,第 1145 页,"One Rainey Night in Tokyo 案"。

神损害(精神抚慰金请求)]。

作者的人格权包含以下权利:决定对外公开作品的时间和方式的权利(发表权);向公众提供或出示作品之际,将自己(作者)的姓名作为作者姓名署名或者不署名的权利(署名权);对违反(作者)意志的针对作品的更改不予接受的权利(同一性保持权)(《著作权法》第18条第1款、第19条第1款、第20条第1款)。这些权利都属于人格权,因此只专属于作者自身,不可转让(《著作权法》第59条)。不过,如果要对作品进行发表或者更改,可以通过获得作者的同意来免除侵权责任。

著作权中还包括很多按照作品的使用情形所划分的权利(《著作权法》第21—28条)。在涉及互联网时经常引发问题的是作品复制权(《著作权法》第21条)和公众传播权(《著作权法》第23条第1款)。由于上传作品时,作品会被复制在计算机的服务器上,因此这种上传行为会成为复制权规制的对象。另外,"公众传播"是指以公众直接接收为目的,通过无线通信或者有线通信进行的传播(《著作权法》第2条第1款第7项之二)。如果从物理角度来看互联网传播,其就是服务器接收到用户要求后逐一自动输出信息的现象,而从法律角度来看的话,则可将上传者视为传播的实施者。这种传播形态被特称为"自动公众传播",上传本身被称为"传播可能化"(《著作权法》第2条第1款第9项之四、同款第9项之五)。并且公众传播权不仅将自动公众传播视为对象,还将作为其前一阶段之行为的传播可能化视为规制对象(《著作权法》第23条第1款括弧内)。因此,针对上传,作者可行使复制权和公众传播权这两项权利。

著作权也是一种财产权,因此可以向他人转让(《著作权法》第61条)。并且,作者也可以许诺他人合法使用其作品(《著作权法》第63条)。

2.2 违法下载

上传是为了向公众进行传播,与此不同,下载往往则是用于个人使用的复制行为。因为它属于复制权受到限制的私人复制(《著作权法》

第 30 条第 1 款),所以不构成著作权侵权。

不过,如果用户明知是侵害著作权的自动公众传播却依然进行录音或录像的下载行为,则不适用权利限制(《著作权法》第 30 条第 1 款第 3 项)。这条法规是 2009 年《著作权法》修正时新增的,实施该下载行为的人要对著作权人承担损害赔偿责任。此后通过 2012 年的修正,该下载行为不仅会引发民事责任,还有可能构成著作权侵权罪(《著作权法》第 119 条第 3 款)⑦。当然,修法背景中少不了那些因违法下载而遭受庞大经济损失的唱片公司和电影公司的推动,因为他们的主张极具说服力。不过,这条法规的实效性还是个未知数。可以说,它的目的主要是督促用户做到自制。

还有,即使访问视频网站只是纯粹看看视频,用户终端也会出现一种被称为高速缓存(cache——译者注)的信息的暂时性存储。它与一般的下载不同,是在视听过程中自动生成的。这种复制即使不属于私人复制,按照《著作权法》第 47 条之八的规定,因其复制权受到限制,也不会构成违法下载。

此外,因为构成侵权的下载指的是上文所述的那种录音、录像的行为,所以下载静止图像及文字信息,以及下载程序都不构成侵权。(但是,由于游戏也是一种电影作品,所以下载游戏程序有可能构成侵权。)通常认为,目前还没有必要对下载这些作品进行规制。

2.3 文件交换/共享系统

互联网通信的一般形态是将信息存储在特定服务器上,其在被用户访问时就会响应用户的请求发送信息。我们称为客户机—服务器模式(Client-server model——译者注)。在客户机—服务器模式中,若访问过于集中,需要处理的数据量(traffic——译者注)增大,就可能导致该服

---

⑦ 受著作权保护的对象实际上就是有偿提供的作品。犯该罪的处 2 年以下有期徒刑,并处或者单处 200 万日元以下罚金。

务瘫痪,通信速度变慢。

于是,一种将信息不存储在特定服务器上,而是让其在用户之间广泛享有,在用户终端便可直接进行信息交换的系统被开发出来了。这种通信形态被称为 Peer to Peer 模式的通信(Peer 意为"伙伴"),也可简称为 P2P。

(1) 用户侵害著作权

如果用户安装了使用 P2P 网络的程序,该用户终端就会起到服务器的作用,为其他不特定多数用户进行自动公众传播。如果某个作品文件被复制在通过安装同一程序所形成的共享文件夹中,就可以认为该作品处于原封不动可被传播的状态。因此,利用 P2P 网络交换或共享音乐文件的行为属于著作权侵权行为。

(2) P2P 服务提供商侵害著作权

不过,对著作权人而言,先找到数量庞大的利用 P2P 网络进行著作权侵权的用户,再逐一行使权利,这种做法从费用和效果来看并不可取。

于是,日本音乐著作权协会(JASRAC)以侵害著作权为由,对一家 P2P 服务的运营者(其运营的服务器可以将拥有目标作品文件的用户信息进行索引[8])提起了诉讼。该服务的运营者为日本 MMO,服务名称为"File Rogue",只要按照文件名或文件夹名进行检索,便可对用户之间接收和发送的文件进行个别掌握,还可在物理上采取措施对接收和发送进行限制。

东京高级法院对以下三项事实予以了认定:File Rogue 是引发著作权侵权的具体且具有现实盖然性的服务、日本 MMO 对此有预见却依然提供服务从而引发侵权、日本 MMO 对用户之间的接收和发送进行上述

---

⑧ 需要中央服务器的 P2P 模式被称为混合 P2P。

管理并获取广告费收益。法院从而认为，日本 MMO（与用户一起）也是公众传播权的侵权人（东京高级法院判决 2005 年 3 月 31 日法院网站"File RogueⅡ案"）。⑨

该判决通过对《著作权法》中的公众传播概念进行软性解释，判定 P2P 服务提供商也负有著作权侵权责任，这是一个著名案例。

(3) P2P 程序开发者和发布者的责任

有的 P2P 模式也不需要中央服务器将文件信息进行索引化（Pure-P2P）。在这种网络中，若某个用户发出了文件请求，该请求就会像救火时接力传递水桶似的从一个终端被传向另一个终端，以此搜寻到文件的持有者。

这种情形下，没有人能够对用户之间的接收和发送进行个别掌握和阻止，因此就无法针对某个人行使权利。

于是就产生了一个问题，是否可以向该 P2P 软件的开发者和提供者追究共同侵权行为责任或著作权侵权罪帮助犯的责任呢？P2P 软件自身，如上文所述，是一个能够减少网络负荷的有用技术，只是也可以被用来侵害著作权而已（这种技术被称为价值中立的技术）。视其他具体情况，上述责任也有可能成立，但是行为人并不会仅仅因为开发和提供了 P2P 软件，就要承担上述责任。

金子勇是 Pure-P2P 型程序"Winny"的开发者和发布者，他就曾被提起公诉。第一审中，京都地方法院裁定侵权帮助犯成立，但是第二审中，大阪高级法院却作出了无罪判决（京都地方法院 2006 年 12 月 13 日判决，载《刑集》第 65 卷第 9 期，第 1609 页"Winny 案一审"；大阪高级法院 2009 年 10 月 8 日判决，载《刑集》第 65 卷第 9 期，第 1635 页"Winny 案二审"）。

---

⑨　在多家唱片公司为原告的案件中，东京高级法院也作出了同样的判决。参见东京高级法院 2005 年 3 月 31 日判决，载法院网站，"File RogueⅠ案"。

最高法院驳回了上诉,判断如下:"提供软件的行为若要达到成立帮助犯的程度,不仅要求具有被用于犯罪的一般可能性,还必须要有具体的侵权用途状况,且软件提供者要对具体的侵权用途状况有认识,并加以容认。也就是说,软件提供者认识到了有人正在利用该软件实施具体的侵害著作权行为,却仍然公开、提供该软件,结果发生了具体的侵害著作权事件(a 情形);又或者根据该软件的性质、客观使用状况、提供方法等能够认定,获取该软件的人员之中不属例外的人员具有使用该软件实施侵害著作权行为的高度盖然性,而软件提供者对此也有认识,并加以容认,且实施了公开、提供的行为,结果有人利用该软件实施了侵害著作权的正犯行为(b 情形),此时,才能认定公开、提供该软件的行为构成著作权侵权的帮助行为"。

最高法院认为,难以认定被告是在认识到了有人正意图实施具体的侵害著作权行为并对此容认的前提下实施了公开、提供 Winny 软件的行为。而且,虽然被告是在获取该软件的人员之中不属例外的人员具有使用该软件实施侵害著作权行为的高度盖然性的状况下提供了该软件,但难以认定被告在提供之际就认识到了这种可能性,并对此容认,因此否定成立帮助犯(最高法院 2011 年 12 月 19 日决定,载《刑集》第 65 卷第 9 期,第 1380 页"Winny 案上诉审")。

2.4　云计算与《著作权法》

如今,互联网可提供的服务五花八门,除了所谓的内容服务提供商之外,互联网服务提供商在多数情况下只是为用户实施复制或公众传播提供中介服务或支持而已,算不上是复制和公众传播的主体。但是,根据其服务内容和运作方式,从《著作权法》立法角度来看,有些情形下也会将提供商认定为复制和公众传播的主体。

这些情形是指,对用户实施复制或公众传播进行了积极参与,或者对用户的这些行为进行了积极诱发。上述 File Rogue 案中的日本

MMO，可以说就是一个受到这种认定、被判定为侵权主体的例子。还有，明知存在侵权事实或侵权的可能性，却不采取特别措施，放任不管，这种情形下提供商也会被认定为侵权人。有一个案例就属于这种情形。在这个案例中，有人在电子公告板上发布了侵害著作权的帖文，该公告板的管理人虽然收到了权利人的通知却置若罔闻，后被认定负有著作权侵权责任（东京高级法院 2005 年 3 月 3 日判决，载《判例时报》第 1893 期，第 126 页"'烈爱罪人'案"）。

这些审判案例都是出于对著作权进行实效性保护，而对公众传播等主体范围的扩大作出了规范性解释。但是，被称为云服务的这种服务的特点是，用户并非将数据放在自己的终端上，而是将其保管在网络上的各个地方，等需要时再隔空将数据调取出来供自己使用。如果认为复制和传播这些数据的主体就是运营商的话，那一瞬间，其性质就会从不涉及著作权的私人复制和私人使用，转化为著作权效力可鞭及的运营商的复制和公众传播，所以说，解释方法不同，有可能就会对云服务自身的发展带来不同影响。

目前为止，最高法院有过一个将运营商认定为复制主体的案例。该案例中，运营商提供的服务是，用户通过使用具有隔空操作功能的通信器械，将自己专用的母机交给运营商保管，让母机在那里接收视听节目再转回到自己专用的子机上。虽然向母机发出录制指令的是用户，但最高法院仍然将运营商认定为复制主体（最高法院 2011 年 1 月 20 日判决，载《民集》第 65 卷第 1 期，第 399 页"录乐Ⅱ案"）。此外，在另一个涉及类似服务的案例中，最高法院的判决认为，既然是运营商将母机连接在电视天线上播放视听节目，那么，虽然发出传播指令的是用户，但从母机向子机进行传播的主体却是运营商，该传播可称为公众传播（最高法院 2011 年 1 月 18 日判决，载《民集》第 65 卷第 1 期，第 121 页"Maneki TV 案"）。

鉴于这些判决，近年来，应当如何界定云服务的合法性和违法性的话题热议不断。

3　互联网与《商标法》《不正当竞争防止法》

3.1　《商标法》《不正当竞争防止法》概述

众所周知,商品和服务通常都会使用标志(例如"Panasonic""黑猫大和"快递等)。企业使用标志是为了表明某商品或服务是自己的,而非他人的。如果能够向需求者持续提供优质商品或服务,那么该企业就会获得需求者的信任。需求者往往以标志为依据对该企业的商品或服务进行识别,因此,不应当认可第三人自由使用该企业标志。如果认可这种行为,那么该企业构建起来的信誉就会被第三人蹭用,需求者会将他人提供的商品或服务误认为是该企业提供的而被迫接受伪劣产品。

如此一来就需要一部法律对这种让自己的商品或服务区别于他人的标志进行保护,而承担此任的就是《商标法》和《不正当竞争防止法》。

(1)《商标法》

《商标法》中,标志被称为"标章"。其中,使用在商品或服务上的标志(Trademark)则被称为"商标"(《商标法》第 2 条第 1 款)。一直以来,标章只指文字、图形、立体物这类视觉上处于静止状态之物,2014 年《商标法》修正后,声音和视频等也作为标章获得承认。[依据修正后的《商标法》,所谓的声音标识(sound logo——译者注)以及电影的开播视频等均有可能获得保护。]

要取得商标权必须提交商标注册申请(《商标法》第 5 条)。特许厅审查官对申请内容未发现有驳回的理由时,必须作出应予以商标注册的审定(《商标法》第 16 条)。商标和专利一样,都采用先申请原则(《商标法》第 8 条)。

取得商标权后,商标权人拥有在指定商品或指定服务上使用注册商标的独占权(《商标法》第 25 条)。若第三人希望合法使用该商标,原则上需要商标权人转让商标权,或者通过合同(许可合同)取得使用权(《商标法》第 30、31 条)。若未经许可擅自使用,将构成商标权侵权。即使未使用注册商标的指定商品或服务,但如果有人将类似商标用于指定商品或服务,或者用于类似商品或服务,就有可能导致消费者误认为此举出自商标权人从而使商标权人信誉受损的结果,因此,这种情形也被视为构成商标权侵权(《商标法》第 37 条)。

商标权人可以请求停止或预防侵害(差止请求,第 36 条)。而且,商标权侵权通常构成侵权行为(《民法》第 709 条)。故,商标权人可以向侵害人请求赔偿损害。(注册商标由官方以公报形式向大众公开,对侵害人的过失推定有明文规定。由《商标法》第 39 条规定准用的《专利法》第 103 条。)

(2)《不正当竞争防止法》

如上所述,如果不提出申请、不进行注册,是无法取得商标权的。但是,即使是未注册的商标,如果实际在被使用,且具备识别力,则可认为它就是经营者积攒起来的信誉的具体体现。这种既成的信誉来自于经营者为构建信誉所付出的努力,值得法律保护。因此,即使是对于未注册的商标,也必须在一定范围内对第三人的擅自使用进行规制。为此而制定的法律就是《不正当竞争防止法》(以下简称《不竞法》)。

《不竞法》规定,不正当竞争是指,将他人广为需求者所知的标志(或者类似标志)用于自己的商品或服务,使需求者对其来源产生混淆的行为(《不竞法》第 2 条第 1 款第 1 项)。这里所称的标志,其概念广泛包含了那些具有来源表示功能的标志,比《商标法》中的标章概念更为宽泛(有时也包含具有特色的经营方式等)。《不竞法》中,标志被称为"表示",用于商品的被称为商品表示,用于经营的被称为经营表示,两者合起来则被称为"商品等表示"(同项括弧内)。此外,通常认为,"商标混同"不仅仅指使需求者误认为商品或服务来自他人(狭义的混同)这种情形,还泛指使需求者误认为商品或服务来自在组织上和经济上与该他人具有密切关系之人(广义的混同)的情形。比如,虽然未使需求者将该企业误认为商品或服务的来源,却将该企业的子公司或系列公司误认为来源的情形。

商品等表示之中,还有一些是经营者通过努力不仅获得了知名度(不只是广为人知),还获得了品牌声誉的标志。这种驰名标志,即使在使用时不会引发混淆来源的情况,也应当在一定范围内给予保护。理由是,这种标志因其所体现出的极大信誉,自身就具有吸引顾客的能力,对于无关人员的蹭车行为(免费搭车)不应予以认可。还有,由该标志联想到的对象一旦分散太广,其鲜明的形象就会弱化(稀释),从而导致品牌能力下降。此外,若联想对象中出现了异质物(污染),甚者还会导致该标志具有的品牌能力被积极损毁的事态发生(例如,将驰名商品表示"香奈儿"用于情人旅馆名称的情形等)。

因此,《不竞法》规定,不正当竞争也指将他人著名商品等表示(或者类似表示)用于自己的商品等表示的行为(《不竞法》第2条第1项第2款)。

因不正当竞争导致自身经营利益受损或存在受损危险的,当事人可以请求停止或预防侵害(差止请求,《不竞法》第3条)。并且,因故意或者过失侵害他人经营利益的,侵权人应承担损害赔偿责任(《不竞法》第4条)。

(3)两部法律规定的异同

《不竞法》中,无论是上述哪一种情形的不正当竞争,受保护的都是因使用而已经获得信誉的表示。而《商标法》中,商标若未注册则不受保护,而一旦进行了注册,那么,即使是未使用的商标也将受到保护。这是因为,这些商标即使尚未用于商品或服务,但是为了设计该商标,商标权人在消费者嗜好调查以及事先的广告宣传上已经投入了巨大资本,所以有必要通过保护独占权,让收回成本变得容易。

此外,若要寻求《不竞法》的保护,必须自行对自己将某表示作为商品等表示正在使用,以及该表示具有周知性和著名性等事实进行举证。而商标权人持有的商标通过注册已向大众公开,因而无须在该商标具有周知性和著名性的举证上承担责任。

3.2 元标签

商标权是指使用注册商标的权利(《商标法》第25条),何为"使用"则在《商标法》第2条第3款中有规定:"使用"的典型事例可举例如下:在商品或包装上附加标志的行为(第1项)、提供服务之际在顾客所使用之物(饮食店的毛巾、杯勺等)上附加标志的行为(第3项)、使用该物提供服务的行为(第4项)等。

(1)商标性使用

但是,有时也存在从形式上看属于商标使用的行为实则不属于商标使用的情形。商标是用来识别商品或服务的来源,对其质量予以保证之物。因此,如果以一种未发挥或者无法发挥该功能的形式进行附加的话,从实际上来看则不属于商标使用。以一种能够发挥商标上述功能的形式进行使用的,才被称为"商标性使用",若不存在这种使用,也就不存在对《商标法》所保护的法益造成侵害之说,不构成商标权侵权。例如,有人将包装容器作为指定商品,对"巨峰"标志进行了商标注册,即便如此,把"巨峰"或"KYOHO"(巨峰的日文读音——译者注)的字样标在用来装葡萄的纸箱上的行为也不构成对该商标权的侵害(福冈地方法院饭塚分院1971年9月17日判决,载《无体例集》第3卷第2期,第317页"巨峰案")。因为这种标志通常被认为是用来表明包装内容(巨峰品种的葡萄)的,而不会被认为是用来表明纸箱制品之来源的。又如,有人将娱乐用品等作为指定商品,对"电视漫画"这个标志进行了商标注册,即便如此,把"电视漫画"的字样标在以"聪明的一休"这个动漫节目为题材的纸牌的角落处进行制作或贩卖的行为,也不构成对该商标权的侵害(东京地方法院1980年7月11日判决,载《无体例集》第12卷第2期,第304页"电视漫画案";东京高级法院1981年3月25日判决,载《无体例集》第13卷第1期,第333页"同案第2审")。因为这种标志被认为只是用来表示"聪明的一休"是个动漫节目,而不会被认为是用来表明纸牌之来源的。

(2)元标签是否属于商标性使用

若将某个标志显示在Web网站上,用于进行数字内容(digital content——译者注)的下载营销,那么,对这种标志的使用通常将被视为商标性使用(《商标法》第2条第3项第7款)。若未经商标权人许可就提供这种服务,则属于商标权侵权。

那么,将他人的注册商标作为元标签(Meta-tag)使用的行为是否会对该商标权造成侵害呢?

元标签是Web标记语言HTML的标签之一,用于记录该Web网站的信息。元标签自身不会显示在网站上,但机器人搜索引擎[10]会根据这个内容进行搜索,因此,网站运营者通常都希望将"描述"(description)或"关键词"(keywords)作为元标签置入。

若将他人的注册商标置入元标签的关键词中,也许或多或少更易于将那些搜索该商标相关信息的用户吸引到自己的Web网站上来。但是,元标签能在多大程度上带来这种效果现今仍是一个未知数(据说基本上不具有使搜索结果排名靠前的效果)。还有,如同已述的那样,元标

---

[10] 这是搜索引擎的一种,通过专用应用软件,在互联网上的网站之间自动巡回,收集数据。收集数据的软件被称为机器人。

签自身(只要不打开页面源码)无法在网站上被认知到。就算那里存在形式意义上的商标使用,但如果仅仅只是利用他人商标的知名度来增加自己网站的访客量,则称不上是商标性使用。

话虽如此,作为元标签所设定的描述将与通往该 Web 网站的链接一起被显示在搜索引擎上。⑪ 可以说此处存在一定的视觉可辨认性。且用户看到他人的商标出现在描述中,很可能会将该商标与网站所提供的服务的来源联系在一起。这种情形似乎又称得上是商标性使用。

在此,为大家介绍一个可提供有益参考的案例。原告对"中古车110"这个商标已经进行了注册,而被告却在自己 Web 网站的元标签中置入了"汽车110。可为您提供进口、尾气排放、注册、车检、零部件以及饰品销售等与汽车相关的所有服务,欢迎致电详询"这样的描述。但是,该网站任何地方均未显示"汽车 110"的字样(有一段时期,"汽车 119"的字样曾被显示在首页上)。大阪地方法院认为,当网站描述作为搜索结果显示出来时,开头的"汽车 110"标志便会映入眼帘,由此可以判定,该标志被用来表示被告所提供的服务或被用作该服务的广告,已构成商标权侵权(大阪地方法院 2005 年 12 月 8 日判决,载《判例时报》第 1934 期,第 109 页"汽车 110 案")。

(3)《不正当竞争防止法》的规制

如上所述,元标签描述中所含的特定标志,若有可能被需求者误认

---

⑪ 当访问笔者就职的上智大学网页时,打开页面源码的窗口就可以浏览用 HTML 语言标记的该网页信息。元标签的部分,内容如下:
<meta name="Description" content="上智大学官网。可浏览大学概要及教育计划、本科及研究生指南、研究信息、图书馆信息、学生生活等与上智大学相关的信息。"/>
<meta name="Keywords" content="上智大学、上智、上智学院、索非亚、Sophia、Sophia University、教育、研究、国际交流、Grand layout、图书馆"/>
在谷歌上使用"上智大学"这个关键词进行搜索就会发现,第 1 条搜索结果中会显示通往该大学的链接,同时也会显示作为 Description 而设置的网页描述。

为是该 Web 网站所提供的服务的来源,则可认为该标志是被作为商品等表示在使用。还有,该标志若与众所周知的、他人的标志相同或类似,使需求者产生混同,误认为网站上的服务来自该他人,便可认为这种元标签设定属于《不竞法》第 2 条第 1 款第 1 项所说的不正当竞争。

此外,使用他人的著名标志,即使不会使需求者误认为网站上的服务来自该他人(也包含使用与他人著名标志相同或类似的标志,被需求者认出提供该服务的并非该他人这种情形),也有可能被视为《不竞法》第 2 条第 1 款第 2 项所说的不正当竞争(东京地方法院 2015 年 1 月 29 日判决,载《判例时报》第 2249 期,第 86 页"宜家案")。

3.3 域名

每一台与互联网相连接的计算机都会被分配一个 IP 地址(Internet Protocol Adress),也可称为网络地址,它是由一串数字组成的号码。计算机之间相互进行通信时,需要通过 IP 地址锁定通信对象,但人们却不喜欢这种单纯的数字罗列,于是便创建了将文字与 IP 地址相对应的域名系统。

笔者就职的上智大学,它的域名为"Sophia.ac.jp"。其中,".jp"表示日本这个地区,".ac"表示学校法人这个组织的属性。除却这些自动设定的部分,其他部分可自由决定,对同一域名存在冲突的,申请时按照先来后到的顺序确定。因此,域名大多都是一串代表注册人名称或者商标等的字符,常被作为自己的电子邮件和 Web 网站地址使用。

(1)域名引发的问题

话说,域名的注册机构是一个民间组织,注册时基本上不会就新注册的域名是否会触犯既有标志的权利进行审查。在这样的制度下,抢先于权利人而对他人的标志进行域名注册,然后创建 Web 网站,利用网站提供与该他人相同的服务,这在物理上是有可能实现的。

要想依据《商标法》和《不竞法》第 2 条第 1 款第 1、2 项对这种行为予以排斥,那么,该域名的使用必须属于上文所述的商标性使用或者作为商品等表示的使用。也就是说,遭到使用的域名必须被理解为该网站所提供的服务的来源。事实上,尽管也有审判案例对域名作为商品等表示的使用予以了肯定(东京地方法院 2001 年 4 月 24 日判决,载《判例时报》第 1755 期,第 43 页"J-PHONE 案";东京高级法院 2001 年 10 月 25 日判决,载法院网站"同案第二审"等),但是,比起域名自身,需求者通常更加留意网站的内容,所以无法保证单纯作为域名的使用每次都能被视为商标性使用或者作为商品等表示的使用。

此外,还存在注册人对他人的标志进行域名注册后并不使用,而是要求权利人以高价回购这类纠纷。对于这种情形,俨然就无法依据《商标法》和《不竞法》第 2 条第 1 款第 1、2 项进行处理了。

(2)《不竞法》第 2 条第 1 款第 13 项的规制

鉴于此,2001 年《不竞法》进行了部分修正,新增了第 2 条第 1 款第 12 项(现行的第 13 项)。该项规定,"出于获取不正当利益的目的,或者出于对他人施加损害的目的,取得或拥有与他人特定商品等表示……相同或类似的域名的使用权,或者使用该域名的行为"属于不正当竞争的一种类型。条文中之所以在他人商品等表示上附加了"特定"一词,是因为在第 2 条第 1 款和第 2 款中,像商品的容器和包装之类的物之形状虽有可能包含在表示的概念之内,但他们却不可能被转而用在域名上。[12] 不管怎么样,除了域名的使用外,域名的取得和拥有行为也被视为规制对象。还有,受该项保护的"特定商品等表示"不一定必须具有周知性和著名性。[13]

另外,第三人对与他人特定商品等表示相同或类似的标志进行域名

---

[12] 此外《不竞法》还规定,第 1 项和第 2 项的商品等表示是指表示商品或营业的物品,而第 13 项的特定商品等表示则是指表示商品或"服务"的物品,并解释称这样规定是为了与域名争议相关的国际规则保持一致。参见经济产业省知识产权政策室编:《不正当竞争防止法逐条解释 平成 23 年、24 年修正版》,有斐阁 2012 年版,第 94 页。

[13] 这样可以避免无关人员通过对该标志进行域名注册而阻碍该标志今后积攒信誉。

注册,也可能并非出于加害之意,自然不能连这种情形都视为规制对象。为此,该项要求他人必须就"出于获取不正当利益的目的"(图利目的)或者"出于对他人施加损害的目的"(加害目的)这两者中之一进行举证。

为大家介绍一个相关案例。"mp3.co.jp"域名的取得者 X 和使用"mp3.com"这个营业表示来提供 mp3 格式音乐播放服务的提供者 Y 之间产生了争议。X 要求确认,依据《不竞法》,Y 对该域名的使用不具有差止请求权。法院列举了符合《不竞法》第 2 条第 1 款第 12 项(现为第 13 项)所说的图利加害目的的三个示例:①以非法高价转卖自己拥有的域名为目的;②以非法利用他人的顾客吸引力实施经营为目的;③以在该域名的 Web 网站上登载诽谤文章或猥亵信息等,对由该域名联想到的企业施加损害为目的。法院认为,无法承认 X 具有①—③中的任何一个目的,故对 X 的请求给予了认可(东京地方法院 2002 年 7 月 15 日判决,载《判例时报》第 1796 期,第 145 页"mp3 案")。

(3) ADR

管理域名的民间组织为防止发生域名纠纷,准备了一个非诉讼纠纷解决方式(Alternative Dispute Resolution)。[例如,关于".jp"这个域名,日本网络信息中心(JPNIC)制定了一个纠纷处理方针。[14] 裁定机构是日本知识产权仲裁中心。]因为这个 ADR 事先就被纳入域名注册者应当遵守的规则中了,所以,对商标权人而言利用门槛非常低。但是,不论处于该程序审理前、审理中或裁定后的哪一个时间点上,当事人都可以向法院提起诉讼,要求通过法律途径予以解决,因此裁定机构并不具有最终解决纠纷的地位。

---

[14] 可在 JPNIC 的网站进行查阅(http://www.nic.ad.jp/doc/jpnic-01124.html)。

结　语

读完本章,想必您一定切实感受到了知识产权法与互联网之间密不可分的关系。那么,为什么这两者会具有这样的关系呢?原因在于,知识产权法是(为了某个人的利益)而对知识产权这种具有价值的信息给予保护的法律,而互联网则是(为了众人)而对信息的自由流通加以推动的事物,两者之间必定容易产生紧张关系。

与互联网紧密相关的知识产权法是一部频繁修正的法律(几乎每年都会进行修正)。理由之一就是为了对包含互联网在内的尖端技术的飞速发展作出应对,但是一旦制定制度时出现了失误,也可能导致互联网大幅丧失其具有的自由这一优点。

因此,衷心希望本书的读者能够时刻留意,对知识产权法领域今后的动向予以深切关注。

思考

1. Y 试图通过互联网提供音乐播放服务。该服务(以下称为"Y 服务")的运作方式是,用户购买音乐后,该音乐的 mp3 文件就会被发送至用户终端,在该终端内自动生成文件夹,该文件被藏置于该文件夹内的同时,Y 所管理的服务器内将为该用户生成个人音乐库,将同样的文件积累起来。如此一来,用户便可通过使用 Y 免费提供的特别浏览器在各种终端上随时随地把自己购买的音乐(从上述服务器内的个人音乐库中调取出来)进行播放。

Y 在合法实施 Y 服务之际,是否需要就生成个人音乐库时产生的位于服务器内的复制,以及用户从该音乐库调取音乐时实施的传输取得著作权人的许可呢?

2. 第三人从检索网站运营者那里"购买"特定关键词的行为被称为

"关键词购买"。由此一来,一般的网络用户在检索该关键词时,检索网站上就会出现对该第三人带来有益效果的某种显示。例如,该第三人的广告条就会显示在检索结果页,或者通往该第三人网站的链接就会出现在检索结果前列等。故而,如果购买了与他人著名商标一样的关键词,就可以利用该商标将消费者引诱至自己的网站。在我国的知识产权法上,这种行为是否违法呢?

拓展阅读文献

中山信弘、小泉直树编:《新·注解专利法》(上卷),青林书院2011年版,13页起,尤其是第17—24、39—42页(平嶋龙太撰稿)。

奥邨弘司:《何谓云计算》,载小泉直树等编:《云时代著作权法》,劲草书房2013年版,第1—23页。

小泉直树:《日本的云计算与著作权》,载小泉直树等编:《云时代著作权法》,劲草书房2013年版,第25—41页。

文化审议会著作权分科会 负责作品适当保护与利用的小委员会:《云服务与著作权相关报告》,载 http://www.bunka.go.jp/seisaku/bunkashingikai/chosakuken/hogoriyo/h26_10/pdf/shiryo_1.pdf,2015年。

外川英明:《服务器空间中的商标使用——聚焦连动检索型广告问题与免责声明》,载《Patent》第62卷第4期(增刊第1期)(2009),第197—214页。

第 11 章　互联网个人信息保护

山本　龙彦

引　言

（1）民间运营商对信息的收集使用等

互联网被称作"带有附加条件的'匿名'"世界。[①] 我们浏览 Web 网站之际，虽然每次都不会自报家门，但却在不断地向外散播着能让他人推测出我们为何方人士的信息。例如，终端 ID（CC:08:E0:B8:XX:XX）、IP 地址（10.0.0.2）、Cookie ID（261975709.1032778367.1433895797.1433895797.1），等等。根据这些信息虽然无法直接对个人进行识别，但是对于这些信息的拥有者、保存者而言，这些都是具有标识性的信息，至少能够将拥有某个终端 ID 的人与拥有其他终端 ID 的人加以区分和标识。当然，这种可标识但不可识别的信息和移动电话号码一样，都具有对个人进行识别的可能性。换言之，都存在对个人进行识别的风险性。我们游走于互联网空间时，就是在不断地向 ISP（Internet Service Provider，即互联网服务提供商——译者注）和所访问的 Web 网站提供这种可标识但不可识别的信息。

个人信息保护法制度受到假想世界这种特点的影响，其面貌正在发生极大改变。这一背景存在两个不同的矢量：

一个是指向信息利用和活用的矢量，这主要是来自经济界的要求。

[①] 小向太郎：《信息法入门（第 3 版）》，NTT 出版 2015 年版，第 25 页。

经济界想将分散在互联网上的庞大数据作为"大数据"加以利用和活用,让它们为创造新产业发挥作用。关于"大数据"至今尚无明确定义,有解释称它是一种"在数量、速度和种类上都具有压倒性优势的信息资源,需要革新性信息处理技术才能对其做出高度洞察,确定决策"的数据。② 作为企业而言,可以从这些大数据上挖掘出关于人的行为和模式的新知识[因为是从数据中挖掘新知识(knowledge mining from data),所以被称为"数据挖掘"],再运用这些知识对每个消费者进行特征剖析,贴合其兴趣嗜好推送广告(因为是瞄准该消费者而推送的广告,所以被称为"定向广告"③)。这种对互联网信息进行积极利用的理论依据就在于终端 ID 等线上标识符所具有的可标识但不可识别的性质。具体而言就是,其多数都具有将某个用户与其他用户加以标识、区分的作用,但却不具有直接对用户为何方人士进行识别的作用——因此,不属于重视个人识别性的传统的"个人信息"——这种性质。

另一个是指向信息保护的矢量。如上所述,我们在互联网空间移动时就会泄露 IP 地址和终端 ID,根据这些信息就能够获知我们浏览过哪一个 Web 网站、浏览了多久,如果我们使用手机的话,还能获知我们实际去过哪里。对这些信息进行积累、汇总,再进行特征剖析,我们的思想倾向、性取向、健康状态等敏感信息就会暴露无遗。消费者团体担心,即便这些信息无法直接指向特定个人,但也存在借由网络或数据库指向特定个人的"风险",因此要求制定一个行之有效的法律制度保护网络隐私。

现实世界中,在这两个矢量的前提下各种制度改革正在推进中。例

---

② *IT Glossary: Big Data*, Gartner, http://www.gartner.com/it-glossary/big-data/(last visited Dec, 1, 2014)

③ 一般社团法人日本互动广告协会(JITT)制定的《行为定向广告指南》(2009 年 3 月制定、2015 年 5 月修订)将行为定向广告定义为:"这是一种根据用户浏览记录分析用户的兴趣、嗜好,将用户分为小群体(cluster),按照小群体分别投放互联网广告的服务,并伴有对用户浏览记录的积累"(《行为定向广告指南》第 3 条第 2 款)。

如,2013 年,作为日本《个人信息保护法》基础的《OECD 隐私指南》(1980 年通过)得以修正。④ 并且,欧盟意欲将 1995 年的《个人数据保护指令》⑤升级为具有更强约束力的"条例",进行内容上的大幅修正。2012 年欧洲委员会制定了《欧洲议会与理事会关于涉及个人数据处理的个人保护以及此类数据自由流动的条例提案》(以下简称《条例提案》)⑥,2014 年 3 月欧洲议会通过了对其作出修正的修正案(以下简称《修正案》),直至今日仍在不断地对其进行探讨。⑦ 另外,在被指出没有关于个人信息保护的统一法律、对信息的保护程度低于欧盟的美国也于 2012 年由奥巴马政府颁布了《消费者隐私权法案》(A Consumer Privacy Bill of Rights)⑧,由联邦贸易委员会(FTC)发布了以"激变时代的消费者隐私保护"⑨为题的重要报告。这些动向虽说都是出于消费者保护角度,但

---

④ 参见堀部政男、新保史生、野村至编:《OECD 隐私指南——30 年进化与未来》,JIPDEC 2014 年版。

⑤ Directive 95/46/EC of the European Parliament and of the Council of 24 October 1995 on the Protection of Individuals with Regard to the Processing of Personal Data and on the Free Movement of Such Data, 1995 O. J. (L 281) 31-50 [hereinafter Data Protection Directive].

⑥ Proposal for a Regulation of the European Parliament and of the Council on the Protection of Individuals with Regard to the Processing of Personal Data and on the Free Movement of Such Data (General Data Protection Regulation), COM (2012) 11 final (Jan. 25, 2012) [hereinafter Proposed Regulation].

⑦ 关于欧盟的最新动向,参见新保史生:《EU 个人信息保护制度》,载《Jurist》第 1464 期(2014),第 38 页起。

⑧ WHITE HOUSE, CONSUMER DATA PRIVACY IN A NETWORKED WORLD: A FRAMEWORK FOR PROTECTING PRIVACY AND PROMOTING INNOVATION IN THE GLOBAL DIGITAL ECONOMY (Feb. 23, 2012), available at https://www.whitehouse.gov/sites/default/files/privacy-final.pdf.

⑨ FED. TRADE COMM' N, PROTECTING CONSUMER PRIVACY IN AN ERA OF RAPID CHANGE: RECOMMENDATIONS FOR BUSINESSES AND POLICYMAKERS (2012), available at https://www.ftc.gov/sites/default/files/documents/reports/federal-trade-commission-report-protecting-consumer-privacy-era-rapid-change-recommendations/120326privacyreport.pdf [hereinafter Privacy Report].

也开始显示出美国准备认真致力于互联网空间个人信息保护的姿态。⑩

要概括这些制度改革的倾向并非一件易事。它要求我们要从第一个矢量出发，认可大数据的利用和活用，同时还要从第二个矢量出发，引入可以降低个人识别风险的设置，以及用户本人能够对自己的网络行为轨迹予以察知和拒绝的设置（Do Not Track）。而且，由于刚才所说的设置以及系统的构建需要高深的专业技术知识，国家和法律很难，也不宜对这种构建或设计作出细致规定。在这一点上，近年来的制度改革也对在线隐私保护的公私协同方式，换言之就是对法律、指南、自主规制等责任分担方式给予了极大关注。受到这种一般倾向的影响，日本也于2014年6月由内阁官房IT综合战略总部发布了《个人数据利用与活用制度修正大纲》（以下简称《修正大纲》）⑪，并于2015年9月3日出台了《对个人信息保护法以及有关行政程序中特定个人识别码利用法进行部分修正的法律》（以下简称《修正法》或《法》）⑫，该法对2003年制定的《个人信息保护法》（以下简称《旧法》）进行了大幅修正。接下来在1中将围绕《法》的内容，对这一举措作出尽可能简洁明了的解释。

（2）国家对信息的收集使用等

上文主要谈到了民间运营商对互联网信息的收集，然而，在线隐私的侵犯者不仅限于民间运营商。政府机构有时候也会因为犯罪侦查或防恐等目的在互联网上收集有关个人的信息。不过，政府机构对隐私的

---

⑩ 有关这种国际动向，参见石井夏生利：《个人信息保护法的现在与未来》，劲草书房2014年版；石井夏生利：《美国的大数据利用与规制》，载《Jurist》第1464期（2014），第32页起；消费者厅：《关于个人信息保护国际框架修正动向调查报告》（2014）等。

⑪ 高度信息通信网络社会推进战略本部：《个人数据利用与活用制度修正大纲》（2014年6月24日）。研讨会成员就修正大纲的内容所作的讨论，参见宇贺克也、宍户常寿、森亮二：《鼎谈 迈向个人数据保护与利用活用》，载《Jurist》第1472期（2014），第ii页起。

⑫ 参见宍户常寿：《个人信息保护法制——保护与利用的平衡》，载《论究Jurist》第13期（2015），第37页起；曾我部真裕：《信息法》，弘文堂，将于近期出版。

这种侵犯基本上属于一种间接性、二次性侵犯。因为既然互联网属于民间运营商建设的民间基础设施，那么它也属于受通信秘密（《宪法》第21条第2款、《电信事业法》第4条）保护的高度封闭的网络空间，因此，政府机构收集有关个人的信息时，也必须得到建设并管理此基础设施的ISP等的协助。通常，这些民间运营商手头掌握着可将通信记录中留有的线上标识符（X）和特定个人（＝山本龙彦）联系起来的信息或者数据库，他们是国家收集信息的直接对象（被处置人）。如此看来，在与国家的关系中，对于每个用户隐私的保护将强烈依赖于作为直接对象的ISP等民间运营商的应对。在2中，为了了解国家对在线隐私的保护现状，将主要围绕国家与民间运营商的关系和距离，具体而言就是围绕国家要求民间运营商披露和提供用户信息时的程序进行介绍。

1 民间运营商对信息的收集使用等

1.1 线上标识符与"个人信息"

（1）文脉依赖性

如上文所述，从互联网上收集到的大多数信息都属于与终端ID、IP地址、Cookie ID等相捆绑的可标识但不可识别的信息。虽然统称为"可标识但不可识别的信息"，但实际上名目繁多。例如，Cookie信息也分第一方Cookie（1st Party Cookie——译者注）收集的信息和第三方Cookie（3rd Party Cookie——译者注）收集的信息。前者由用户所访问的Web网站的设置管理者向用户终端分配ID，当用户通过该Cookie ID再次访问该Web网站时就会被辨认出来，以此对该用户的浏览记录进行收集。这原本是用来对再访者的会话控制（session——译者注）进行维护和管理的，它能够收集到的信息基本上也只限于该Web网站内的活动。而且，只要用户在该Web网站购买商品等时未提供姓名等个人信息，

Cookie 所收集到的信息,其本身也算不上是具有个人识别性的信息(从 Web 网站方来看,这个访问者始终都是用户 X)。而如果这个用户提供了姓名等信息,且 Web 网站方将 Cookie 信息与特定个人绑定的话,那么,这个信息就是既具有标识性,还具有个人识别性的"个人信息"。

后者主要由互联网广告公司,向访问登有自己广告的 Web 网站(A)用户 X 的终端分配 ID,当用户 X 通过该 Cookie ID 访问登有该公司广告的其它 Web 网站(B、C、D……)时就会被辨认出来,以此对 X 的浏览记录进行横向收集。从 X 的角度来看时,Cookie 不是由自己所访问的 Web 网站(第一方)记录的,而是由其背后不可见的"第三人"(第三方)记录的,因此,被称为"第三方"Cookie。它不同于第一方 Cookie,它的目的不是对会话控制进行维护和管理,其原本就是以市场营销为目的的。而且,它可以对横跨多个 Web 网站的 X 的网络行为进行"追踪"(track),通过记录其行为,对 X 的人物形象进行详细的特征剖析(特征剖析的结果可被用于定向广告)。与第一方 Cookie 一样,虽然它本身并不能对个人进行识别,但是,从它庞大的信息量以及由这些信息所推断出来的 X 的特征,就能够对个人进行识别,这个风险可以说要远大于第一方 Cookie。

此外,终端 ID 和 IP 地址也一样,其性质会因为由谁拥有和如何拥有而大不相同。这些信息虽然是可标识但不可识别的信息,但对于像掌握着加入者信息,能够将线上标识符与姓名等连接起来的 ISP 而言,也算得上是具有可标识可识别性质的"个人信息"。

如上所述,可以说,终端 ID、IP 地址、Cookie ID 这些线上标识符,以及与它们相捆绑的用户 X 的特征信息,其性质都强烈依赖于由谁拥有和如何拥有这样的"文脉"。

(2)《法》的修正重点

基本上而言,个人信息保护法制度是用来保护"个人信息"的。可称为"个人信息"的信息,使用时会受缚于预先设定的目的,向第三人提供时会受到限制,其信息主体享有一定的控制权(披露请求权等)。[13] 因此,我们在思考在线隐私时就会引发这样一个问题,即上文1.1(1)中所述的标识符是否属于法律上所说的"个人信息"。《旧法》的定义是,"个人信息指生存着的<u>个人的相关信息</u>,根据该信息所包含的姓名、出生年、月及其他内容,能够标识出该特定个人(包含可以容易地与其他信息相对照,并借此标识别出特定个人的信息)"(《法》第2条第1款)。此处,若仅仅是"个人的相关信息"(划线部分),则不属于"个人信息"(个人的相关信息≠个人信息,近年,多将前者称为"个人数据"),要让其成为个人信息,还必须"能够标识出该特定个人"(波浪线部分,个人信息=可标识可识别信息)。括弧内所说的"容易"二字该如何理解,一直以来全凭解释,但通常认为,以下三种情形不满足"容易"要件,不属于"个人信息",即"向其他运营商发出不在其日常业务范围内的特别照会,该其他运营商需要进行大量调查方可给出答案;虽同为内部组织,但由于系统的差异使得从技术上很难进行对照;为了进行对照,还需要购买和安装特殊软件"。[14]

《修正法》在上文所述《旧法》的定义之上,新增了"含有个人标识符号的信息"为"个人信息"(《法》第2条第1款第2项)。乍一看,似乎上文所述的线上标识符也可作为"个人标识符号"被悉数纳入"个人信息"中。但是,《修正法》规定,这里所称"个人标识符号"系指:①为了让每一个对象有别于他人而在使用服务、购买商品时,或者在证件材料上所添加的"能够对<u>特定</u>的用户、购买者或者证件持有者进行标识的符号"[15];②"由政令规定的符号"(《法》第2条第2款)。《修正法》对于从

---

[13] 向第三人提供"个人数据"受到限制。(《法》第23条)这里所称"个人数据",其定义是构成个人信息数据库的"个人信息"。(《法》第2条第4款)

[14] 宇贺克也:《个人信息保护法逐条解释(第4版)》,有斐阁2013年版,第29页。

[15] 《法》第2条第2款第2项。除①以外,还包含通过电子计算机对特定个人的部分身体特征进行变换处理所形成的、能够识别该特定个人的符号(指纹数据、人脸识别数据等)。(《法》第2条第2款第1项)

范畴上，或者一般而言将线上标识符纳入"个人信息"的想法未予采纳。最终，尽管还要看②的政令是如何"规定"的，但是，从①专门针对"特定的用户"等（划线部分，着重号为笔者所加）作出规定这一点来看，在判断某信息是否属于个人信息时，归根结底还是和《旧法》一样，看重的是个人识别性这一点。在法案阶段的政府解释中，护照号码和驾照号码等作为①的例子均在其列，但却未见终端 ID 和 IP 地址的身影。如此看来，即使在《法》被修正后，判断线上标识符是否属于"个人信息"，还是要根据个人识别性和容易对照性这两点来具体情况具体分析。事实上，如上文 1.1（1）中所述那样，判断线上标识符是否属于"个人信息"，还是要依赖于由谁拥有和如何拥有这样的"文脉"。（当然，文脉式判断经过日积月累之后，②的政令就会将特定类型作为"个人信息"纳入其中。）

近年，激励方式得到大力提倡，它为这种文脉式判断指出了方向。⑯具体而言就是，当运营商积极采取措施降低个人识别风险时，就要对其拥有的信息属于"个人信息"这一点予以否定，而当运营商不采取措施时，就要对其拥有的信息属于"个人信息"这一点予以肯定，以此激励那些为了保护隐私而付出具体努力的运营商。（运营商可以选择是将成本投入在采取制度性措施最大限度地降低个人识别风险上，还是对个人识别性姑息放任，将成本投入在作为"个人信息"拥有者，对信息主体的控制权进行应对上。）例如，经济产业省《关于"经济产业领域个人信息保护法指南"》（简称 Q&A）⑰认为，即便运营商分别拥有保存着姓名等信息的数据库和保存着与线上标识符 X 相关的浏览信息的数据库，但如果某个位于特定立场的人"能够访问双方的数据库，对于该运营商而言

---

⑯ Paul M. Schwartz and Daniel J. Solove, "Reconciling Personal Information in the United States and European Union", 102 *CALIF. L. REV.* 877, 914-915 (2014).

⑰ 经济产业省：《关于"经济产业领域个人信息保护法指南"的 Q&A》（No.14），第 2 页，载 http://www.meti.go.jp/policy/it_policy/privacy/downloadfiles/1212qa.pdf。

就处于'可以容易地进行对照'的状态"。这样一来,若通过比对双方的数据库就能够对信息主体进行识别,那么,无论实际上是否进行了比对,X的相关信息都将被视为"个人信息"。但是,该《Q&A》也论述道,"包括经营者、数据库系统负责人在内的公司内部所有人,如果在规程上和运营上都被严格禁止访问双方的数据库,则不能称为'可以容易地进行对照'"(着重号为笔者所加)。这就意味着如果运营商自身采取了严格措施,最大限度地降低比对以及个人识别风险的话,那么,即便运营商另行拥有能够对信息主体X进行识别的信息,与标识符X相关的信息也不会被视作"个人信息"。

此外,《修正法》还承认,如果运营商遵照《修正法》新增置的个人信息保护委员会所制定的标准,对个人信息进行匿名加工并予以公布,那么,将明确否定其所拥有的信息属于"个人信息",可以(不经本人同意)将之提供给第三人(《法》第36条,将匿名加工信息提供给第三人时,根据《个人信息保护委员会规则》的规定,必须对一定事项进行公布)。作为运营商采取"匿名加工"措施的保证,对其所拥有的信息属于"个人信息"予以否定,允许其自由使用大数据,这样的策略可以说与激励方式的思路也是吻合的。

(3)指南

(a)个人相关信息

个人相关信息是否属于法律上所讲的"个人信息"暂且不论,现今,各经营领域制定的指南以及各行业团体的自主规制,按照自身领域处理的信息性质,都规定了与之相符的保护措施。例如,在由互联网广告商业相关企业共同组成的一般社团法人日本互联网广告推进协会(JIAA)制定的《隐私政策制定指南》中,除了法律上所讲的"个人信息"以外,还自行划分出了以下两个范畴:①"信息数据"[这可以进一步划分为:(a)虽然无法对个人进行识别,但却可能产生隐私安全隐患的信息,如"Cookie 信息、IP 地址、签约人和终端固有 ID 等标识符信息,以及位置信息、浏览记录、订单记录等与互联网使用相关的日志信息等";(b)"对这些信息进行收集、统计后所得到的、以不可能指向特定个人的形式被使用的信息",划分在(统计信息)中]、②"个人相关信息"[个人信息及上述①(a)]。对于范畴②,则要求必须在隐私政策上对使用目的"尽可能明确地予以特定",进行明示,如要将其提供给第三人,原则上需要事先征求消费者本人的同意(但是,也承认 opt-out 方式)⑱,这些要求与处理"个人信息"的要求并无二异。此外,JIAA 制定的《行为定向广告指南》规定,相关运营商若要通过上文所述的第三方 Cookie 获取用户行为记录信息,必须向用户进行简明易懂的告知(确保透明性)。针对广告提供商,尤其要求他们必须"在用户能够从登有广告提供商告知事项之网站内的网页很容易就能实现访问的区域,向用户提供可以就是否允许广告提供商获取用户的行为记录信息,以及是否允许广告提供商使用用户的行为记录信息做出选择的便利手段",而针对发送定向广告的传媒企业,则要求他们必须"将(JIAA)指定的图标(icon——译者注)显示在行为定向广告内部或者设置有行为定向广告的区域附近,以此对必须设置可通向传媒企业网站内登有告知事项之网页的链接这一举措作出配合响应"。可以说,这些措施都是业界自主采纳美国 FTC 等倡导的"Do Not Track"的体现。

当然,JIAA 制定的指南毕竟只是行业的自主规制,其实效性如何并不确定。在这一点上,《修正法》以"民间自主性举措的活用"(修正大纲)为支柱,承认个人信息保护委员会(以下简称委员会)在一定要件下

---

⑱ 《法》也承认以下三种情形可通过 opt-out 向第三人提供(《法》第 23 条第 2 款):①对使用目的中包含向第三人提供,以及向第三人所提供的个人数据的项目,通过将其置于"**本人容易知晓的状态**"下进行了公布;②对 opt-out 权利的存在以及如何行使的具体方法也按照与①相同的方式告知了本人;③这些事项已提交至个人信息保护委员会。在 JIAA 制定的指南中,就"**本人容易知晓的状态**"所举的具体例子是:"从 Web 页面的首页向只需一两次操作便可到达的页面进行连续登载"。

所认定的"个人信息保护认定团体"享有制定"个人信息保护指针"(以下简称指针)的权限,同时规定,该团体有义务采取必要措施,让作为其管理对象的运营商遵守指针(《法》第 53 条第 4 款)。因此,像 JIAA 这种团体如果被委员会认定为"个人信息保护认定团体",那么,作为其管理对象的运营商就必须在该团体的监督下,遵守与法律所制定之标准相异的(某种意义上而言,是"追加"式的)指针。此外,《修正法》还规定,委员会作为国家机构,可以对指针的制定团体进行认定,并对指针的制定过程进行监督(《法》第 53 条第 1 款)。[这个过程是国家、运营商、消费者、有识之士等相关人员共同参与的开放的过程,要求必须是一种多方共同管理的过程(Multi-stakeholder Process——译者注)。]这种通过让国家机构参与指针的制定过程,发挥自主规制在应对技术革新上展现的可能性和灵活性优势的同时,弥补自主规制在实效性和正统性上的不足之处的规制被称作"共同规制"。⑲ 要了解关于在线隐私的法律状况,仅仅参照法律是不够的,还必须对这种公私协同式的"共同规制"进行正确把握。

(b)通信记录和位置信息

《旧法》对所谓的通信记录(用户使用电子通信的时间、通信对象以及其他与用户相关的通信信息,通信内容除外)并未作具体规定。这一状况在《修正法》中依然如旧。另外,总务省制定的《电信事业个人信息保护相关指南》(以下简称《指南》)认为,由于通信记录也是通信的构成要素,从实质上而言,通信记录被他人获知可能会导致通信内容被推知,因此,出于保护"通信秘密"的考虑,包括 ISP 在内的通信运营商"仅限于为完成费用支付、请求付款、应对投诉、防止不正当使用以及其他业务所需时方可进行记录"(《指南》第 23 条第 1 款),并将这种记录和保存视为例外情形。关于将其提供给他人这一点,"除了获得用户同意、执

---

⑲ 参见生贝直人:《信息社会与共同规制》,劲草书房 2011 年版。

行法官签发的令状、符合正当防卫或紧急避难,以及具备其他违法阻却事由的情形之外",均不予准许(第 23 条第 2 款)。

此外,《修正法》对显示移动通信终端持有者所在位置的信息,即所谓的位置信息也未作具体规定,而《电信事业个人信息保护相关指南解说》将其分为两大类:①以基地为单位的位置信息,即"基地相关位置信息"[这个可以进一步划分为:(a)移动终端作为通信前提发送给基地的位置注册信息和(b)个体通信之际所使用的基地信息];②虽然个体通信时并不需要,但精确性却更高的位置信息,即"GPS 位置信息"。[20]《指南解说》并在此基础上认为,①与通信秘密相关[(b)信息作为通信前提,相当于通信秘密],②虽然与通信秘密无关但却是"具有高度隐私性的"信息,所以两者均应当受到高度保护。[21] 因此,《指南》规定,通信运营商"除了获得用户同意、执行法官签发的令状以及具备其他违法阻却事由的情形之外,不得将位置信息……提供给他人"(第 26 条第 1 款。警察要求提供时的相关程序,参见 2.2)。

因为移动电话运营商同时也掌握着加入者信息,所以,按照上文所讲的容易对照性可以认定,经其手处理的位置信息属于"个人信息",而经其他运营商(应用服务提供商等)之手处理的位置信息并非都属于"个人信息"。但是,多个研究会报告[22]认为,被持续收集的位置信息即便当时不具有个人识别性,但还是具有个人识别的高度盖然性,应当将其作为有必要加以高度保护的个人数据来对待。总务省的《位置信息隐私报告》中也指出,"位置信息因可以表明某人何时位于何地而具

---

[20] 要了解以 Wi-Fi 访问地点为单位的位置信息"Wi-Fi 位置信息",可参见总务省:《位置信息隐私报告》(2014 年 7 月)。

[21] 参见《指南解说》第 48 页,《位置信息隐私报告》第 6—7 页。

[22] 参见总务省:《关于个人数据使用和流通的研究会报告》(2013 年 6 月)第 25、29 页;总务省:《智能手机 个人隐私 倡议(用户视角下的 ICT 服务相关问题研究会)》(2012 年 8 月)第 44—45、51、61 页。

有高度隐私性,其特点是精确性越高,时间持续得越久隐私度便越高"。㉓ 同时,针对一般的位置信息,该报告指出,若该信息被加工处理后,按照当时的技术水平不可能或者极难再对其进行识别("充分匿名化"㉔),则认为个人识别风险被大幅降低,可以未经用户同意进行使用或向第三人提供。㉕ 另外,针对移动电话运营商经手处理的属于"通信秘密"的位置信息[至少可包括上文所述的①(a)],该报告指出,基于通信秘密的要求,即便对此进行了"充分的匿名化"处理,也不得未经用户同意就进行使用或向第三人提供。但同时认为,只要进行了"充分的匿名化"处理,则可在满足一定要件的前提条件下,依据合同约款等事先达成的概括同意(无须经过个人的具体同意)进行使用或向第三人提供。㉖

如上所述,超越法的规定,将有关通信领域的指南等也一并纳入视野来看的话就会发现,对于 ISP 和移动电话运营商所涉及的与通信相关的信息,则要求必须从通信秘密的角度予以更为严格的保护。

1.2　特征剖析与隐私政策

(1)个人被识别的状况下进行的特征剖析

思考如何在互联网空间保护个人信息时,一个无法绕开的问题就是特征剖析。上文提到,定向广告就是根据用户的行为记录对其人物形象进行特征剖析,再依据剖析结果向该用户推送个性化广告。当然,特征剖析不仅仅被用于广告,也被用于个性化资讯的推送,以及(警察)对犯

㉓　《位置信息隐私报告》第 27 页。
㉔　这意味着要比法案所规定的匿名化具有更高匿名性。参见宇贺克也、宍户常寿、森亮二:《鼎谈 迈向个人数据保护与利用活用》,载《Jurist》第 1472 期(2014),第 v 页《森亮二发言》。
㉕　参见《位置信息隐私报告》第 38 页。
㉖　参见《位置信息隐私报告》第 47 页。

罪人员的预测。这种特征剖析，至少在个人被识别的状况下进行是有可能构成隐私权侵权的。例如，美国零售商 Target 公司就被认为根据顾客的购买记录对该顾客的妊娠可能性和预产期进行了预测。当然也可以认为，这不过是"市场营销"这个已获得同意的概括性目的能够覆盖到的"使用"形态之一罢了，或者也可以认为，在此获得的只是基于算法（Algorithm——译者注）的推测和预测（创造性智力活动之一），并非与该顾客私生活相关的事实或者真实信息。但是，作为涉及隐私权的典型案例，"盛宴之后"案判决[27]认为，"如果一般人……能够信以为真，理所当然地将其误认为是该私人的私生活，则可视为侵犯隐私"（着重号为笔者所加）。从该判决可以看出，由具有一定精确性保障的算法所引导出的特征剖析结果，只要被认为是"能够信以为真"的信息，那么，像 Target 公司实施的这种行为就是"以数据为媒介的偷窥行为"，将构成隐私权侵权。[28] 即使站在将隐私权视为个人对有关自身存在的信息享有选择披露对象和披露范围的权利（个人信息控制权）[29]这种立场上，也可以将未经本人同意而通过特征剖析创造敏感信息的行为视为剥夺本人选择披露对象之机会的行为，认为该行为构成隐私权侵权。

此外，还可指出的一点是，用统计学概率对人类或者个人进行评价和判断也有悖于作为宪法基本原理的人性尊严和个人尊严。事实上，欧盟极度重视人性尊严，针对上文提及的《条例提案》所作的《欧洲议会修正案》（2014 年）承认，所有自然人拥有特征剖析拒绝权，并在此基础上规定，"必须以醒目的形式向数据主体提供……（这个）权利的相关信息"。有学者指出，日本的讨论大多集中在违反安全管理规定的信息泄露以及能否向第三人提供个人信息上，而对有关特征剖析的讨论开展得

---

[27] 东京地方法院 1964 年 9 月 28 日判决，载《下级法院民事裁判例集》第 15 卷第 9 期，第 2317 页。

[28] 参见山本龙彦：《犯罪预测与宪法》，载《庆应法学》第 31 期（2015），第 333 页。

[29] 参见佐藤幸治：《宪法（第 3 版）》，青林书院 1995 年版，第 453—454 页。

并不充分。㉚ 事实上,对于将特征剖析行为本身视为侵权这一点,日本的倾向并没有欧盟那么强烈,即使在修正大纲中,也只是将此问题定位于应予以继续讨论的课题之一而已。因此,《修正法》中也不存在针对特征剖析所作的特别规定。尽管如此,未经本人同意而创造与本人相关的敏感信息这种特征剖析行为,作为重新"获取"敏感信息的行为,有可能违反《法》第17条第2款所规定的"个人信息处理业者,(原则上)不得在事先未经本人同意的情形下获取需注意个人信息"。此处所说的"需注意个人信息"指,"本人的种族、信仰、社会地位、病历、犯罪经历、犯罪被害事实以及政令规定中所记载的、为避免对本人造成不当歧视、偏见和其他不利情况而在处理上需要特别注意的其他个人信息"(《法》第2条第3款)。

(2)个人未被识别的状况下进行的特征剖析

通过线上标识符尽管识别出了用户X,但却不清楚X为何方人士(可标识但不可识别),这种状况下所进行的特征剖析,如上文1.2(1)所述,很难将该行为本身视为隐私权侵权。但是,这并不是说个人未被识别的状况下进行特征剖析就不存在问题。例如,根据这个特征剖析,向用户X推送有别于他人的信息就有可能构成差别对待。美国的旅行代理店Orbitz公司对该公司Web网站的浏览记录等进行解析后发现,"在酒店住宿这件事上,Mac用户支付的费用平均每天要比Windows用户高出约30%",于是他们给Mac用户显示的选择价格便高于Windows用户。

而且,即使是在个人未被识别的状况下进行特征剖析,也会产生所谓的"过滤气泡"㉛问题。过滤气泡是指,每一位互联网用户都处于身边

㉚ 参见石井夏生利:《个人信息保护法的现在与未来》,劲草书房2014年版,第77页。

㉛ 参见伊莱·帕理泽(Eli Pariser):《封闭的互联网——谷歌·个性化·民主主义》,井口耕二译,早川书房2012年版。

充斥着与特征剖析推算出来的"自己"（假象）相匹配的信息——由计算机算法"判定"的与"自己"不相匹配的信息会被过滤掉，不会被推送给用户——这样一种状态。它所带来的问题要比在商品选择上对用户 X 进行诱导性操作更为严重。因为这种过滤通过减少用户与不同意见者进行接触和交流的机会，不仅会对用户的人格发展造成负面影响，还会对通过不同观点之碰撞获得维护的民主主义社会造成负面影响。

FIGURE 图11-1 需要经过本人同意的情形

法律规定必须经过本人同意的行为		
行为	同意的方式	法律依据
目的范围外的个人信息使用	opt-in	《法》第16条
向第三人提供个人信息	opt-in或opt-out	《法》第23条
获取需注意个人信息	opt-in	《法》第17条第2款

法律解释上，可理解为应当经过本人同意的行为		
行为	同意的方式	法律依据
位置信息的获取	opt-in	《电信事业个人信息保护相关指南》、《位置信息隐私报告》
差异化部分信息的发送	opt-in或opt-out	反歧视原则、拒绝接收信息权

当然，在个人未被识别的状况下所进行的特征剖析，比起特征剖析这个行为本身，其问题更出在根据剖析结果对信息进行个性化——差异化——处理后持续推送给用户这个行为上。拒绝接收差异化信息在美国被称作"Do Not Target"，以区别于拒绝追踪的"Do Not Track"。但是，这种情形的问题关键也在于是否存在用户本人的同意。有的用户希望把那些与"自己"无关的信息过滤掉，只接收一些差异化信息，对于用

户的这种主体性偏好很难予以否定。㉜ 因此，不管是个人被识别的状况下进行的特征剖析，还是个人未被识别的状况下进行的差异化信息推送，归根结底，如何取得本人同意才是最为重要的课题。

（3）告知的实效化与选择机会的实质性保障

包含1.2（2）部分谈到的情况在内，现状下的个人信息保护法制度在很大程度上都取决于本人同意。但是，尤其是在美国，这种基于同意的保护模式被指出存在局限。理由是，要获取本人的知情同意（informed consent），必须通过运营商公布的隐私政策等，就信息的使用目的、是否向第三人提供（包括"第三人"的范围）、是否进行特征剖析及其种类、是否推送差异化信息及其种类等向本人做出简明易懂的告知，且本人必须理解这些内容，然而这种告知文章大多都晦涩难懂，用户岂止是难以理解，根本就不会认真阅读。美国一些论者主张称，这种基于同意的保护模式存在局限，应当给运营商规定更具直接性和实体性的制约和义务（直接规制模式）。但是，这种模式因为有可能极大地阻碍技术革新，且有可能无视用户希望推送差异化信息的意愿而遭到了强烈批判。因此，美国的提案一方面对同意模式给予基本维持，另一方面又注重提高告知的实效性，对用户的同意和选择机会给予实质性保障。例如，占据主流地位的隐私助推（privacy nudge）论和直观告知（visceral notice）论。前者认为，应当引入对用户给予"助推"（nudge）的界面设计（interface design——译者注）或者体系结构（architecture——译者注），以便他们对于是否要向运营商提供自己的信息做出深思熟虑。而后者则认为，应当引入一种设计或者图标（icon——译者注）——以可视化的方式——让用户能够"直观感受"网络活动被追踪的事实。

这些提案受到了以人类的限定合理性以及认知局限性和认知偏差

㉜ 但是，若有确凿证据证明过滤气泡对人格发展和民主主义造成了负面影响，则无论本人同意与否，都可以对差异化信息推送予以部分限制，这在宪法上应当是被允许的。

性为前提的行为经济学的重大影响。人类的认知能力具有局限性,其行为很大程度上会受到环境、设计、体系结构的左右。上文所述的隐私助推论和直观告知论就运用了行为经济学的观点,认为有必要通过设计和体系结构帮助用户理解隐私政策的内容,让知情同意和选择变得可能。虽然赶不上这些研究者所提出的主张和提案的脚步,但法律制度上也开始要求告知必须做到实效化,使用者的同意和选择机会必须得到实质性保障。例如,2003 年《加利福尼亚州在线隐私保护法》(California Online Privacy Protection Act of 2003)规定,网站运营管理者"必须以醒目的形式(conspicuously)在其网站内公布"隐私政策[33],并对隐私政策中所记载的事项作了详细规定,比如对于浏览器上的禁止追踪(Do Not Track)信号,运营管理者应当如何应对等。[34] 甚至该法还就"以醒目的形式"进行公布的具体方法作了规定,比如对可链接至实际公布有隐私政策之网页的图标颜色进行指定等。[35]

从联邦层面来看,例如 FTC 也在 2012 年的隐私报告中指出,在"企业应当提高其数据实践之透明性"的一般原则下,业界必须"对隐私做出更明确、更简洁、更标准化的解释"[36]。具体而言,作为改善透明性、提高告知实效性的方法,该报告推荐使用机读政策(machine-readable policies)以及图标等。机读政策是指,为方便消费者的浏览器自动读取,而采用标准的计算机语言编写的关于 Web 网站隐私实践的陈述[37](statement——译者注)。这种机读政策一旦被浏览器读取,浏览器就会对该政策和消费者的隐私偏好进行比较,当消费者的隐私偏好与其访问的 Web 网站的实践不一致时,就会向消费者发出警告。该报告认为,机读政策会提高消费者的选择机会。

---

[33] Cal. Bus. & Prof. Code § 22575 (a).
[34] Cal. Bus. & Prof. Code § 22575 (b).
[35] Cal. Bus. & Prof. Code § 22577 (b).
[36] Privacy Report, *supra* note 9, at 60.
[37] *Id*, at 62.

如同上文所述,日本的在线隐私保护很大程度上也取决于本人同意。因此,如何让公布和告知、同意和选择变得有意义就成为问题的关键。对于向第三人提供的个人数据,《法》规定,①应本人之请求应当停止将个人数据提供给第三人时,②若就(a)以向第三人提供为使用目的、(b)向第三人提供的个人数据的项目、(c)向第三人提供的手段或方法、(d)应本人请求停止向第三人提供的事实、(e)<u>受理本人要求的方法</u>等事项,"按照<u>《个人信息保护委员会规则》的规定</u>,事先已通知信息主体本人<u>或者本人处于可容易知晓该情形的状态,且同时向个人信息保护委员会提交了申请时</u>",即使没有本人的事先同意,也可以将该个人数据提供给第三人(《法》第 23 条第 2 款)。这条规定承认,可通过 opt-out 方式向第三人提供个人数据(但是,"需注意个人信息"不在此列)。值得注意的是《修正法》中新增的上文划线部分。《旧法》时代,出于确保告知实效性的考虑,在隐私政策上就已经不再仅仅要求确保"本人处于可知晓的状态",而是要求确保"本人处于可容易知晓的状态"。然而在现实中,无法达到这种"状态"而令人不得不对实效性产生怀疑的情况比比皆是。鉴于此,《修正法》首先通过《个人信息保护委员会规则》对公布的方法作出了指示(划线部分)。继而要求运营商必须就上述告知事项向委员会提交申请,同时规定委员会有义务公布该申请的相关事项(《法》第 23 条第 4 款)。这样做的目的是通过在委员会的官网上以清晰明了的形式对各运营商向第三人提供的事实予以公布这一方式,来进一步提高告知的实效性。同时,通过新增"受理本人要求的方法"(划线部分)为告知事项,对 opt-out 方式的生成路径予以明确,力求让同意和选择机会更具实质意义。[另外,违反这些程序的行为将被视为委员会劝告及命令的对象(《法》第 42 条)。]

此外,上文提及的 JIAA 制定的《行为定向广告指南》中,为了确保定向广告的透明性和消费者的参与机会,其推荐引入简单易懂的设置(information icon program),即通过在广告内或广告周边显示统一图标,将信息处理和 opt-out 的方法告知消费者。消费者只需点击该图标,便可轻松直达相关网页,便于消费者对信息处理进行确认,或者停止定向广告的显示。可以说,这种设置是站在上文所述的美国举措的基础之上,超越法本身的要求,力求实现告知的实效化,落实对同意和选择机会的实质性保障的一种做法。如同上文提及的那样,JIAA 这种行业团体是经委员会认定的"个人信息保护认定团体",当他通过允许多方共同管理的合法程序,将符合线上活动之特征的、更为有效的告知方法和提供选择机会的方法确定为"指针"时,那么,这样的指针就被赋予了一定的正统性和实效性。并且,当就这些"指针"的内容形成一定的统一意见时,委员会也有可能将其作为"规则"予以吸纳。如果说《法》就公布和告知、同意和选择的方法作出的详细规定,针对的只是上文所例举的向第三人提供的情形,那么,"指针"就应当针对其他情形下的告知和同意的方法作出具体指示。

2 国家对信息的收集使用等

2.1 作为"守门员"的电信运营商

思考如何在互联网空间中保护个人信息时,一个不可忽视的问题就是国家作用的双义性。

上文第 1 节部分主要就民间运营商侵害隐私的可能性进行了探讨,在那里,国家是以隐私保护者的形象出现的。立法机构制定《个人信息保护法》,委员会则除了参与该法的执行,还参与以行业团体为主体的自主规制的制定过程,为该规制(指针)赋予正统性和实效性。此外,为了防止用户被其他个人利用网络骗走 ID 和密码,立法机构于 2012 年修正了《不正当访问禁止法》,对网络钓鱼行为予以惩罚(第 7 条、第 12 条第 4 款)。在此,网络钓鱼行为是指,通过假冒具有计算机使用权限的访问管理员公开的 Web 网站或者访问管理员发送的邮件,让用户误认为输入 ID 和密码是访问管理员的要求,以此诱骗用户输入 ID 和密码的行为。虽然互联网是由 ISP 等民间运营商所建设的私密的网络空间,但同时也是支撑我们日常生活的重要的社会基础设施,因此,国家有责任和义务在一定程度上对该空间进行介入,确保该空间内的活动安全。

但是,国家对这种私密空间的介入,也必须是"在一定程度上"的。因为我们只要回想一下爱德华·斯诺登所揭秘的美国国家安全局(NSA)实施的大规模监控项目便可明白,国家介入该空间,其自身也有可能成为隐私侵害者。当然,这里必须要留意互联网空间的私密性质。也就是说,国家本身不是其管理者,因此,在为了犯罪侦查而需要收集用户的个人信息时,如果不采用黑客(Hacking——译者注)或破解(Cracking——译者注)手段强行进入这个空间㊳,它是无法直接做到的,必须向这一基础设施的设置者和管理者 ISP 等寻求协助。用一个比喻来讲的话就是,ISP 开放了这个空间的大门,国家才被允许进入其中。换言之,ISP 一旦轻易开放了这个大门——如同 NSA 监控项目被指摘的那样——作为互联网用户,我们的信息就会轻而易举地落入国家手中,形成一个公私一体的巨型数据库。如此一来,我们在网络上的隐私会在多大程度上遭到国家的侵害,将极大程度上取决于国家与 ISP 等的关系或者说距离。要想保护隐私不遭受国家的侵害,只有国家和 ISP 等在互联网空间上保持一种适当的紧张关系,国家对于该空间的介入被控制"在一定程度上"才能够得以实现。在此,我们必须牢记的是,由于用户本人(信息主体)对于国家介入互联网空间一事是无法察知且无法自行对抗的,所以我们的隐私实际上是靠 ISP 这个"守门员"来获得保护的。

㊳ 国家自身通过安装间谍程序,秘密入侵信息系统获取信息的这种行为被称作"网络侦查"。德国联邦宪法法院 2008 年 2 月 27 裁定,这种做法侵害了对一般人格权予以特别具象化的"针对信息技术系统的隐匿性和周全性之基本权利",违反宪法(BVerfGE 120,274)。

2.2 法官的"边界"管理

那么,现状下,国家与 ISP 等这种适当的紧张关系是如何得以维持的呢?

对 ISP 和移动运营商这些通信运营商进行限制的,就是上文谈及的《电信事业个人信息保护相关指南》(以下简称《指南》)。该《指南》第 23 条第 2 款规定,从通信秘密的角度而言,对于通信记录,通信运营商除了执行法官签发的令状等具备违法阻却事由的情形之外,不得向外提供。根据该法条的规定,应侦查事项照会(《刑事诉讼法》第 197 条第 2 款)之要求,向侦查机关提供通信记录的做法,因不一定阻却违法性,故原则上不予允许。㊳ 而原则上禁止向第三人提供个人数据的《法》第 23 条则被解读为,对于(一般的)个人数据,允许可接受侦查事项照会的要求予以提供。㊵ 对比这两者可发现,通信记录受保护的等级相当高。

此外,与通信记录一样,对于位置信息,《指南》第 26 条第 1 款同样规定,除了执行法官签发的令状等具备违法阻却事由的情形之外,不得向外提供。以前还曾规定,通信运营商应侦查机关的要求,如需获取 GPS 位置信息,①必须通过画面显示或移动通信终端震响等方法让用户知晓该位置信息正在被获取,②仅限于执行法官签发的令状之情形,方可对该位置信息进行获取。但是,就要件①而言,这会使嫌疑人知晓 GPS 位置信息正在被获取,从而对侦查工作的实效性开展带来困难,因此,其于 2015 年 6 月修正时被删除了(第 26 条第 3 款)㊶。当然,要件②依然健在,可以说,即使是在现状下,通信运营商何时能够打开上文所

㊳ 参见总务省:《电信事业个人信息保护相关指南(平成 16 年总务省告示第 695 号)(最终修正平成 27 年总务省告示第 216 号)的解说》。

㊵ 参见宇贺克也:《个人信息保护法逐条解释(第 4 版)》,有斐阁 2013 年版,第 109 页。

㊶ 关于修正宗旨等,参见《电信事业个人信息保护相关指南修正(案)》(2015 年 3 月),第 10—12 页。

言的大门,仍然受控于法官签发的令状。所以,通信运营商擅自向侦查机关提供用户的信息是不允许的。

而对国家(尤其是侦查机关)进行限制的,则是《刑事诉讼法》第218条第1款以及第219条第1款。这些条款规定,侦查机关可以依据法院签发的令状,命令 ISP 等数据保管者将必要的数据(通信记录等)复制于记录媒介上或打印后再扣押该记录媒介。(命令复制并扣押,即让 ISP 等将保管在计算机服务器上的通信记录复制于 CD-R 等之上,再对此进行扣押。)根据这些规定,侦查机关以一般性、抽象性的理由介入互联网空间,让 ISP 等,或者以 ISP 等为媒介访问用户的个人信息是被禁止的。这是因为,侦查机关在申请令状之际,除了嫌疑人的姓名和罪名,还必须对需要 ISP 进行复制的数据等尽可能作出指定,并接受法官作为独立第三人,从能否认定特定的犯罪嫌疑及犯罪与扣押对象具有关联性(是否具有正当理由)这一角度进行审查。从这个意义而言,即使是针对侦查机关,在获取通信记录这一点上,现行法设置的门槛也是很高的。

如上所述,只要持有法官签发的令状,就允许侦查机关获取通信记录。但是,如果通信运营商原本就未对通信记录进行保存,那么,申请令状就毫无意义。要使获取侦查上所必需的通信记录成为可能,就需要通信运营商对通信记录予以一定时间的保存。另外,根据上文提及的《指南》,通信运营商对于所保存的通信记录,原则上可在支付费用以及要求付费等业务所需范围内设置一定的保存期间,并于该期间结束时迅速删除通信记录(《指南》第10条、第23条第1款),即使侦查机关出于业务上的需要,要求通信运营商对其保存的通信记录进行保全,也会涉及界限的问题。尽管围绕要求保全的界限有很多说法,但是《刑事诉讼法》在2011年修正时规定,侦查机关依据令状命令复制并扣押时,如有需要,可以向通信运营商提出书面申请,对通信记录数据中需要扣押部分进行指定,并设定不超过30天的期间,要求该期间内不得对该内容进行删除。(《刑事诉讼法》第 197 条第 3 款。有特别需要时,可在不超过 30 天的范围内进行延长,但共计不得超过 60 天。同条第 4 款。)

此外,由于互联网的发展,邮件和资料文件等数据有时候则位于连网的(物理上分离的)记录媒介上,而非该计算机上(所谓的云计算等)。由于该计算机硬盘所保存的大量信息中也含有与嫌疑事实无关的信息(记录媒介若为 ISP 的服务器,则信息量更大,对记录媒介本身进行扣押,还会严重阻碍 ISP 开展业务),于是,对记录媒介进行扣押是否应当仅限于与嫌疑事实相关的信息[42]曾经一度成为《刑事诉讼法》上的主要议点。而近年,如何才能获取由该计算机经网络向外扩散的数据、能在多大范围内进行获取则成为重要议点。2011 年《刑事诉讼法》修正后规定,允许侦查机关依据令状,从那些与计算机相连网的、被用来保管数据(通过该计算机制作和更改的数据,或者通过该计算机能够更改和删除的数据)的记录媒介(例如邮件服务器、远程存储服务器)上调取数据,复制于该计算机或者其他记录媒介上,再对此进行扣押(《刑事诉讼法》第 218 条第 2 款)。这是一种被称作远程访问的新型侦查手段。与其说这些议点与依赖互联网的日常生活以及对线上活动的监视(对通信记录和位置信息的获取等)相关,毋宁说与传统上的文书制作以及线下活动的场地扩散相关。不过,随着网络化进程的加快,从一台计算机上能够获取的数据就如同采挖花生一般,一挖一大串,数量庞大。因此,对数据范围的限定必将成为重要课题(《刑事诉讼法》第 219 条第 1 款及第 2 款中,对此范围进行了限定)。

---

[42] 最高法院 1998 年 5 月 1 日判决(载《刑集》第 52 卷第 4 期,第 275 页)称,在认定计算机硬盘等记录媒介上保存着与嫌疑事实相关的信息这一事实存在盖然性的情形下,如果对是否实际保存有该信息进行内容确认会导致该信息存在受损危险,则可以不进行内容确认,直接对计算机硬盘等记录媒介本身进行扣押。2011 年修正后,《刑事诉讼法》规定,可将保存于记录媒介上的信息复制在其他记录媒介上进行扣押,以此代替对记录媒介本身的扣押。(《刑事诉讼法》第 110 条之二)

2.3 今后展望

如同上文所述,在日本,可以说至少在法律制度上,国家与 ISP 等的"边界"(大门)受到了法院的严格管理。尤其值得注意的是,日本在不属于通信"内容"(邮件内容等)的通信"记录"的获取上,也给侦查机关设置了较高的门槛。而美国则对通信的非内容信息(通信记录等)和内容信息严加区分,相比获取后者的要件,获取前者的要件则设置得相当宽松。鉴于此,日本也有观点认为,公开型网站允许不特定多数人浏览,与这种网站相关的通信记录在本质上和(现实世界中的)公共道路上的移动并无二异,应降低对其隐私性的评估。

今后,应当在充分了解互联网空间特质的基础上,对"通信记录"的分类及各自的定位进行具体探讨。探讨之际,不应当忽视以下几点:其一,ISP 等作为处置的直接对象,并非信息主体本人,在信息保护上不一定具有足够动力,因此,有必要人为对边界做出严格设置。其二,虽然通信记录本身并不具有高度隐私性,但是一旦被集聚、统合,就可能反映出信息主体的思想倾向等。后者将直接涉及侦查机关对获取后的通信记录应如何进行保存、使用和管理的问题,但是现状下,尚无具体立法对获取后的通信记录应如何处理作出规定,只要现状如此,笔者认为就有理由将获取视作"边界防御",为其设置高门槛。

结　语

互联网的普及已有一些时日,然而,对于互联网上应当如何保护个人信息,至今尚未形成统一意见。本章将互联网上的个人信息保护问题分为两种情形进行了论述,即(1)假设民间运营商为侵害者;(2)假设国家为侵害者。尽管对这两种情形的论述都止步于汇总目前的探讨情况并指出问题所在,但同时也提出了富有启示性的观点。针对前者启示如下：要对互联网空间中的"个人信息"进行界定非常困难，最终只能从民间运营商对可能产生个人识别风险之信息的拥有状况以及文脉结构方面进行具体探讨；特征剖析是本章标题所涉及的探讨领域的"核心"，有必要对其规律再作深入探讨；以同意为基础的个人信息保护存在局限性，今后有必要从法律上实现告知的实效化，保障本人同意的实质性机会。针对后者则认为，如何对国家（尤其是侦查机关）介入由 ISP 等建设并管理的互联网空间进行控制、如何让国家与 ISP 等之间保持适当距离才是问题的关键所在。希望读者不仅仅将目光放在法律规定上，还要时刻关注省厅的指南、行业团体的自主规制，以及浏览器的出厂设置等各方面的现状和动向，以便对这些问题作出更深入的考察。

思考

如正文所说，个人信息保护法制度基本上采用同意模式。这种思路与宪法学所讲的个人信息控制权也相关联。即使将这种权利理解为个人对自己信息所享有的披露对象选择权，问题的关键也在于本人的选择和同意。只要本人"同意"将信息传递给对方，就不能将这种信息传递视为对个人信息控制权的侵犯。然而，互联网世界中，"同意"的真实度能有几何呢？粗略地扫一眼隐私政策，根本没弄清楚同意的是什么就稀里糊涂地点击了"同意"，这样的情形并不在少数。

近年，建议修改运营商的告知方法，让本人的同意和选择更具实质性的提案占据主流。但是，如果这个用以催促本人认真思考自己隐私的告知方法（界面设计以及浏览器的出厂设置等）是国家"强加"于运营商的，那么，它与运营商的"表达自由"难道不会发生冲突吗？国家于宪法上能够进行要求的告知方法到底是什么样的？还有，对于应有的告知方法的提示，指南和自主规制又该担负怎样的责任？这些都值得我们思考。

拓展阅读文献

宍户常寿：《通信秘密备忘录》，载高桥和之先生古稀纪念《现代立宪主义诸相(下)》，有斐阁2013年版。

高桥和广:《IT基本权论相关考察》，载《六甲台论集》第61卷第1、2期(2015)，第39页起。

山本龙彦:《互联网时代个人信息保护——以个人信息的"定义"和特征剖析为中心》，载阪本昌成先生古稀纪念论文集《自由的法理》，成文堂2015年版，第539页。

山本龙彦:《互联网时代个人信息保护——以实效性告知和国家的双义性为中心》，载《庆应法学》第33期(2015)，第181页。

日置巴美、板仓阳一郎:《平成27年个人信息保护法修正稿的构成》，商事法务2015年版。

第二东京律师协会 信息公开·个人信息保护委员会编:《Q&A信息保护法修正》，新日本法规2015年版。

第 12 章　服务提供商的责任与发布者披露　　西土　彰一郎

引　言

实施表达行为时,通常我们需要依赖传递信息的媒体(media)。在互联网上,服务提供商(以下简称"提供商")发挥的核心作用就是信息中介。因此,要保障互联网上的表达自由,必须保障提供商能够充分发挥好它的信息中介功能。

然而,信息中介者也可能因为为他人提供了表达平台而被追究法律责任。报社因投稿和广告被问责、电信公司因恐吓电报被追究法律责任这类事件均已被列入具有代表性的信息法教科书中。[①] 同样,在互联网上,若发布损害名誉、侵犯隐私、侵犯著作权等违法信息,首先发布者将被追究法律责任,而只是充当了中介角色的提供商和电子公告板的管理者等也可能被追究法律责任。尤其是在互联网上,受害人要找到发布者并追究其责任并非易事,因此提供商的责任问题就容易成为焦点。这个问题与大多数情况下只有信息中介者才保有发布者的相关信息这一点不无关联。为了让受害人能够向发布者追究责任,必须让受害人享有请求信息中介者披露发布者信息的权利。

以上所讲的提供商的责任和发布者信息披露请求权,从互联网违法信息对策、受害人救济的角度而言是最理想的。但是,如同本章开头所

---

① 参见小向太郎:《信息法入门(第 3 版)》,NTT 出版 2015 年版,第 141 页起。

阐述的那样,提供商承担的应当是一种以保障互联网表达自由为前提的信息中介功能,如果让提供商过度背负责任,则可能损害这一功能。而且,披露发布者的信息还可能违反通信秘密保护制度。探讨提供商的责任与发布者披露请求权,就是要依据法律原理,思考应当如何做好互联网表达自由、通信秘密的保障与违法信息的受害人救济之间的协调。

本章将基于此视角,对有关提供商的法律问题进行分析。

1 提供商的作用

1.1 大众媒体和公共事业者

首先,我们通过和其他媒体的对比来明确一下提供商的作用。

如同本章开头所述,实施表达行为通常需要依赖纸质媒体、无线或有线的信息传递媒体(media)。按照高桥和之教授的整理②,可将其分为两种形态:①表达者利用自身所持有和管理的媒体进行表达;②表达者利用他人所持有和管理的媒体进行表达。

报纸、电视等大众媒体一直采用的是形态①。[但是,关于电视,2010年修正的《放送法》从制度上对放送业务(软件)和设备设置(硬件)的分离予以了承认。]该形态下,媒体的持有人和管理人被认为享有"编辑权",可以决定该媒体所要传递的表达内容。因此,媒体的持有人和管理人要对表达内容负责。

与此相对,以电信和电话为主体的通信则采用形态②。在此之上,相关法律从要对使用该媒体发表私人言论的他人予以保护的角度出发,规定媒体的持有人和管理人"禁止检阅",否定其对于这种言论享有"编辑权"。《电信事业法》第3条参考最高法院对《宪法》第21条第2

---

② 参见高桥和之:《互联网上的名誉毁损与表达自由》,载高桥和之等编:《互联网与法(第4版)》,有斐阁2010年版,第71页。

款的检阅概念作出的定义,将其所禁止的检阅定义为:(a)调查电信事业者处理业务时所涉及的通信内容以及借此所要表达的思想内容;(b)判定有些内容为不当内容并禁止发布。[另外,通信检阅不同于《宪法》第21条第2款的检阅,不限于发布前(事先)的禁止,还包括发布后(事后)的积极得知。]其中,(a)可以说意味着"通信秘密"(《电信事业法》第4条),禁止媒体的持有人和管理人对通信内容进行积极获取、窃用和泄露。而(b)则禁止媒体的持有人和管理人在提供通信业务时实行差别对待(《电信事业法》第6条),对任何内容都必须提供平等的媒体使用机会。这样的话,禁止检阅则可被归类为"通信秘密"和"禁止差别对待"的上位概念。被规定禁止进行这种检阅的媒体,通常被称作公共事业者。公共事业者既然被要求保障"通信秘密",那么就无须对通信内容负责。

1.2 提供商的定位

从上文所述可知,信息中介者存在两极模式,对表达内容享有"编辑权"的大众媒体模式和被规定禁止进行检阅的公共事业者模式。那么,提供商可归为哪一类呢?在日本,提供商作为"电信事业者",适用《电信事业法》。《电信事业法》是一部以公共事业者为前提制定的法律,从这一点也许可以得出结论,立法认为提供商不具有"编辑权"。

思考这个问题时,需要提前了解一下提供商在形态和信息参与方式上的不同。提供商分为:为传送和访问第三人信息提供中介服务的提供商(访问服务提供商,接入服务提供商,管道商)、对第三人信息进行暂时存储的提供商[缓存(caching)]、为方便用户而对第三人信息进行存储的提供商[托管服务提供商(hosting provider)],以及自己发布信息,承担编辑责任的内容服务提供商(发布者)等。其中,内容服务提供商大体上可划归在上述的形态①之中,访问服务提供商可划归在形态②之中,而托管服务提供商的定位则需要商榷。

托管服务提供商正如其网站托管服务所代表的那样,是为他人提供发布信息的功能和平台的。像"2ch"这种电子公告板的管理人、可在评论区随意发帖的"Tabelog"(日本最著名的餐厅点评网站——译者注)以及"Amazon"等的提供商均可归入此类。从这里可以看出,托管服务提供商所提供的服务具有通信的一面,可以发送和接收个别数据,同时在功能上还具有与放送(日语的"放送"即"播放"——译者注)相似的一面,可以面向公众(不特定多数人)单向发布信息。对这种复合型服务,日本在1990年代经邮政省研究会命名,开始使用"公开性的通信"这个概念。该概念为我们提供了这样一种理解方式,也就是说,就通信这一方面而言,规定提供商"禁止检阅"并无不妥(但是,其效力有可能弱于电信、电话);而就另一方面而言,网页上的公告或电子公告板的帖文则属于"表达",提供商在一定范围内享有"编辑权"。

那么,接下来的问题就是,托管服务提供商可在多大范围内行使"编辑权"?大多数情况下,这个问题会在讨论不作为侵权行为责任,也就是网页和电子公告板上公开的表达内容若为违法信息,提供商作为信息中介者是否具有行使"编辑权"来删除这些违法信息这一责任时被论及。下面,我们就来看一看与名誉毁损表达相关的、涉及该问题的三个主要判例。

2 信息中介者的法律责任
——以名誉毁损为例

2.1 Nifty"现代思想论坛"案

首先,来看一个在计算机通信中由名誉毁损性言论所引发的案件。

计算机通信是一种利用电话线路将计算机等连接至主计算机(host computer)来接受各种服务的通信手段,现在已经不盛行了。其服务之一就是开设"论坛",为大家提供就各类话题交换意见、获取信息的平台。要想接受服务,必须成为会员,因为言论等可能会被删除,所以必须在承认会员章程后方可加入。

本案中,原告针对开设电子会议室"现代思想论坛"的计算机通信服务公司 Nifty,以及作为其管理者和运营者的系统操作员(System Operator),以其未对该会议室里的名誉毁损性表达进行删除为由,要求其赔偿损失。原告在发现名誉毁损性表达后,要求系统操作员对该表达进行删除。系统操作员要求原告对损害名誉的言论部分作出具体指定,同时提出删除时要做一个备注,言明删除是基于原告的要求。原告对此予以拒绝,要求删除时不得公开原告的姓名,但系统操作员告知原告,若有会员问及删除理由时,自己无法保证不向其解释删除是基于原告的要求。此后,因原告代理人提交了删除的申请,系统操作员便进行了删除。但在诉讼中,原告对其未要求删除的言论部分也进行了追责。

东京地方法院认为,加害人的帖文构成名誉毁损,而系统操作员在原告指出存在名誉毁损性表达后未进行删除属于侵权行为(东京地方法院 1997 年 5 月 26 日判决,载《判例时报》第 1610 期,第 22 页)。理由是,系统操作员作为论坛的管理者和运营者,让其承担诸如对言论进行常态化监督、对所有言论是否有问题作出判断等沉重的作为义务欠妥当。那么,接下来涉及的问题就是,当确实存在名誉毁损性言论时的作为义务时,由于很难判定哪一部分言论损害了名誉,所以,这个问题就可能转换为,系统操作员对于符合名誉毁损的认识应当达到何种程度并承担怎样的作为义务的问题。对此,该判决认为,"若已具体知晓存在名誉毁损性言论的事实",则"应当承担条理上的作为义务(日文的"条理"指行为准则、原则。维系一个社会法律秩序的基本法律价值体系。在法律不健全时可以作为审判基准的法律根据——译者注),采取必要措施以防他人名誉遭受非法侵害"。而且法院认为,在本案中,系统操作员对名誉毁损性言论未作删除是对采取必要措施的懈怠,应当承担侵权行为责任,而 Nifty 也应当承担针对系统操作员的使用人责任。

但在上诉审时,东京高级法院则认为,"在受攻击者不具备在论坛上保护自己的有效的救济手段,以及虽然按照会员的指示采取了对策却不奏效等一定的情形下",系统操作员负有删除言论的条理上的义务。并在此之上认为,本案系统操作员采取的措施并无不妥(东京高级法院2001年9月5日判决,载《判例时报》第1786期,第80页)。东京高级法院对于符合名誉毁损的认识应达到何种程度未做回答。或许是因为东京高级法院认为,即使和原审一样,认为系统操作员已具体知晓本案言论存在名誉毁损而产生了某种作为义务,但是,系统操作员遵循在充分讨论中提高言论质量的论坛运营方针,对判定为可删除的言论不进行删除,而采取向该言论发表者提出质疑等措施,这就足够了。只有在这种措施未奏效时方才产生删除义务。

2.2 都立大学案

该案中,在学校用于素质教育的计算机教室系统内部,有人利用学生被赋予的使用资格创建主页,发布损害他人名誉的言论,而当受害学生提出删除要求时,校方并未予以删除。于是,受害人便将言论发表者和系统管理者都立大学同时起诉至东京地方法院。

东京地方法院认为言论发表者须承担损害名誉的责任,却对校方的责任予以了否定(东京地方法院1999年9月24日判决,载《判例时报》第1707期,第139页)。法院指出,管理者负有防止损害发生的义务仅限于极其例外的情形,即不仅需要管理者实际知晓有人发布了名誉毁损性内容,而且这些内容涉嫌名誉毁损,或者加害行为极其恶劣,或者受害程度相当大等状况必须是显而易见的,但该案不在此列。

2.3 2ch(宠物医院)案

该案中,原告认为互联网电子公告板"2ch"中存在有损自身名誉的言论,而公告板管理者却懈怠履行义务,未对相关言论进行删除,因此要求公告板管理者赔偿损害并删除言论。东京地方法院认为,因为公告板管理者对用户的 IP 地址等连接信息原则上不作保存,所以受害人很难追究加害人的责任。而且,因为发言具有匿名性,所以应当很容易推测出存在侵权行为,并以此为由判定,公告板管理者"即便有延误,但若知晓或者能够知晓本案公告板中存在损害他人名誉的言论,则负有采取立刻删除等措施的条理上的义务"(东京地方法院 2002 年 6 月 26 日判决,载《判例时报》第 1810 期,第 78 页)。上诉审时,东京高级法院也指出,公告板管理人既然诱导大家进行匿名发言,就"有义务提醒用户不得在本案公告板中发布侵害他人权利的言论,并在发现相关言论时立刻进行删除,以防受害人的损害扩大"(东京高级法院 2002 年 12 月 25 日判决,载《判例时报》第 1816 期,第 52 页)。

此外,东京地方法院和东京高级法院都认为,对于存在发言的公共性、目的的公益性、内容的真实性等损害名誉的违法阻却事由的举证,应由公告板管理者承担举证责任。对此,也有意见批判称,信息中介者归根结底只是起到信息中介的作用而已,让其承担举证责任,对并非自己实施的违法行为进行证明有失公平。③

另外,虽然电子公告板"2ch"在发生"2ch(宠物医院)案"的当时还标榜对用户的 IP 地址等连接信息原则上不作保存,但是现在已经开始保存访问日志(access log——译者注)了,这就使受害人对加害人责任的追究成为可能。不过,也有意见对此质疑称,"虽说不保存访问日志的匿名公告板实质上遭到了禁止,然而从匿名表达自由的角度而言,不通过立法所进行的这种限制也是有问题的"。④

2.4 标准统一化的必要性

如上所述,判例是以作为一般原则的条理为依据来判断信息中介者的作为义务的。关于这个条理上的作为义务的内容,对于信息中介者无

---

③ 参见小向太郎:《信息法入门(第 3 版)》,NTT 出版 2015 年版,第 154 页。
④ 参见小向太郎:《信息法入门(第 3 版)》,NTT 出版 2015 年版,第 154 页。

须承担违法言论常态化监督义务这一点,学界在看法上并无争议。换言之,就是违法言论发布时并不产生作为义务。因为这种常态化监督就意味着将信息中介者摆在了和大众媒体同等的立场之上,并且就实际而言,要履行这种义务原本也不可能。

那么,什么情形下,会产生什么样的作为义务? 从以上判例便可看出,围绕这一点的看法却不尽相同,可总结如下:"2ch(宠物医院)案"一审判决认为,"若知晓或者能够知晓本案公告板中存在损害他人名誉的言论,则应当采取立刻删除等措施"。"Nifty'现代思想论坛'案"一审判决指出,"若已具体知晓存在名誉毁损性言论的事实",则负有"应当采取必要措施"的义务。东京地方法院"都立大学案"的判决指出,仅限于"显而易见等极其例外的情形",方才产生对名誉毁损性内容的发布要进行阻碍的义务。由上至下,信息中介者的责任逐渐减弱。

判例依据的标准不同,产生这一现象的原因有多种可能性。例如,标准的不同体现在:①"都立大学案"中是提供无偿服务的大学这种教育平台,而"Nifty现代思想论坛案"中则是以营利为目的的商用提供商;②"都立大学案"中是类似于网页的单向型信息发布形态,而"Nifty现代思想论坛案"中则有人的参与;③"Nifty现代思想论坛案"中的论坛管理者被要求要参与讨论,而"都立大学案"中的网络管理者则以维护网络的顺利运营为主要职责。⑤

此外,针对"2ch(宠物医院)案"的一审判决,也有观点指出,该案虽然发生在后述的《提供商责任限制法》实施之前,并不曾适用该法,但却受到了该法第3条第1款的影响。(此观点批判称,《提供商责任限制法》不过是对不让提供商承担责任的要件作了明确规定而已,而条理上的作为义务作为让提供商承担责任的要件,不应受其直接影响。)⑥

---

⑤ 金子顺一:《平成14年主要民事判例解说》,载《判例Times》临增第1125期(2003),第74页起。

⑥ 参见长濑贵志:《提供商等的作为义务》,载《NBL》增刊第141期(2012),第91页。

总之,由于案件特性不同,围绕信息中介者作为义务发生时间的标准不一,可以说在法的安定性上存在问题。这种情况下,信息中介者"为了自己的安全,对于投诉性帖文很有可能采取尽量删除的方针。并且,为了不与发布帖文的会员在关系上出现违反合同的情况,其会在制定章程时事先扩大可删除的范围。如此一来,从结果上来看,会员表达自由的范围就会受到压制"。⑦

要想清除这种危险,实现标准统一化,一方面,有学说虽然对涉及大学责任时的特殊性表示认可,但也赞同"都立大学案"的标准。这是因为从表达自由的角度而言,如果让信息中介者承担过大责任会引发私自检阅。另一方面,也有观点贴近"2ch(宠物医院)案"一审判决。这种观点将对危险源的实际支配视为信息中介者作为义务的实质性依据,在此基础之上,还兼顾了受害人救济的视角,力求对锁定发布者并追究其侵权行为责任的困难作出应对,同时也考虑到了管理者出于对过度的删除措施会造成市场竞争力下降以及追究言论发布者不履行债务和侵权行为责任的担忧而形成的自我净化作用。此外,关于作为义务的内容,多数观点认为,作为义务产生时删除义务也成立。因为删除措施是保护受害人免受名誉毁损性言论侵害最为有效的手段。

在这种标准统一化的设想之外,还可以对判例的案件进行分类,对标准进行整理。在这个过程中,为了对信息中介者进行更为明确的引导,2001年,《关于特定电信服务提供者的损害赔偿责任的限制及发布者信息披露的法律》,即所谓的《提供商责任限制法》出台了,并于2002年5月开始实施。

---

⑦ 参见高桥和之:《互联网上的名誉损害与表达自由》,载高桥和之等编:《互联网与法(第4版)》,有斐阁2010年版,第77页。

3 提供商责任限制

《提供商责任限制法》以"公开性的通信"这一概念的内容为基础,采用对提供商无须承担民事损害赔偿责任的情形予以规定的"避风港"(Safe Harbor——译者注)方式。同时,它也为受害人请求提供商披露其手头所掌握的有助于锁定发布者的信息,提供了法律依据。

被该法视为对象的提供商为"特定电信服务提供者"。根据《提供商责任限制法》,"特定电信服务提供者"系指,使用供以不特定者的接收为目的的电信发送(即特定电信发送)之用的电信设备(即特定电信设备)充当他人通信之媒介,或将特定电信设备提供给他人作通信之用者"(参见第 2 条)。因此,尽管电子邮件等"一对一"的通信被排除在外,但是,互联网上的 Web 网页和电子公告板这些以不特定者的接收为目的的电信服务提供者和中介者(提供商、电子公告板管理者等)则全都属于被该法视为对象的提供商。

被视为对象的信息包括名誉毁损信息、著作权侵权信息等违法信息。有害信息则不在《提供商责任限制法》的对象之列。

3.1 追究提供商责任的情形

追究提供商责任分为两种情形:(1)提供商对于侵犯他人权利的信息未采取措施防止传输;(2)提供商已采取措施防止传输。前者涉及提供商对违法信息受害人的责任,而后者则涉及提供商对发布者的责任。

(1)未采取措施防止传输

主页上或电子公告板上出现了侵犯他人权利的表达,作为系统管理者,提供商未对这些问题表达进行删除,此时提供商可否免于民事责任呢?根据《提供商责任限制法》第 3 条第 1 款,若非以下情形,提供商不承担因信息传输产生的民事责任,即①在技术上能够采取措施防止信息传输,且②(a)知晓信息的传输导致他人权利受到了侵害,或者(b)知晓信息传输的事实,并且有相当的理由可以认定其知晓信息的传输导致他人权利受到了侵害。

措施①归根结底不过是为了防止权利侵害而要在必要限度内采取的措施。因此,当不得不对大量无关信息的传输予以停止,或者不得不对该信息发布者的所有传输行为(包括不让其连接至互联网)予以停止时,在技术上通常认为防止传输是不可能的。⑧

根据②(b),提供商对信息传输本身不知情的,不承担民事责任。因此,这就明确了提供商对是否有违法信息在传输并不负有监督义务。这种常态化监督义务不存在的理由如下:这种监督"包括采用技术手段对特定信息进行检测的机械化检测情形在内,都有可能演变为实际检阅,且有可能使可疑信息事先被全部删除,从而使表达自由陷入极度萎缩的状态,不仅如此,视情况,还有可能侵犯通信秘密";提供商"有可能因为难以承受监督的重担而中止提供服务,从而阻碍信息的自由流通",等等。⑨

此外,像内容服务提供商这种与其称之为信息中介者,不如称之为信息发布者的提供商,则不在《提供商责任限制法》的责任限制对象之列。

受害人追究提供商的民事责任时,由受害人一方承担①和②的举证责任。但是,高桥和之教授指出,②对于受害人应当举证的范围并未作出明确指示。⑩ 例如,关于名誉毁损,是否要求受害人不仅要对所指事

---

⑧ 参见总务省综合通信基础设施局消费者行政科:《提供商责任限制法(修订增补版)》,第一法规2014年版,第29页起。

⑨ 参见用户视角下的ICT服务相关问题研究会:《提供商责任限制法论证提议》(2011年7月),第22页。

⑩ 参见高桥和之:《互联网上的名誉损害与表达自由》,载高桥和之等编:《互联网与法(第4版)》,有斐阁2010年版,第79页起。

实导致自身社会评价降低进行举证,甚至还要对不存在公共利害、公益目的、所指事实的真实性(或者有相当的理由相信所指为真)等名誉毁损所特有的违法阻却事由进行举证,这一点值得探讨。

高桥教授认为,基于受害人和提供商的关系,也应当让受害人承担举证责任的实质性理由有如下几点。

第一,提供商与发布者并非处于同一立场。正因为如此,《提供商责任限制法》才试图对提供商的责任进行限制,使其责任有别于发布者,这正是该法目的之所在。而实际上,提供商很难知晓发布者的意图是否只是为了公益,而且对于有相当的理由相信事实为真这一点,于提供商而言,同样难以知晓发布者是以何为依据相信事实为真的。

第二,受害人请求救济本应向发布者提出。向发布者提出请求时,存在违法阻却事由的举证责任由发布者承担,所以向提供商提出请求时,对举证责任进行转换也不失公平,但这种想法只有在现实中真正存在能够向发布者提出请求的状况下才有可能成立。

第三,事实上,能够锁定发布者的信息是掌握在提供商手上的,如同后文所述,如果提供商将此信息披露给受害人,作为披露信息的交换,提供商提出"请针对发布者请求救济。如果针对我请求的话,那么请让受害人一方承担不存在违法阻却事由的举证责任"这样的主张也不难理解。

与以上所述相对,高桥教授认为也存在让提供商承担举证责任的余地,理由有如下几点。

第一,判例认为受害人起诉发布者时,违法阻却事由的举证责任在发布者一方。若依此平行考虑,那么提供商被起诉时,也应当由提供商取代发布者来承担举证责任。

第二,从对受害人进行实效性救济的角度而言,让受害人承担举证责任,至少要就违法阻却事由的其中一个证明它不存在,这种做法有失公平。

第三,如同后文所述,《提供商责任限制法》设定的由提供商披露发布者信息的制度,其内容在鼓励提供商朝着不披露的方向作出选择。

在对以上讨论进行整理后,高桥教授指出,"《提供商责任限制法》在有关名誉毁损的违法阻却事由的举证责任上留有模糊不清之处,需要依靠解释",并作结论称,"希望能够在针对具体案件作出公平解释的过程中确立判例的法理"。另外,如同上文所述,"2ch(宠物医院)案"虽然不存在适用《提供商责任限制法》的问题,但却判定让提供商一方承担存在名誉毁损违法阻却事由的举证责任。而且,《提供商责任限制法》第3条第1款的逐条解释也指出,"此规定,通过将判断相关服务提供者的作为义务之际,理所应当予以考虑的事由作为独立要件抽取出来并按类规定,从而对追究相关服务提供者民事责任的情形进行了明确。因此,主张受侵害者,在向相关服务提供者提出损害赔偿请求时,首先必须就符合此条款中的各要件进行主张和举证,再对存在作为义务以及因果关系等请求损害赔偿时所需的其他要件进行主张和举证。也就是说,本条款的规定并非是在转换主张和举证责任,而且,符合本条款之要件时也并非理所当然就负有损害赔偿责任"。⑪

(2)已采取措施防止传输

若提供商已采取删除信息等措施防止传输,则有可能对发布者负有合同上,或者侵权行为法上的损害赔偿责任。《提供商责任限制法》第3条第2款对于已采取措施的情况下,提供商对发布者无须承担民事责任的情形进行了明确。根据该条款的规定,①该措施属于为了防止传输而在必要限度内应采取的措施,且②(a)提供商有相当的理由相信由于信息的传输而导致他人权利正在受到非法侵害,或者(b)有人认为自身权利受到了侵害,要求采取措施防止传输时,提供商就是否同意采取措施

---

⑪ 参见总务省综合通信基础设施局消费者行政科:《提供商责任限制法(修订增补版)》,第一法规2014年版,第33页。

防止该信息传输向发布者进行了照会,而该发布者在接到该照会起超过7天并未对该防止传输措施提出异议时,提供商对发布者无须承担民事责任。

②(a)通过加入"非法"一词,不仅将纯粹的违法侵权,还将不存在正当防卫这种违法阻却事由的情形也包含在内了。这么做是因为有意见称,考虑到与表达自由的关系,希望尽量对该要件做一些限定性规定。

另外,有学说指出,包括不存在违法阻却事由在内,符合该要件的举证都必须由提供商一方承担[12],然而总务省的逐条解说则指出,正如通常所理解的,侵权行为中的违法阻却事由的举证责任由加害人一方承担,在此,同样也将由信息发布者来承担存在违法阻却事由的举证责任。[13]

②(b)规定,在受害人主张权利受到侵害的过程中,提供商为防止对表达自由造成过度限制,向发布者提供了表明意见的机会,但发布者却未主张权利时,考虑到受害人和发布者之间的利害平衡,提供商无须承担因采取措施防止传输而产生的民事责任。而问题在于发布者回复不同意时应当如何做。关于这一点,有学者说指出,《提供商责任限制法》是从表达自由的角度出发,鼓励提供商放置不管的。并认为,针对提供商未采取措施防止传输时的责任限制作出规定的《提供商责任限制法》第3条第1款之要件,其举证责任(尽管违法阻却事由不明确)在受害人一方,而针对提供商已采取措施防止传输时的责任限制作出规定的《提供商责任限制法》第3条第2款之要件,其举证责任(尽管围绕违法阻却事由存在争议)则在提供商一方,这本身就很好地印证了这一点。[14]

---

[12] 参见高桥和之:《互联网上的名誉损害与表达自由》,载高桥和之等编:《互联网与法(第4版)》,有斐阁2010年版,第82页。

[13] 总务省综合通信基础设施局消费者行政科:《提供商责任限制法(修订增补版)》,第一法规2014年版,第36页起。

[14] 参见高桥和之:《互联网上的名誉损害与表达自由》,载高桥和之等编:《互联网与法(第4版)》,有斐阁2010年版,第82页。

3.2 公职候选人等特例

另外,《公职选举法》在 2013 年修正时,对使用互联网的竞选活动予以了部分解禁。这次修正新增了关于竞选活动期间名誉损害信息传播涉及公职候选人等的特例(第 3 条之二)(参见本书第 2 章 3.2)。该条款的目的在于督促提供商必须对有关公职候选人的名誉损害信息毫不犹豫地、过度地采取措施防止传输。⑮

该条款将公职候选人认为自身名誉因用于选举运动或落选运动(选举中,为了让对手党派提名的候选人落选而进行的政治活动——译者注)的文书和图画的传播受到侵害而要求提供商采取措施防止传输时,提供商照会信息发布者是否同意删除该信息的期限由通常情况下的 7 天缩短为 2 天(第 3 条之二第 1 项)。这是因为考虑到从公布或公告日起至选举当天,有时候时间可能会不满 7 天。此外该条还规定,如果被要求采取措施防止传输的文书和图画中,对发布者的电子邮件等未进行正确表示,则不得因提供商采取了防止该信息传输的措施而追究其相关责任(第 3 条之二第 2 项)。

3.3 提供商的作为义务

但是,如同上文所述,《提供商责任限制法》采用"避风港"方式,是对提供商无须承担民事损害赔偿责任的情形所作的规定,而并非对提供商需要承担作为义务(例如,采取措施防止传输等)的情形所作的规定。因此,当不符合《提供商责任限制法》规定的要件时,并不会立刻产生民事责任,而是需要依据其他法律,具体情况具体判断。⑯

---

⑮ 参见总务省综合通信基础设施局消费者行政科:《提高供商责任限制法(修订增补版)》,第一法规 2014 年版,第 47 页。

⑯ 参见大村真一:《提供商责任限制法概要》,载《NBL》增刊第 141 期(2012),第 15 页。

《提供商责任限制法》制定前的判例中所提及的"条理上的作为义务"这个想法一直持续到了该法制定后的判例之中。有观点指出,从判例的倾向来看,"在对产生条理上的义务的情形进行认定时,除了提供商认识到违法信息被上传这一事实之外,还要对上传所使用的电子公告板等的设置目的、管理运营状况、匿名性、营利性以及受侵害之利益的性质等进行综合分析,根据每一个案例的特性作出认定"。同时认为,收集这些案例,对类似情形做出处理方法上或一定方向上的引导,这么做也能使作为义务得以明确,但是,应当要以提供商及其行业团体,以及著作权等权利人团体所设立的"提供商责任限制法指南讨论协商会"制定的《明确相关人员行为标准的指南》为依据来进行。⑰

3.4 著作权侵权情形的特殊性

另外,在对充当著作权侵权信息之中介的提供商的责任进行具体判断之际,必须要认识到的一点就是,其性质不同于充当名誉毁损表达的中介。

著作权领域中有一个"间接侵权理论",认为原则上不应当承认向非直接侵权人(即间接侵权人)请求停止侵害或者采取措施预防侵害(日文为"请求差止"——译者注)。例如,在"烈爱罪人"案中,由于收录在"FAN BOOK"一书中的谈话报道被擅自转载至电子公告板"2ch"上,著作权人要求电子公告管理者停止登载(传播可能化及自动公众传播),并要求赔偿损害。但东京地方法院认为,(规定著作权人有权对侵权者或可能侵权的当事人,提出停止侵害行为或者实施预防措施的请求的)《著作权法》第 112 条第 1 款中的请求差止的对象"应当被理解为,仅指侵害行为的实际实施主体,或者有可能作为主体实施侵害行为者",从而驳回了原告的请求(东京地方法院 2004 年 3 月 11 日判决,载《判例时报》第 1893 期,第 131 页)。

---

⑰ 参见用户视角下的 ICT 服务相关问题研究会:《提供商责任限制法论证提议》(2011 年 7 月),第 18 页。

与此相对,承认提供商对著作权侵权负有责任的判例观点则有如下两种:第一种,如同"烈爱罪人"案上诉审判决那样,更加看重提供商的义务,认为提供商负有对著作权侵权采取适当改正措施的义务(东京高级法院2005年3月3日判决,载《判例时报》第1893期,第126页);第二种,将"管理、支配"和"营业上的利益"的归属作为要件,对著作权侵权主体进行规范化认定,即根据所谓的"卡拉OK理论"(及其扩张解释),将信息中介者作为著作权侵权主体进行认定(最高法院2011年1月18日判决,载《民集》第65卷第1期,第121页"Maneki TV案";最高法院2011年1月18日判决,载《民集》第65卷第1期,第121页"Maneki TV案";最高法院2011年1月20日判决,载《民集》第65卷第1期,第399页"录乐Ⅱ案"等。"卡拉OK理论"最早出现在最高法院1988年3月15日判决,载《民集》第42卷第3期,第199页"猫眼俱乐部案"中。该案判决认为,俱乐部经营者是卡拉OK设备的设置者,其顾客唱歌,则俱乐部经营者作为唱歌的主体,不能免除其著作权侵权的侵权行为责任。由于和此案相关,后来就将上文所述的对著作权侵权主体进行规范化认定的观点称为"卡拉OK理论")。因此,此情形不同于上文第一种观点所言的情形,它涉及的是内容服务提供商(发布者)的民事责任,与《提供商责任限制法》原本就不相干。

关于"间接侵权",一个根深蒂固的看法就是,必须通过设置新规定明确其要件,且设置时要考虑新规定与法律秩序整体的和谐性,这才是本质性的解决之策。

3.5　提供商的刑事责任

《提供商责任限制法》第3条第1款的责任限制规定只涉及民事责任,而在对提供商责任进行具体判断之际,还可能涉及托管服务提供商的刑事责任。尤其是对于符合猥亵物公开陈列罪、儿童色情公开陈列罪、名誉毁损罪的这些信息的传播所承担的刑事责任令人关注。

根据佐伯仁志教授整理的观点[18]，现实中并不存在"提供商必须承担对互联网上的违法信息进行删除的义务，如不履行可予以处罚"这样的规定。因此，通常会将提供商的刑事责任视作不真正不作为犯罪（预设通常会通过作为的实行行为得以实现的构成要件，在通过不作为方式得以实现时成立的犯罪）的责任予以追究。而不真正不作为犯罪的成立，则需要行为人具有相当于保证人的地位，即需要承担作为义务。

以往认为，这种保证人地位的产生依据从形式上而言有三个：法令、合同和条理。但是现在，作为实质性依据，当下学界则更加重视①先行行为导致危险产生、②接受保证人地位导致排他性支配、③社会期待导致形成支配领域性。再加上由于不真正不作为犯罪是按照和作为同样的构成要件对不作为进行处罚的，要承认保证人地位就需要将作为和不作为等而视之。并且，这里所说的保证人地位的内容就是对危险源的管理监督义务。

佐伯教授认为，在上述前提下，由于无法将开设电子公告板本身视作产生危险的行为，因此，如果提供商没有对违法信息的登载做出进一步诱导或建议，不存在特殊参与，则很难肯定其保证人地位。假如说，如果能够认定提供商进行了积极参与，那么接下来，提供商的行为属于作为犯罪还是不作为犯罪？属于犯罪的（共同）正犯还是帮助犯？这些问题就会成为议点。

4 《提供商责任限制法》中的发布者信息披露请求权

4.1 与通信秘密的关联性

如果认为自己的权利因信息传播受到侵害而要追究信息发布者的责任，就需要知道发布者为何人。网络匿名表达引发问题时，尽管想要

---

[18] 参见佐伯仁志：《提供商的刑事责任》，载《NBL》增刊第141期（2012），第164页起。

锁定发布者并非易事,但是,提供商手头都掌握着签订服务合同之际所获得的发布者的地址、姓名等信息,并且电子公告板管理者现在也会对访问日志进行保存。因此,从受害人救济的角度而言,必须做到让受害人能够向提供商提出披露信息的请求。然而,这种发布者在《电信事业法》上,却有可能成为提供商要予以保护的通信秘密的主体。

以往通常认为,"通信秘密"的对象就是"通信内容",以及通信当事人的地址、姓名、通信次数等"发布者信息"。关于发布者信息的保护,根据旧邮政省1997年2月发布的《电信服务信息传播规范研究会报告》(该报告中的观点被认为是制定《提供商责任限制法》的基础)和高桥教授的整理,有如下两个观点:第一,认为应当将发布者信息从通信内容中独立出来进行保护。第二,对发布者信息进行保护,是因为发布者信息被他人获知可能会导致特定的通信内容被推知。

根据第二种观点,如果像"公开性的通信"那样,通信内容处于公开状态,那么,将发布者信息作为通信秘密进行保护的实质性理由就会变弱。因此,提供商即便披露发布者信息,其违反《电信事业法》第4条所规定的通信秘密的可能性也会降低。与此相对,第一种观点则认为,原则上禁止提供商披露发布者信息,若要承认例外,基本上就需要新的立法。但是,即使是站在第二种观点的角度而言,也需要考虑到提供商与会员签订的合同中通常都会对本人信息进行保密这一点。正如高桥教授指出的那样,提供商担心违反合同而拒绝披露发布者信息时,只要没有法律对披露义务作出规定,就没有一个妥当的方法强制其披露。鉴于此,无论是第一还是第二种观点,从受害人救济的角度而言,都需要有一个规定能够为受害人创设一个针对提供商的发布者信息披露请求权。于是,《提供商责任限制法》第4条便应运而生了。

4.2 《提供商责任限制法》第4条的构造与议点

根据《提供商责任限制法》第4条,认为自身权利受到侵害的当事人只要满足以下两个要件,便可请求提供商披露发布者信息。①该披露请求者权利受到侵害的事实清楚;②有应当接受披露的正当理由,例如向发布者请求损害赔偿之需等。要件①的"权利侵害清楚性"甚至将侵权行为等不存在违法阻却事由这一点都蕴含在内了。

此外,提供商接受了披露请求后,①必须询问发布者的意见。在此之上,②即便拒绝披露,只要不属于故意或不存在重大过失,就无须承担责任。另一方面,从没有设置披露的免责规定这一点来看,《提供商责任限制法》相比披露而言,更多则在诱导提供商选择不披露。⑲ 也就是说,《提供商责任限制法》相比对受害人的救济,更看重发布者一方的利益。

发布者信息中,哪些可以作为披露对象?对此,总务省令(平成14年总务省令第57号)有明确规定。省令中限定性列举的发布者信息如下:"发布者及其他与侵权信息发送相关的人员的姓名或名称"(1号)、"发布者及其他与侵权信息发送相关的人员的地址"(2号)、"发布者的电子邮箱"(3号)、"与侵权信息相关的IP地址"(4号)、"来自与侵权信息相关的移动电话终端的互联网连接服务用户标识符"(5号)、"与侵权信息相关的标识码中,通过来自移动电话终端的互联网连接服务被发送的SIM卡识别码"(6号)、"向与4号至6号相关的涉及披露的服务提供者所使用的特定电信设备发送侵权信息的年月日及时刻(所谓的时间戳)"(7号)。

发布者信息披露的请求对象,是否不仅包含托管服务提供商,还应包含只提供互联网访问服务的访问服务提供商(接入服务提供商)?对于这一点,由于立法当初未做明确,曾经引发过争议。对于这个议点的背景,高桥和之教授作出了如下清晰的解释:"由于接入服务提供商需要收取提供连接服务的对价,所以通常手头都掌握着发布者的姓名、地址

---

⑲ 参见小向太郎:《信息法入门(第3版)》,NTT出版,第169页起;参见高桥和之:《互联网上的名誉损害与表达自由》,载高桥和之等编:《互联网与法(第4版)》,有斐阁2010年版,第84页。

等信息。发布者在互联网 Web 网页免费提供的电子公告板上发布帖文时,大多情况下运营和管理网站的提供商手头掌握的只有发布者的 IP 地址和时间戳(帖文发布时间)。因此,即使获得了该提供商所披露的发布者信息,也无法知道发布者的姓名和地址。鉴于此,通过 IP 地址找到接入服务提供商,请求接入服务提供商对帖文发布这一时刻分配于该 IP 地址上的人员的姓名和地址予以披露"就很有必要。[20]

东京地方法院在 2003 年 4 月的判决中,将发布者在公告板上发布信息的过程和该信息被发送至接收者处的过程一分为二,认为前者不属于"以不特定者的接收为目的的电信发送",也就是"特定电信",因此负责这一过程的提供商不属于请求披露的对象(东京地方法院 2003 年 4 月 24 日判决,载《金融·商事判例》第 1168 期,第 8 页)。该判决采用了"因为发布者信息披露请求权承认通信秘密之例外,所以不得随意进行扩大解释"这一视角。[21] 但是此后,面对下级审判的判决出现了接入服务提供商也被视为发布者信息披露的请求对象的情况,最高法院 2010 年也作出了对此予以认可的判决(最高法院 2010 年 4 月 8 日判决,载《民集》第 64 卷第 3 期,第 676 页)。该判决将信息从发布者到接收者的流通过程作为一个整体视为特定电信,并认为,接入服务提供商"使用电信设备,最终是在为以不特定者的接收为目的的、构成信息流通过程之一部分的电信充当中介者",其也属于发布者信息披露的请求对象。因为考虑到除了接入服务提供商以外,很少有人手头掌握着发布者的住址和姓名等信息这一点,若不将接入服务提供商纳入发布者信息披露的请求对象之列,那就是对设立第 4 条之目的的漠视。

---

[20] 参见高桥和之:《互联网上的名誉损害与表达自由》,载高桥和之等编:《互联网与法(第 4 版)》,有斐阁 2010 年版,第 85 页。

[21] 参见小向太郎:《信息法入门(第 3 版)》,NTT 出版,第 170 页。

5 对提供商责任限制及发布者信息披露的思考

5.1 对《提供商责任限制法》的指摘

上文对《提供商责任限制法》的概要进行了介绍。

若对《提供商责任限制法》做个评价,可以说,它是一部力求在受害人的权利救济和发布者的(匿名)表达自由、通信秘密、隐私权保护之间取得平衡,同时还不使后者的权利和利益受到过度制约的法律。但是,对这部法律也不乏可指摘之处。

第一,《提供商责任限制法》对在《宪法》第 21 条规定的表达自由的前提下,可容许的提供商承担民事责任的范围进行限制这一点上,做得并不成功。《提供商责任限制法》第 3 条第 1 款规定,(a)知晓由于信息的传播而导致他人权利正在受到侵害,或者(b)知晓信息传播的事实,并且有相当的理由可以认定其知晓由于信息的传播而导致他人权利正在受到侵害,若非上述情形,提供商不承担因信息传播产生的民事责任。正如再三强调的那样,《提供商责任限制法》采用"避风港"方式,并不是说符合了(a)或者(b)的情形就会立刻产生民事责任。但是,如同松井茂记教授就(a)和(b)指出的那样,"是否知晓存在权利侵害这一点中,并不包含知晓该权利侵害属于违法,哪怕认为合法,但只要知晓或者有充分理由应当知晓其行为属于权利侵害就不予免责的话,免责的范围未免太过狭窄"。㉒ 并且,如同上文所述,《提供商责任限制法》在名誉毁损违法阻却事由的举证责任上留有模糊不清之处,若将其理解为应当由提供商一方承担存在名誉毁损违法阻却事由的举证责任,则等于要让提供商背负过重负担。

㉒ 松井茂记:《互联网的宪法学(新版)》,岩波书店 2014 年版,第 352 页。

第二,应当按照所提供的服务形态对提供商进行分类,按照不同分类明确责任限制。㉓ 如同上文所述,虽说同为提供商,但不同类别的主体各自发挥着不同作用,因此责任也应当有所不同。例如,《美国的数字千禧年著作权法》就按照访问(access——译者注)、缓存(caching——译者注)、存储(hosting——译者注)、搜索等服务,分别对责任限制予以明示,《欧盟电子商务指令》则按照访问、缓存、存储,分别设置了责任限制规定。

相对于此,《提供商责任限制法》将互联网上的 Web 网页以及电子公告板这些以不特定者的接收为目的的电信服务的提供者中介者(即特定电信服务提供者)广泛视为规制对象,没有从其发挥着不同作用的角度进行明确分类。确实可以说,以"公开性的通信"这个概念为基础制定的《提供商责任限制法》,是以托管服务提供商为主要对象的。但是,由于第 3 条的责任限制规定和第 4 条的发布者信息披露请求权都是以第 2 条所定义的"特定电信服务提供者"为前提的,这就在体系上留下了模糊不清之处,即在判例和实务上,虽然接入服务提供商适用第 3 条并不存在问题,但其却属于第 4 条的适用对象。

此外还有人指出,今后,如果随着数据包控制技术精度的提高,接入服务提供商针对侵权信息能够采取有效措施防止其传输后,就可能会引发对《提供商责任限制法》所规定的采取措施防止传输这一义务该作何思考的问题。㉔

5.2 云计算与搜索服务

最后,在信息中介者的法律问题这一文脉中,简单地谈一谈云计算和搜索服务的问题。

㉓ 参见小向太郎:《信息法入门(第 3 版)》,NTT 出版 2015 年版,第 174 页起。
㉔ 参见小向太郎:《信息法入门(第 2 版)》,NTT 出版 2011 年版,第 161 页。同时参见小向太郎:《信息法入门(第 3 版)》,NTT2015 年版,第 178 页。

关于云计算,其并没有一个明确的定义,此处将遵循小向太郎氏对此所作的简明扼要的解释。"云计算是指,利用分布在网络上的计算机来完成高度处理的一种技术""分布在网络上的多台计算机按照用户要求进行各种计算机处理,用户使用时无需关注硬件位于何处。尽管对云(cloud)为何物不甚了解,但出于有益的服务从云而降的想象,云计算由此得名"。[25]

关于云计算,其被论述最多的是信息的分散处理所造成的安全问题。而提供云服务的运营商有时候也是不特定多数人能够发布帖文的电子公告板的运营者,符合《提供商责任限制法》中规定的"特定电信服务提供者",这时,原封不动地适用上文所述的民事上的责任限制即可。

搜索服务是指,通过特定的关键词对互联网上的信息进行搜索的一种服务。[26] 在拥有庞大信息量的互联网上,搜索服务是一般人想要获取所需信息时不可或缺的一种手段。而搜索结果中也可能出现刊载有名誉毁损言论的 Web 网页,使名誉毁损的损害进一步扩大。因此,这就涉及能否要求该服务运营商不在搜索结果中显示这种 Web 网页,也就是能否要求其对此进行删除的问题。

关于这一点,东京地方法院 2010 年 2 月 18 日判决(未载入判例集)进行了如下论述,在搜索服务运营商管理责任的理解上显得颇为严格。"从即使含有违法言论的 Web 网页作为搜索服务的搜索结果被显示,但搜索服务运营商本身并不是违法言论的表达者,也不是该 Web 网页的管理者;还有,搜索服务运营商基于搜索服务的性质,从其立场而言原则上不应当对搜索结果中所显示的 Web 网页的内容及有无违法性进行判断;以及搜索服务在现代社会中所发挥的作用来看,如果将含有违法言论的特定的 Web 网页从搜索结果中予以删除,那么带来的结果就

---

[25] 参见小向太郎:《信息法入门(第 3 版)》,NTT2015 年版,第 6 页。
[26] 有关搜索服务的相关记述,参见田岛正广(监修):《互联网新时代法律实务 Q&A(第 2 版)》,日本加除出版 2013 年版,第 290 页起。

是,该 Web 网页上的非违法言论事实上也将遭受很大限制,难以向社会传播或接触到民众。因此,认为自己的人格权因 Web 网页的违法言论受到侵害的当事人能够作为例外,以法律请求的形式要求搜索服务运营商(而非要求该言论表达者)将该 Web 网页从搜索结果中删除的情形,仅限于该 Web 网页本身的违法性显而易见,且网页整体或至少大部分内容存在违法性的情形下,搜索服务运营商明明接到了请求已经能够认识到这一违法性但却放任不管的情形。"

除了上述问题,在搜索引擎中输入自己的姓名时,因为关联搜索或者搜索建议功能(即在输入想要搜索的关键词时,与该关键词高频率同时出现的词汇会自动显示在搜索框中的功能),一些对个人而言具有负面性的词汇会被显示在搜索结果中,这种情形也存在问题。那么,个人能否要求搜索服务运营商不要显示这种负面性词汇呢?对此,观点不一。一方面,有观点认为,搜索建议功能说到底只是机械地、自动地显示相关词汇而已,并非搜索服务运营商针对个人作出的负面意思表示,因此不存在人格权侵权;另一方面,也有观点认为,由于负面性词汇被显示在搜索结果中,用户顺藤摸瓜很容易就会到达含有违法言论的 Web 网页,因此,若该个人向搜索服务运营商提出删除请求却遭放任不管,导致其蒙受重大不利时,可承认删除请求。

结　语

本章以《提供商责任限制法》为中心,对信息中介者的法律问题进行了探讨。

本章 5 中也提到过,信息技术的提高对以《提供商责任限制法》为首的既存法律制度的解释质疑很大。不久的将来,或许还会发生不得不将法律修正纳入视野的事态。但是,无论如何,最为重要的是,必须在正确认识信息技术发展的基础上,依据法的原理,不断去思考如何才能在不对信息中介者实现"民众知情权"这一社会作用造成损害的同时,做好对违法信息的受害人救济。对于这一点,笔者认为有必要再次进行强调。

思考

近来,请求删除搜索结果中所包含的个人信息的权利,因被极具象征性地称为"被遗忘权"而颇受瞩目。这是因为2014年欧洲法院认可了"被遗忘权"(详见本书第2章4.2),随后,日本就像与之保持步调一致似的,10月9日,东京地方法院也作出了承认删除搜索结果的临时处置决定。但是,也有意见指出,从搜索服务在现代社会中的作用这个角度来看,"被遗忘权"将促使服务运营商围绕搜索结果的显示,进行所谓的"检阅"。换言之就是,有可能会侵害"民众知情权"。可以与媒体享有的"编辑权"相对比,来思考一下应当如何看待这个问题。

拓展阅读文献

冈村久道:《互联网法律问题》,新日本法规出版2013年版。

酒匂一郎:《互联网与法》,信山社2003年版。

堀部政男编:《互联网社会与法(第2版)》,新世社2006年版。

堀部政男监修:《提供商责任限制法 实务与理论》,载《NBL》增刊第141期,商事法务2012年版。

第 13 章　跨境争端的解决

长田　真里

引　言

本章之前的论述基本上是以在日本国内发生问题时，日本的法律能够进行何种应对为前提的。然而，互联网世界中，国境的概念和意识极其淡薄，即便对日本法和各国法的现状了然于胸，也无法解决所有的问题。本章将就如何解决和应对互联网背景下可能产生的跨境争端进行概述。

首先要明确的一点是，以下论述基本上仅限于私法领域。涉及公法的事情一般适用属地主义，不允许在日本法院适用外国公法解决案件。因此，在公法领域，某个法所适用的领域（立法管辖）和允许使用该法进行审判的领域（审判管辖）通常是一致的。例如，不能在日本法院适用德国刑法进行刑事审判。相对于此，私法领域不采用严格属地主义，即使在日本的法院审理的案件（即即使日本具有国际审判管辖权），也能够使用外国的民法（即以外国法为准据法）来寻求解决。为此，就需要分别就国际审判管辖问题（1）、准据法确定问题（2）进行思考。此外，外国所作的审判和判决、决定等的效力也会在日本国内引发问题，这就会涉及外国判决的承认与执行问题（3）。以下将就国际私法领域中这些特有的问题对日本的现状予以概述。

1 国际审判管辖

1.1 2011年《民事诉讼法》修正前

长期以来,日本都不存在对国际审判管辖的直接规定,一直是参考《民事诉讼法》中的国内土地管辖规定来推知日本法院是否具有国际审判管辖权的。关于参考办法,学说众多且争论不断,最高法院1981年10月16日判决(载《民集》第35卷第7期,第1224页"马来西亚航空案")给出了一定的方向。该判决中,最高法院站在日本没有关于国际审判管辖的明文规定这一前提下,按照条理对国际审判管辖进行了判断,并指出这种条理判断参照的就是《民事诉讼法》中的土地管辖规定。此后,下级法院的审判便一直沿袭最高法院的判例。其间,如下立场逐渐成为判例的主流,即参照《民事诉讼法》中的土地管辖规定固然没有问题,但是作为其结果,虽然日本法院的国际审判管辖权得到了承认,但当这有可能妨害当事人之间的公平,或者妨害正确以及迅速审理的实现时,则作为例外,认为存在可以否定日本具有国际审判管辖权的特殊事由。这个特殊事由理论,在马来西亚航空案判决以后,在最高法院1997年11月11日判决(载《民集》第51卷第10期,第4055页"家庭案")中被采用,这是最高法院作出的财产案件涉及国际审判管辖的首例判决。

1.2 2011年《民事诉讼法》修正后

2011年《民事诉讼法》修正时对财产案件的国际审判管辖作出了明文规定,由此,上述状况才得到解决。以下将在修正后的《民事诉讼法》框架下,就互联网环境下容易产生问题的国际审判管辖规则进行概述。

(1)被告住所地原则

国际审判管辖中的被告住所地原则是指,只要是被告的住所所在地,不论请求的性质如何,通常都承认其具有审判管辖权。因此,利用互联网实施的交易或侵权行为理所当然也受被告住所地管辖。对国际审判管辖的该原则作出规定的是《民事诉讼法》第 3 条之二。

根据该条第 1 款,被告为自然人时,若①该人的住所在日本国内;②被告若无住所或住所不明,其居所在日本国内;③被告若无居所或居所不明,而该人在提起诉讼前曾在日本国内有住所时,承认由日本行使国际审判管辖权。这些判断都是站在国际层面上进行的。也就是说,②和③并非是"在日本"没有住所和居所,而是"在世界上任何地方"都没有住所和居所时方可适用。尤其就③而言,若在日本拥有住所,后又在国外某处(例如北京)拥有住所,而后住所和居所都没有了,此时是不能以曾经在日本有过住所为由而承认日本具有国际审判管辖的。这一点在修正前只是通说的主张,立法修正时才获明文确认。

另外,被告为法人时,根据《民事诉讼法》第 3 条之二第 3 款,仅限于法人的总公司或者与此同等的公司位于日本,或者根本没有总公司而只是代表人的住所位于日本时,方可按照住所地确认管辖。因此,在修正法框架下,若法人的主营业地位于外国,将不会仅以该法人在日本有营业所就承认日本对其具有国际审判管辖权。

(2)特别管辖

《民事诉讼法》第 3 条之三起是针对特定情形或者特定类型案件才予以承认的特别管辖的规定。此处将从中提取互联网环境下容易引发问题的①债务履行地管辖、②营业所所在地管辖和经营活动地管辖、③财产所在地管辖、④侵权行为地管辖、⑤合意管辖、⑥消费者合同管辖来加以论述。

①债务履行地管辖

债务履行地管辖规定在《民事诉讼法》第 3 条之三第 1 项,是只对合同案件予以承认的管辖原因。该项规定,(a)关于合同上的债务,(b)如就该债务的履行地或者该合同的准据法达成合意的情形下,(c)若合同上的债务履行地为日本,则承认由日本行使国际审判管辖权。(但是关于消费者合同,则另有后文所述的特别管辖规定。)

首先,满足什么标准才可称为合同上的债务呢?关于这一点,日本没有进行过充分讨论。原因在于修正前原本就承认与之相同的土地管辖规定,它对涉及一般义务的案件都承认履行地管辖,所以如何缩小履行地管辖的范围才是讨论的中心议题。而将目光转向国外会发现,同样对合同案件的特别管辖作出规定的欧盟《欧盟理事会关于民商事案件管辖和判决承认与执行的第 1215/2012 号条例》(以下简称《布鲁塞尔条例Ⅰ修正案》)①则通过欧洲法院判例的积累,将是否基于当事人中至少某一方所自发承担的债务作为判断标准,值得参考。②

基于债务履行地的国际审判管辖想要获得承认,还必须就债务履行地或合同准据法达成合意。除却明示的合意和默示的合意会被承认这一点以外,通常,在对债务履行地达成合意的情况下是不会有问题的。但是,如果要按照准据法决定履行地,则需多加注意。如同后文所述,合同准据法的确定方法有两种:一种是由当事人选择准据法[《法律适用

---

① 该条例是在《欧盟理事会关于民商事案件管辖和判决承认与执行的第 44/2001 号条例》(以下简称《布鲁塞尔条例Ⅰ》)相关解释或判例的基础上,于 2012 年 12 月以修正该条例的形式所制定的。而涉及本章的对象部分,虽然条文序号有所变更,但实质上并无修正。此外,两个条例中对有关合同的案件的国际审判管辖规定如下:
第 5 条第 1 项(修正案第 7 条第 1 项)
在某一成员国拥有住所者可能在其他成员国被诉的情形如下:
(1)(a)有关合同的案件,在债务履行地法院;
(b)在本款适用上,除另有约定外,债务履行地应为:
——货物买卖中,根据合同货物被交付或应被交付的成员国境内地点,
——服务提供中,根据合同服务被提供或应被提供的成员国境内地点;
(c)若(b)款不适用,则适用(a)款。

② Fonderie Officine Meccaniche SpA v. HWS GmbH, C-334/00[2002] E.C.R. I-7357 中提出了是否应当对合同签订前的交涉阶段所产生的损害进行赔偿的问题,欧洲法院的判断是,由于这不是当事人一方自发承担的债务,因此不属于合同上的债务。

通则法》(以下简称《通则法》)第 7、9 条]；另一种是从客观上选择与合同关系最为密切之地的法律(《通则法》第 8 条)，其中，只有按照第 7 条和第 9 条确定准据法时，债务履行地管辖才可获得承认。③ 此外，若未就以日本为债务履行地达成合意，则日本不具有国际审判管辖权。另外，达成合意的准据法没有必要必须是日本法，只要按照达成合意的准据法，债务履行地是日本即可。

②营业所所在地管辖和经营活动地管辖

如同上文所述，在修正后的《民事诉讼法》框架下，若法人的主营业地位于外国，将不会仅仅依据其在日本有营业所就承认由日本行使国际审判管辖权。但是，若该法人在日本有营业所，且提出的诉讼与其营业所业务有关(《民事诉讼法》第 3 条之三第 4 项)，或者在日本没有营业所，但在日本经营业务，且提出的诉讼与其日本业务有关(《民事诉讼法》第 3 条之三第 5 项)时，可承认由日本行使国际审判管辖权。第 4 项和第 5 项的区别在于以下两点，即①营业所是否在日本；②涉及请求时引发问题的是营业所的所有业务，还是法人在日本的业务。当营业所在日本时，适用第 4 项，与营业所的经营业务相关的诉讼由日本行使国际审判管辖权。符合这种情形时，问题的关键在于是否涉及营业所的所有业务，而该业务即使不是在日本进行的也无妨。相对于此，当营业所不在日本时，则必须满足该人在日本一直持续从事业务，以及该诉讼与该人在日本

---

③ 关于这一点，《联合国国际货物销售合同公约》(以下简称 CISG)与本规定的关系尤其存在争议。以动产销售为目的的合同当事人各自在不同的缔约国有营业所，与该营业所签订合同时，只要当事人不排除适用，不论合同准据法如何，自动适用 CISG(第 1 条第 1 款 b 项)。为此，大多数学说认为，根据第 1 条第 1 款 b 项自动适用 CISG 时，不应承认债务履行地管辖[例如，樱田嘉章：《国际私法(第 6 版)》，有斐阁 2012 年版，第 362 页]，但是也有意见认为，这种情形时也能确保当事人的预见可能性，应当承认债务履行地管辖(横山润：《国际私法》，三省堂 2012 年版，第 337 页)。

从事的业务相关这两个要件时,方可承认由日本行使国际审判管辖权④。

涉及互联网交易时尤易引发问题的是,与在日本既无营业所也无代表人,而是通过网站与日本进行某种交易的外国经营者之间的关系。这时,就要看能否依据第 5 项承认管辖。具体而言,就是要依据上文所述的两个要件(在日本有无经营活动、诉讼与日本业务的相关性)进行判断。其中,关于在日本有无经营活动这一点,仅仅以从日本可以访问该经营者的网站为准进行判断是不够的,还要根据该网站的语言,以及能否在日本提交订单、所购产品能否送达日本等具体情况进行具体判断。⑤

③财产所在地管辖

即使在日本没有住所也没有主营业地和营业所,且在日本也不从事经营活动,只要该个人或经营者在日本有财产,有时也可承认由日本行使国际审判管辖权。这就是《民事诉讼法》第 3 条之三第 3 项规定的财产所在地管辖。⑥ 但是,这种管辖得到承认的情形仅限于以下两种:①该财产即为请求目的,或者②属于要求支付金钱的诉讼,且该被告的财产价值相当大。

④侵权行为地管辖

《民事诉讼法》第 3 条之三第 8 项就有关侵权行为的诉讼规定称,侵权行为发生地在日本国内时,承认由日本行使国际审判管辖权。这个"侵权行为发生地"包含了加害行为实施地和加害行为结果发生地双方,这一点上不存在争议。⑦ 但是,在外国实施的行为只有结果发生在

---

④ 这种情形时,还可能涉及业务和诉讼之间是否需要具体的关联性、是否只要有抽象的关联性就够了这样的问题。参见本间靖规、中野俊一郎、酒井一:《国际民事程序法(第 2 版)》,有斐阁 2012 年版。

⑤ 参见佐藤达文、小林康彦编:《一问一答 平成 23 年民事诉讼法等修正》,商事法务 2012 年版,第 57 页。

⑥ 参见佐藤达文、小林康彦编:《一问一答 平成 23 年民事诉讼法等修正》,商事法务 2012 年版,第 47 页。

⑦ 参见佐藤达文、小林康彦编:《一问一答 平成 23 年民事诉讼法等修正》,商事法务 2012 年版,第 69 页。

日本(异地侵权行为的情形)时,如果经过判断认为加害行为人无法预见该结果会发生在日本,那么,基于第 8 项的国际审判管辖将被否定(同项下段括弧内)。这个预见可能性不是以加害人的主观认识为标准,而是要从客观上予以判断的[8]。此外,若对侵权行为本身的存否有争议,则要求原告必须就存在侵权行为的客观事实关系作出完全证明。[9]

互联网上的侵权行为可能引发的问题类型有:(a)名誉和信誉以及隐私等人格权侵权;(b)著作权、商标权、专利权以及营业秘密等知识产权侵权。以下将围绕这两种类型逐一详细介绍。

(a)人格权侵权

基于名誉和信誉以及隐私侵权,也就是所谓的人格权侵权所进行的赔偿损害请求和差止请求都属于侵权行为地的管辖对象,关于这一点几乎没有什么争议。引发争议的则是,在利用网络侵害人格权的情况下,应以何地为加害行为地、以何地为结果发生地这一点。当然,杂志、报纸和放送等传统媒体中也存在这个问题,然而在互联网环境下,任何一个人从任何一个地方瞬间就能轻而易举地发布可扩散至全世界的信息,所以此问题变得更为深刻。从日本的判例来看,法院的立场并不明确[10],可参考欧洲法

---

[8] 参见佐藤达文、小林康彦编:《一问一答 平成 23 年民事诉讼法等修正》,商事法务 2012 年版,第 71 页;本间靖规、中野俊一郎、酒井一:《国际民事程序法(第 2 版)》,有斐阁 2012 年版,第 61 页。

[9] 参见最高法院 2001 年 6 月 8 日判决,载《民集》第 55 卷第 4 期,第 727 页。

[10] 东京地方法院 1989 年 8 月 28 日判决(载《判例时报》第 1338 期,第 121 页)称,就住所位于加利福尼亚州的被告在日本被印刷销售杂志的出版社提起确认债务不存在的诉讼,法院作出的判断是,在被告居住地加利福尼亚州销售杂志的行为属于侵权行为,而日本不属于侵权行为地。但是,该诉讼是作为日本诉讼中的被告在美国加利福尼亚州对原告出版社提起的损害赔偿请求诉讼的反诉而在日本提起的,此处的判断能否成为一般标准令人存疑。此外,东京地方法院 2013 年 10 月 21 日判决(未载入判例集)在一家日本法人认为自身名誉及信誉因为互联网上的新闻稿(用英文发布在英文 HP 上)受到毁损,而针对内华达州法人向日本法院提起的损害赔偿案中称,虽然仅仅以被告将新闻稿公开发布在互联网上,与该新闻稿处于日本国内也可浏览的状态为由,承认结果发生地为日本,但是最终认为存在后文所述的特殊事由,而未承认日本具有管辖权。

院判例对于《布鲁塞尔条例Ⅰ》第 5 条第 3 项[11]的解释,该条款与《民事诉讼法》第 3 条之三第 8 项一样,承认加害行为地和结果发生地均可作为侵权行为地确定管辖。

首先,在 Shevill 案判决[12]中,欧洲法院就利用报纸实施的名誉和信誉毁损以及隐私权侵权认为,加害行为地是报纸的出版印刷地(即通常是出版社创建地),而关于结果发生地则认为,只要被告在那里为人所知,结果发生地就是该出版物的发行地。但是,该判决中,承认加害行为地可就全部损害行使管辖权,而结果发生地则只能就发生在该地的损害部分行使管辖权(具体按照结果发生地的销售量在发行总量中所占的比例进行计算)。

那么,用于传统媒体的这种思路是否也适用于网络呢? eDate 案和 Martubez 案的合并判决[13]就涉及了这一问题。该合并判决首先认为,Shevill 案判决的基本思路也适用于网络,但是由于内容的扩散性大不相同,无法对发行地的范围以及只在该国发生的损害进行划分。判决进而认为,人格权因为网络上的内容受到侵害时,应承认侵权人住所地(加害行为地)或者受害人利益中心所在地(通常为受害人经常居住的国家)可就全部损害行使管辖权,除此之外的那些可以访问该内容的国家则只能就发生在该国的损害(但是,关于如何对发生在该国的损害进行划分,欧洲法院未提出任何标准)行使管辖权。

这些判断也为日本在侵权行为地的具体判断上提供了有益借鉴和参考。但是在日本,由于《民事诉讼法》第 3 条之六在国际审判管辖上承认客观合并管辖,因此不存在对能够行使管辖权的损害进行限制这样的

---

[11] 《布鲁塞尔条例Ⅰ》第 5 条第 3 项(修正案第 7 条第 2 项):
"在某一成员国拥有住所者可能在其他成员国被诉的情形如下。
(2)有关侵权行为或准侵权行为的案件,在侵权行为发生或可能发生地的法院。"

[12] Shevill and Others v. Presse Alliance, C-68/93 [1995] E.C.R. l-415

[13] eDate Advertising GmbH v. X and Olivier Martinez, Robert Martinez v. MGN Limited, C-509/09 and C-161/10 [2011] ECRl-10269

概念。由于日本要求结果发生地必须满足预见可能性这一要件,因此就算将可以访问的国家视为结果发生地,也可在一定程度上阻止结果发生地无限扩大。⑭

(b) 知识产权侵权

关于知识产权侵权,很多判例学说都承认基于该侵权的赔偿损害请求和差止请求都属于侵权行为地法院的管辖对象。⑮ 但是,对于网络知识产权侵权,日本的判例从未就如何认定知识产权侵权的发生地(包括加害行为地和结果发生地)提出过明确标准。⑯ 在此,同样可参考欧洲法院就知识产权侵权审理的与《布鲁塞尔条例Ⅰ》相关的判例。⑰

根据欧洲法院的判例,上文提及的 eDate 案和 Martubez 案的合并判决中展示的思路是无法用于知识产权的。因为与人格权侵权不同,知识产权承认属地主义,各国的知识产权只在本国具有效力。但

---

⑭ 也可参见山田恒久:《涉网交易·侵权行为案件的国际审判管辖》,载日本国际经济法学会编:《国际经济法讲座Ⅱ 交易·财产·程序》,法律文化社2012年版,第211页。

⑮ 关于侵害营业秘密的差止请求,可参见承认侵权行为地间接管辖的最高法院2014年4月24日判决,载《民集》第68卷第4期,第329页;以及佐藤达文、小林康彦编:《一问一答 平成23年民事诉讼法等修正》,商事法务2012年版,第69页等。但是,《民事诉讼法》针对因注册发生的知识产权的存否以及效力的规定是,若注册地在日本,则承认日本具有专属管辖权(《民事诉讼法》第3条之五第3款)。既然有这条规定,那么在外国注册的专利权若涉及侵权,应当也只承认该注册地国具有专属管辖权的想法并无不妥。但是,不仅修正前的判例没有站在这样的立场上,而且大多数学说一致认可的也是由侵权行为地管辖(佐藤达文、小林康彦编:《一问一答 平成23年民事诉讼法等修正》,商事法务2012年版,第113页)。另外,也可参见河野俊行于修正前撰写的有关立法提案的论稿《知识产权侵权案件的管辖及例外条款》,载河野俊行编:《知识产权与涉外民事诉讼》,弘文堂2010年版,第227页起。

⑯ 例如,东京地方法院2014年7月16日判决(载法院网站)上称,在一家韩国企业向日本法院起诉另一家在日本利用互联网提供电视节目播放服务的韩国企业的案件中,法院作出的判断是,由于服务面向地为日本,因此侵权行为发生地之中至少也包括日本。但是,对于这一标准是否可适用于一般情况并未言明。

⑰ 《布鲁塞尔条例Ⅰ》中也规定,基于知识产权侵权而进行的赔偿损害请求和差止请求都属于侵权行为地的管辖对象。Magnus/Mankowski, Brussels I Refulation (2nd ed. 2012) art. 5 note 200

是，对于知识产权侵权，在确定侵权行为地尤其是结果发生地之际，没有必要就加害人一方是否有意图针对某个特定国家进行讨论。因为只要某地发生了或者有可能发生损害，由此产生的关联性就足以使该地的管辖权得到承认。站在这个前提下，就商标这种需要注册的知识产权来言，加害行为地就是加害行为人设立商标之地，结果发生地则是注册地（见 Wintersteiger 判决[18]），而就著作权这种不需要注册的知识产权来言，结果发生地则是著作权受到保护且作品可以被访问的地方（见 Pinckney 判决[19]及 Hejduk 判决[20]，但是，仅限于发生在该地的损害部分）。

当然，如同上文所述，由于日本承认客观合并，因此对作为管辖对象的损害进行限定没有什么意义，但在思考网络知识产权侵权的加害行为地和结果发生地时，还是可以将其视为一个指针的。[21]

⑤合意管辖

此外，当事人之间还可以提前就管辖法院进行约定。要想被认定为国际性管辖合意，必须满足一定的条件，即①必须是关于一定法律关系的合意；②必须是书面形式的合意（但是，电磁记录形式也可以）；③将外国法院作为专属法院的管辖合意，必须确保法律审判在该外国能够实际进行（以上要件，见《民事诉讼法》第 3 条之七）；④日本法院不具有专属管辖权（《民事诉讼法》第 3 条之十）。此外，条文上虽无要求，但是通说认为还必须满足一个要件，那就是有关合意管辖的最高法院 1975 年 11 月 28 日判决《民集》第 29 卷第 10 期，第 1554 页上所要求的⑤该合意不违

---

[18] Wintersteiger AG v. Froducts 4U Sondermaschinenbau GmbH, C-523/10, ECLI:EU:C:2012:220.

[19] Peter Pinckney v. KDG Mediatech AG, C-170/12, ECLI:EU:C:2013:635.

[20] Pez Hejduk v. EnergieAgentur. NRW GmbH, C-441/13, ECLI:EU:C:2015:28.

[21] 但是，参见山田恒久：《涉网交易・侵权行为案件的国际审判管辖》，载日本国际经济法学会编：《国际经济法讲座Ⅱ 交易・财产・程序》，法律文化社 2012 年版，第 211 页。

反公序良俗。㉒当然,这些合意管辖的要件也适用于互联网交易,但是在消费者合同中,如同后文所述,对管辖合意是有规定限制的。

⑥消费者合同管辖

上文谈到,有关合同的案件由债务履行地进行管辖,但是,合同若为经营者和消费者之间订立的消费者合同,则有特殊的管辖规定。《民事诉讼法》第3条之四第1款规定,诉讼提起时或消费者合同订立时,消费者的住所若在日本,则承认消费者起诉经营者的诉讼由日本行使国际审判管辖权。此外,<u>消费者起诉经营者的诉讼</u>还可适用其他的管辖规定(债券履行地管辖、财产所在地管辖、经营活动地管辖、营业所所在地管辖等)。

相对于此,与消费者合同相关的<u>经营者起诉消费者的诉讼</u>则只能适用《民事诉讼法》第3条之二(第3条之四第3款),因此,只有提起诉讼时消费者的住所在日本才可以承认日本具有国际审判管辖权。

此外,尤其是网络消费者合同,虽然大多会在约款中提前设定好管辖合意条款,但是,消费者合同中,原则上只承认将订立消费者合同时的消费者住所所在地作为管辖地的合意有效(《民事诉讼法》第3条之七第5款第1项)。㉓ 因此,一般常见的将经营者所在地作为管辖地的合意㉔,在

㉒ 参见佐藤达文、小林康彦编:《一问一答 平成23年民事诉讼法等修正》,商事法务2012年版,第141页。

㉓ 消费者合同中管辖合意有效的情形除了就消费者合同签订时的消费者住所地达成管辖合意这一种以外,还包括消费者依据该管辖合意在合意管辖地起诉经营者的情形,以及消费者在他地被起诉却援用管辖合意,主张由合意管辖地法院进行审判的情形(《民事诉讼法》第3条之七第5款第2项)。

㉔ 例如,Twitter使用条款的"12.一般条件 B.准据法及审判管辖"中规定:"有关本服务的一切请求、法律程序或者诉讼,只能向美国加利福尼亚州洛杉矶郡的联邦法院或者州法院提起,用户必须同意这些法院具有管辖权,放弃与不方便法院相关的任何异议",而就民事诉讼法的规定而言,与居住在日本的消费者签订的合同中若有这种合意,原则上是无效的。但是,这并不妨碍Twitter公司在加利福尼亚州起诉居住在日本的消费者。这是因为,依据法院地法是程序法的原则,加利福尼亚州根本无须考虑日本的民事诉讼法就可以对审判管辖作出判断。但是,如果作出的判决是基于日本管辖规定上不予认可的管辖原因,那么,在涉及后文所述的外国判决的承认和执行之际很可能就会遇到麻烦。

日本的国际审判管辖法上是无效的。还有,即便达成合意,约定要将消费者住所地作为专属管辖地,管辖法院的专属性也会遭到否定,合意只会被当作认可在该地也可提起诉讼的附加性管辖来解读。

(3)因特殊事由驳回诉讼

上文就涉及互联网时日本享有管辖权的各种管辖原因进行了论述,但是有些情形下,即使满足了这些条件,日本也有可能无法获得审判权。这是因为修正前的判例所承认的"特殊事由理论"得到了明文确认。《民事诉讼法》第3条之九规定,法院依据案件性质、被告应诉负担的程度、证据所在地以及其他情况,认为存在由日本法院进行审判可能会妨害当事人之间的公平,或者妨害正确以及迅速审理的实现这种特殊事由时,可以全部或部分驳回该诉讼。像这样,虽然获得了国际审判管辖权,但法院可根据裁量不予行使的这种制度,其思路与英美法所承认的 forum non convenience(不方便法院)相同,在大陆法系中是很鲜见的。尤其是在修正前承认特殊事由的背景中,因其目的是纠正以国内的土地管辖规定为参考来确定国际审判管辖范围这一做法引发的问题,所以判例对其具有一定的合理性予以了认可。但是,明明对国际审判管辖作出了明文规定,却承认法院可以裁定驳回诉讼,让人难以感受到其合理性。而且,基于被告住所地的管辖也承认可以因特殊事由驳回诉讼,这就潜藏着与原告的"接受审判权的保障"(《宪法》第32条)"也相冲突的危险。考虑到这些因素,在判断有无特殊事由时应当尽量做到克制和限制。

2 准据法

2.1 准据法确定规范

本章"引言"部分曾经谈到,在私法领域,即使就某个涉外法律关系承认可在日本进行审判,也不一定使用日本法来解决该案件。如果解决案件通常应适用审判进行地的法律(法院地法)这一原则在每个国家都得到承认的话,那么,原告就会挑选其法律于己有利的法院,从而助长原告挑选法院(forum shopping)的风气。而且,A 国判决和 B 国判决的内容很有可能截然不同,在案件的解决上无法达到国际和谐。进而,本国的法律和外国的法律尽管都是主权国家的法律,是同等的,但是通常会认为本国法律处于优位。从这一点上来说,这个原则也不是一个理想的结果。为此,就需要寻找到一部与案涉的法律关系密切相关的法律,通过适用该法律,谋求在案件的解决上达到国际和谐,确保内外法的平等。像这样,在法律关系含有涉外因素时,找到最密切联系地,指出该法律关系应该适用何国法律的规范被称为"冲突规范",或者"法律选择规范",依据冲突规范应该适用并获得指定的法律被称为准据法。日本《法律适用通则法》(以下简称《通则法》)中对冲突规范有明文规定。

确定准据法需要遵循几个步骤。首先,必须确认该法律关系为涉外私法关系。其次,必须确定该法律关系作为准据法的适用对象可划分为几个法律关系,以及每个法律关系分别具有何种性质(确定法律关系的性质,也可称为定性)。每个法律关系的性质确定后,《通则法》在大多情况下都规定好了与每个法律关系相适应的"连接点"(即连接法律关系和准据法的因素),再依据连接点确定准据法。例如,《通则法》第 4 条第 1 款规定,"人的行为能力依其本国法确定",这里的法律关系为"人的行为能力",连接点为"该人的国家",准据法则为"该人的本国法"。以下章节将就互联网环境下尤其可能引发问题的合同准据法、消费者合同准据法、侵权行为准据法(也包括产品责任、名誉毁损、知识产权侵权)进行概述。

2.2 合同准据法

(1) 合同的成立及效力的准据法

关于合同的成立及效力的准据法,《通则法》规定了两种准据法确定规范:一种以当事人的意思为标准(主观连接),另一种则以客观因素为标准（客观连接）。

以当事人的意思为标准，也就是根据当事人的法律选择合意来确定合同准据法，亦称当事人自治。当事人自治于《通则法》第 7 条获得承认，但合同订立后当事人做出选择准据法的意思表示时，则要依据《通则法》第 9 条的合同准据法变更进行处理（另外，基于第 9 条选择的准据法，若损害第三人权利，则不能对抗该第三人）。选择准据法的意思表示既可以为明示也可以为默示。但是，现在的通说认为，这里应予承认的默示的准据法选择合意不应当是那种按照不同状况对合同进行分类后能够假定或推定出来的合意，而应当将其限定为符合当事人真实意思但未予以明示的合意。㉕

采用客观因素为标准，仅限于当事人没有作出法律选择的情形（《通则法》第 8 条）。因此，原则上不会出现当事人作出了有效的法律选择，而非其所选的另一法律却成了判定合同的成立及效力的准据法这种情况。为了按照客观标准确定合同的准据法，《通则法》所规定的连接点是"该法律行为发生的当时与该行为联系最为密切的地方"（《通则法》第 8 条第 1 款），但是该规定并未就具体以何为准来确定准据法作出明示。所以，《通则法》在同条第 2 款和第 3 款中设置了推定规则，规定合同中如存在特征性给付，推定特征性给付方当事人的惯常居所地㉖（法人则为主营业地）为最密切联系地；以不动产为标的的合同，推定不动产所在地为最密切联系

㉕ 参见樱田嘉章、道垣内真人编：《注释国际私法第 1 卷》，有斐阁 2011 年版，第 194 页（中西康撰稿）。但是也有意见指出，现实中要区分假定的当事人意思和默示的意思是不可能的（横山润：《国际私法》，三省堂 2012 年版，第 170 页）。

㉖ 特征性给付和惯常居所地都是国际私法特有的概念。首先，特征性给付是指一类合同上的债务，在对合同进行归类之际，它对于将某合同归为哪一类起着决定性作用。也就是说，在单务合同中，唯一存在的义务即为特征性给付，而在双务合同中，往往金钱给付是所有双务合同所共有的，故特征性给付指其中的非金钱给付［参见樱田嘉章、道垣内真人编：《注释国际私法第 1 卷》，有斐阁 2011 年版，第 206 页（中西康撰稿）］。其次，惯常居所地是一个事实概念，对应法律概念的"住所"，指行为人惯常居住的地方，不单纯是居住之地，而是相当长时期居住的地方。（参见南敏文：《修正法例解说》，法曹会 1992 年版，第 47 页）

地。具体在什么样的合同中,什么样的给付才属于特征性给付,这就需要具体案例具体分析了。例如,买卖合同中,卖方的标的物交付债务就属于特征性给付;服务提供合同中,服务提供债务就属于特征性给付。此外,类似于银行业务的金融机构借贷合同中,尽管双方都是金钱给付,但通说认为,以借贷为业而实施借贷的一方才是特征性给付方。但是,特征性给付的确定并不总是一件易事,例如,关于知识产权的转让合同和实施合同,有观点认为转让人(承诺人)是特征性给付方,但是认为应当按照合同具体情况具体分析的观点也极具权威性。㉗ 此外,特征性给付方当事人的惯常居所地和不动产为标的时的不动产所在地,终究只是被用于推定最密切联系地的工具而已,如果综合考虑各种因素后,认为比起这些场所,另有其他场所与合同联系更密切时,则可推翻推定。

(2)合同的形式要件的准据法

关于合同的形式要件,《通则法》第10条规定,可将①合同的成立及效力的准据法,或者②行为地法这两者中承认形式要件有效的法律视为准据法(《通则法》第10节第1、2款,选择性适用)。但是,像国际互联网交易那样,合同当事人身处不同国家订立合同时,则可遵循①合同的成立及效力的准据法、②要约通知发信地法、③承诺通知发信地法这三者中承认该形式要件有效的法律(《通则法》第10条第1、4款)。

2.3 消费者合同

(1)消费者合同的成立及效力的准据法

和国际审判管辖的情形一样,消费者合同的成立及效力的准据法的确定也不同于一般合同,法律另有针对消费者合同的特别规定

㉗ 有关知识产权合同的讨论,详见木棚照一:《国际知识产权法》,日本评论社2009年版,第450页起。

(《通则法》第 11 条)。

第 11 条原则上和一般合同一样,承认以当事人意思为准的准据法确定(主观连接)和以客观因素为准的准据法确定(客观连接)。举个例子,假设居住在日本的消费者与美国加利福尼亚州的经营者通过互联网订立合同时,在线上可进行确认的约款中制定了以加利福尼亚州法作为准据法的合意条款。这时,只要消费者点击了约款中的"同意"按钮,原则上就认为依据《通则法》第 7 条达成了准据法合意(若为事后合意,依据第 9 条也一样)[28],而无所谓消费者是否知晓该约款的内容。但是,该准据法合意选择的是消费者惯常居所地法以外的法律时,如果消费者主张要适用其惯常居所地法中的强制性规定,则该强制性规定可与合同的准据法重叠适用。这里所说的"强制性规定"指当事人不能按照自己的意思排除适用的规定。例如在前面所举的例子中,虽然合同的准据法为加利福尼亚州法,但是居住在日本的消费者可以通过主张适用日本法中的强制性规定而获得强制性规定的保护。这种主张无须在审判中进行,只要将想适用该规定的意思传达给对方即可。[29]

此外,未就合同准据法达成合意的,不受《通则法》第 8 条规定的限制,准据法为消费者的惯常居所地法(《通则法》第 11 条第 2 款)。

(2)消费者合同的形式要件的准据法

关于消费者合同的形式要件,《通则法》第 11 条中设有特别规定。

---

[28] 也就是说,消费者合同的管辖合意原则上无效,但准据法合意原则上有效。因此,上文提及的 Twitter 使用条款的"12.一般条件 B.准据法及审判管辖"中所规定的"本条款以及与之相关的法律行为,将以美国加利福尼亚州的法律作为依据,而不考虑美国加利福尼亚州法的冲突规范以及您自身居住的州或国家"这一部分原则上有效。

[29] 在《通则法》第 11 条第 1 款言及的消费者不主张适用就不给予适用的强制性规定(相对强制性规定)之外,还存在一种与消费者的意思以及准据法无关的、必须给予适用的强制性规定(绝对强制性规定),比如《外汇与外国贸易法》。这个区别非常重要,但是具体哪些法规属于前者,哪些属于后者,观点的分歧很大。详见樱田嘉章、道垣内真人编:《注释国际私法第 1 卷》,有斐阁 2011 年版,第 261 页起(西谷佑子撰稿)。

对此原则上适用《通则法》第10条,但是,①关于合同的成立及效力的准据法选择了消费者惯常居所地法以外的法的情形下,如果消费者主张要适用其惯常居所地法中的强制性规定,该合同的形式要件只适用其惯常居所地法中的强制性规定(《通则法》第11条第3款);还有,②关于合同的成立及效力的准据法选择了消费者惯常居所地法的情形下,如果消费者愿意,可不受第10条的选择性适用的限制,而只选择其惯常居所地法作为该消费者合同的形式要件的准据法(《通则法》第11条第4款)。此外,未就合同的成立及效力的准据法达成合意的,合同形式要件的准据法同样为消费者的惯常居所地法(《通则法》第11条第5款)。

(3)消费者合同特别规定的适用除外

上文所述的消费者合同特别规定,在有些情形下不予适用。《通则法》第11条第6款对主动消费者(第1项和第2项)和经营者不知情或者误认(第3项和第4项)这两种情形的适用除外分别进行了规定。

(a)关于主动消费者的适用除外

按照《通则法》第11条第6款的第1项和第2项的规定,消费者主动离开其惯常居所地订立消费者合同的(第1项:例如前往海外旅行地,在当地商店购买商品这种情形),或者主动离开其惯常居所地,接受或为了接受合同之债务的全部履行的(第2项:例如前往海外旅行地,住宿在网上预订的宾馆这种情形),不受本条第1项至第5项的保护。这是因为没有必要连那些主动前往国外的消费者都纳入优厚保护的范围之内。㉚ 但是,第1项和第2项也有例外规定,那就是消费者在其惯常居所地受到邀请前往外国订立合同的(第1项但书),或者受到邀请前往外国接受债务履行的(第2项但书)除外,可受本条第1项至第5项的保护。

㉚ 补充一下,居住在日本的消费者访问海外服务器上的网站,付费下载音乐和电影的,不属于主动消费者。

对于这个"邀请"应如何理解,学说众说不一。如果外国经营者通过信件、E-mail、电话等,直接向个体消费者发出订立合同或者接受债务履行的邀请,那么这些行为都属于"邀请",关于这一点各学说基本上没有异议。但是关于互联网广告,有观点则认为它实际上就是向全世界发出邀请,将使主动消费者被排除在保护之外,这一规定失去意义,因此不属于"邀请"。[31] 也有观点认为,将对象固定在一定范围内的互联网广告(例如在互联网上发放只有特定期间内从特定国家来日本的人才可使用的特价优惠券这种情形)则属于"邀请"。[32] 总之,以不特定多数人为对象的一般性广告不足以被视为"邀请","邀请"必须能对消费者产生具体且积极的一定影响,能让消费者以此为契机,做出脱离其惯常居所地之消费者保护网的行为。

(b)基于经营者不知情或者误认的适用除外

《通则法》第11条第6款第3项和第4项规定,经营者不知道消费者的惯常居所地,或者误认为交易相对人不是消费者本人时,不适用本条第1项至第5项的规定。不管是哪一种情形,经营者一方如果没有相当的理由,所发生的不知情和误认都得不到承认。

第3项的举例包括,比如居住在特定国家以外的消费者通过填写虚假住所,购入仅限于特定国家的消费者线上购买的某款商品的情形。第4项的举例包括,比如消费者伪装成零售商进行注册后,在只对零售商进行批发价销售的网站上购买商品的情形。第3项和第4项的规定不涉及有无邀请的问题。

---

[31] 参见小出邦夫:《一问一答 新国际私法》,商事法务2006年版,第76—77页。

[32] 参见泽木敬郎、道垣内真人:《国际私法入门(第7版)》,有斐阁2012年版,第211页。此外,根据武田邦宣:《数字化平台的市场支配力分析》(载《公正交易》第779期(2015),第19页起)的内容所言,近期的互联网广告多为对用户数据进行详细分析后推送的定向广告。如果将"邀请"仅仅理解为特定经营者针对特定个人的行为则另当别论,而如果认为只要针对一定对象即可,那么我们所看到的大多数互联网广告就存在可以将其理解为"邀请"的余地。

2.4 侵权行为的准据法

(1) 一般侵权行为的准据法

《通则法》第 17 条至第 21 条对侵权行为的准据法作了规定。其中,第 17 条有关一般侵权行为,第 18 条有关产品责任,第 19 条有关名誉和信誉毁损,第 20 条是例外规定,第 21 条承认一定情形下当事人可以选择准据法,第 22 条是日本法作为法院地法的重叠适用。下面逐一进行论述。

关于一般侵权行为,《通则法》第 17 条将加害行为的结果发生地视为原则上的连接点,但如果加害结果在该地发生通常没有预见可能性,则作为二次连接点,将加害行为地视为连接点。这样规定可以说将加害行为的实施地和结果发生地不在同一国家时的异地侵权也考虑在内了。网络侵权行为往往多为异地侵权,所以必将受惠于这条规定。这里所说的通常的预见可能性和国际审判管辖的情形一样,其问题不在于对结果发生本身有无预见可能性,而在于对结果发生在该地有无预见可能性。还有,这个预见可能性不是以加害人的主观认识为标准,而是要从客观上予以判断的,这一点也和国际审判管辖的情形一样。另外,有关知识产权侵权将在知识产权的准据法部分阐述。

(2) 产品责任的准据法

《通则法》第 18 条对产品责任的准据法作了特别规定,有别于一般侵权行为。也就是说,依据该条规定,因所交付产品的缺陷造成人身生命或者财产受到损害时,受害人向生产经营者提起的诉讼原则上依据受害人接收产品之地的法律。

要适用第 18 条的特别规定,产品必须交付于受害人。因此,作为第 18 条的对象的受害人原则上仅限于产品的接收人。虽未接收产品,但却因产品的缺陷而受到损害的人(被称作局外者,例如和电视机的购买

者一起观看电视时因电视机存在质量问题起火而被烧伤的人),则适用第 17 条一般侵权行为的准据法。㉝

还有,作为第 18 条的对象的"产品"通常是指经过生产、加工的东西,包含未加工的农、水产品以及不动产,是一个非常广泛的概念。㉞ 它比日本的《制造物责任法》的对象还要广泛,这一点需要注意。另外,"生产经营者"不仅仅是指以产品为业进行生产的人,还包含了所有进行加工、进出口、流通、销售的人,它的概念也远比《制造物责任法》中的制造者广泛。例如,某人在互联网上销售某个商品(也可以是中古品)时,就属于《通则法》第 18 条所说的生产经营者。还有,即使不实际从事产品的制造,而是通过 OEM(Original Equipment Manufacturer,意为"原始设备制造商"——译者注)和 ODM(Original Design Manufacturer,意为"原始设计制造商"——译者注)等委托他人制造产品,只在产品上标注自己的商号或商标的,也包含在"生产经营者"之列。而作为连接点的"接收产品之地",通说认为就是指法律上的占有取得的实施地。㉟

此外,于生产经营者而言,如果通常不可预见在产品交付地交付该产品,则依据《通则法》第 18 条的但书,产品责任的准据法为生产经营者的主营业地或者惯常居所地法。例如,像 A 国居住者将网上购买的只对 A 国居住者出售的产品在去 B 国旅行之际进行转卖,而后因产品的缺陷造成最终使用者受伤的情形。同样,此处可否预见的标准也非基于加害人的主观认识,而是要从客观上予以判断的。

(3)名誉和信誉毁损的准据法

《通则法》第 19 条对损害他人名誉或信誉的侵权行为作了特别规

㉝ 但是多数观点认为,对于和直接接收人共同生活的家人,可将其视为与该直接接收人处于同等立场之人,作为例外,不应适用《通则法》第 18 条所规定的准据法。参见樱田嘉章、道垣内真人编:《注释国际私法第 1 卷》,有斐阁 2011 年版,第 469 页(佐野宽撰稿)。

㉞ 参见小出邦夫:《一问一答 新国际私法》,商事法务 2006 年版,第 105 页。

㉟ 参见小出邦夫:《一问一答 新国际私法》,商事法务 2006 年版,第 106 页。

定。依据该条规定,基于名誉和信誉毁损的请求,适用受害人的惯常居所地法。本条仅限于名誉和信誉受到损害的情形,有观点认为隐私侵权应适用第 17 条的一般规则㊱,但是多数学说的观点认为,隐私侵权也应当适用本条,并统一适用受害人的惯常居所地法。㊲ 因此,根据多数学说的观点,例如某人被当作杀人案的凶手,真实姓名和住址等都被发布在互联网公告板上,身处事实上全世界的人均可访问该信息的状况中时,有关名誉毁损的请求也好,有关隐私侵权的请求也好,按照《通则法》第 19 条,不管是什么人在哪个国家发布的,均适用受害人惯常居所地所在国的法律。

(4) 准据法的变更

上文对一般侵权行为的准据法、产品责任的准据法、名誉和信誉毁损的准据法进行了介绍,但是即使依据这些规定确定了准据法,实际案例中也存在不予适用的情形。接下来看一看《通则法》第 20 条的例外规定和第 21 条的依据合意变更准据法。

①例外规定

《通则法》第 20 条规定,基于各种事由,如果认定侵权行为与其他地点的联系明显比第 17 条至第 19 条规定的准据法所属地的联系更为密切时,应将联系更为密切的其他地的法律视为准据法。第 20 条具体列举了两种情形:一种是侵权行为发生时当事人在同一法域拥有惯常居所;另一种是侵权行为违反的是当事人之间既存的合同义务。但是,即便在这两种情形下,也不一定会依据第 20 条将相同的惯常居所地法或合同准据法确定为准据法;相反,就算没有这些事由,也可能存在与侵权行为的联系更为密切之地。所列举的这两种情形不过是例示而已,确定

㊱ 参见小出邦夫:《一问一答 新国际私法》,商事法务 2006 年版,第 112—113 页。
㊲ 参见樱田嘉章、道垣内正人编:《注释国际私法第 1 卷》,有斐阁 2011 年版,第 486 页(出口耕自撰稿)。

最密切联系地时需要对案件相关的各种因素进行综合考虑。

②根据合意变更准据法

侵权行为等的准据法可能发生变更的第二种情形是,根据当事人之间的合意变更准据法。《通则法》第21条规定,侵权行为发生后,当事人之间可就准据法达成合意。但是,基于合意发生变更的准据法,如果因为变更侵害第三人权利,则准据法的变更不能对抗该第三人。例如通过保险代位可代位取得损害赔偿请求权的保险公司,就是这里所说的第三人。

(5)法院地法的重叠适用

按照《通则法》第17条至第19条的规定,侵权行为等的准据法即使得以确定[38],但如果确定的准据法为外国法,则依据第22条,侵权行为的成立与否以及救济方法都必须重叠适用日本法。

第22条第1款规定,若某事实依据作为准据法的外国法时构成侵权,而依据日本法时却不构成侵权,则不得以该外国法为准,而应以日本法为准,对基于侵权行为的请求不予承认。例如,在后文所述的最高法院关于读卡器一案的判决中,针对依据作为准据法的美国法有可能构成专利权侵权这一事实,最高法院依据第22条第1款(在作为《通则法》前身的《法例》中是第11条第2款)认为,该事实依据日本法不构成专利权侵权,侵权行为不成立。此外,第22条第2款规定,某事实依据作为准据法的外国法以及日本法即使均构成侵权,对受害人的救济也仅限于日本法所承认的内容和范围。比如英美法中常见的惩罚性损害赔偿,就算在作为准据法的外国法中得到承认,但因为日本法不承认就不得予以支持。

---

[38] 但是也有限制解释称,《通则法》第22条的适用仅限于依据第17条至第19条得以确定准据法的情形。参见高杉直:《法律适用通则法中的侵权行为准据法》,载《Jurist》第1352期(2006),第60页。

对侵权行为重叠适用法院地法的这种制度在国外很多国家也曾存在过,但是现在要么已经变成了极受限制的制度,要么已经被废止了。尤其是在公序良俗的一般性条款存在于《通则法》第42条中这样一个状况下,有无必要特意对侵权行为准据法予以强制性重叠适用令人存疑。但是,就条文而言,当外国法成为侵权行为等的准据法时,只能自动地重叠适用日本法。

2.5 知识产权侵权的准据法

(1)知识产权的准据法:属地主义与准据法

通常认为知识产权的准据法应采用属地主义,早期的很多观点也都认为它不属于法律选择规范的对象。但是现在,从最高法院2002年9月26日判决(载《民集》第56卷第7期,第1551页"读卡器案")所作出的有必要针对外国专利权的私人纠纷确定准据法这一判断上便可知道,在与知识产权有关的法律问题也需要确定准据法这一点上,判例的看法基本上是一致的。并且从学说上来看,多数说也认为有必要确定准据法。[39]

如果认为有必要确定准据法,那么接下来的问题就是应当如何确定准据法。关于这一点,《通则法》中没有任何相关规定,因此就需要依靠条理来解决这个问题。关于知识产权的归属和效力等,学说上分歧很大,主流学说认为应将保护国的法律作为准据法。[40] 而关于侵权,学说上的分歧则更大,下文将作详细探讨。

---

[39] 参见樱田嘉章、道垣内真人编:《注释国际私法第1卷》,有斐阁2011年版,第630页(道垣内真人撰稿)。

[40] 而且,保护国指的是什么样的国家,关于这一点学说上分歧也很大。主流学说认为,对于需要注册的知识产权而言,注册国即为保护国,而对于不需要注册的知识产权而言,使用行为的发生国即为保护国。最高法院关于读卡器一案的判决就顺应了这种观点。有关这些观点的分类以及详情,参见樱田嘉章、道垣内真人编:《注释国际私法第1卷》,有斐阁2011年版,第630页起(道垣内真人撰稿)。

（2）知识产权侵权的准据法

专利权、著作权、商标权以及营业秘密这类知识产权如果在互联网上受到侵害，应当如何确定准据法呢？要探讨这个问题，首先要明确的一点是，这个问题到底是一个什么性质的问题。这里可参考上文所述的最高法院关于读卡器一案的判决。该案并不涉及互联网，是美国专利权因日本生产侵权产品且出口美国而受到侵害，权利人从而要求停止在日本的侵权行为（差止——译者注）并将生产的侵权产品予以废弃，同时要求赔偿损害。对此，最高法院认为，停止侵权行为并将生产的侵权产品予以废弃属于专利权效力问题，而赔偿损害则属于侵权行为问题，在性质上属于不同的法律关系。此后，凡涉及知识产权侵权的案件均沿袭了最高法院关于读卡器一案的判决，在法律关系的定性上一致认为，与差止相关的属于知识产权效力问题，赔偿损害属于侵权行为问题。

对法律关系定性之后，其次便是连接点的确定问题。这是因为知识产权尤其是在互联网上受到侵害时，比如一个上传行为，就可能造成作为一种具有属地性的权利存在于各自国家的知识产权轻而易举地受到侵害的状况。特别是著作权，根据《伯尔尼公约》的规定，对于在外国成立的作品，该公约缔约国无需履行登记或加注标记等特殊手续便可视为在内国产生了著作权。因此，某国产生著作权的那一刻，与此同时，近170个公约成员国均会产生受各成员国著作权法保护的著作权，互联网侵权的普遍存在性（ubiquitous）这一问题尤显突出。

在上文所述的最高法院关于读卡器一案的判决中，法院对法律关系的性质作出的判断是，差止属于知识产权效力问题，赔偿损害则属于侵权行为问题，并且认为，前者没有明文规定，故可依据条理将专利权注册国视为连接点，后者中专利权注册国即为结果发生地，二者的准据法均为专利权注册国的法律。这种思路在侵权不带有普遍存在性的状况下可以有效解决问题，因为只要专利权的效力具有属地性，侵权行为的结果就不可能发生在注册国以外。那么涉及著作权的情况又如何呢？最高法院对于著作权效力的准据法尚不曾有过判断，但下级法院在审判中多认为，著作权的效力应以著作权受到保护之国家的法律，即保护国法为准据法，将保护国法理解为著作权所在国的法律。并且，关于著作权侵权的结果发生地国，大多判例认为，赋予作品以著作权且将侵权视作法律问题的国家就是结果发生地国。也就是说，在连接点的确定上沿袭的也是最高法院在读卡器一案中的判断。如此一来，当著作权在互联网上受到侵害时，至少从理论上而言，依据《伯尔尼公约》，著作权可获承认的所有的著作权所在国都有可能成为差止以及赔偿损害的准据法所属国，而这将带来非常烦琐复杂的结果。

  关于这一点，学说各执己见。有的主张将差止和废弃的问题与赔偿损害的问题相区分，视前者为知识产权效力的问题，依据注册国法或保护国法处理，视后者为侵权行为问题来处理。有的则主张将两者统一作为侵害权利的侵权行为，依据侵权行为的准据法处理。还有的则主张将两者统一作为知识产权效力的问题，依据保护国法处理。此外，对于涉及互联网的情形，有观点主张应统一依据保护国法，也有观点主张应着眼于行为人的积极侵权行为发生在何处，仅将能够认定发生了实质性损害的保护国法作为准据法。[41] 该思路[42]中关于"结果发生地"的解释，对于主张应将差止、废弃及赔偿作为侵权行为统一处理的立场而言也具有参考价值。但是，需要注意的一点是，若将之作为侵权行为来确定准据法，则必然受到《通则法》第 20 条和第 21 条的准据法变更的影响以及第 22 条的日本法重叠适用的影响。

---

  [41] 参见樱田嘉章、道垣内真人编：《注释国际私法第 1 卷》，有斐阁 2011 年版，第 456 页（西谷佑子撰稿）。

  [42] 学说详见樱田嘉章、道垣内真人编：《注释国际私法第 1 卷》，有斐阁 2011 年版，第 642 页起（道垣内真人撰稿）。

3 外国判决的承认与执行

3.1 外国判决的承认与执行制度

通常而言,外国法院作出的判决只在该外国主权管辖范围内具有该外国程序法所规定的效力。日本法院作出的判决具有日本民事诉讼法所承认的各种效力,这是因为该判决是于日本领土范围内作出的,且日本的程序法承认这些效力。也就是说,判决只有在判决法院所在国才具有法院地法所承认的效力,执行起来也简单,而在其他国家的话,光有一纸判决是不具有任何效力的,其不过是被画出来的一张画饼罢了。不过,如果在外国已经获得了判决,还不得不在他国反复重新起诉的话,不仅不利于国际商务的开展,诉讼成本也不可小觑。因此,各国都制定了相关制度,在一定情形下承认外国判决,承认内国可执行该外国判决。日本则通过《民事诉讼法》第118条和《民事执行法》第24条,对外国法院判决承认与执行制度的框架予以了规定。

3.2 外国判决承认与执行的要件

《民事诉讼法》第118条规定,外国判决只要具备如下要件,无须履行任何手续便可自动得到承认:①必须为外国法院的确定判决(主文);②判决国法院对该案件具有审判管辖权(第1项);③诉讼开始时向败诉被告送达了相关文书(第2项);④判决内容以及诉讼程序不违反日本的公序良俗(第3项);⑤判决国与日本之间有相互保证(第4项)。此外,《民事执行法》第24条还对所谓的禁止实质性再审作出了明文规定:在执行外国判决之际,不得对该外国判决的内容是否妥当进行判断。与承认要件相关的《民事诉讼法》第118条中虽然没有设置这样的规定,但是通说认为,承认之际同样不允许实质性再审。另外,这些要件在很多国家都是相同的,外国在承认和执行日本法院做出的判决时,基本上也是针对这些要件进行判断。

但是,需要注意的是近年美国制定的 SPEECH 法案。SPEECH 法案是 Securing and Protection of Our Enduring and Established Constitutional Heritage Act[43] 的略称,只适用于基于名誉毁损勒令赔偿损害的外国判决的承认与执行[对于一般的金钱判决,大多数州采纳的是《统一外国金钱判决承认法》(Uniform Foreign-Country Money Judgments Recognition Act)]。该法案规定,承认与执行关于名誉毁损的外国判决之际,若符合下述三种情形中任一情形的,必须就抗辩内容进行判断,方可对该外国判决予以承认:(1)在外国诉讼中败诉的被告就该判决内容违反美国《宪法第一修正案》进行抗辩;(2)在外国诉讼中败诉的被告就判决国在管辖权行使上违反美国所要求的正当法律程序进行抗辩;(3)该判决针对的是提供商,并主张该提供商违反 1934 年的《通信法》第 230 条。从条文上看,上述要件貌似与日本的《民事诉讼法》第 118 条所要求的要件差别不大,但实际上这部法案被认为是为了阻止美国承认动辄就对名誉毁损作出认定的英国判决而制定的,在今后的运用中需多加注意。[44]

(1)必须为外国法院的确定判决

判断外国法院的判决是否为确定判决,就要看判决国法所承认的、一般的不服申诉的办法是否已穷尽。此外,"外国法院"中也包括未被普遍承认国家的法院,但国际审判法院(ICJ——译者注)以及国际海洋法法庭这类国际法院不在其列。

---

[43] 28 U.S.C. §§ 4101-4105

[44] See Emily. C. Barbour, "The SPEECH Act: The Federal Response to 'Libel Tourism'", available at https://fas.org/sgp/crs/misc/R41417.pdf.

(2) 间接管辖

《民事诉讼法》第 118 条第 1 项所要求的间接管辖要件是用来判断判决国法院是否具有国际审判管辖权的。设置这一要件的目的在于,对判决国的管辖规则予以尊重的同时,从被告及案件与该判决国之间有无充分关联性这一角度,对判决国有无管辖权进行审查。

关于间接管辖要件的判断标准[45],各学说均一致认为,应以承认国日本的《民事诉讼法》为标准,但是在直接管辖和间接管辖的标准是否一致这一点上却存在分歧。通说(也称作镜像理论)认为二者标准一致[46],也有观点认为二者标准不一致。[47] 关于这一点,最高法院 1998 年 4 月 28 日判决(载《民集》第 52 卷第 3 期,第 853 页)有过判断,但是对于该判断站于何种立场之上评说不一,此后最高法院 2014 年 4 月 24 日判决(载《民集》第 68 卷第 4 期,第 329 页)称,对于间接管辖,在依据《民事诉讼法》上的国际审判管辖标准的同时,还应当从承认外国判决是否适当的角度按照条理进行判断,从而明确否定了镜像理论。

(3) 向败诉被告送达文书

向败诉被告合法送达文书作为承认外国判决的要件之一,其设置目的是保障诉讼开始时被告的听审请求权和程序参与权。该要件通常被分为(a)是否以合法方式送达(适式性),(b)被告是否知晓程序的开始

---

[45] 学说详情参见河野俊行:《间接管辖》,载高桑昭、道垣内真人编:《新·审判实务大系 3 国际民事诉讼法(财产法)》,青林书院 2002 年版,第 326 页起;芳贺雅顯:《作为外国判决承认要件的国际审判管辖——间接管辖的基本姿态与镜像理论》,载《法律论丛》第 72 卷第 5 期(2000),第 31 页起。

[46] 参见中野俊一郎:《作为外国判决承认要件的国际审判管辖》,载《CDAMS discussion paper》(2007),第 13 页等。

[47] 参见小杉丈夫:《作为承认要件的管辖权》,载《国际司法的争论焦点(新版)》,有斐阁 1996 年版,第 235 页等。但是,认为应当按照独立标准进行判断的学说,其观点也一分为二,一种认为应当更宽泛地看待间接管辖,另一种则认为应当纯粹按照独立标准进行判断。

和请求内容,是否有充足的时间应诉(知晓可能性或适时性)这两部分论述。关于适式性,多数说以它属于判决国审判程序的一部分为由,认为只要依据判决国法判断便可[48],而关于知晓可能性或适时性,多数说则认为应当针对具体个案做具体审查。[49]

关于这一要件讨论最多的问题就是可否直接邮寄送达。日本在批准《关于向国外送达民事或商事司法文书和司法外文书公约》(以下简称《海牙送达公约》)之际,针对认可直接邮寄文书的第 10 条第 a 项并未作出拒绝声明。对于围绕此举之意义所展开的讨论以及此举本身会不会对本要件的判断产生影响这一点,观点存有分歧。[50] 从学说上来看,有的观点对直接邮寄送达本身就不予认可,有的观点认为没有附上翻译件等于不具有知晓可能性,就不满足"送达"要件,还有的观点认为即使没附上翻译件,但只要被告具有知晓可能性/适时性,就应当予以认可。

(4)公序良俗

外国判决还必须满足诉讼程序不违反日本的公序良俗(程序的公序良俗),以及判决内容不违反日本的公序良俗(实体的公序良俗)这一要件。无论哪一个要件,在判断之际都必须从承认与执行该外国判

---

[48] 参见安达荣司:《外国判决承认之送达要件的自由化倾向——关于送达的适式性》,载铃木重胜等编:《内田武吉先生古稀祝贺·民事诉讼制度的一个侧面》,成文堂1999年版,第 458 页等。

[49] 参见铃木正裕、青山善充编:《注释民事诉讼法(4)审判》,有斐阁1997年版,第 377 页(高田裕成撰稿);海老泽美广:《私法判例评论1992(上)》,日本评论社1992年版,第 165 页。

[50] 政府认为"司法文书由外国直接邮寄送达我国,于我国而言,不过是意味着不将其视为侵犯主权"罢了。参见原优:《私法的国际统一运动》,载《国际商事法务》第 17 卷第 12 期(1989),第 1284 页。关于学说的整理,参见齐藤彰:《平成 2 年度重要判例解说》,有斐阁1991年版,第 270 页;高杉直:《认为未附翻译件的直接邮寄送达不满足民诉法(平成 8 年修正前)第 2002 条第 2 款规定的送达要件而对美国夏威夷州的判决不予认可的事例——东京地方法院平成 2 年 3 月 26 日——》,载《Jurist》第 1100 期,第 124 页。

决会带来的结果的反公序良俗性和该案件与日本的关联性这两点上予以判断。

就程序的公序良俗而言,通常会涉及法官的独立性和中立性以及当事人的听审请求权是否切实得到保障的问题。实际判例中就有因为违反程序的公序良俗而被拒绝承认的案例[51],该案例涉及的是一个外国判决的承认问题,其内容与日本已经作出的判决存在矛盾。

就实体的公序良俗而言,尤其会涉及对美国等国家常见的惩罚性损害赔偿判决的承认问题。关于这一点,最高法院1997年7月11日判决(载《民集》第51卷第6期,第2573页"万世工业案")称,最高法院在对外国的惩罚性损害赔偿判决的民事判决性给予承认的同时认为,在日本承认与日本的损害赔偿制度具有不同法律性质的惩罚性损害赔偿将会违反公序良俗,因此只可承认和执行该外国判决中的补偿性损害赔偿部分。

(5) 相互保证

相互保证要件是要求判决国必须以和日本承认与执行外国判决相同程度的要件,对日本的判决予以承认和执行。最高法院1983年6月7日判决(载《民集》第37卷第5期,第611页)称,"'有相互保证'是指,在作出该判决的外国法院所在国……我国法院作出的同类判决将在与本条各项所规定的条件无关键点上之不同的条件下被视为具有效力的判决",最高法院判决提出这一标准后,学说和判例基本上都认可此标准。

此前的判例中,日本承认相互保证的国家和地区有美国加利福尼亚州、夏威夷州、纽约州、内华达州、弗吉尼亚州,以及法国、德国(也包括统一前的西德)、瑞士、澳大利亚、新加坡,还有中国香港、英国的英

---

[51] 大阪地方法院1977年12月22日判决,载《判例Times》第361期,第127页。

格兰和威尔士。相反,未承认相互保证的有比利时(东京地方法院1960年7月20日判决,载《民集》第11卷第7期,第1522页)和中国内地(大阪高级法院2003年4月9日判决,载《判例时报》第1841期,第111页)。未承认比利时的理由是,1960年时的比利时法在承认判决之际会要求实质性再审,日本认为其承认判决的标准与日本不同。但是比利时现在也是禁止实质性再审的,假如比利时判决在日本再涉及承认问题的话,极有可能被判断为有相互保证。未承认中国内地的理由则是,依据中国内地判例实务和最高人民法院的司法解释,日本的判决会被拒绝承认。由此不难看出,中日之间没有相互保证的状态还会继续持续下去。

结　语

互联网是一个国境观念淡薄的世界,它的出现为跨境商业提供了飞速发展的契机。然而现实世界中,一旦跨越国境,就会面临不同的法律和审判制度的状况并未发生任何改观。也就是说,互联网上的交易也和普通交易一样,同样会受到这里所论及的国际私法上之问题的影响。为了实现国际争端在线解决,部分类型的纠纷已经开始尝试线上仲裁,并取得了一定成果(例如 WIPO 仲裁与调解中心的域名争议解决机制等),但是还很难讲已经形成了一般性争端解决机制。

话虽如此,但是就算交易和权利侵害是通过网络实施的,并且轻易就能跨越国境,然而只要这一切还是由现实世界中的人在操控,那么,就一定可以按照国际私法的解决方式做好充分的应对。

思考

1. 关于互联网上的消费者合同,《通则法》原则上承认线上约款中的准据法合意有效,如果想获得自己惯常居所地法的保护,则要求消费者主动提出对强制性规定的适用并将适用的意思传达给对方,法律还将主动消费者排除在保护对象之外。相对于此,国际审判管辖不仅一概不承认管辖合意,而且如果消费者提起诉讼,不仅只能在消费者的住所地进行审判,而且主动消费者的适用除外也得不到承认。这样的准据法和国际管辖规范是不是有失平衡呢?试就准据法对消费者的保护方式以及管辖法对经营者的保护方式进行思考。

2. 确定准据法和确定国际审判管辖的规范中,对于经济上处于弱势地位的人是如何进行保护的?试就国内的消费者保护法制度以及消费者合同的准据法确定规范这二者各自的消费者保护方式进行思考。

3. 关于利用互联网实施的名誉和信誉毁损,如同上文所述,《通则法》第19条规定,以受害人惯常居所地法为准据法。相对于此,欧盟在对合同外债务准据法进行立法之际,本打算将受害人惯常居所地作为连接点,却被认为有可能与媒体的表达自由和报道自由产生冲突,而遭到了媒体大规模院外活动的阻止。最终,将有关名誉和信誉毁损的特别规则予以明文化这件事便被搁置了。[详见出口耕自:《罗马条例Ⅱ以及通则法中的名誉毁损》,载《上智法学论集》第54卷第2期(2010),第1页起]请站在双方立场上分别进行思考。

拓展阅读文献

关于国际私法、国际民事程序法的一般性问题,可参见以下书目:

松冈博编:《国际关系私法入门(第3版)》,有斐阁2012年版。

中西康、北则安纪、横沟大、林贵美:《国际私法》,有斐阁2014年版。

横山润:《国际私法》,三省堂2012年版等。

著作权合同登记号　图字:01-2022-6015
图书在版编目(CIP)数据

网络法/(日)松井茂记,(日)铃木秀美,(日)山口淑子编；周英,马燕菁译. —北京：北京大学出版社,2023.10
ISBN 978-7-301-34157-5

Ⅰ.①网… Ⅱ.①松… ②铃… ③山… ④周… ⑤马… Ⅲ.①计算机网络—科学技术管理法规—日本 Ⅳ.①D931.321.7

中国国家版本馆 CIP 数据核字(2023)第 118683 号

Intanettoho (Internet Law)
Edited by Shigenori Matsui & Hidemi Suzuki & Itsuko Yamaguchi
Copyright © Shigenori Matsui & Hidemi Suzuki & Itsuko Yamaguchi 2015
Simplified Chinese translation copyright © Peking University Press. 2022
All rights reserved
Original Japanese language edition published by YUHIKAKU PUBLISHING CO., LTD.
Simplified Chinese translation rights arranged with Peking University Press.
and YUHIKAKU PUBLISHING CO., LTD.
through Hanhe Internatinal(HK) Co., Ltd.

书　　　名	网络法 WANGLUO FA
著作责任者	〔日〕松井茂记、〔日〕铃木秀美、〔日〕山口淑子 编 周英、马燕菁 译
责任编辑	孙　辉　方尔琦
标准书号	ISBN 978-7-301-34157-5
出版发行	北京大学出版社
地　　址	北京市海淀区成府路 205 号　100871
网　　址	http://www.pup.cn　http://www.yandayuanzhao.com
电子邮箱	编辑部 yandayuanzhao@pup.cn　总编室 zpup@pup.cn
新浪微博	@北京大学出版社　@北大出版社燕大元照法律图书
电　　话	邮购部 010-62752015　发行部 010-62750672 编辑部 010-62117788
印　刷　者	涿州市星河印刷有限公司
经　销　者	新华书店
	880 毫米×1230 毫米　A5 开本　11.875 印张　264 千字 2023 年 10 月第 1 版　2023 年 10 月第 1 次印刷
定　　价	59.00 元

未经许可，不得以任何方式复制或抄袭本书之部分或全部内容。
版权所有，侵权必究
举报电话：010-62752024　电子邮箱：fd@pup.cn
图书如有印装质量问题，请与出版部联系，电话：010-62756370